# DIE PSALMEN

DAS MORGENGEBET DER KIRCHE

ausgelegt von

JOHANNES PAUL II.

# DIE PSALMEN

## DAS MORGENGEBET DER KIRCHE

ausgelegt von

JOHANNES PAUL II.

SANKT ULRICH VERLAG GmbH

ISBN 978-3-936484-87-8

*Mit dem vorliegenden Band liegt die Auslegung der Psalmen durch Papst Johannes Paul II. und Papst Benedikt XVI. nun vollständig vor.*

**Bibliographische Information der Deutschen Bibliothek**

Die Deutsche Bibliothek verzeichnet diese Publikation in der Deutschen Nationalbibliographie; detaillierte bibliographische Daten sind im Internet über http://dnb.ddb.de abrufbar.


Umschlagbilder: akg-images und KNA
Umschlaggestaltung: uv media werbeagentur, Augsburg
Mediengruppe Sankt Ulrich Verlag, Augsburg
Druck und Bindung: Freiburger Graphische Betriebe GmbH
Printed in Germany
ISBN 978-3-86744-013-4
www.sankt-ulrich-verlag.de

# INHALT

## DIE PSALMEN IN DER TRADITION DER KIRCHE

1. IM APOSTOLISCHEN SCHREIBEN *Novo millennio ineunte* brachte ich den Wunsch zum Ausdruck, daß die Kirche sich immer mehr durch die »Kunst des Gebets« auszeichne, indem sie es immer aufs neue gleichsam von den Lippen des göttlichen Meisters abliest (vgl. 32). Diese Verpflichtung muß vor allem in der Liturgie, als Quelle und Höhepunkt des kirchlichen Lebens, erfahren werden. In dieser Hinsicht ist es wichtig, der Förderung des *Stundengebets* als Gebet des gesamten Gottesvolkes größere pastorale Fürsorge zu widmen (vgl. ebd., 34). Die Priester und Ordensleute haben einen besonderen Auftrag zur Feier des Stundengebets, doch auch den Laien wird es wärmstens empfohlen. Dieses Ziel hatte vor etwas mehr als dreißig Jahren mein verehrter Vorgänger Paul VI. mit der Konstitution *Laudis canticum* vor Augen, in der er das gültige Modell dieses Gebets festlegte, mit dem Wunsch, die Psalmen und Gesänge – die tragende Struktur des Stundengebets – möchten »vom Volk Gottes mit neuer Liebe« verstanden werden (vgl. *Acta Apostolicae Sedis* 63 [1971], 532).
Es ist eine ermutigende Tatsache, daß viele Laien sowohl in den Pfarreien als auch in den kirchlichen Vereinigungen gelernt haben, den Wert des Stundengebets zu erkennen. Es bleibt jedoch ein Gebet, das eine angemessene katechetische und biblische Bildung voraussetzt, um es voll auskosten zu können.
Zu diesem Zweck beginnen wir heute mit einer Reihe von Katechesen über die Psalmen und Cantica im Morgengebet der Laudes. Auf diese Weise möchte ich alle ermuntern und ihnen helfen, mit den gleichen Worten Jesu zu beten, die seit Jahrtausenden im Gebet des Volkes Israel und der Kirche gegenwärtig sind.

2. WIR HABEN VERSCHIEDENE Möglichkeiten zur Einführung in das Verständnis der Psalmen. Die erste besteht in einer Darstellung ihrer literarischen Struktur, ihrer Verfasser, ihrer Entstehung und der unterschiedlichen Kontexte, in denen sie geschrieben wurden. Eindrucksvoll wäre darüber hinaus eine Lesart, die ihren poetischen Charakter herausstellt, der zuweilen das höchste Niveau an lyrischer Eingebung und symbolischer Ausdruckskraft erreicht. Nicht weniger interessant wäre eine Untersuchung der Psalmen unter Berücksichtigung der unterschiedlichen Empfindungen des menschlichen Gemüts,

die sie zum Ausdruck bringen: Freude, Anerkennung, Dank, Zärtlichkeit, Begeisterung, aber auch tiefes Leid, Anklage, Bitte um Hilfe und Gerechtigkeit, die manchmal in Zorn und Fluch münden. In den Psalmen findet sich das menschliche Wesen in seiner Gesamtheit wieder.
Unsere Auslegung wird vor allem darauf abzielen, die religiöse Bedeutung der Psalmen herauszustellen. Hierdurch soll aufgezeigt werden, wie die Psalmen, obwohl sie vor vielen Jahrhunderten für gläubige Juden geschrieben wurden, in das Gebet der Jünger Christi aufgenommen werden können. Dazu werden wir uns von den Erkenntnissen der Exegese leiten lassen, zugleich werden wir aber auch der Überlieferung folgen; vor allem jedoch wollen wir auf die Kirchenväter hören.

3. JENE HABEN NÄMLICH – in tiefer geistiger Einsicht – in Christus selbst und in der Fülle seines Geheimnisses den großen »Schlüssel« zur Deutung der Psalmen erkannt und hierauf hingewiesen. Die Väter waren der festen Überzeugung: In den Psalmen ist von Christus die Rede. In der Tat bezog der auferstandene Jesus die Psalmen auf sich selbst, als er zu den Jüngern sagte:»Alles muß in Erfüllung gehen, was im Gesetz des Mose, bei den Propheten und in den Psalmen über mich gesagt ist« (Lk 24,44). Überdies merken die Väter an, daß in den Psalmen Christus angesprochen wird oder daß sogar er selbst spricht. Als sie dies sagten, dachten sie nicht nur an Jesus als Einzelperson, sondern an den *»Christus totus«*, den ganzen Christus, der von Christus dem Haupt und von seinen Gliedern gebildet wird.
So ergibt sich für den Christen die Möglichkeit, den Psalter im Licht des gesamten Myteriums Christi zu lesen. Und eben diese Sichtweise läßt auch die kirchliche Dimension hervortreten, die im gemeinschaftlichen Singen der Psalmen besonders deutlich wird. Somit wird verständlich, wie die Psalmen schon seit den ersten Jahrhunderten zum Gebet des Volkes Gottes geworden sind. Auch wenn in einigen Abschnitten der Geschichte mitunter andere Gebete bevorzugt wurden, so war es das große Verdienst der Mönche, die »Fackel« des Psalters in der Kirche hochgehalten zu haben. Einer von ihnen war der hl. Romuald, der Gründer von Camaldoli zu Beginn des zweiten christlichen Jahrtausends. Wie sein Biograph Bruno von Querfurt schreibt, ging er so weit, zu behaupten, die Psalmen seien der einzige Weg, um die Erfahrung eines wirklich tiefen Gebets zu machen:

*»Una via in psalmis« (Passio sanctorum Benedicti et Johannes ac sociorum eorundem: Monumenta Poloniae Historica* VI, 1893, 427).

4. MIT DIESER AUF den ersten Blick übertriebenen Behauptung blieb er in Wirklichkeit in der besten Tradition der ersten christlichen Jahrhunderte verwurzelt, als der Psalter zum wichtigsten Buch des kirchlichen Betens geworden war. Dies war die beste Entscheidung gegenüber den häretischen Tendenzen, die ständig die Einheit des Glaubens und der Gemeinschaft bedrohten. Interessant ist in diesem Zusammenhang ein wundervoller Brief, den der hl. Athanasius in der ersten Hälfte des 4. Jahrhunderts an Marcellinus schrieb, in einer Zeit, in der die arianische Häresie sich ausbreitete und den Glauben an die Gottheit Christi gefährdete. Im Gegensatz zu den Häretikern, die die Menschen auch mit Gesängen und Gebeten, die ihre religiösen Empfindungen befriedigten, an sich zogen, widmete sich dieser große Kirchenvater mit seiner ganzen Kraft der Lehre des von der Schrift überlieferten Psalters (vgl. *Patrologia Graeca* 27,12 ff.). So gesellte sich zum Vaterunser, dem Gebet des Herrn schlechthin, das Beten der Psalmen, das sich bald bei allen Getauften durchsetzte.

5. AUCH DANK DES gemeinsamen Gebets der Psalmen hat das christliche Bewußtsein erkannt und verstanden, daß man sich unmöglich an den im Himmel wohnenden Vater wenden kann ohne eine wahrhafte Lebensgemeinschaft mit den Brüdern und Schwestern auf der Erde. Doch nicht nur das: Indem sie sich aktiv der Gebetstradition der Juden anschlossen, lernten die Christen, im Gebet von den *magnalia Dei* zu berichten, also von den Wundertaten Gottes sowohl bei der Erschaffung der Welt und der Menschheit als auch in der Geschichte Israels und der Kirche. Diese Form des aus der Schrift abgeleiteten Betens schließt freiere Ausdrucksformen natürlich nicht aus, und diese werden auch in Zukunft nicht nur das persönliche Gebet kennzeichnen, sondern auch das liturgische Gebet bereichern – beispielsweise durch Hymnen und Troparien. Das Buch der Psalmen bleibt jedenfalls die ideale Quelle des christlichen Gebets, und die Kirche des neuen Jahrtausends wird sich weiterhin von ihm inspirieren lassen.

Generalaudienz vom 28. März 2001

## DAS STUNDENGEBET DER KIRCHE

1. BEVOR WIR MIT der Erläuterung der einzelnen Psalmen und Cantica der Laudes beginnen, schließen wir heute die bei der letzten Katechese begonnene einführende Betrachtung ab. Wir tun dies ausgehend von einem Aspekt, der für die spirituelle Tradition sehr wichtig ist: Durch das Beten der Psalmen erfährt der Christ eine Art Übereinstimmung zwischen dem in der Schrift gegenwärtigen Geist und dem Geist, der kraft der Taufgnade in ihm wohnt. Mehr noch als mit eigenen Worten zu beten, macht er sich gewissermaßen zum Sprachrohr des »Seufzens, das wir nicht in Worte fassen können«, von dem Paulus spricht (vgl. Röm 8,26) und durch das der Geist des Herrn die Glaubenden dazu bringt, sich der charakteristischen Anrufung Jesu – »Abba, Vater!« (Röm 8,15; Gal 4,6) – anzuschließen.
Die Mönche früherer Jahrhunderte waren sich dieser Wahrheit so sicher, daß es ihnen keine Sorge bereitete, die Psalmen in ihrer Muttersprache zu beten; es reichte ihnen der Gedanke, in gewisser Weise »Organe« des Heiligen Geistes zu sein. Sie waren davon überzeugt, daß ihr Glaube es ermöglichen würde, aus den Versen der Psalmen eine besondere »Kraft« des Heiligen Geistes freizusetzen. Die gleiche Überzeugung zeigt sich in jener typischen Verwendung der Psalmen, die »Stoßgebet« genannt wurde – vom lateinischen Wort *iaculum,* d.h. Pfeil – als Hinweis auf die recht kurzen Psalmensprüche, die gleichermaßen wie feurige Spitzen beispielsweise gegen die Versuchungen »geschleudert« werden konnten. Johannes Cassianus, ein Schriftsteller, der zwischen dem 4. und 5. Jahrhundert lebte, erinnert daran, daß einige Mönche die außerordentliche Wirksamkeit der knappen Einführung zum Psalm 70 entdeckt hatten: »O Gott, komm mir zu Hilfe. Herr, eile, mir zu helfen!«, die seitdem zum Eingangstor des Stundengebets wurde (vgl. *Conlationes,* 10,10; *Clavis Patrum Latinorum* 512, 298 ff.).

2. NEBEN DER GEGENWART des Heiligen Geistes ist eine weitere wichtige Dimension die des priesterlichen Handelns, die Christus in dieser Form des Gebets entfaltet, wobei er die Kirche, seine Braut, mit sich verbindet. In diesem Zusammenhang lehrt das II. Vatikanische Konzil im Hinblick auf das Stundengebet: »Der Hohepriester des neuen und ewigen Bundes,

Jesus Christus ... schart die gesamte Menschengemeinschaft um sich, um gemeinsam mit ihr diesen göttlichen Lobgesang zu singen. Diese priesterliche Aufgabe setzt er nämlich durch seine Kirche fort; sie lobt den Herrn ohne Unterlaß und tritt bei ihm für das Heil der ganzen Welt ein nicht nur in der Feier der Eucharistie, sondern auch in anderen Formen, besonders im Vollzug des Stundengebetes« (*Sacrosanctum Concilium,* 83).
Auch das Stundengebet besitzt also den Charakter eines öffentlichen Gebets, dem sich die Kirche besonders verbunden fühlt. Es ist erhellend, die Art und Weise wiederzuentdecken, wie die Kirche diese ihre besondere Verpflichtung zu einem Gebet, das auf die verschiedenen Abschnitte des Tages verteilt ist, im Laufe der Zeit definiert hat. Dazu muß man in die früheste Zeit der apostolischen Gemeinschaft zurückgehen, als noch eine enge Verbindung zwischen den christlichen und den sogenannten »gesetzlichen« Gebeten, also den vom mosaischen Recht vorgeschriebenen Gebeten, bestand, die zu bestimmten Tageszeiten im Tempel in Jerusalem verrichtet wurden. Aus der Apostelgeschichte wissen wir, daß die Apostel »einmütig im Tempel verharrten« (vgl. 2,46), oder auch daß sie »um die neunte Stunde zum Gebet in den Tempel hinaufgingen« (3,1). Wir wissen ebenfalls, daß die »gesetzlichen Gebete« im eigentlichen Sinn eben jene am Morgen und am Abend waren.

3. NACH UND NACH wählten die Jünger Jesu verschiedene Psalmen aus, die für bestimmte Zeiten des Tages, der Woche oder des Jahres besonders geeignet waren, denn sie hatten darin einen tiefen Sinn hinsichtlich des christlichen Geheimnisses erkannt. Maßgeblicher Zeuge für diesen Prozeß ist der hl. Cyprian, der in der ersten Hälfte des 3. Jahrhunderts folgendes schrieb: »Denn auch in der Frühe muß man beten, um die Auferstehung des Herrn in der Morgenandacht zu feiern. Dies deutete einst der Heilige Geist in den Psalmen an mit den Worten: ›Mein König und mein Gott, denn zu Dir will ich beten, mein Herr, in der Frühe. Und du wirst meine Stimme hören; frühe will ich vor Dich treten und Dich ansehen‹ (Ps 5,3–4) ... Ebenso hat man unbedingt wieder zu beten, wenn die Sonne untergeht und der Tag sich neigt; denn Christus ist die wahre Sonne und der wahre Tag. Wenn wir also beim Untergang der zeitlichen Sonne und beim Schwinden des zeitlichen Tages darum beten und bitten, das Licht möge von neuem über

uns aufgehen, so flehen wir um die Ankunft Christi, die uns die Gnade des ewigen Lichtes bringen soll« (*Über das Gebet des Herrn*, 35; aus: *Bibliothek der Kirchenväter*, Bd. 34, Kempten-München 1918).

4. DIE CHRISTLICHE ÜBERLIEFERUNG beschränkte sich nicht auf die Fortsetzung der jüdischen Tradition, sondern sie erneuerte einige Dinge, die der gesamten Gebetserfahrung der Jünger Jesu eine eigenständige Prägung geben sollten. Neben dem morgendlichen und abendlichen Gebet des *Vaterunser* wählten die Christen sich frei die Psalmen aus, mit denen sie ihr tägliches Gebet verrichten wollten. Im Laufe der Geschichte führte dieser Prozeß zur bevorzugten Verwendung bestimmter Psalmen anläßlich einiger besonders wichtiger Glaubensereignisse. Die wichtigste Rolle spielte dabei das *Gebet der Vigil*, das auf den Tag des Herrn, den Sonntag, vorbereitete, an dem das Ostern der Auferstehung gefeiert wurde.
Eine typisch christliche Eigenheit war überdies die Hinzufügung der trinitarischen Doxologie – »Ehre sei dem Vater und dem Sohn und dem Heiligen Geist« – am Ende jeden Psalms und Canticums. So wird jeder Psalm und jeder Canticum von der Fülle Gottes erleuchtet.

5. DAS CHRISTLICHE GEBET entsteht, nährt und entwickelt sich aus dem Glaubensereignis par excellence, nämlich dem Ostergeheimnis Christi. So gedachte man morgens und abends, bei Sonnenaufgang und -untergang, des Osterfestes, also des Übergangs des Herrn vom Tod zum Leben. Das Symbol Christi als »Licht der Welt« erscheint im Licht, das während des Vespergebets entzündet wird, das man deshalb auch *lucernarium* nennt. Die *Stunden des Tages* wiederum erinnern an den Bericht von der Passion des Herrn, und die dritte Stunde überdies an die Herabkunft des Heiligen Geistes an Pfingsten. Das *Nachtgebet* schließlich besitzt eschatologischen Charakter durch den Hinweis auf die Wachsamkeit, die Jesus in Erwartung seiner Wiederkunft fordert (vgl. Mk 13,35–37).
Durch diese Unterteilung ihres Gebets entsprachen die Christen dem Gebot des Herrn, »allzeit zu beten« (vgl. Lk 18,1; 21,36; 1 Thess 5,17; Eph 6,18), ohne allerdings dabei zu vergessen, daß das ganze Leben gewissermaßen zum Gebet werden muß. Origenes schreibt dazu: »Unablässig betet, wer sein Gebet mit

Taten, und Taten mit Gebet verbindet« *(De oratione,* 12,2; aus: *Katechismus der katholischen Kirche,* 2745).

Dieser Horizont stellt in seiner Gesamtheit das natürliche Umfeld des Gebets der Psalmen dar. Wenn sie auf diese Weise empfunden und erlebt werden, dann wird die jeden Psalm krönende trinitarische Doxologie für jeden Christgläubigen zum ständigen Wiedereintauchen, auf der Welle des Geistes und in Gemeinschaft mit dem ganzen Gottesvolk, in jenen Ozean des Lebens und des Friedens, in den er bei der Taufe eingesenkt wurde, nämlich in das Geheimnis des Vaters, des Sohnes und des Heiligen Geistes.

Generalaudienz vom 4. April 2001

# PSALM 63,2–9

2
*Gott, du mein Gott, dich suche ich,*
*meine Seele dürstet nach dir. Nach dir schmachtet mein Leib*
*wie dürres, lechzendes Land ohne Wasser.*
3
*Darum halte ich Ausschau nach dir im Heiligtum,*
*um deine Macht und Herrlichkeit zu sehen.*
4
*Denn deine Huld ist besser als das Leben;*
*darum preisen dich meine Lippen.*
5
*Ich will dich rühmen mein Leben lang,*
*in deinem Namen die Hände erheben.*
6
*Wie an Fett und Mark wird satt meine Seele,*
*mit jubelnden Lippen soll mein Mund dich preisen.*
7
*Ich denke an dich auf nächtlichem Lager*
*und sinne über dich nach, wenn ich wache.*
8
*Ja, du wurdest meine Hilfe;*
*jubeln kann ich im Schatten deiner Flügel.*
9
*Meine Seele hängt an dir,*
*deine rechte Hand hält mich fest.*

1. DER PSALM 63, über den wir heute nachdenken wollen, ist der Psalm der mystischen Liebe; er verherrlicht die vollkommene Hingabe an Gott, ausgehend von einer fast körperlichen Sehnsucht, die ihre Fülle in einer innigen und ewigen Umarmung erreicht. Das Gebet wird zum Sehnen, zu Hunger und Durst, denn es bezieht Seele und Leib ein.
Die hl. Theresa von Ávila schreibt: »Der Durst äußert den Wunsch nach etwas, einen so dringenden Wunsch, daß wir sterben, wenn er nicht erfüllt wird« (vgl. *Weg der Vollkommenheit*, Kap. XIX). Die Liturgie stellt uns die ersten beiden Strophen des Psalms vor, in deren Mittelpunkt die Symbole von Durst und Hunger stehen, während die dritte auf einen dunklen Horizont,

den des Urteils Gottes über das Böse, hinweist, im Gegensatz zur Helligkeit und Sanftheit der übrigen Verse.

2. BEGINNEN WIR ALSO unsere Betrachtung mit dem ersten *Gesang*, der *den Durst* nach Gott beschreibt (vgl. V. 2–4). Es ist früher Morgen, die Sonne geht gerade am klaren Himmel des Heiligen Landes auf, und der Betende beginnt seinen Tag, indem er sich zum Tempel begibt, um das Licht Gottes zu suchen. Er braucht diese Begegnung mit dem Herrn fast instinktiv, ja man möchte sagen »körperlich«. So wie das dürre Land tot ist, solange es nicht vom Regen bewässert wird, und wie es in den Bodenrissen einem durstigen und ausgetrockneten Mund gleicht, so sehnt sich der Gläubige nach Gott, um von ihm erfüllt zu werden und um auf diese Weise in Gemeinschaft mit ihm zu leben.
Der Prophet Jeremia hatte es bereits verkündet: Der Herr ist »Quell des lebendigen Wassers«, und er hatte das Volk dafür getadelt, »Zisternen mit Rissen (gegraben zu haben), die das Wasser nicht halten« (2,13). Jesus selbst wird laut ausrufen: »Wer Durst hat, komme zu mir, und es trinke, wer an mich glaubt« (Joh 7,37–38). In der Mittagszeit eines sonnigen und stillen Tages verspricht er der Samariterin: »Wer aber von dem Wasser trinkt, das ich ihm geben werde, wird niemals mehr Durst haben; vielmehr wird das Wasser, das ich ihm gebe, in ihm zur sprudelnden Quelle werden, deren Wasser ewiges Leben schenkt« (Joh 4,14).

3. DAS GEBET DES Psalms 63 steht hinsichtlich dieses Themas in Verbindung zum Gesang eines weiteren wunderschönen Psalms, nämlich des Psalms 42: »Wie der Hirsch lechzt nach frischem Wasser, so lechzt meine Seele, Gott, nach dir. Meine Seele dürstet nach Gott, dem lebendigen Gott« (V. 2–4). Im Hebräischen, der Sprache des Alten Testaments, wird der Begriff »Seele« mit dem Wort *nefesh* ausgedrückt; in manchen Texten wird damit der »Hals« bezeichnet, in vielen anderen erfährt er eine Bedeutungserweiterung und schließt die Gesamtheit der Person ein. In diesen Dimensionen betrachtet, hilft uns dieses Wort verstehen, wie grundlegend und tiefgehend das Bedürfnis nach Gott ist. Ohne ihn können wir nicht mehr atmen, ja das Leben selbst entschwindet. Daher geht der Psalmist so weit, die physische Existenz in eine untergeordnete Position zu stellen,

wenn die Einheit mit Gott fehlt: »Denn deine Huld ist besser als das Leben« (Ps 63,4). Auch im Psalm 73 wird er dem Herrn zurufen: »Neben dir erfreut mich nichts auf der Erde. Auch wenn mein Leib und mein Herz verschmachten, Gott ist der Fels meines Herzens und mein Anteil auf ewig … Gott nahe zu sein ist mein Glück« (V. 25–28).

4. NACH DEM GESANG des Durstes erscheint in den Worten des Psalmisten auch der *Gesang des Hungers* (vgl. Ps 63,6–9). Wahrscheinlich will der Betende mit den Darstellungen des üppigen Mahles und der Sattheit an eines jener Opfer erinnern, die im Tempel von Zion dargebracht wurden: das sogenannte Opfer »der Gemeinschaft«, also ein heiliges Mahl, bei dem die Gläubigen das Fleisch der Opfertiere aßen. Ein weiteres Grundbedürfnis des Lebens wird hier als Symbol der Gemeinschaft mit Gott verwendet: Der Hunger wird gestillt, wenn man das Wort Gottes hört und dem Herrn begegnet, denn »der Mensch lebt nicht nur von Brot, sondern der Mensch lebt von allem, was der Mund des Herrn spricht« (vgl. Dtn 8,3; Mt 4,4). Hier gehen die Gedanken des Christen zu dem Mahl, das der Herr am letzten Abend seines Erdenlebens bereitete und dessen tiefe Bedeutung er schon in der Rede in Kafarnaum erläutert hatte: »Denn mein Fleisch ist wirklich eine Speise, und mein Blut ist wirklich ein Trank. Wer mein Fleisch ißt und mein Blut trinkt, hat das ewige Leben, und ich werde ihn auferwecken am Letzten Tag« (Joh 6,55–56).

5. DURCH DIE MYSTISCHE Speise der Gemeinschaft mit Gott »hängt die Seele« an Ihm, wie der Psalmist erklärt. Auch an dieser Stelle ist mit dem Wort »Seele« der ganze Mensch gemeint. Nicht umsonst ist von einer Umarmung, von einer geradezu physischen Umklammerung die Rede: Gott und Mensch stehen nunmehr in voller Gemeinschaft, und auch die Lippen des Geschöpfs können nichts als freudiges und dankbares Lob verkünden. Auch wenn man sich in dunkler Nacht befindet, fühlt man sich von den Flügeln Gottes beschützt, so wie die Bundeslade von den Flügeln der Cherubim behütet wird. Dann erhebt sich der ekstatische Ausdruck von Freude: »Jubeln kann ich im Schatten deiner Flügel.« Die Angst löst sich auf, die Umarmung umklammert nicht die Leere, sondern Gott selbst, unsere Hand hält sich fest an der Kraft seiner Rechten (vgl. Ps 63,8–9).

6. BEI EINER AUSLEGUNG des Psalms im Lichte des Ostergeheimnisses finden der Durst und der Hunger, die uns zu Gott treiben, ihre Erfüllung im gekreuzigten und auferstandenen Christus, von dem – durch die Gabe des Geistes und der Sakramente – das neue Leben und die jenes Leben unterstützende Nahrung zu uns gelangen.
Daran erinnert uns der hl. Johannes Chrysostomus, der – als Kommentar zu den Worten aus dem Johannesevangelium: »und sogleich floß Blut und Wasser (aus der Seite Jesu) heraus« (19,34) – folgendes bemerkt: »Jenes Blut und jenes Wasser sind Symbole der Taufe und der Mysterien«, also der Eucharistie. Und er schließt mit den Worten: »Seht ihr, wodurch Christus die Braut mit ihm verband? Seht ihr, mit welcher Speise er uns alle nährt? Aus derselben Speise wurden wir gebildet, und aus ihr werden wir genährt. Denn wie die Frau ihr Kind mit ihrem Blut und ihrer Milch nährt, so nährt auch Christus denjenigen, den er selbst hervorgebracht hat, ständig mit seinem Blut« (vgl. *Homilie III an die Neugetauften,* 16–19 passim; *Sources Chrétiennes* 50 bis, 160–162).

Generalaudienz vom 25. April 2001

## DANIEL 3,57–88

*Preist den Herrn, all ihr Werke des Herrn;*
*lobt und rühmt ihn in Ewigkeit!*
*Preist den Herrn, ihr Himmel; preist den Herrn,*
*ihr Engel des Herrn!*
*All ihr Wasser über dem Himmel, preiset den Herrn;*
*all ihr Mächte des Herrn, preiset den Herrn!*
*Preist den Herrn, Sonne und Mond;*
*preist den Herrn, ihr Sterne am Himmel!*
*Preist den Herrn, aller Regen und Tau;*
*preist den Herrn, all ihr Winde!*
*Preist den Herrn, Feuer und Glut;*
*preist den Herrn, Frost und Hitze!*
*Preist den Herrn, Tau und Schnee;*
*preist den Herrn, Eis und Kälte!*
*Preist den Herrn, ihr Nächte und Tage;*
*preist den Herrn, Licht und Dunkel!*
*Preist den Herrn, Rauhreif und Schnee;*
*preist den Herrn, ihr Blitze und Wolken!*
*Die Erde preise den Herrn; sie lobe und rühme ihn in Ewigkeit.*
*Preist den Herrn, ihr Berge und Hügel;*
*preist den Herrn, all ihr Gewächse auf Erden!*
*Preist den Herrn, ihr Meere und Flüsse;*
*preist den Herrn, ihr Quellen!*
*Preist den Herrn, ihr Tiere des Meeres*
*und alles, was sich regt im Wasser; preist den Herrn,*
*all ihr Vögel am Himmel!*
*Preist den Herrn, all ihr Tiere, wilde und zahme;*
*preist den Herrn, ihr Menschen!*
*Preist den Herrn, ihr Israeliten; lobt und rühmt ihn in Ewigkeit!*
*Preist den Herrn, ihr seine Priester;*
*preist den Herrn, ihr seine Knechte!*
*Ihr Geister und Seelen der Gerechten, preiset den Herrn;*
*ihr Demütigen und Frommen, preiset den Herrn!*
*Preist den Herrn, Hananja, Asarja und Mischaël;*
*lobt und rühmt ihn in Ewigkeit!*

1. »PREIST DEN HERRN, all ihr Werke des Herrn« (Dan 3,57). Ein kosmischer Hauch durchzieht diesen Lobgesang aus dem

Buch Daniel, den das Stundengebet für die Laudes am Sonntag der ersten und dritten Woche vorsieht. Dieses wundervolle litaneiartige Gebet paßt sehr gut zum *Dies Domini,* zum Tag des Herrn, der uns im auferstandenen Christus den Höhepunkt des Heilsplanes Gottes für den Kosmos und die Geschichte betrachten läßt. Denn in ihm, Alpha und Omega, Anfang und Ende der Geschichte (vgl. Offb 22,13), erhält die Schöpfung selbst ihren ganzen Sinn, weil – wie Johannes im Prolog seines Evangeliums schreibt – »alles ... durch das Wort geworden (ist)« (1,3). In der Auferstehung Christi gipfelt die Heilsgeschichte, und die Menschheit öffnet sich für die Gabe des Geistes und der Gotteskindschaft in Erwartung der Wiederkehr des göttlichen Bräutigams, der die Welt an Gott, den Vater, übergeben wird (vgl. 1 Kor 15,24).

2. IN DIESEM LITANEIARTIGEN Text werden uns alle Dinge gleichsam vor Augen geführt. Der Blick richtet sich auf die Sonne, den Mond und die Sterne; er legt sich auf die unermeßliche Weite der Wasser, er erhebt sich zu den Bergen, er macht Halt bei den unterschiedlichen Wetterphänomenen; er geht von der Wärme zur Kälte, vom Licht zur Finsternis; er berücksichtigt die Welt der Mineralien und der Pflanzen und verweilt bei den verschiedenen Tierarten. Der Aufruf wird dann universaler Art: Er bezieht die Engel Gottes mit ein und wendet sich an alle Menschenkinder, besonders betrifft er jedoch das Volk Gottes, Israel, dessen Priester und Gerechte. Es ist ein großer Chor, eine Symphonie, in der die vielen Stimmen ihren Gesang zu Gott erheben, dem Schöpfer des Universums und Herrn der Geschichte. Im Lichte der christlichen Offenbarung vorgetragen, wendet er sich an den dreifaltigen Gott. Eben hierzu fordert uns ja die Liturgie auf, die dem Canticum eine trinitarische Formel hinzufügt: »Laßt uns preisen den Vater und den Sohn mit dem Heiligen Geist ...«

3. IN DIESEM LOBGESANG spiegelt sich in einem gewissen Sinn die universale religiöse Seele wider, die in der Welt die Spuren Gottes erkennt und sich zur Betrachtung des Schöpfers emporhebt. Im Zusammenhang des Buches Daniel hingegen stellt sich diese Hymne dar als Dank dreier junger Israeliten: Hananja, Asarja und Mischaël. Sie waren zum Tod durch Verbrennen in einem Ofen verurteilt, weil sie sich geweigert hatten,

die goldene Statue Nebukadnezars anzubeten, jedoch wurden sie auf wunderbare Weise vor den Flammen bewahrt. Hintergrund dieses Ereignisses ist jene besondere Heilsgeschichte, in der Gott das Volk Israel als sein Volk erwählt und mit ihm einen Bund schließt. Und genau diesem Bund wollen die drei jungen Israeliten treu bleiben, sogar um den Preis des Märtyrertods im Feuerofen. Ihre Treue findet eine Antwort in der Treue Gottes, der ihnen einen Engel sendet, um die Flammen von ihnen fernzuhalten (vgl. Dan 3,49).
Somit steht dieser Lobpreis in der Reihe jener Lobgesänge aufgrund überstandener Gefahren, wie wir sie im Alten Testament finden. Unter ihnen ist das Siegeslied in Kapitel 14 des Buches Exodus besonders berühmt: In ihm zeigen die Juden ihre Dankbarkeit gegenüber dem Herrn für jene Nacht, in der sie unweigerlich vom Heer des Pharao übermannt worden wären, wenn der Herr ihnen nicht eine Straße zwischen den Wassern gebahnt und »Rosse und Wagen« ins Meer geworfen hätte (Ex 15,1).

4. NICHT ZUFÄLLIG LÄSST uns die Liturgie jedes Jahr in der feierlichen Osternacht die von den Israeliten beim Auszug gesungene Hymne wiederholen. Die Straße, die ihnen damals bereitet wurde, verkündete prophetisch den neuen Weg, den der auferstandene Christus in der heiligen Nacht seiner Auferstehung von den Toten für die Menschheit eröffnet hat. Unser symbolischer Durchgang durch das Taufwasser erlaubt es uns, eine ähnliche Erfahrung des Übergangs vom Tod zum Leben zu machen, dank des Sieges über den Tod, den Jesus für uns alle errungen hat.
Wenn wir in der sonntäglichen Liturgie der Laudes den Lobpreis der drei jungen Israeliten wiederholen, wollen wir Jünger Christi in gleicher Weise Dank sagen für die großen Werke Gottes in der Schöpfung und vor allem im Ostergeheimnis.
Der Christ erkennt nämlich eine Verbindung zwischen der Befreiung der drei jungen Männer, von denen im Lobgesang die Rede ist, und der Auferstehung Jesu. In ihr sieht die Apostelgeschichte die Erfüllung des Gebets des Gläubigen, der – wie der Psalmist – vertrauensvoll singt: »Denn du gibst mich nicht der Unterwelt preis, noch läßt du deinen Frommen die Verwesung schauen« (Apg 2,27; Ps 16,10).
Diese Verbindung zwischen diesem Lobgesang und der Auferstehung ist tief in der Tradition verwurzelt. Es gibt uralte Zeug-

nisse dafür, daß dieser Hymnus ein Bestandteil des Gebetes am Tag des Herrn ist, dem wöchentlichen Osterfest der Christen. Außerdem sind in den römischen Katakomben ikonographische Fundstücke erhalten, auf denen die drei Jugendlichen betend und unversehrt zwischen den Flammen zu sehen sind und auf diese Weise die Wirksamkeit des Gebets und die Gewißheit des Eingreifens unseres Herrn bezeugen.

5. »GEPRIESEN BIST DU am Gewölbe des Himmels, gerühmt und verherrlicht in Ewigkeit« (Dan 3,56). Wenn der Christ diese Hymne am Sonntagmorgen singt, fühlt er sich dankbar – nicht nur für das Geschenk der Schöpfung, sondern auch weil er der Adressat der väterlichen Fürsorge Gottes ist, der ihn in Christus zur Würd eines Kindes Gottes erhoben hat.
Eine väterliche Fürsorge, die mit neuen Augen auf die Schöpfung schauen und deren Schönheit auskosten läßt, denn in ihr erkennt man – wie bei einem Wasserzeichen – die Liebe Gottes. Mit diesen Empfindungen betrachtete der hl. Franziskus von Assisi die Schöpfung und erhob sein Lob zu Gott, der letztendlichen Quelle aller Schönheit. Ganz spontan können wir uns vorstellen, daß die Preisungen dieses Bibeltextes in seinem Gemüt widerhallten, als er in San Damiano, nachdem er schwerstes Leid an Leib und Geist erfahren hatte, seinen Sonnengesang verfaßte.

Generalaudienz vom 2. Mai 2001

## PSALM 149

*1*
*Halleluja!*
*Singt dem Herrn ein neues Lied!*
*Sein Lob erschalle in der Gemeinde der Frommen.*
*2*
*Israel soll sich über seinen Schöpfer freuen,*
*die Kinder Zions über ihren König jauchzen.*
*3*
*Seinen Namen sollen sie loben beim Reigentanz,*
*ihm spielen auf Pauken und Harfen.*
*4*
*Der Herr hat an seinem Volk Gefallen,*
*die Gebeugten krönt er mit Sieg.*
*5*
*In festlichem Glanz sollen die Frommen frohlocken,*
*auf ihren Lagern jauchzen:*
*6*
*Loblieder auf Gott in ihrem Mund,*
*ein zweischneidiges Schwert in der Hand,*
*7*
*um die Vergeltung zu vollziehn an den Völkern,*
*an den Nationen das Strafgericht,*
*8*
*um ihre Könige mit Fesseln zu binden,*
*ihre Fürsten mit eisernen Ketten,*
*9*
*um Gericht über sie zu halten, so wie geschrieben steht.*
*Herrlich ist das für all seine Frommen.*
*Halleluja!*

1. »IN FESTLICHEM GLANZ sollen die Frommen frohlocken, auf ihren Lagern jauchzen« (V. 5): Dieser Aufruf aus Psalm 149, der soeben verkündet wurde, erinnert an das beginnende Morgengrauen und sieht die Gläubigen zum Anstimmen ihres Morgenlobs bereit. Dieses Lob wird mit einem beredten Ausdruck als »ein neues Lied« (V. 1) bezeichnet, d.h. als feierliche und vollkommene Hymne, für die Endzeit geeignet, wenn der Herr die Gerechten in einer neuen Welt versammeln wird. Der ganze

Psalm ist durchdrungen von einer festlichen Atmosphäre, eingeleitet vom anfänglichen *Halleluja:* Gesang, Lob, Freude, Tanz, Klang der Pauken und Harfen geben ihm seinen Rhythmus. Das von diesem Psalm angeregte Gebet ist Danksagung eines von religiösem Jubel erfüllten Herzens.

2. IM HEBRÄISCHEN ORIGINALTEXT des Hymnus werden die Protagonisten des Psalms mit zwei charakteristischen Begriffen der Spiritualität des Alten Testaments benannt. Zunächst werden sie dreimal als *hasidim* (V. 1.5.9) bezeichnet, also als »die Frommen, die Gläubigen«, die mit Treue und Liebe *(hesed)* auf die Vaterliebe des Herrn antworten.
Der zweite Teil des Psalms erregt Verwunderung, denn er ist geprägt von kriegerischen Ausdrücken. Es wirkt befremdlich, daß der Psalm in ein und demselben Vers »Loblieder auf Gott in ihrem Mund« neben »ein zweischneidiges Schwert in der Hand« stellt (V. 6). Wenn wir aber nachdenken, können wir den Grund hierfür verstehen: Der Psalm wurde für Gläubige verfaßt, die in einem Befreiungskrieg eingesetzt waren; sie kämpften für die Befreiung ihres unterdrückten Volkes, dem sie die Möglichkeit geben wollten, Gott zu dienen. Während der Epoche der Makkabäer, im 2. Jahrhundert v. Chr., nannten sich die Kämpfer für Freiheit und Glauben, die damals von den griechischen Machthabern hart unterdrückt wurden, *hasidim,* also jene, die dem Wort Gottes und den Überlieferungen der Väter »treu« sind.

3. IN DER GEGENWÄRTIGEN Perspektive unseres Gebets wird diese Kriegssymbolik zum Bild unseres Einsatzes als Gläubige, die sich – nach dem Gesang des Morgenlobs an Gott – auf die Straßen der Welt begeben, inmitten vieler Übel und Ungerechtigkeiten. Leider sind die Kräfte, die sich dem Reich Gottes entgegenstellen, sehr mächtig: Der Psalmist spricht von »Völkern, Nationen, Königen und Fürsten«. Und doch ist er zuversichtlich, denn er weiß den Herrn, den wahren König der Geschichte (vgl. V. 2), an seiner Seite. Sein Sieg über das Böse ist daher gewiß, und es wird der Triumph der Liebe sein. An diesem Kampf sind alle *hasidim,* alle Treuen und Gerechten beteiligt, die mit der Kraft des Geistes das wunderbare Werk, das den Namen Reich Gottes trägt, zur Vollendung bringen.

4. BEZÜGLICH DER HINWEISE des Psalms auf den »Chor« und auf die »Pauken und Harfen« kommentiert der hl. Augustinus: »Was ist ein Chor? … Der Chor ist eine Gruppe von Sängern, die gemeinsam singen. Wenn wir im Chor singen, müssen wir es im Einklang miteinander tun. Wenn man im Chor singt, verletzt auch nur eine einzige falsch singende Stimme den Zuhörer und verwirrt den Chor selbst« (vgl. *Enarrationes in Psalmos* 149; *Corpus Christianorum. Series Latina* 40,7,1–4).
Und hinsichtlich der vom Psalmist verwendeten Instrumente fragt er sich: »Warum nimmt der Psalmist Pauke und Harfe zur Hand?« Die Antwort: »Damit nicht nur die Stimme den Herrn lobe, sondern auch die Werke. Wenn man Pauke und Harfe zur Hand nimmt, stimmen Hände und Stimme sich aufeinander ein. So ist es auch bei dir. Wenn du das Halleluja singst, mußt du dem Hungrigen das Brot reichen, den Nackten bekleiden, den Pilger aufnehmen. Wenn du dies tust, singt nicht nur die Stimme, sondern die Stimme steht im Einklang mit den Händen, da die Wort mit den Werken übereinstimmen« (vgl. ebd., 8,1–4).

5. ES GIBT NOCH einen zweiten Ausdruck, mit dem die Betenden dieses Psalms bezeichnet werden: Sie sind die *anawim,* also »die Armen, die Gebeugten«. Dieser Begriff kommt im Psalter recht häufig vor auf und bezeichnet nicht nur die Unterdrückten, Elenden, die um der Gerechtigkeit willen Verfolgten, sondern auch die Menschen, die den moralischen Verpflichtungen des Bundes mit Gott treu bleiben und deshalb von jenen ausgegrenzt werden, die sich für Gewalt, Reichtum und Arroganz entscheiden. In diesem Licht versteht man, daß die »Armen« nicht nur eine soziale Kategorie sind, sondern daß es sich hierbei um eine geistliche Entscheidung handelt. Dies ist der Sinn der ersten Seligpreisung: »Selig, die arm sind vor Gott; denn ihnen gehört das Himmelreich« (Mt 5,3). Schon der Prophet Zefanja wandte sich folgendermaßen an die *anawim:* »Sucht den Herrn, ihr Gedemütigten im Land, die ihr nach dem Recht des Herrn lebt. Sucht Gerechtigkeit, sucht Demut! Vielleicht bleibt ihr geborgen am Tag des Zornes des Herrn« (Zef 2,3).

6. DER »TAG DES ZORNES des Herrn« ist genau der im zweiten Teil des Psalms beschriebene, wenn die Armen sich auf die Seite Gottes stellen, um gegen das Böse zu kämpfen. Allein be-

sitzen sie weder ausreichende Kraft noch die nötigen Mittel und Strategien, um sich dem Bösen zu widersetzen. Und doch läßt der Ausspruch des Psalmisten kein Zögern zu: »Der Herr hat an seinem Volk Gefallen, die Gebeugten *(anawim)* krönt er mit Sieg« (V. 4). So wird ideell das vorweggenommen, was der Apostel Paulus den Korinthern gegenüber erklärt: »Und das Niedrige in der Welt und das Verachtete hat Gott erwählt: das, was nichts ist, um das, was etwas ist, zu vernichten« (1 Kor 1,28).
In diesem Vertrauen machen sich die »Kinder Zions« (V. 2), *hasidim* und *anawim,* also die Treuen und die Armen, daran, ihr Zeugnis in Welt und Geschichte zu leben. Der Lobgesang Marias im Lukasevangelium – das *Magnifikat* – ist ein Widerhall der feinsten Empfindungen der »Kinder Zions«: freudiger Lobgesang auf Gott, den Retter, Danksagung für die großen Dinge, die der Mächtige in ihr gewirkt hat, Kampf gegen die Mächte des Bösen, Solidarität mit den Armen, Treue zum Gott des Bundes (vgl. Lk 1,46–55).

Generalaudienz vom 23. Mai 2001

## PSALM 5,2–10.12–13

2
*Höre meine Worte, Herr,*
*achte auf mein Seufzen!*
3
*Vernimm mein lautes Schreien, mein König und mein Gott,*
*denn ich flehe zu dir.*
4
*Herr, am Morgen hörst du mein Rufen,*
*am Morgen rüst' ich das Opfer zu, halte Ausschau nach dir.*
5
*Denn du bist kein Gott, dem das Unrecht gefällt;*
*der Frevler darf nicht bei dir weilen.*
6
*Wer sich brüstet, besteht nicht vor deinen Augen;*
*denn dein Haß trifft alle, die Böses tun.*
7
*Du läßt die Lügner zugrunde gehn,*
*Mörder und Betrüger sind dem Herrn ein Greuel.*
8
*Ich aber darf dein Haus betreten*
*dank deiner großen Güte, ich werfe mich nieder in Ehrfurcht*
*vor deinem heiligen Tempel.*
9
*Leite mich, Herr, in deiner Gerechtigkeit,*
*meinen Feinden zum Trotz;*
*bne deinen Weg vor mir!*
10
*Aus ihrem Mund kommt kein wahres Wort,*
*ihr Inneres ist voll Verderben. Ihre Kehle ist ein offenes Grab,*
*aalglatt ist ihre Zunge.*
12
*Doch alle sollen sich freuen, die auf dich vertrauen,*
*und sollen immerfort jubeln.*
*Beschütze alle, die deinen Namen lieben,*
*damit sie dich rühmen.*
13
*Denn du, Herr, segnest den Gerechten.*
*Wie mit einem Schild deckst du ihn mit deiner Gnade.*

1. »HERR, AM MORGEN hörst du mein Rufen, am Morgen rüst' ich das Opfer zu, halte Ausschau nach dir« (V. 4). Durch diese Worte wird uns Psalm 5 als Morgengebet vorgestellt, und er paßt daher gut zur Liturgie der Laudes, also zum Gesang des Gläubigen zu Tagesbeginn. Der Grundton dieser Anrufung ist zwar von Anspannung und Furcht vor den hereinbrechenden Gefahren und Bitterkeiten geprägt, aber das Vertrauen zu Gott, der immer bereit ist, seinem Gläubigen zu Hilfe zu kommen, damit er auf seinem Lebensweg nicht strauchelt, läßt dennoch nicht nach.

»Niemand außer der Kirche besitzt ein solches Vertrauen« (vgl. hl. Hieronymus, *Tractatus LIX in psalmos,* 5,27; PL 26,829). Der hl. Augustinus hingegen lenkt die Aufmerksamkeit auf den Titel, der dem Psalm vorangestellt ist und der in seiner lateinischen Version lautet: *»Für diejenige, die das Erbteil erhält.«* Er merkt hierzu an: »Es handelt sich um die Kirche, die durch unseren Herrn Jesus Christus das ewige Leben zum Erbe erhält, damit sie Gott selbst besitzt, an ihm festhält und in ihm ihr Glück findet gemäß der Schrift: *Selig, die keine Gewalt anwenden, denn sie werden das Land erben* (Mt 5,5)« (vgl. *Enarrationes in Psalmos,* 5: *Corpus Christianorum. Series Latina* 38,1,2).

2. ÄHNLICH WIE IN jenen Psalmen, in denen der Herr um Befreiung vom Bösen angefleht wird, treten auch in diesem Psalm drei Personen in Erscheinung. Zunächst erscheint *Gott* (V. 2–7), das »Du« des Psalms schlechthin, an den sich der Betende vertrauensvoll wendet. Angesichts der Alpträume eines mühevollen und vielleicht sogar gefährlichen Tages stellt sich Gewißheit ein. Der Herr ist ein kohärenter Gott, er ist streng gegen die Ungerechtigkeit, und jeder Kompromiß mit dem Bösen liegt ihm fern: »Du bist kein Gott, dem das Unrecht gefällt« (V. 5).

Eine lange Reihe böser Menschen – der Frevler, der Tor, der Missetäter, der Lügner, der Mörder, der Betrüger – zieht vor dem Blick Gottes vorbei. Er ist der heilige und gerechte Gott, der sich auf die Seite derer stellt, die die Wege der Wahrheit und Liebe gehen und sich denen widersetzen, deren »Straßen zu den Totengeistern hinab« führen (vgl. Spr 2,18). Der Gläubige fühlt sich also nicht einsam und verlassen, wenn er der Stadt entgegentritt und eindringt in die Gesellschaft und die Wirren der täglichen Begebenheiten.

3. IN DEN VERSEN 8 und 9 unseres Morgengebets stellt sich die zweite Person, der Betende, durch das Wort »Ich« vor und zeigt, daß sein ganzes Wesen Gott und seiner »großen Güte« geweiht ist. Er ist sich sicher, daß die den Gottlosen verschlossenen Tore des Tempels, also des Ortes der Gemeinschaft und der Vertrautheit mit Gott, ihm selbst weit offen stehen. Er tritt dort ein, um die Sicherheit des göttlichen Schutzes auszukosten, während draußen das Böse herrscht und seine vermeintlichen und vergänglichen Triumphe feiert.
Aus dem Morgengebet im Tempel erhält der Gläubige die innere Kraft, um sich einer oft feindseligen Welt stellen zu können. Der Herr selbst wird ihn an der Hand nehmen und ihn durch die Straßen der Stadt leiten, ja er wird sogar seinen »Weg ebnen«, wie der Psalmist mit einem einfachen, aber einprägsamen Bild sagt. Im hebräischen Original gründet dieses zuversichtliche Vertrauen auf zwei Begriffen *(hesed* und *sedaqah):* »Erbarmen« oder »Treue« einerseits und »Gerechtigkeit« oder »Heil« andererseits. Es handelt sich hierbei um charakteristische Worte zur Verherrlichung des Bundes, der den Herrn mit seinem Volk und mit den einzelnen Gläubigen vereint.

4. SCHLIESSLICH ZEICHNET SICH am Horizont die dunkle Gestalt des dritten Darstellers dieses alltäglichen Dramas ab: Es sind die *»Feinde«*, die *»Bösen«*, die schon in den vorigen Versen im Hintergrund zu erahnen waren. Nach dem »Du« Gottes« und dem »Ich« des Betenden kommt nun ein »Sie«, das auf eine feindliche Menge, als Symbol des Bösen in der Welt, hinweist (V. 10–11). Ihre Physiognomie wird auf der Grundlage eines wesentlichen Elements der sozialen Kommunikation, nämlich des *»Wortes«*, aufgezeigt. Vier Körperteile – Mund, Inneres, Kehle, Zunge – bringen die Radikalität der ihren Entscheidungen innewohnenden Bosheit zum Ausdruck. Ihr Mund ist voller Falschheit, ihr Inneres trachtet ständig nach Hinterlist, ihre Kehle ist wie ein offenes Grab, das immer nur den Tod will, ihre Zunge ist verführerisch, aber »voll von tödlichem Gift« (Jak 3,8).

5. NACH DIESER DRASTISCHEN und realistischen Darstellung des Niederträchtigen, der den Gerechten bedroht, erfleht der Psalmist in einem Vers (11) die Verurteilung durch Gott; die christliche Liturgie läßt diesen Vers aus, denn sie will auf diese Weise der neutestamentlichen Auffassung von der barmherzi-

gen Liebe entsprechen, die auch dem Übeltäter die Möglichkeit zur Umkehr einräumt.
Das Gebet des Psalmisten erreicht dann – nach dem düsteren, zuvor aufgezeigten Profil des Sünders – ein Finale voller Licht und Frieden (V. 12–13). Eine Welle der Zuversicht und des Glücks umströmt die Menschen, die dem Herrn treu sind. Der Tag, der sich nun vor dem Gläubigen auftut, wird zwar von Mühen und Sorgen geprägt sein, aber es wird immer die Sonne des göttlichen Segens über ihm stehen. Der Psalmist, der das Herz und den Stil Gottes bis in die Tiefe kennt, hat keinen Zweifel: »Du, Herr, segnest den Gerechten. Wie mit einem Schild deckst du ihn mit deiner Gnade« (V. 13).

Generalaudienz vom 30. Mai 2001

# 1 CHRONIK 29,10–13

10
*Gepriesen bist du, Herr, Gott unseres Vaters Israel,*
*von Ewigkeit zu Ewigkeit.*
11
*Dein, Herr, sind Größe und Kraft, Ruhm und Glanz und Hoheit;*
*dein ist alles im Himmel und auf Erden.*
*Herr, dein ist das Königtum.*
*Du erhebst dich als Haupt über alles.*
12
*Reichtum und Ehre kommen von dir;*
*du bist der Herrscher über das All.*
*In deiner Hand liegen Kraft und Stärke;*
*von deiner Hand kommt alle Größe und Macht.*
13
*Darum danken wir dir, unser Gott,*
*und rühmen deinen herrlichen Namen.*

1. »GEPRIESEN BIST DU, Herr, Gott unseres Vaters Israel« (1 Chr 29,10). Dieser eindrucksvolle Lobeshymnus, den das 1. Buch der Chronik in den Mund Davids legt, läßt uns aufs neue den Freudenausbruch nachempfinden, mit dem die Gemeinschaft des Alten Bundes die großen Vorbereitungen für den Tempelbau begrüßte; er war das Ergebnis der gemeinsamen Bemühungen des Königs und der vielen, die hierfür Opfer gebracht hatten. Ihre Freigebigkeit war fast zum Wettstreit geworden, denn es ging ja um eine Wohnstatt, die »nicht für Menschen, sondern für Gott, den Herrn« bestimmt war (1 Chr 29,1).
Jahrhunderte später befaßt sich der Chronist mit diesem Ereignis; er erahnt die Empfindungen Davids und die des ganzen Volkes sowie deren Freude und Bewunderung gegenüber allen, die einen Beitrag dazu geleistet hatten: »Das Volk freute sich über diese Freigebigkeit;denn sie hatten mit ungeteiltem Herzen willig für den Herrn gespendet. Auch König David hatte eine große Freude« (1 Chr 29,9).

2 IN DIESEM ZUSAMMENHANG entsteht dieser Hymnus. Er hält sich allerdings nur kurz bei der menschlichen Genugtuung auf, um sofort die Herrlichkeit Gottes in den Mittelpunkt

der Aufmerksamkeit zu rücken: »Dein, Herr, sind Größe und Kraft ... dein ist das Königtum.« Die große Versuchung, die überall dort lauert, wo Werke für den Herrn getan werden, besteht darin, sich selbst in den Mittelpunkt zu stellen und sich dadurch gewissermaßen als »Gläubiger« Gottes zu fühlen. David hingegen schreibt alles dem Herrn zu. Nicht der Mensch – mit seiner Intelligenz und Kraft – ist der erste Urheber aller Dinge, sondern Gott selbst.

So bringt David die tiefe Wahrheit zum Ausdruck, daß alles Gnade ist. In gewissem Sinne ist alles, was für den Tempel zur Verfügung gestellt wurde, nichts anderes als die äußerst geringe Rückerstattung dessen, was Israel in dem unschätzbaren Geschenk des von Gott mit den Vätern geschlossenen Bundes erhalten hat. In gleicher Weise rechnet David dem Herrn all das als Verdienst an, was auf militärischer, politischer und wirtschaftlicher Ebene seinen Erfolg ausmacht. Alles kommt von Ihm!

3. DARAUS ERGIBT SICH der kontemplative Impetus dieser Verse. Es scheint, als reichten dem Verfasser des Hymnus Worte allein nicht aus, um die Größe und Macht Gottes zu bekennen. Er schaut auf ihn zunächst in seiner besonderen Vaterschaft, die er Israel, »unserem Vater«, zuteil werden ließ. Dies ist der erste Titel, der »von Ewigkeit zu Ewigkeit« Lob erfordert.

Beim christlichen Lesen dieser Worte dürfen wir nicht vergessen, daß diese Vaterschaft sich in der Menschwerdung des Gottessohnes vollkommen offenbart hat. Er, und nur Er, kann sich mit der vertrauten Anrede »Abba« (Mk 14,36) im eigentlichen Sinn an den Vater wenden. Zugleich wird uns durch die Gabe des Geistes seine Sohnschaft mitgeteilt, die uns zu »Söhnen im Sohn« macht. Das Lob, welches das damalige Israel an Gott-Vater richtet, nimmt für uns jene Intensität an, die Jesus uns aufgezeigt hat, als er uns lehrte, Gott »unseren Vater« zu nennen.

4. DER BLICKWINKEL DES biblischen Autors weitet sich dann von der Heilsgeschichte auf den gesamten Kosmos aus, um die Größe des Schöpfergottes zu betrachten: »Dein ist alles im Himmel und auf Erden.« Und weiter: »Du erhebst dich als Haupt über alles.« Wie im Psalm 8 erhebt der Betende unseres Hymnus sein Gesicht zur unendlichen Weite des Himmels und richtet dann seinen erstaunten Blick auf die Unermeßlichkeit der Erde; alles sieht er der Herrschaft des Schöpfers unterwor-

fen. Wie soll er die Herrlichkeit Gottes zum Ausdruck bringen? Die Worte überschlagen sich in einer Art mystischem Drang: Größe, Kraft, Ruhm, Glanz und Hoheit; und dann noch einmal Kraft und Stärke. Alles, was der Mensch an Schönem und Großem erfährt, soll auf Denjenigen bezogen werden, der am Ursprung aller Dinge steht und alles regiert. Der Mensch weiß, daß all sein Besitz ein Geschenk Gottes ist, wie David in seinem Hymnus dann auch hervorhebt: »Doch wer bin ich, und was ist mein Volk, daß wir die Kraft besaßen, diese Gaben zu spenden? Von dir kommt ja alles; und was wir dir gegeben haben, stammt aus deiner Hand« (1 Chr 29,14).

5. DIESE AUFFASSUNG VON der geschaffenen Wirklichkeit als Geschenk Gottes hilft uns, die Gefühle des Lobes und der Dankbarkeit dieses Hymnus mit jener wahren »Opfer«-Spiritualität zu verbinden, die uns die christliche Liturgie vor allem in der Eucharistiefeier erleben läßt. Dies geht aus dem zweifachen Gebet hervor, mit dem der Priester Brot und Wein darbringt, die zum Leib und Blut Christi werden sollen: »Du schenkst uns das Brot, die Frucht der Erde und der menschlichen Arbeit. Wir bringen dieses Brot vor dein Angesicht, damit es uns das Brot des Lebens werde.« Das Gebet wird danach über den Wein gesprochen. Ähnliche Empfindungen werden sowohl von der byzantinischen *Göttlichen Liturgie* als auch von dem alten *Römischen Kanon* nahegelegt, wenn in der eucharistischen Anamnese das Bewußtsein zum Ausdruck gebracht wird, daß Gott die von ihm empfangenen Dinge als Geschenk dargebracht werden.

6. EINE LETZTES MAL finden wir diese Auffassung von Gott, als in diesem Hymnus die menschliche Erfahrung von Reichtum und Macht beschrieben wird. Beide Dimensionen kamen zum Vorschein, als David das zum Tempelbau Nötige bereitstellte. Diese universale Versuchung konnte auch für ihn selbst zur Versuchung werden: nämlich so zu handeln, als sei man absoluter Richter über den eigenen Besitz, und diesen Besitz zur Ursache des Stolzes und der Unterdrückung anderer zu machen. Das in diesem Hymnus gesprochene Gebet führt den Menschen zu seiner Dimension als »Bedürftiger« zurück, der alles empfängt.

Die Könige dieser Erde sind also nur ein Abbild des himmlischen Königtums: »Herr, dein ist das Königtum.« Die Reichen sollen die Herkunft ihrer Güter nicht vergessen: »Reichtum und Ehre kommen von dir.« Der Christ ist aufgerufen, diese Äußerungen zu deuten, indem er jubelnd den auferstandenen Christus betrachtet, der von Gott verherrlicht wurde »über alle Fürsten und Gewalten, Mächte und Herrschaften« (Eph 1,21). Christus ist der wahre König des Universums.

Generalaudienz vom 6. Juni 2001

## PSALM 29

1
*Bringt dar dem Herrn, ihr Himmlischen,*
*bringt dar dem Herrn Lob und Ehre!*
2
*Bringt dar dem Herrn die Ehre seines Namens,*
*werft euch nieder vor dem Herrn in heiligem Schmuck!*
3
*Die Stimme des Herrn erschallt über den Wassern.*
*Der Gott der Herrlichkeit donnert,*
*der Herr über gewaltigen Wassern.*
4
*Die Stimme des Herrn ertönt mit Macht,*
*die Stimme des Herrn voll Majestät.*
5
*Die Stimme des Herrn zerbricht die Zedern,*
*der Herr zerschmettert die Zedern des Libanon.*
6
*Er läßt den Libanon hüpfen wie ein Kalb,*
*wie einen Wildstier den Sirjon.*
7
*Die Stimme des Herrn sprüht flammendes Feuer,*
8
*die Stimme des Herrn läßt die Wüste beben,*
*beben läßt der Herr die Wüste von Kadesch.*
9
*Die Stimme des Herrn wirbelt Eichen empor,*
*sie reißt ganze Wälder kahl.*
*In seinem Palast rufen alle: O herrlicher Gott!*
10
*Der Herr thront über der Flut,*
*der Herr thront als König in Ewigkeit.*
11
*Der Herr gebe Kraft seinem Volk.*
*Der Herr segne sein Volk mit Frieden!*

1. EINIGE GELEHRTE BETRACHTEN den Psalm 29, den wir soeben gehört haben, als einen der ältesten Texte des Psalters. Machtvoll ist das Bild, das ihn in seiner poetischen und gebets-

gleichen Entfaltung stützt: uns wird nämlich geschildert, wie ein Sturm sich fortschreitend entwickelt. Im hebräischen Originaltext wird er durch den Ausdruck *qol* rhythmisiert, der sowohl »Stimme« als auch »Donner« bedeutet. Deshalb bezeichnen manche Exegeten unseren Text als den »Psalm der sieben Donner«, gemäß der Anzahl der Stellen, an denen dieses Wort erklingt. In der Tat kann man sagen, der Psalmist hab den Donner als Symbol der Stimme Gottes aufgefaßt, die mit ihrem transzendenten und unerreichbaren Geheimnis in die geschaffene Wirklichkeit einbricht, die hierdurch bestürzt und verängstigt ist; in ihrem tiefen Sinn jedoch ist sie ein Wort des Friedens und der Eintracht. Unsere Gedanken gehen an dieser Stelle zum 12. Kapitel des Johannesevangeliums, wo die Stimme, die aus dem Himmel zu Jesus spricht, von der Menschenmenge als Donner empfunden wird (vgl. Joh 12,28–29).
Wenn uns das Stundengebet den Psalm 29 für das Gebet der Laudes vorschlägt, fordert es uns damit zu einer Haltung tiefer und vertrauensvoller Verehrung der göttlichen Majestät auf.

2. ES GIBT ZWEI ZEITPUNKTE und Orte, zu denen der biblische Autor uns führt. Im Mittelpunkt (V. 3–9) steht die Schilderung des Sturms, der über den »gewaltigen Wassern« des Mittelmeers losbricht. Das Meerwasser verkörpert – in den Augen der Menschen aus biblischer Zeit – das Chaos, das die Schönheit und den Glanz der Schöpfung beschädigt, bis hin zu ihrer Zersetzung, Zerstörung und ihrem Zerfall. In der Betrachtung des tosenden Unwetters macht man so die Entdekkung der grenzenlosen Macht Gottes. Der Betende sieht den Orkan nach Norden ziehen und über das Festland hinwegfegen. Die hohen Zedern des Berges Libanon und des Berges Sirjon, der an anderer Stelle Hermon genannt wird, werden von den Blitzen zerschmettert und scheinen unter den Donnerschlägen wie verängstigte Tiere zu hüpfen. Die Donnerschläge kommen näher, sie durchqueren das ganze Heilige Land und erreichen den Süden, die Wüstensteppe von Kadesch.

3. NACH DIESEM BILD mit seiner starken Bewegung und Spannung werden wir aufgefordert, im Kontrast hierzu eine andere Szene zu betrachten, die am Anfang und am Schluß des Psalms dargestellt ist (V. 1–2 und 9b–11). Auf die Bestürzung

und Angst folgt nun die anbetende Verherrlichung Gottes im Tempel Zions.
Es besteht eine Art Verbindungsweg zwischen dem Heiligtum in Jerusalem und dem himmlischen Heiligtum: An diesen beiden heiligen Orten herrscht Friede, und es erhebt sich dort das Lob der göttlichen Herrlichkeit. Der ohrenbetäubende Lärm der Donnerschläge wird ersetzt durch die Harmonie des liturgischen Gesangs, der Schrecken durch die Gewißheit des göttlichen Schutzes. Jetzt erscheint Gott »über der Flut (thronend …) als König in Ewigkeit« (V. 10), das heißt als Herr und oberster Herrscher der ganzen Schöpfung.

4. ANGESICHTS DIESER BEIDEN gegensätzlichen Darstellungen ist der Betende dazu aufgefordert, eine zweifache Erfahrung zu machen. Zunächst soll er entdecken, daß das Geheimnis Gottes, symbolisiert durch den Sturm, nicht vom Menschen erfaßt und beherrscht werden kann. Wie der Prophet Jesaja singt, bricht der Herr wie Blitz oder Sturm in die Geschichte ein und verbreitet Panik unter den Frevlern und Unterdrückern. Unter der Macht seines Urteils werden die hochmütigen Gegner entwurzelt wie vom Orkan erfaßte Bäume oder wie von den göttlichen Blitzstrahlen zertrümmerte Zedern (vgl. Jes 14,7–8).
In diesem Licht kommt das zur Geltung, was ein Denker der Moderne (Rudolf Otto) als das *tremendum* Gottes bezeichnete, also seine unbegreifliche Transzendenz und seine Gegenwart als gerechter Richter in der Geschichte der Menschheit. Der Mensch glaubt vergeblich, sich der souveränen Herrschaft Gottes widersetzen zu können. Auch Maria wird im *Magnifikat* diesen Aspekt des göttlichen Handelns preisen: »Er vollbringt mit seinem Arm machtvolle Taten: Er zerstreut, die im Herzen voll Hochmut sind; er stürzt die Mächtigen vom Thron« (Lk 1,51–52a).

5. DER PSALM STELLT uns einen weiteren Aspekt des Antlitzes Gottes vor Augen, den man in der Vertrautheit des Gebets und in der Feier der Liturgie entdeckt. Es handelt sich, nach dem oben genannten Denker, um das *fascinosum* Gottes, also um die Faszination, die von seiner Gnade ausgeht, um das Geheimnis der Liebe, die sich über dem Gläubigen ausgießt, um die zuversichtliche Gewißheit des dem Gerechten vorbehaltenen Segens. Der Betende fühlt sich im Frieden – sogar angesichts des Chaos

des Bösen, angesichts der Stürme der Geschichte und dem Zorn der göttlichen Gerechtigkeit – eingehüllt in den schützenden Mantel, den die Vorsehung all jenen bietet, die Gott loben und seinen Wegen folgen. Durch das Gebet erkennt man, daß der wahre Wunsch Gottes ist, den Frieden zu schenken.
Im Tempel wird unsere Unruhe geheilt und unser Schrecken ausgelöscht; wir nehmen an der himmlischen Liturgie teil mit allen »Kindern Gottes«, mit den Engeln und Heiligen. Über dem Sturm – welcher der zerstörerischen Flut der menschlichen Bosheit ähnelt – wölbt sich dann der Regenbogen des göttlichen Segens, der an »den ewigen Bund zwischen Gott und allen lebenden Wesen, allen Wesen aus Fleisch auf der Erde« erinnert (vgl. Gen 9,16).
Dies vor allem ist die Botschaft, die aus einer »christlichen« Auslegung des Psalms hervorgeht. Wenn die sieben »Donner« unseres Psalms die Stimme Gottes im Kosmos darstellen, ist der höchste Ausdruck dieser Stimme derjenige, mit dem der Vater in der Theophanie der Taufe Jesu dessen tiefste Identität als »geliebter Sohn« (Mk 1,11 und par.) offenbarte. Der hl. Basilius schreibt: »Mystisch betrachtet hallte die Stimme Gottes über den Wassern, als bei der Taufe Jesu eine Stimme aus der Höhe kam und sagte: Das ist mein geliebter Sohn. Damals schwebte der Herr nämlich über vielen Wassern und heiligte sie mit der Taufe. Der Gott der Herrlichkeit donnerte aus der Höhe mit der starken Stimme seines Zeugnisses … Unter ›Donner‹ kannst du auch jene Veränderung verstehen, die sich nach der Taufe durch die starke ›Stimme‹ des Evangeliums vollzieht« (vgl. *Homilien zu den Psalmen; Patrologia Graeca* 30, 359).

Generalaudienz vom 13. Juni 2001

## PSALM 24

1
*Dem Herrn gehört die Erde und was sie erfüllt,*
*der Erdkreis und seine Bewohner.*
2
*Denn er hat ihn auf Meere gegründet,*
*ihn über Strömen befestigt.*
3
*Wer darf hinaufziehn zum Berg des Herrn,*
*wer darf stehn an seiner heiligen Stätte?*
4
*Der reine Hände hat und ein lauteres Herz,*
*der nicht betrügt und keinen Meineid schwört.*
5
*Er wird Segen empfangen vom Herrn*
*und Heil von Gott, seinem Helfer.*
6
*Das sind die Menschen, die nach ihm fragen,*
*die dein Antlitz suchen, Gott Jakobs.*
7
*Ihr Tore, hebt euch nach oben,*
*hebt euch, ihr uralten Pforten;*
*denn es kommt der König der Herrlichkeit.*
8
*Wer ist der König der Herrlichkeit?*
*Der Herr, stark und gewaltig,*
*der Herr, mächtig im Kampf.*
9
*Ihr Tore, hebt euch nach oben,*
*hebt euch, ihr uralten Pforten;*
*denn es kommt der König der Herrlichkeit.*
10
*Wer ist der König der Herrlichkeit?*
*Der Herr der Heerscharen,*
*er ist der König der Herrlichkeit.*

1. DER ALTE GESANG des Gottesvolkes, den wir soeben gehört haben, erklang vor dem Hintergrund des Tempels von Jerusalem. Um den Leitgedanken, der diesen Hymnus durch-

zieht, besser erkennen zu können, müssen wir uns drei seiner Grundvoraussetzungen deutlich vor Augen halten. Die erste betrifft die Wahrheit über die Schöpfung: Gott hat die Welt erschaffen und ist Herr über sie. Die zweite bezieht sich auf das Gericht, vor das Er seine Geschöpfe stellt: Wir müssen vor Ihn treten und werden über das befragt, was wir getan haben. Die dritte ist das Geheimnis des Kommens Gottes: Er kommt in den Kosmos und die Geschichte und möchte freien Zugang haben, um ein Verhältnis tiefer Gemeinschaft zu den Menschen aufzubauen. Ein Gelehrter der Moderne merkte hierzu an: »Dies sind drei grundlegende Formen der Gotteserfahrung und des Verhältnisses zu Gott; wir leben durch das Wirken Gottes, vor Gott und wir können mit Gott leben« (vgl. Gerhard Ebeling, *Sui Salmi,* Brescia 1973, S. 97).

2. DIESEN DREI VORAUSSETZUNGEN entsprechen die drei Abschnitte des Psalms 24, die wir jetzt vertieft betrachten wollen, indem wir sie als drei Tafeln eines poetischen und gebetsähnlichen Triptychons ansehen. Der erste Abschnitt ist eine kurze Anrufung des Schöpfers, dem der Erdkreis mit seinen Bewohnern gehört (vgl. V. 1–2). Es ist eine Art Bekenntnis des Glaubens an den Herrn des Kosmos und der Geschichte. Gemäß der antiken Weltanschauung wird die Schöpfung als architektonisches Werk aufgefaßt: Gott setzt das Fundament der Erde ins Meer, welches die chaotischen und verheerenden Wasser symbolisiert und bildhaft die Begrenztheit der Geschöpfe aufzeigt, die unter dem Einfluß des Nichts und des Bösen stehen. Die geschaffene Wirklichkeit schwebt über diesem Abgrund, während das schöpferische und umsichtige Werk Gottes sie im Sein und am Leben erhält.

3. VOM KOSMISCHEN HORIZONT ausgehend konzentriert sich der Blickwinkel des Psalmisten nun auf den Mikrokosmos des Zion, den »Berg des Herrn«. Es handelt sich hierbei um das zweite Bild des Psalms (vgl. V. 3–6); wir stehen vor dem Tempel von Jerusalem. Die Prozession der Gläubigen richtet eine Frage an die Wächter der heiligen Pforte, um Einlaß zu bekommen: »Wer darf hinaufziehn zum Berg des Herrn, wer darf stehn an seiner heiligen Stätte?« Wie an verschiedenen anderen Bibelstellen, die von den Forschern als »Einzugsliturgie« bezeichnet werden (vgl. Ps 15; Jes 33,14–16; Mi 6, 6–8), antworten die Prie-

ster mit einer Aufzählung der Bedingungen für den Zugang zur Gemeinschaft mit dem Herrn im Gottesdienst. Es handelt sich nicht um rein rituelle und äußerliche Normen, die es zu beachten gilt, sondern um moralische und existentielle Verpflichtungen, die auch praktiziert werden müssen. Es geht gleichsam um eine Gewissenserforschung oder einen Bußakt vor der liturgischen Feier.

4. DREI FORDERUNGEN STELLEN uns die Priester vor. Zunächst sollen wir »reine Hände und ein lauteres Herz« haben. Die Begriffe »Herz« und »Hände« stehen jeweils für unser Tun und unsere Absichten, also für das gesamte Wesen des Menschen, das radikal auf Gott und sein Gesetz ausgerichtet sein soll. Die zweite Forderung lautet, »nicht zu betrügen«; im Sprachgebrauch der Bibel verweist dies nicht nur auf die Ehrlichkeit, sondern vor allem auf den Kampf gegen den Götzenkult, denn die Götzen sind falsche Götter, also »Betrug«. Somit wird das erste Gebot des Dekalogs, also die Reinheit der Religion und der Gottesverehrung, bekräftigt. Schließlich wird die dritte Bedingung angeführt, die das Verhältnis zum Nächsten betrifft: »Keinen Meineid schwören.« Wie wir wissen, durfte das Wort in einer auf mündlicher Kommunikation beruhenden Kultur wie jener des antiken Israel nicht zum Mittel der Täuschung werden, im Gegenteil: Es war das Symbol für soziale Beziehungen, die sich an Gerechtigkeit und Redlichkeit orientieren.

5. SOMIT KOMMEN WIR zum dritten Bild, das indirekt den festlichen Einzug der Gläubigen in den Tempel zur Begegnung mit dem Herrn beschreibt (vgl. V. 7–10). In einem wirkungsvollen Wechselspiel von Anrufungen, Fragen und Antworten stellt sich die allmähliche Selbstoffenbarung Gottes dar, die gekennzeichnet ist von drei feierlichen Titeln: »König der Herrlichkeit«; »der Herr, stark und gewaltig«; »der Herr der Heerscharen«. Die Tore des Tempels von Zion werden personifiziert dargestellt und aufgefordert, sich nach oben zu heben, um den Herrn, der von seinem Haus Besitz ergreift, zu empfangen.
Die triumphale Szenerie, die der Psalm in diesem dritten poetischen Bild beschreibt, wurde von der christlichen Liturgie des Ostens und Westens verwendet, um sowohl an den im 1. Petrusbrief (vgl. 3,19) dargestellten siegreichen Abstieg Christi in die Unterwelt als auch an die glorreiche Himmelfahrt des auf-

erstandenen Herrn (vgl. Apg 1,9–10) zu erinnern. Dieser Psalm wird in der byzantinischen Liturgie bis zum heutigen Tag während der Osternacht in Wechselchören gesungen, und er wurde in der römischen Liturgie zum Schluß der Palmprozession am zweiten Passionssonntag gebetet. Die feierliche Liturgie der Öffnung der Heiligen Pforte während der Zeremonie zu Beginn des Heiligen Jahres erlaubte es uns, die gleichen Gefühle des Psalmisten beim Überschreiten der Schwelle des antiken Tempels von Zion mit großer innerer Ergriffenheit zu empfinden.

6. DER LETZTE TITEL, »Herr der Heerscharen«, hat nicht – wie es auf den ersten Blick erscheinen könnte – einen militärischen Charakter, obwohl er einen Verweis auf die Truppen Israels nicht ausschließt. Er besitzt vielmehr eine kosmische Wertigkeit: Der Herr, der nun innerhalb des begrenzten Raums des Heiligtums von Zion auf die Menschheit zugehen wird, ist der Schöpfer, und sein Heer sind alle Sterne des Himmels, also alle Geschöpfe des Universums, die ihm gehorchen. Im Buch des Propheten Baruch lesen wir: »Froh leuchten die Sterne auf ihren Posten. Ruft er sie, so antworten sie: Hier sind wir. Sie leuchten mit Freude für ihren Schöpfer« (Bar 3,34–35). Der unendliche, allmächtige und ewige Gott gleicht sich dem menschlichen Geschöpf an und nähert sich ihm, um ihm zu begegnen, ihm zuzuhören und in Gemeinschaft mit ihm zu treten. Die Liturgie ist Ausdrucksform dieser Begegnung im Glauben, im Dialog und in der Liebe.

Generalaudienz vom 20. Juni 2001

## TOBIT 13,2–5b.7c–9

2
*Gepriesen sei Gott, der in Ewigkeit lebt,*
*sein Königtum sei gepriesen.*
*Er züchtigt und hat auch wieder Erbarmen;*
*er führt hinab in die Unterwelt*
*und führt auch wieder zum Leben.*
*Niemand kann seiner Macht entfliehen.*
3
*Bekennt euch zu ihm vor allen Völkern,*
*ihr Kinder Israels;*
*denn er selbst hat uns unter die Völker zerstreut.*
4
*Verkündet dort seine erhabene Größe,*
*preist ihn laut vor allem, was lebt.*
*Denn er ist unser Herr und Gott,*
*er ist unser Vater in alle Ewigkeit.*
5
*Er züchtigt uns wegen unserer Sünden,*
*doch hat er auch wieder Erbarmen.*
7
*Preist den Herrn der Gerechtigkeit,*
*rühmt den ewigen König!*
8
*Ich bekenne mich zum Herrn im Land der Verbannung,*
*ich bezeuge den Sündern seine Macht und erhabene Größe.*
*Kehrt um, ihr Sünder, tut, was recht ist in seinen Augen!*
*Vielleicht ist er gnädig und hat mit euch Erbarmen.*
9
*Ich will meinen Gott rühmen,*
*den König des Himmels,*
*meine Seele freut sich über die erhabene Größe*
*meines Gottes.*

1. »ICH WILL MEINEN Gott rühmen, den König des Himmels« (Tob 13,9). Der Mensch, der diese Worte im soeben verkündeten Canticum ausspricht, ist der betagte Tobit, von dem das Alte Testament eine kurze und erbauliche Lebensgeschichte zeichnet.

Um den Sinn dieses Hymnus vollkommen zu verstehen, muß man sich die Erzählungen auf den vorhergehenden Seiten vergegenwärtigen. Die Geschichte ereignet sich unter den in Ninive im Exil lebenden Israeliten. Auf sie blickt der Verfasser des Bibeltextes – der viele Jahrhunderte später schreibt –, um sie den Brüdern und Schwestern im Glauben, die unter einem fremden Volk verstreut leben und versucht sind, die Traditionen der Väter aufzugeben, als Vorbild vorzustellen. Die Beschreibung Tobits und seiner Familie wird somit als Lebensprogramm angeboten. Er ist der Mann, der trotz allem den Vorschriften des Gesetzes treu bleibt, insbesondere der Praxis des Almosengebens. Über ihn bricht das Unheil in Form von Armut und Blindheit herein, aber sein Glaube erlischt nicht. Die Antwort, die Gott durch den Engel Rafael gibt, läßt dann auch nicht auf sich warten: Er geleitet den jungen Tobias auf einer risikoreichen Reise, führt ihn zu einer glücklichen Ehe und heilt den Vater Tobit schließlich von seiner Blindheit.
Die Botschaft ist eindeutig: Wer Gutes tut, besonders indem er sein Herz für die Bedürfnisse des Nächsten öffnet, ist dem Herrn wohlgefällig. Auch wenn er Prüfungen erdulden muß, wird er zu guter Letzt Gottes Wohlwollen erfahren.

2. VOR DIESEM HINTERGRUND nehmen die Worte unseres Hymnus ihre ganze Bedeutung an. Sie laden dazu ein, nach oben zu schauen, auf »Gott, der in Ewigkeit lebt«, auf sein Reich, das »ewig währt«. Aus diesem Schauen auf Gott entwickelt sich eine Skizze der Theologie der Geschichte. In ihr versucht der Bibelautor auf die Frage zu antworten, die das versprengte und leidgeprüfte Gottesvolk sich stellt: Warum behandelt Gott uns so? Die Antwort bezieht sich sowohl auf die Gerechtigkeit als auch auf die Barmherzigkeit Gottes: »Er züchtigt uns wegen unserer Sünden, doch hat er auch wieder Erbarmen« (V. 5). Die Bestrafung erscheint auf diese Weise als eine Art göttliche Pädagogik, in der allerdings dem Erbarmen immer das letzte Wort vorbehalten ist: »Er züchtigt und hat auch wieder Erbarmen; er führt hinab in die Unterwelt und führt auch wieder zum Leben« (V. 2).
Demzufolge kann man Gott, der sein Geschöpf nie verläßt, vollkommen vertrauen. Ja noch mehr: Die Worte des Hymnus führen zu einer Sichtweise, die sogar leidvollen Situationen eine heilsbringende Bedeutung zuweist, indem sie das Exil in eine Gelegenheit zum Zeugnis für die Werke Gottes verwan-

deln: »Bekennt euch zu ihm vor allen Völkern, ihr Kinder Israels; denn er selbst hat uns unter die Völker zerstreut. Verkündet dort seine erhabene Größe« (V. 3–4).

3. AUSGEHEND VON DIESER Einladung zur Deutung des Exils unter der Perspektive der göttlichen Vorsehung können wir unsere Gedanken ausweiten auf die Betrachtung des geheimnisvoll positiven Sinns, den der Zustand des Leidens annimmt, wenn er in Hingabe an den Plan Gottes gelebt wird. Schon im Alten Testament setzen sich verschiedene Stellen mit diesem Thema auseinander. Denken wir nur an die Geschichte im Buch Genesis über Josef, der von seinen Brüdern verkauft wird (vgl. Gen 37,2–36) und doch dazu bestimmt ist, einst ihr Retter zu sein. Und wie könnten wir das Buch Hiob vergessen? Hier ist es sogar ein Unschuldiger, der leidet und keine Erklärung für sein Drama findet, wenn er sich nicht der Größe und Weisheit Gottes überläßt (vgl. Hiob 42,1–6).
Für uns, die wir diese Abschnitte aus dem Alten Testament aus christlicher Sicht deuten, kann der Bezugspunkt nur das Kreuz Christi sein, in dem das Geheimnis des Leids in der Welt seine tiefe Antwort findet.

4. AN DIE SÜNDER, die wegen ihres Unrechts gezüchtigt wurden (vgl. V. 5), richtet der Hymnus Tobits einen Aufruf zur Bekehrung, und er eröffnet die wunderbare Aussicht einer »beiderseitigen« Umkehr Gottes und des Menschen: »Wenn ihr zu ihm umkehrt, von ganzem Herzen und aus ganzer Seele, und euch an seine Wahrheit haltet, dann kehrt er sich euch zu und verbirgt sein Angesicht nicht mehr vor euch« (V. 6). Die Verwendung eines ähnlichen Wortes – »umkehren« und »zukehren« – für das Geschöpf und für Gott, wenn auch mit unterschiedlicher Bedeutung, ist sehr aussagekräftig.
Wenn der Verfasser des Canticum vielleicht an die Vorteile denkt, die die »Rückkehr« Gottes mit sich bringt – das heißt an seine neue Gunst gegenüber dem Volk –, müssen wir im Licht des Geheimnisses Christi vor allem an das Geschenk denken, das Gott selbst ist. Noch mehr als seine Gaben braucht der Mensch Ihn selbst. Die Sünde ist eine Tragödie nicht so sehr, weil sie die Strafe Gottes auf uns zieht, sondern weil sie Ihn aus unserem Herzen verdrängt.

5. DER HYMNUS LENKT daher unsere Blicke auf das Antlitz Gottes, der als Vater betrachtet wird, und er lädt uns zum Lob und Preis ein: »Er ist unser Herr und Gott, er ist unser Vater« (V. 4). Hier spürt man den Sinn der besonderen »Kindschaft«, die Israel als Geschenk des Bundes erfährt und die das Mysterium der Menschwerdung des Gottessohnes vorbereitet. Dann wird in Jesus das Antlitz des Vaters erstrahlen, und seine grenzenlose Barmherzigkeit wird offenbar werden.
Es würde ausreichen, an die vom Evangelisten Lukas verfaßte Parabel des barmherzigen Vaters zu denken. Der Umkehr des verlorenen Sohnes entspricht nicht nur die Vergebung des Vaters, sondern seine Umarmung voller unendlicher Zärtlichkeit, die von Freude und festlicher Stimmung begleitet ist: »Der Vater sah ihn schon von weitem kommen, und er hatte Mitleid mit ihm. Er lief dem Sohn entgegen, fiel ihm um den Hals und küßte ihn« (Lk 15,20). Die Worte unseres Canticum kommen dem bewegenden Bild aus dem Evangelium sehr nahe. Daraus ergibt sich das Bestreben, Gott zu loben und ihm zu danken: »Wenn ihr dann seht, was er für euch tut, bekennt euch laut und offen zu ihm! Preist den Herrn der Gerechtigkeit, rühmt den ewigen König!« (V. 7).

Generalaudienz vom 25. Juli 2001

## PSALM 33

1
*Ihr Gerechten, jubelt vor dem Herrn;*
*für die Frommen ziemt es sich, Gott zu loben.*
2
*Preist den Herrn mit der Zither,*
*spielt für ihn auf der zehnsaitigen Harfe!*
3
*Singt ihm ein neues Lied,*
*greift voll in die Saiten und jubelt laut!*
4
*Denn das Wort des Herrn ist wahrhaftig,*
*all sein Tun ist verläßlich.*
5
*Er liebt Gerechtigkeit und Recht,*
*die Erde ist erfüllt von der Huld des Herrn.*
6
*Durch das Wort des Herrn wurden die Himmel geschaffen,*
*ihr ganzes Heer durch den Hauch seines Mundes.*
7
*Wie in einem Schlauch faßt er das Wasser des Meeres,*
*verschließt die Urflut in Kammern.*
8
*Alle Welt fürchte den Herrn;*
*vor ihm sollen alle beben, die den Erdkreis bewohnen.*
9
*Denn der Herr sprach und sogleich geschah es;*
*er gebot, und alles war da.*
10
*Der Herr vereitelt die Beschlüsse der Heiden,*
*er macht die Pläne der Völker zunichte.*
11
*Der Ratschluß des Herrn bleibt ewig bestehen,*
*die Pläne seines Herzens überdauern die Zeiten.*
12
*Wohl dem Volk, dessen Gott der Herr ist,*
*der Nation, die er sich zum Erbteil erwählt hat.*

13
*Der Herr blickt herab vom Himmel,*
*er sieht auf alle Menschen.*
14
*Von seinem Thronsitz schaut er nieder*
*auf alle Bewohner der Erde.*
15
*Der ihre Herzen gebildet hat,*
*er achtet auf all ihre Taten.*
16
*Dem König hilft nicht sein starkes Heer,*
*der Held rettet sich nicht durch große Stärke.*
17
*Nichts nützen die Rosse zum Sieg,*
*mit all ihrer Kraft können sie niemand retten.*
18
*Doch das Auge des Herrn ruht auf allen,*
*die ihn fürchten und ehren,*
*die nach seiner Güte ausschaun;*
19
*denn er will sie dem Tod entreißen*
*und in der Hungersnot ihr Leben erhalten.*
*Unsre Seele hofft auf den Herrn;*
*er ist für uns Schild und Hilfe.*
21
*Ja, an ihm freut sich unser Herz,*
*wir vertrauen auf seinen heiligen Namen.*
22
*Laß deine Güte über uns walten, o Herr,*
*denn wir schauen aus nach dir.*

1. IN 22 VERSE UNTERTEILT, ebensoviele wie es im hebräischen Alphabet Buchstaben gibt, ist der Psalm 33 eine Lobeshymne an den Herrn des Universums und der Geschichte. Ein Überschwang an Freude kennzeichnet ihn von Beginn an: »Ihr Gerechten, jubelt vor dem Herrn; für die Frommen ziemt es sich, Gott zu loben. Preist den Herrn mit der Zither, spielt für ihn auf der zehnsaitigen Harfe! Singt ihm ein neues Lied, greift voll in die Saiten und jubelt laut!« (V. 1–3). Diese Anrufung *(tern'ah)* wird also von Musik begleitet, und sie ist Ausdruck einer inneren Stimme des Glaubens und der Hoffnung, des

Glücks und Vertrauens. Das Lied ist »neu«, nicht nur weil es die Gewißheit der Gegenwart Gottes innerhalb der Schöpfung und der menschlichen Geschicke erneuert, sondern auch weil es das vollkommene Lob vorwegnimmt, das am Tag des endgültigen Heils angestimmt werden soll, wenn das Reich Gottes seine glorreiche Verwirklichung erreicht haben wird.
Mit der letztendlichen Erfüllung in Christus befaßt sich der hl. Basilius, der diesen Abschnitt folgendermaßen erklärt: »Normalerweise wird als ›neu‹ bezeichnet, was ungewohnt ist oder was es erst seit kurzem gibt. Wenn du an die erstaunliche und alle Vorstellungskraft übersteigende Weise der Menschwerdung des Herrn denkst, singst du notwendigerweise ein neues und ungewöhnliches Lied. Und wenn du in Gedanken die Wiedererschaffung und Erneuerung der gesamten, durch die Sünde alt gewordenen Menschheit verfolgst und die Mysterien der Auferstehung verkündest, auch dann singst du ein neues und ungewöhnliches Lied« (vgl. *Homilie über Psalm 33,2; Patrologia Graeca* 29,327). Somit bedeutet die Einladung des Psalmisten, der sagt: »Singt Gott ein neues Lied«, laut dem hl. Basilius für den Christgläubigen folgendes: »Ehrt Gott nicht nach dem alten Brauch des ›Buchstabens‹, sondern in der Neuheit des ›Geistes‹. Denn wer das Gesetz nicht als etwas Äußerliches versteht, sondern dessen ›Geist‹ erkennt, der singt ein ›neues Lied‹« (vgl. ebd.).

2. IN SEINEM MITTELTEIL ist der Hymnus wiederum in drei Abschnitte untergliedert, die eine Trilogie des Lobes bilden. Im ersten (vgl. V. 6–9) wird das schöpferische Wort Gottes gepriesen. Die wunderbare Architektur des Universums, die einem kosmischen Tempel ähnelt, ist nicht etwa durch einen Kampf zwischen Göttern entstanden und erwachsen, wie manche Weltentstehungsmythen des Nahen Orients in der Antike nahelegten, sondern allein durch das wirkmächtige Wort Gottes. Genauso, wie es das erste Kapitel der Genesis lehrt: »Gott sprach (und) so geschah es.« In der Tat wiederholt der Psalmist: »Denn der Herr sprach, und sogleich geschah es; er gebot, und alles war da« (Ps 33, 9). Besondere Aufmerksamkeit widmet der Betende der Überwachung der Meereswasser, denn in der Bibel ist das Meer ein Symbol für das Chaos und das Böse. Trotz ihrer Beschränkungen wird die Welt jedoch vom Schöpfer im Sein gehalten; Er gebietet dem Meer, am Küstenstreifen haltzumachen,

wie im Buch Hiob geschildert wird: »Bis hierher darfst du und nicht weiter, hier muß sich legen deiner Wogen Stolz« (38,11).

3. DER HERR IST auch Herrscher der Menschheitsgeschichte, wie im zweiten Teil des Psalms 33 (V. 10–15) herausgestellt wird. In entschlossener Antithese stehen sich die Pläne der weltlichen Mächte und der wunderbare Plan, den Gott in der Geschichte entwirft, gegenüber. Wenn sie sich von ihm unterscheiden wollen, führen die menschlichen Vorhaben zu Ungerechtigkeit, zu Bösem und zu Gewalt, da sie sich gegen den göttlichen Plan für Gerechtigkeit und Heil auflehnen. Trotz ihrer vergänglichen und vermeintlichen Erfolge beschränken sie sich auf einfache Machenschaften, die zur Auflösung und zum Scheitern verurteilt sind. Im biblischen Buch der Sprichwörter wird zusammenfassend festgestellt: »Viele Pläne faßt das Herz des Menschen, doch nur der Ratschluß des Herrn hat Bestand« (Spr 19,21). In ähnlicher Weise erinnert uns der Psalmist daran, daß Gott aus dem Himmel, seiner transzendenten Wohnstatt, alle Wege der Menschheit, auch die irrigen und absurden, verfolgt und alle Geheimnisse des menschlichen Herzens kennt: »Wo immer du gehst, was immer du tust, sowohl in der Finsternis als auch im Tageslicht, das Auge Gottes sieht dich«, kommentiert der hl. Basilius (vgl. *Homilie über Psalm 33,8; Patrologia Graeca* 29,343). Glücklich wird das Volk sein, welches die göttliche Offenbarung annimmt, deren Lebenslehren befolgt und sich auf deren Pfade im Laufe der Geschichte begibt. Am Ende wird nur eines bleiben: »Der Ratschluß des Herrn bleibt ewig bestehen, die Pläne seines Herzens überdauern die Zeiten« (Ps 33,11).

4. DER DRITTE UND letzte Teil des Psalms (V. 16–22) nimmt das Thema der einzigartigen Herrschaft Gottes über die menschlichen Gegebenheiten unter zwei neuen Blickwinkeln wieder auf: zunächst unter dem Gesichtspunkt der Mächtigen, die aufgefordert werden, sich hinsichtlich der militärischen Macht der Heere und der Kavallerie keinen Illusionen hinzugeben. Danach von seiten der oft unterdrückten, Hunger leidenden und am Rande des Todes lebenden Gläubigen: Diese werden eingeladen, auf den Herrn zu hoffen, der sie nicht in den Abgrund der Zerstörung fallen lassen wird. So offenbart sich auch die »katechetische« Funktion dieses Psalms. Er verwandelt sich in einen Aufruf zum Glauben an einen Gott, der der Arroganz

der Mächtigen gegenüber nicht gleichgültig und der Schwäche der Menschen nahe ist; er erhöht sie und stützt sie, wenn sie Vertrauen haben, wenn sie sich ihm anvertrauen, wenn sie ihr Flehen und Lob zu ihm erheben. »Die Demut derer, die Gott dienen« – erklärt der hl. Basilius weiter – »zeigt, wie sehr sie auf sein Erbarmen hoffen. Wer nämlich nicht auf die eigenen großen Taten vertraut und nicht erwartet, von seinen Werken gerechtfertigt zu werden, hat als einzige Hoffnung auf das Heil die Barmherzigkeit Gottes« (vgl. *Homilie über Psalm 33,10; Patrologia Graeca* 29, 347).

5. DER PSALM ENDET mit einer Antiphon, die in den Schlußteil des berühmten Hymnus »Te Deum« aufgenommen wurde: »Laß deine Güte über uns walten, o Herr, denn wir schauen aus nach dir« (V. 22). Göttliche Gnade und menschliche Hoffnung begegnen einander und verbinden sich. Ja noch mehr: die liebevolle Treue Gottes (entsprechend der Bedeutung der ursprünglich hier verwendeten hebräischen Vokabel *hesed)* umgibt, wärmt und schützt uns wie ein Mantel; sie schenkt uns Zuversicht und gibt unserem Glauben und unserer Hoffnung eine sichere Grundlage.

Generalaudienz vom 8. August 2001

# PSALM 36

2
*Der Frevler spricht: »Ich bin entschlossen zum Bösen.«*
*In seinen Augen gibt es kein Erschrecken vor Gott.*
3
*Er gefällt sich darin,*
*sich schuldig zu machen und zu hassen.*
4
*Die Worte seines Mundes sind Trug und Unheil;*
*er hat es aufgegeben, weise und gut zu handeln.*
5
*Unheil plant er auf seinem Lager,*
*er betritt schlimme Wege und scheut nicht das Böse.*
6
*Herr, deine Güte reicht, so weit der Himmel ist,*
*deine Treue, so weit die Wolken ziehn.*
7
*Deine Gerechtigkeit steht wie die Berge Gottes,*
*deine Urteile sind tief wie das Meer.*
*Herr, du hilfst Menschen und Tieren.*
8
*Gott, wie köstlich ist deine Huld!*
*Die Menschen bergen sich im Schatten deiner Flügel,*
9
*sie laben sich am Reichtum deines Hauses;*
*du tränkst sie mit dem Strom deiner Wonnen.*
10
*Denn bei dir ist die Quelle des Lebens,*
*in deinem Licht schauen wir das Licht.*
11
*Erhalte denen, die dich kennen, deine Huld*
*und deine Gerechtigkeit den Menschen mit redlichem Herzen!*
12
*Laß mich nicht kommen unter den Fuß der Stolzen;*
*die Hand der Frevler soll mich nicht vertreiben.*
13
*Dann brechen die Bösen zusammen,*
*sie werden niedergestoßen und können nie wieder aufstehn.*

1. JEDESMAL, WENN EIN Arbeitstag und ein Tag menschlichen Miteinanders beginnt, kann der Mensch zwei grundsätzliche Haltungen einnehmen: Er kann sich für das Gute entscheiden oder dem Bösen nachgeben. Der Psalm 36, den wir vor kurzem gehört haben, stellt uns eben diese beiden gegensätzlichen Möglichkeiten vor Augen. Einerseits gibt es Menschen, die schon auf dem »Lager«, von dem sie sich erheben werden, unlautere Vorhaben hegen; andererseits solche, die das Licht Gottes, die »Quelle des Lebens« (vgl. V. 10), suchen. Dem Abgrund der Bosheit des Frevlers steht der Abgrund der Güte Gottes gegenüber, als lebendige Quelle, die den Durst stillt, und als Licht, das den Gläubigen erleuchtet.
Zwei Menschentypen beschreibt also das soeben verkündete Gebet des Psalms, den uns das Stundengebet für die Laudes am Mittwoch der ersten Woche vorschlägt.

2. DIE ERSTE CHARAKTERSKIZZE, die der Psalmist uns aufzeigt, ist die des Sünders (vgl. V. 2–5). In seinem Innern befindet sich die »Weissagung der Sünde«, wie es im hebräischen Original heißt (vgl. V. 2). Dies ist ein bedeutungsstarker Ausdruck. Es läßt an ein satanisches Wort denken, das im Gegensatz zum Wort Gottes im Herzen und im Sprechen des Frevlers erklingt.
In ihm scheint das Böse eines Wesens zu sein mit seiner innersten Wirklichkeit, so daß es in Worten und Taten zum Vorschein kommt (vgl. V. 3–4). Er verbringt seine Tage, indem er »schlimme Wege« wählt, und zwar vom frühen Morgen an, wenn er noch auf seinem Lager liegt (vgl. V. 5), bis zum Abend, wenn er sich schlafen legt. Diese beständige Wahl des Sünders entstammt einer Entscheidung, die sein gesamtes Dasein berührt und zum Tod führt.

3. DER PSALMIST IST aber ganz auf die andere Darstellung hinorientiert, in der er sich selbst widerspiegeln möchte: die eines Mannes, der das Antlitz Gottes sucht (vgl. V. 6–13). Er erhebt eine regelrechte Hymne auf die göttliche Liebe (vgl. V. 6–11), der er am Ende die flehentliche Anrufung folgen läßt, der Herr möge ihn von der dunklen Faszination des Bösen befreien, damit er für immer vom Licht der Gnade umgeben sei.
Durch diesen Gesang zieht sich eine wahre Litanei von Begriffen, die die Charakterzüge des Gottes der Liebe preisen: Güte, Treue, Gerechtigkeit, Urteil, Huld, bergender Schatten, Reich-

tum, Wonne, Leben, Licht. In besonderer Weise sind vier dieser göttlichen Züge hervorzuheben; sie werden durch hebräische Vokabeln wiedergegeben, die eine tiefere Bedeutung besitzen, als aus den Übersetzungen in die modernen Sprachen hervorgeht.

4. ZUNÄCHST DER BEGRIFF *hesed,* »Gnade«, der zugleich Treue, Liebe, Loyalität, Zärtlichkeit bedeutet. Dies ist eine der grundlegenden Bezeichnungen zum Lobpreis des Bundes zwischen dem Herrn und seinem Volk. Es ist von Bedeutung, daß dieses Wort ganze 127mal im Psalter vorkommt, das ist mehr als die Hälfte der Verwendung dieses Wortes im gesamten Alten Testament. Dann finden wir das Wort *'emunáh:* Es entstammt derselben Wurzel wie das »Amen«, das Wort des Glaubens, und bedeutet Stabilität, Sicherheit, unerschütterliche Treue. Es folgt das Wort *sedaqah,* die »Gerechtigkeit«, das einen vor allem heilsbringenden Sinn besitzt: Es handelt sich um die heilige und weise Einstellung Gottes, der durch sein Eingreifen in die Geschichte seinen Gläubigen vom Bösen und von der Ungerechtigkeit befreit. Schließlich ist das Wort *mishpat,* das »Urteil«, zu nennen, durch das Gott über seine Geschöpfe herrscht, indem er sich zu den Armen und Unterdrückten herabbeugt und die überheblichen und anmaßenden Menschen ihrerseits beugt.
Vier theologische Worte, die der Betende in seinem Glaubensbekenntnis wiederholt, während er sich in die Straßen der Welt aufmacht in der Gewißheit, den liebenden, treuen, gerechten und rettenden Gott an seiner Seite zu haben.

5. DEN VERSCHIEDENEN TITELN, mit denen er Gott verherrlicht, fügt der Psalmist zwei einprägsame Bilder hinzu. Einerseits die Überfülle an Nahrung: Sie läßt vor allem an das heilige Mahl denken, das im Tempel Zions mit dem Fleisch der Opfertiere gefeiert wurde. Dann gibt es die Quelle und den Strom, deren Wasser den Durst nicht nur des ausgetrockneten Halses, sondern auch der Seele stillen (vgl. V. 9–10; Ps 42,2–3; 63,2–6). Der Herr stillt den Hunger und Durst des Betenden, er gibt ihm Anteil an seinem vollkommenen und unsterblichen Leben.
Das zweite Bild wird durch das Symbol des Lichts vermittelt: »In deinem Licht schauen wir das Licht« (V. 10). Diese Leuchtkraft strahlt gewissermaßen »wasserfallartig« und ist ein Zei-

chen der Selbstoffenbarung Gottes gegenüber seinen Gläubigen. So war es mit Mose am Sinai geschehen (vgl. Ex 34,29–30), und so geschieht es mit dem Christen in dem Maße, wie er »mit enthülltem Angesicht die Herrlichkeit des Herrn widerspiegelt und so in sein eigenes Bild verwandelt wird« (vgl. 2 Kor 3,18). Im Sprachgebrauch der Psalmen bedeutet »das Licht des Gottesantlitzes sehen« konkret, dem Herrn im Tempel zu begegnen, wo das liturgische Gebet gefeiert und das Wort Gottes gehört wird. Auch der Christ macht diese Erfahrung, wenn er zu Tagesbeginn den Lobpreis des Herrn betet, bevor er sich auf die nicht immer geraden Wege des täglichen Lebens aufmacht.

Generalaudienz vom 22. August 2001

## JUDITH 16,1–2a.13–15

*1*
*Stimmt ein Lied an für meinen Gott unter Paukenschall,*
*singt für den Herrn unter Zimbelklang!*
*Preist ihn und singt sein Lob,*
*rühmt seinen Namen und ruft ihn an!*
*2*
*Denn der Herr ist ein Gott,*
*der den Kriegen ein Ende setzt;*
*13*
*Ich singe meinem Gott ein neues Lied;*
*Herr, du bist groß und voll Herrlichkeit.*
*Wunderbar bist du in deiner Stärke,*
*keiner kann dich übertreffen.*
*14*
*Dienen muß dir deine ganze Schöpfung.*
*Denn du hast gesprochen und alles entstand.*
*Du sandtest deinen Geist, um den Bau zu vollenden.*
*Kein Mensch kann deinem Wort widerstehen.*
*15*
*Meere und Berge erbeben in ihrem Grund,*
*vor dir zerschmelzen die Felsen wie Wachs.*
*Doch wer dich fürchtet, der erfährt deine Gnade.*

1. DER SOEBEN VORGETRAGENE Lobgesang (Jdt 16,1–15) wird Judith zugeschrieben, einer Heldin, die zum Stolz aller Frauen Israels wurde, weil es ihr beschieden war, die befreiende Kraft Gottes in einer für das Leben ihres Volkes dramatischen Zeit zum Ausdruck zu bringen. Die Liturgie der Laudes läßt uns nur wenige Verse ihres Gesangs beten. Sie laden uns zum Feiern, zum Singen mit fester Stimme, zum Spielen mit Pauken und Zimbeln ein, um den Herrn, »der den Kriegen ein Ende setzt« (V. 2), zu loben.
Der letztgenannte Ausdruck, der das wahre Antlitz des friedliebenden Gottes beschreibt, führt uns in den Kontext der Entstehung dieser Hymne ein: Völlig überraschend hatten die Israeliten einen Sieg errungen durch das Wirken Gottes, der eingreift, um sie vor einer bevorstehenden und vollkommenen Niederlage zu bewahren.

2. DER VERFASSER DIESER Bibelstelle rekonstruiert dieses Ereignis einige Jahrhunderte später, um den Brüdern und Schwestern im Glauben, die sich in einer schwierigen Situation entmutigt fühlen, ein Vorbild vor Augen zu stellen, das ihnen Mut machen kann. So berichtet er, was Israel zustieß, als Nebukadnezar, der verärgert war über den Widerstand dieses Volkes angesichts seiner Expansionsvorhaben und seiner Forderung der Götzenanbetung, seinen General Holofernes aussandte mit dem strikten Befehl, es zu bezwingen und zu vernichten. Niemand sollte ihm Widerstand leisten, ihm, der beanspruchte, wie ein Gott verehrt zu werden. Und sein General, der diese Überheblichkeit teilte, hatte gelacht über die von ihm erhaltene Warnung, Israel nicht anzugreifen, weil dies wie ein Angriff gegen Gott selbst gewesen wäre.
Im Grunde genommen will der Autor eben diesen Grundsatz bekräftigen, um die Gläubigen seines Zeitalters in der Treue zum Gott des Bundes zu bestärken: Man muß Gott vertrauen. Der wahre Feind, den Israel fürchten soll, sind nicht die Mächtigen dieser Erde, sondern die Untreue gegenüber dem Herrn. Ein solches Tun beraubt es des göttlichen Schutzes und macht es verwundbar. Wenn es aber treu ist, kann das Volk auf die Kraft Gottes selbst zählen: »Wunderbar bist du in deiner Stärke; keiner kann dich übertreffen« (V. 13).

3. DIESES PRINZIP ZEIGT sich in der ganzen Geschichte Judiths auf wundervolle Weise. Die Szenerie ist die eines inzwischen von Feinden besetzten Landes Israel. Aus dem Gesang geht die Dramatik jener Zeit eindeutig hervor: »Assur kam von den Bergen des Nordens mit seiner unzählbaren Streitmacht; die Masse der Truppen verstopfte die Täler, sein Reiterheer bedeckte die Hügel« (V. 3). Sarkastisch wird die vergängliche Überheblichkeit des Feindes herausgestellt: »Brandschatzen wollten sie mein Gebiet, die Jugend morden mit scharfem Schwert, den zarten Säugling am Boden zerschmettern, die Kinder als Beute verschleppen, als billigen Raub die Mädchen entführen« (V. 4). Die durch die Worte Judiths beschriebene Situation ähnelt anderen von Israel erlebten, in denen die Rettung erst dann kam, als alles ausweglos schien. War nicht auch die Rettung beim Exodus, beim wunderbaren Durchzug durch das Rote Meer, so gewesen? Auch jetzt zerstört die Belagerung durch ein zahlenstarkes und mächtiges Heer jede Hoffnung. All dies unterstreicht

jedoch vor allem die Macht Gottes, der sich als unbezwingbarer Beschützer seines Volkes erweist.

4. DAS WERK GOTTES geht um so strahlender daraus hervor, weil er sich nicht eines Kriegers oder eines Heeres bedient. Wie schon einmal, zur Zeit Deboras, als er den kanaanäischen General Sisera durch die Hand Jaëls, einer Frau, entmachtet hatte (vgl. Ri 4,17–21), bedient er sich nun wiederum einer wehrlosen Frau, um seinem Volk in Schwierigkeiten zu Hilfe zu kommen. Von ihrem Glauben stark gemacht, wagt sich Judith ins feindliche Lager, betört den Heerführer mit ihrer Schönheit und tötet ihn auf demütigende Weise. Der Gesang hebt diese Tatsache deutlich hervor: »Doch der Herr, der Allmächtige, gab sie preis, er gab sie der Vernichtung preis durch die Hand einer Frau. Ihr Held fiel nicht durch die Kraft junger Männer, nicht Söhne von Riesen erschlugen ihn, noch traten ihm hohe Recken entgegen. Nein, Judith, Meraris Tochter, bannte seine Macht mit dem Reiz ihrer Schönheit« (Jdt 6,5–6).
Die Gestalt Judiths entwickelt sich in der Folgezeit zum Archetyp, der es nicht nur der jüdischen, sondern auch der christlichen Überlieferung ermöglicht, die Vorliebe Gottes für alles, was als hinfällig und schwach angesehen wird, herauszustellen;es wird aber gerade deshalb erwählt, um die göttliche Macht zu offenbaren. Sie ist eine vorbildliche Persönlichkeit, die auch die Berufung und Sendung der Frau darzustellen vermag, welche mit ihren besonderen Wesenszügen ebenso wie der Mann dazu aufgerufen ist, eine wesentliche Rolle im Heilsplan Gottes zu spielen. Verschiedene Äußerungen aus dem Buch Judith werden mehr oder minder wörtlich in die christliche Tradition übergehen, die in der jüdischen Heldin eine Art Vorwegnahme Marias erkennen wird. Hört man etwa nicht einen Widerhall der Worte Judiths, wenn Maria im *Magnifikat* singt: »Er stürzt die Mächtigen vom Thron und erhöht die Niedrigen« (Lk 1,52)? Daraus wird ersichtlich, warum die liturgische Tradition der Christen in Ost und West der Mutter Jesu gerne für Judith gedachte Titel zuweist, wie beispielweise die folgenden: »Du bist der Ruhm Jerusalems, du bist die große Freude Israels und der Stolz unseres Volkes« (Jdt 5,9).

5. VON DER ERFAHRUNG des Sieges ausgehend, schließt der Gesang Judiths mit der Aufforderung, ein neues Lied zu

Gott zu erheben und ihn als »groß und voll Herrlichkeit« anzuerkennen. Gleichzeitig werden alle Geschöpfe ermahnt, sich Demjenigen zu unterwerfen, der mit seinem Wort alles erschaffen und es mit seinem Geist geformt hat. Wer kann der Stimme Gottes widerstehen? Judith erinnert sehr nachdrücklich daran: Vor dem Schöpfer und Herrn der Geschichte werden die Berge in ihrem Grund erbeben und die Felsen wie Wachs zerschmelzen (vgl. Jdt 6,5). Das sind eindrucksvolle Metaphern, um darauf hinzuweisen, daß vor der Macht Gottes alle Dinge »nichts« sind. Dieser Siegesgesang will jedoch nicht Schrecken verbreiten, sondern Trost spenden, denn Gott läßt jenen seine unbesiegbare Macht als Stütze zuteil werden, die ihm treu sind: »Doch wer dich fürchtet, der erfährt deine Gnade« (ebd.).

Generalaudienz vom 29. August 2001

# PSALM 47

2
*Ihr Völker alle, klatscht in die Hände;*
*jauchzt Gott zu mit lautem Jubel!*
3
*Denn furchtgebietend ist der Herr, der Höchste,*
*ein großer König über die ganze Erde.*
4
*Er unterwirft uns Völker*
*und zwingt Nationen unter unsre Füße.*
5
*Er wählt unser Erbland für uns aus,*
*den Stolz Jakobs, den er liebt.*
6
*Gott stieg empor unter Jubel,*
*der Herr beim Schall der Hörner.*
7
*Singt unserm Gott, ja singt ihm!*
*Spielt unserm König, spielt ihm!*
8
*Denn Gott ist König der ganzen Erde.*
*Spielt ihm ein Psalmenlied!*
9
*Gott wurde König über alle Völker,*
*Gott sitzt auf seinem heiligen Thron.*
10
*Die Fürsten der Völker sind versammelt*
*als Volk des Gottes Abrahams.*
*Denn Gott gehören die Mächte der Erde; er ist hoch erhaben.*

1. »DER HERR, DER HÖCHSTE, (ist) ein großer König über die ganze Erde.« Diese einleitende Akklamation wird auf verschiedene Weise auch an anderen Stellen des Psalms 47, den wir soeben gehört haben, wiederholt. Er stellt sich dar als Hymnus an den Herrn und Herrscher über das Universum und die Geschichte: »Gott ist König der ganzen Erde … Gott wurde König über alle Völker« (V. 8–9).

Ebenso wie auch andere ähnliche Texte des Psalters (vgl. Ps 93; 96–99) setzt dieser Lobgesang auf den Herrn als König der Welt und der Menschheit eine feierliche liturgische Atmosphäre voraus. Wir befinden uns also im geistigen Herzen des Lobes Israels, das sich vom Tempel aus, also von dem Ort, an dem der unendliche und ewige Gott sich offenbart und seinem Volk begegnet, zum Himmel erhebt.

2. WIR WERDEN NUN die Hauptaspekte dieses Gesangs freudigen Lobs betrachten; diese ähneln zwei Wellen, die sich zum Meeresufer hin bewegen. Sie unterscheiden sich in ihrer Deutung des Verhältnisses zwischen dem Volk Israel und den Nationen. Im ersten Teil des Psalms handelt es sich um ein Herrschaftsverhältnis: »Er unterwirft uns Völker und zwingt Nationen unter unsre Füße« (V. 4); im zweiten Teil hingegen wird ein Verhältnis der Gemeinschaft dargestellt: »Die Fürsten der Völker sind versammelt als Volk des Gottes Abrahams« (V. 10). Man stellt also einen bemerkenswerten Fortschritt fest.
Im ersten Teil (vgl. V. 2–6) steht: »Ihr Völker alle, klatscht in die Hände; jauchzt Gott zu mit lautem Jubel!« Im Mittelpunkt dieses freudigen Jubels steht die überragende Gestalt des höchsten Herren, dem drei ehrenvolle Titel gegeben werden: »furchtgebietend«, »groß«, »Höchster« (vgl. V. 3). Sie verherrlichen die göttliche Transzendenz, den absoluten Primat über alles Seiende, die Allmacht. Auch der auferstandene Christus wird ausrufen: »Mir ist alle Macht gegeben im Himmel und auf der Erde« (Mt 28,18).

3. IM RAHMEN DER universalen Herrschaft Gottes über alle Völker der Erde (vgl. V. 4) betont der Betende seine besondere Gegenwart im Volk Israel, dem Volk der göttlichen Erwählung, dem »auserwählten« Volk, dem wertvollsten und liebsten Erbe des Herrn (vgl. V. 5). Israel fühlt sich daher als Objekt einer besonderen Liebe Gottes, die sich durch den Sieg über die feindlichen Nationen offenbart hat. Im Kampf gewährleistete die Anwesenheit der Bundeslade bei den jüdischen Truppen diesen den Beistand Gottes; nach dem Sieg wurde die Lade auf den Berg Zion zurückgebracht (vgl. Ps 68,19), und alle riefen gemeinsam aus: »Gott stieg empor unter Jubel, der Herr beim Schall der Hörner« (Ps 47,6).

4. DER ZWEITE ABSCHNITT des Psalms (vgl. V. 7–10) wird von einer weiteren Welle des Lobes und des freudigen Gesangs

eröffnet: »Singt unserem Gott, ja singt ihm! Spielt unserem König, spielt ihm! … Spielt ihm ein Psalmenlied!« (V. 7–8). Auch hier wird der in der Fülle seines Königtums auf dem Thron sitzende Herr gepriesen (vgl. V. 9). Dieser königliche Sitz wird als »heilig« bezeichnet, weil er für den begrenzten und sündigen Menschen unnahbar ist. Ein himmlischer Thron ist allerdings auch die Bundeslade, die sich im heiligsten Bereich des Tempels von Zion befand. Auf diese Weise nähert sich der entfernte und transzendente, heilige und unendliche Gott seinen Geschöpfen und paßt sich Raum und Zeit an (vgl. 1 Kön 8,27.30).

5. DER PSALM ENDET mit einer wegen ihrer universalistischen Offenheit erstaunlichen Anmerkung: »Die Fürsten der Völker sind versammelt als Volk des Gottes Abrahams« (V. 10). Man geht zu Abraham zurück, dem Patriarchen, der die Wurzel nicht nur des Volkes Israel, sondern auch anderer Nationen ist. Dem von ihm abstammenden, auserwählten Volk wird der Auftrag anvertraut, alle Völker und Kulturen um den Herrn zusammenzuführen, denn Er ist der Gott der ganzen Menschheit. Aus Ost und West werden sie sich dann in Zion versammeln, um diesem König des Friedens und der Liebe, der Einheit und Brüderlichkeit zu begegnen (vgl. Mt 8,11). Wie schon der Prophet Jesaja gehofft hatte, werden untereinander verfeindete Völker die Einladung erhalten, ihre Waffen zu Boden zu werfen und unter der einzigen Herrschaft Gottes, unter einer auf Gerechtigkeit und Frieden gründenden Regierung zusammenzuleben (vgl. Jes 2,2–5). Die Augen aller Menschen werden auf das neue Jerusalem gerichtet sein, in das der Herr »hinaufsteigt«, um sich in der Herrlichkeit seiner Göttlichkeit zu offenbaren. Dort wird sein: »… eine große Schar aus allen Nationen und Stämmen, Völkern und Sprachen; niemand konnte sie zählen … Sie riefen mit lauter Stimme: Die Rettung kommt von unserem Gott, der auf dem Thron sitzt, und von dem Lamm« (Offb 7,9–10).

6. DER EPHESERBRIEF SIEHT die Verwirklichung dieses prophetischen Worts im Mysterium des Erlösers Christus, wenn er, an die nicht dem Judentum entstammenden Christen gewandt, hervorhebt: »Erinnert euch also, daß ihr einst Heiden wart … Damals wart ihr von Christus getrennt, der Gemeinde Israels fremd und von dem Bund der Verheißung ausgeschlossen; ihr hattet keine Hoffnung und lebtet ohne Gott in der Welt. Jetzt

aber seid ihr, die ihr einst in der Ferne wart, durch Christus Jesus, nämlich durch sein Blut, in die Nähe gekommen. Denn er ist unser Friede. Er vereinigte die beiden Teile (Juden und Heiden) und riß durch sein Sterben die trennende Wand der Feindschaft nieder« (Eph 2,11–14).
In Christus hat sich also das in unserem Psalm besungene Königtum Gottes über alle Völkern der Erde verwirklicht. Eine anonyme Predigt aus dem 8. Jahrhundert gibt zu diesem Geheimnis folgenden Kommentar: »Bis zum Kommen des Messias, der Hoffnung der Nationen, haben die heidnischen Völker Gott nicht angebetet, und sie wußten nicht, wer Er ist. Und solange der Messias sie nicht freigekauft hat, hat Gott nicht durch ihren Gehorsam und ihren Kult über die Nationen geherrscht. Jetzt aber herrscht Gott über sie mit seinem Wort und seinem Geist, denn er hat sie aus der Täuschung errettet und sie zu seinen Freunden gemacht« (vgl. anonymer Verfasser aus Palästina, *Arabisch-christliche Predigt aus dem 8. Jahrhundert,* Rom 1994, S. 100).

Generalaudienz vom 5. September 2001

# PSALM 57

2
*Sei mir gnädig, o Gott, sei mir gnädig;*
*denn ich flüchte mich zu dir.*
*Im Schatten deiner Flügel finde ich Zuflucht,*
*bis das Unheil vorübergeht.*
3
*Ich rufe zu Gott, dem Höchsten,*
*zu Gott, der mir beisteht.*
4
*Er sende mir Hilfe vom Himmel;*
*meine Feinde schmähen mich.*
*Gott sende seine Huld und Treue.*
5
*Ich muß mich mitten unter Löwen lagern,*
*die gierig auf Menschen sind.*
*Ihre Zähne sind Spieße und Pfeile,*
*ein scharfes Schwert ihre Zunge.*
7
*Sie haben meinen Schritten ein Netz gelegt*
*und meine Seele gebeugt.*
*Sie haben mir eine Grube gegraben;*
*doch fielen sie selbst hinein.*
6
*Erheb dich über die Himmel, o Gott!*
*Deine Herrlichkeit erscheine über der ganzen Erde.*
8
*Mein Herz ist bereit, o Gott,*
*mein Herz ist bereit,*
*ich will dir singen und spielen.*
9
*Wach auf, meine Seele!*
*Wacht auf, Harfe und Saitenspiel!*
*Ich will das Morgenrot wecken.*
10
*Ich will dich vor den Völkern preisen, Herr,*
*dir vor den Nationen lobsingen.*

11
*Denn deine Güte reicht, so weit der Himmel ist,*
*deine Treue, so weit die Wolken ziehn.*
12
*Erheb dich über die Himmel, o Gott;*
*deine Herrlichkeit erscheine über der ganzen Erde.*

1. ES IST EINE FINSTERE Nacht, in der man gefräßige Tiere umherschleichen hört. Der Betende wartet auf den Sonnenaufgang, damit das Licht die Finsternis und die Ängste überwinde. Dies ist der Hintergrund des Psalms 57, der uns heute zur Betrachtung vorgeschlagen wird: ein nächtlicher Gesang, der den Betenden auf das Licht der Morgenröte vorbereitet, das er sehnlichst erwartet, um den Herrn freudig loben zu können (vgl. V. 9–12). In der Tat geht der Psalm von einer dramatischen, an Gott gerichteten Klage in zuversichtliche Hoffnung und freudigen Dank über; letzterer wird mit den Worten geäußert, die nochmals an anderer Stelle, in einem anderen Psalm, erklingen werden (vgl. Ps 108,2–6).
Wir erleben also gewissermaßen eine Wandlung von der Angst zur Freude, von der Nacht zum Tag, vom Alptraum zur Zuversicht, vom Flehen zum Lob. Diese Erfahrung wird im Psalter oft dargestellt: »Da hast du mein Klagen in Tanzen verwandelt, hast mir das Trauergewand ausgezogen und mich mit Freude umgürtet. Darum singt dir mein Herz und will nicht verstummen. Herr, mein Gott, ich will dir danken in Ewigkeit« (Ps 30,2–13).

2. UNSERE BETRACHTUNGEN KONZENTRIEREN sich auf zwei Aspekte des Psalms 57. Der erste betrifft die Erfahrung der Angst angesichts der Offensive durch das Böse, das den Gerechten zu treffen versucht (vgl. V. 2–7). Im Mittelpunkt dieser Szene stehen Löwen in Angriffsstellung. Schon bald wird dieses Bild in ein Kriegssymbol verwandelt, mit Spießen, Pfeilen und Schwertern umschrieben. Der Betende fühlt sich von einer Art »Todesschwadron« überfallen. Um ihn kreist eine Jägerbande, die Fallen stellt und Gruben gräbt, um ihre Beute zu fangen. Diese gespannte Atmosphäre wird aber unmittelbar darauf gelöst, denn schon am Anfang (vgl. V. 2) erscheint das schützende Symbol der Flügel Gottes, die konkret auf die Bundeslade mit den geflügelten Cherubim verweisen, also auf die Gegenwart Gottes an der Seite der Gläubigen im heiligen Tempel von Zion.

3. DER BETENDE BITTET flehentlich, Gott möge vom Himmel seine Boten senden, denen er die vielsagenden Namen »Huld« und »Treue« (V. 4) gibt, als besondere Eigenschaften der heilsbringenden Liebe Gottes. Auch wenn er also vor dem grauenerregenden Brüllen der Raubtiere und der Heimtücke seiner Verfolger erschaudert, bleibt der Gläubige in seinem Innersten zuversichtlich und ruhig, wie Daniel in der Löwengrube (vgl. Dan 6,17–25).

Die Gegenwart des Herrn läßt nicht lange auf eine Lösung warten, und zwar durch die Selbstbestrafung der Gegner: Sie stürzen in die Grube, die sie dem Gerechten gegraben hatten (vgl. V. 7). Dieses Vertrauen in die göttliche Gerechtigkeit, die im Psalter stets lebendig ist, bewahrt vor Entmutigung und Kapitulation vor der Arroganz des Bösen. Früher oder später stellt Gott sich auf die Seite des Gläubigen; er bringt die Ränkespiele der Frevler durcheinander und läßt sie über ihre eigenen bösen Vorhaben stolpern.

4. WIR KOMMEN SO zum zweiten Aspekt des Psalms, den des Dankes (vgl. V. 8–12). Ein Abschnitt fällt wegen seiner Intensität und Schönheit ganz besonders auf: »Mein Herz ist bereit, o Gott, mein Herz ist bereit, ich will dir singen und spielen. Wach auf, meine Seele! Wacht auf, Harfe und Saitenspiel! Ich will das Morgenrot wecken« (V. 8–9). Die Finsternis ist gewichen: Die Morgenröte des Heils wird durch den Gesang des Betenden herbeigeholt.

Indem er dieses Bild auf sich bezieht, überträgt der Psalmist wahrscheinlich den Brauch der ägyptischen oder phönizischen Priester in Begriffe der biblischen, also streng monotheistischen Religiosität: Diese Priester waren nämlich beauftragt, »die Morgenröte zu wecken«, das heißt die Sonne, die als gute Gottheit betrachtet wurde, aufs neue scheinen zu lassen. Der Psalmist spielt auch auf den Brauch an, in Zeiten der Trauer und Prüfung die Musikinstrumente aufzuhängen und zu verschleiern (vgl. Ps 137,2) und sie in Zeiten der Befreiung und Freude wieder zum festlichen Klang »aufzuwecken«. Die Liturgie läßt also die Hoffnung aufkeimen: Sie wendet sich an Gott mit der Einladung, sich erneut seinem Volk zu nähern und sein Flehen zu erhören. Im Psalter ist der Sonnenaufgang oft der Augenblick der göttlichen Erhörung nach einer Nacht des Gebets.

5. DER PSALM SCHLIESST mit einem Lobgesang an den Herrn, der am Wirken ist mit seinen heilsbringenden Eigenschaften, die unter anderen Bezeichnungen schon im ersten Teil der Anrufung erwähnt worden waren (vgl. V. 4). Jetzt ist – fast personifiziert – von göttlicher Güte und Treue die Rede. Sie überfluten die Himmel mit ihrer Gegenwart und sind wie das Licht, das in der Finsternis der Prüfungen und Verfolgungen strahlt (vgl. V. 11). Aus diesem Grund hat sich der Psalm 57 in der christlichen Überlieferung zu einem Gesang des Erwachens zum Licht und zur Osterfreude verwandelt; diese breitet sich im Gläubigen aus, vertreibt die Angst vor dem Tod und eröffnet den Horizont der himmlischen Herrlichkeit.

6. GREGOR VON NYSSA entdeckt in den Worten unseres Psalms gleichsam eine typische Beschreibung dessen, was sich in jeder menschlichen Erfahrung, die gegenüber der Erkenntnis der göttlichen Weisheit aufgeschlossen ist, vollzieht. »Er rettete mich nämlich« – so ruft er aus –, »nachdem er mich mit der Wolke seines Geistes überschattet hatte; diejenigen, die mich getreten hatten, sind gedemütigt worden« (vgl. *In psalmorum inscriptiones).*
Und in bezug auf die Schlußformeln des Psalms, in denen gesagt wird: »Erheb dich über die Himmel, o Gott; deine Herrlichkeit erscheine über der ganzen Erde«, schreibt er: »In dem Maße, wie die Herrlichkeit Gottes sich auf der Erde ausbreitet und vom Glauben der Geretteten vermehrt wird, preisen die himmlischen Mächte Gott und jubeln über unsere Rettung« (vgl. ebd.).

Generalaudienz vom 19. September 2001

# JEREMIA 31,10–14

*10*
*Hört, ihr Völker, das Wort des Herrn,*
*verkündet es auf den fernsten Inseln und sagt:*
*Er, der Israel zerstreut hat, wird es auch sammeln*
*und hüten wie ein Hirt seine Herde.*
*11*
*Denn der Herr wird Jakob erlösen*
*und ihn befreien aus der Hand des Stärkeren.*
*12*
*Sie kommen und jubeln auf Zions Höhe,*
*sie strahlen vor Freude über die Gaben des Herrn,*
*über Korn, Wein und Öl, über Lämmer und Rinder.*
*Sie werden wie ein bewässerter Garten sein*
*und nie mehr verschmachten.*
*13*
*Dann freut sich das Mädchen beim Reigentanz,*
*jung und alt sind fröhlich.*
*Ich verwandle ihre Trauer in Jubel,*
*tröste und erfreue sie nach ihrem Kummer;*
*14*
*mein Volk wird satt an meinen Gaben*

1. »HÖRT, IHR VÖLKER, das Wort des Herrn, verkündet es auf den fernsten Inseln« (Jer 31,10). Welche Botschaft vermitteln uns diese feierlichen Worte von Jeremias, die wir im soeben vorgelesenen Canticum gehört haben? Es ist eine trostreiche Nachricht, und nicht zufällig werden die Kapitel, die sie enthalten (vgl. 30–31), als »Trostschrift« bezeichnet. Die Botschaft betrifft in erster Linie das antike Israel, aber sie läßt in gewisser Weise bereits die Botschaft des Evangeliums durchscheinen.
Die Hauptaussage der Nachricht lautet: »Der Herr wird Jakob erlösen und ihn befreien aus der Hand des Stärkeren« (Jer 31,11). Den geschichtlichen Hintergrund dieser Worte bildet eine Zeit der Hoffnung, die das Volk Gottes etwa ein Jahrhundert nach der Besetzung des Nordteils des Landes durch die Assyrer im Jahr 722 erlebte. Nun, zur Zeit des Propheten, läßt die religiöse Reform von König Joschija eine Rückkehr des Volkes zum Bund mit Gott erkennen und nährt die Hoffnung, daß die Zeit der

Strafe zu Ende ist. Es eröffnet sich die Perspektive, daß der Norden seine Freiheit wiederfindet und Israel und Juda in Einheit zusammenfinden. Alle, auch die »fernsten Inseln«, sollen Zeugen dieses wunderbaren Ereignisses sein: Gott, der Hirt Israels, wird nun eingreifen. Er, der die Versprengung seines Volkes erlaubte, kommt nun, um es zusammenzuführen.

2. DIE EINLADUNG ZUR Freude wird mit tiefbewegenden Bildern dargestellt. Es ist eine Weissagung, die zum Träumen anregt! Sie schildert eine Zukunft, in der die Verbannten »kommen und jubeln« und nicht nur den Tempel des Herrn, sondern auch alle Güter wiederfinden werden: Korn, Wein, Öl, Lämmer und Rinder. Die Bibel kennt keinen abstrakten Spiritualismus. Die verheißene Freude betrifft nicht nur das Innerste des Menschen, sondern der Herr kümmert sich um das Leben des Menschen in all seinen Dimensionen. Jesus selbst wird diesen Aspekt hervorheben und seine Jünger auffordern, auch hinsichtlich der materiellen Bedürfnisse auf die Vorsehung zu vertrauen (vgl. Mt 6,25–34). Unser Canticum bekräftigt diese Sichtweise: Gott möchte den Menschen in seiner Gesamtheit glücklich machen. Die Lebensumstände, die er für seine Kinder vorbereitet, werden durch das Bild des »bewässerten Gartens« (vgl. Jer 31,12) als Zeichen der Frische und Fruchtbarkeit zum Ausdruck gebracht. Die Trauer verwandelt sich in Jubel, man sättigt sich an Köstlichkeiten (vgl. V. 14) und wird mit Gaben überhäuft, so daß man ganz spontan zu tanzen und zu singen anfängt. Es herrscht überschwengliche Freude, das ganze Volk ist von Glückseligkeit erfüllt.

3. DIE GESCHICHTE LEHRT uns, daß dieser Traum damals nicht in Erfüllung ging, aber sicher nicht deshalb, weil Gott sein Versprechen gebrochen hätte: Für diese Enttäuschung war wiederum das Volk mit seiner Untreue verantwortlich. Das Buch Jeremia will dies aufzeigen durch die Entwicklung einer Weissagung, die, leiderfüllt und bedrückend, schrittweise zu einigen der traurigsten Kapitel in der Geschichte Israels führt. Man wartet nicht nur vergeblich auf die Rückkehr der Verbannten des Nordens: Im Jahr 587 v. Chr. wird Nebukadnezar sogar Judäa besetzen. Dann werden bittere Tage beginnen, und an den Strömen von Babel wird man die Harfen an die Weiden hängen (vgl. Ps 137,2). In der Seele regt sich keinerlei Bereitschaft, zur

Genugtuung der Peiniger zu singen. Wie könnte sich jemand freuen, der mit Gewalt der Heimat entrissen wird, dem Land, in dem Gott seine Wohnstatt errichtet hat.

4. DENNOCH VERLIERT DIE Einladung zur Freude, die diese Weissagung charakterisiert, nichts von ihrer Bedeutung. Unerschütterlich bleibt nämlich die letztendliche Motivation, auf der sie gründet; diese Motivation zeigt sich besonders in einigen eindrucksvollen Versen, die denen des Stundengebets vorausgehen. Wir müssen sie uns deutlich vor Augen halten, wenn wir die freuderfüllten Worte unseres Canticum lesen. Sie beschreiben die Liebe Gottes zu seinem Volk mit bewegenden Worten und verweisen auf einen unwiderruflichen Bund: »Mit ewiger Liebe habe ich dich geliebt« (Jer 31,3). Sie besingen die väterliche Zuneigung eines Gottes, der Efraim, seinen Erstgeborenen, ruft und ihn zärtlich umsorgt: »Weinend kommen sie, und tröstend geleite ich sie. Ich führe sie an wasserführende Bäche, auf einen ebenen Weg, wo sie nicht straucheln. Denn ich bin Israels Vater« (Jer 31,9). Auch wenn die Verheißung damals wegen der Nichtentsprechung der Kinder unerfüllt bleiben mußte, bleibt die Liebe des Vaters in ihrer ganzen, ergreifenden Milde.

5. DIESE LIEBE IST der rote Faden, der die Abschnitte der Geschichte Israels – in ihren Freuden und Traurigkeiten, in ihren Erfolgen und Niederlagen – miteinander verbindet. Gott läßt nicht nach in seiner Liebe, und sogar die Bestrafung ist Ausdruck hiervon; auf diese Weise nimmt sie eine pädagogische und heilsbringende Bedeutung an.
Auf dem starken Fels dieser Liebe läßt die Aufforderung zur Freude in unserem Canticum an eine Zukunft Gottes denken, die zwar mit Verzögerung, aber dennoch früher oder später kommen wird, trotz aller Unzulänglichkeiten der Menschen. Diese Zukunft hat sich im neuen Bund verwirklicht durch den Tod und die Auferstehung Christi und die Gabe des Geistes – sie wird aber ihre vollständige Erfüllung erst bei der eschatologischen Rückkehr des Herrn finden. Im Licht dieser Gewißheiten bleibt der »Traum« Jeremias eine reelle geschichtliche Möglichkeit, der bedingt ist durch die Treue der Menschen; er bleibt vor allem ein letztes Ziel, das durch die Treue Gottes gewährleistet und durch seine Liebe in Christus besiegelt wird.

Wenn wir also diese Weissagung Jeremias lesen, müssen wir das Evangelium, die frohe, von Christus in der Synagoge von Nazareth verkündete Botschaft, widerhallen lassen (vgl. Lk 4,16–21). Das christliche Leben sollte ein wahrer »Jubel« sein, den nur unsere Sünde gefährden kann. Das Stundengebet lädt uns ein, durch das Rezitieren der Worte Jeremias unser Leben in Christus, unserem Erlöser (vgl. Jer 31,11), zu verankern und in Ihm das Geheimnis der wahren Freude in unserem persönlichen und gemeinschaftlichen Leben zu suchen.

Generalaudienz vom 10. Oktober 2001

# PSALM 48

2
*Groß ist der Herr und hoch zu preisen*
*in der Stadt unsres Gottes.*
3
*Sein heiliger Berg ragt herrlich empor;*
*er ist die Freude der ganzen Welt.*
*Der Berg Zion liegt weit im Norden;*
*er ist die Stadt des großen Königs.*
4
*Gott ist in ihren Häusern bekannt*
*als ein sicherer Schutz.*
5
*Denn seht: Die Könige vereinten sich*
*und zogen gemeinsam heran;*
6
*doch als sie aufsahen, erstarrten sie vor Schreck,*
*sie waren bestürzt und liefen davon.*
7
*Dort packte sie das Zittern,*
*wie die Wehen eine gebärende Frau,*
8
*wie der Sturm vom Osten,*
*der die Schiffe von Tarschisch zerschmettert.*
9
*Wie wir's gehört hatten, so erlebten wir's jetzt*
*in der Stadt des Herrn der Heere,*
*in der Stadt unsres Gottes;*
*Gott läßt sie ewig bestehen.*
10
*Über deine Huld, o Gott, denken wir nach*
*in deinem heiligen Tempel.*
11
*Wie dein Name, Gott,*
*so reicht dein Ruhm bis an die Enden der Erde;*
*deine rechte Hand ist voll von Gerechtigkeit.*
12
*Der Berg Zion freue sich,*
*die Töchter Judas sollen über deine gerechten Urteile jubeln.*

13
*Umkreist den Zion,*
*umschreitet ihn, zählt seine Türme!*
14
*Betrachtet seine Wälle,*
*geht in seinen Palästen umher,*
*damit ihr dem kommenden Geschlecht erzählen könnt:*
15
*»Das ist Gott, unser Gott für immer und ewig.*
*Er wird uns führen in Ewigkeit.«*

1. DER SOEBEN VORGETRAGENE Psalm ist ein Gesang zu Ehren Zions, der »Stadt des großen Königs« (Ps 48,3), die in jener Zeit Sitz des Tempels des Herrn und Stätte seiner Gegenwart unter den Menschen war. Der christliche Glaube wendet ihn nunmehr auf das »himmlische Jerusalem« an, das »unsere Mutter« ist (Gal 4,26).
Der liturgische Stil dieses Hymnus, die Darstellung einer festlichen Prozession (vgl. V. 3–14), die friedliche Vision Jerusalems, die das göttliche Heil widerspiegelt, machen den Psalm 48 zu einem Gebet, mit dem man den Tag beginnen kann, um ihn zum Lobgesang werden zu lassen, auch wenn sich am Himmel manche Wolke verdichtet.
Um den Sinn dieses Psalms zu erfassen, können uns drei am Anfang, in der Mitte und am Schluß angeführte Anrufungen helfen, die uns gewissermaßen den geistigen Schlüssel des Textes liefern und uns in seine innerliche Atmosphäre einführen. Es sind die drei Anrufungen: »Groß ist der Herr und hoch zu preisen in der Stadt unseres Gottes« (V. 2); »Über deine Huld, o Gott, denken wir nach in deinem heiligen Tempel« (V. 10); »Das ist Gott, unser Gott für immer und ewig. Er wird uns führen in Ewigkeit« (V. 5).

2. DIESE DREI AKKLAMATIONEN, die den Herrn, aber auch die »Stadt unseres Gottes« (V. 2) preisen, bilden den Rahmen für zwei große Abschnitte des Psalms. Der erste ist ein freudiger Lobpreis auf die Heilige Stadt, das gegenüber den Angriffen der Feinde siegreiche Zion, das unter dem Mantel des göttlichen Schutzes zuversichtlich bleibt (vgl. V. 3–8). Es wird gleichsam eine Litanei der Bezeichnungen dieser Stadt angeführt: Sie ist eine wunderbare Anhöhe, die wie ein Leuchtturm

emporragt, eine Quelle der Freude für alle Völker der Erde, der einzig wahre »Olymp«, wo Himmel und Erde einander begegnen. Sie ist – um einen Ausdruck des Propheten Ezechiel zu verwenden – die »Stadt Emanuel«, denn »hier ist der Herr«, er ist in ihr gegenwärtig (vgl. Ez 48,35). Um Jerusalem herum sammeln sich aber die Truppen zur Belagerung, gewissermaßen als Symbol des Bösen, das den Glanz der Stadt Gottes in Gefahr bringt. Die Auseinandersetzung hat einen voraussehbaren und beinahe sofortigen Ausgang.

3. DURCH IHREN ANGRIFF auf die Heilige Stadt haben die Mächtigen der Erde auch ihren König, den Herrn, herausgefordert. Der Psalmist beschreibt den gebrochenen Stolz eines mächtigen Heeres mit dem eindrucksvollen Bild der Geburtswehen: »Dort packte sie das Zittern, wie die Wehen eine gebärende Frau« (V. 7). Der Hochmut verwandelt sich in Zerbrechlichkeit und Schwäche, die Macht in Untergang und Niederlage.
Dieselbe Auffassung kommt in einem weiteren Bild zum Ausdruck: Das bezwungene Heer wird mit einer unbesiegbaren Seemacht verglichen, über die ein von einem furchtbaren Ostwind verursachter Sturm hereinbricht (vgl. V. 8). Es bleibt also für all jene, die im Schatten des göttlichen Schutzes stehen, die unerschütterliche Gewißheit: Nicht das Böse, sondern das Gute hat das letzte Wort; Gott siegt über die feindlichen Mächte, auch wenn diese groß und unüberwindbar scheinen.

4. DER GLÄUBIGE FEIERT daraufhin seine Danksagung an den befreienden Gott im Tempel. Er stimmt einen Hymnus an auf die barmherzige Liebe des Herrn, die mit dem hebräischen und für die Theologie des Bundes charakteristischen Begriff *hesed* bezeichnet wird. Damit widmen wir uns nun dem zweiten Teil des Psalms (vgl. V. 10–14). Nach dem großartigen Lobgesang auf den treuen, gerechten und rettenden Gott (vgl. V. 10–12) findet nun eine Art Prozession statt, die um den Tempel und die Heilige Stadt führt (vgl. V. 13–14). Die Türme, Zeichen des sicheren Schutzes Gottes, werden gezählt, und die Wälle, Symbol der von ihrem Gründer der Stadt Zion verliehenen Beständigkeit, werden betrachtet. Die Mauern Jerusalems sprechen, und seine Steine erinnern an die Ereignisse, die dem »kommenden Geschlecht« (V. 14) durch

die Erzählung der Väter an ihre Kinder (vgl. Ps 78,3–7) überliefert werden sollen. Zion ist die Stätte einer ununterbrochenen Aufeinanderfolge heilsbringender Taten des Herrn, die in der Katechese verkündet und in der Liturgie gefeiert werden, damit die Hoffnung auf das befreiende Wirken des Herrn in den Gläubigen weiterbestehe.

5. VON BESONDERER SCHÖNHEIT ist in der Schlußantiphon eine der erhabensten Definitionen des Herrn als Hirte seines Volkes:»Er wird uns führen« (V. 15). Der Gott Zions ist der Gott des Exodus, der Freiheit, der Nähe des in Ägypten in die Sklaverei geratenen und durch die Wüste pilgernden Volkes. Da Israel sich nun im Gelobten Land niedergelassen hat, weiß es, daß der Herr es nicht verläßt: Jerusalem ist das Zeichen seiner Nähe, und der Tempel ist der Ort seiner Gegenwart.
Wenn der Christ diese Worte liest, erhebt er sich zur Betrachtung Christi, des neuen und lebendigen Tempels Gottes (vgl. Joh 2,2), und wendet sich dem himmlischen Jerusalem zu, der Stadt, die keinen Tempel und kein äußerliches Licht mehr braucht, denn »der Herr, ihr Gott, der Herrscher über die ganze Schöpfung, ist ihr Tempel, er und das Lamm ... Die Herrlichkeit Gottes erleuchtet sie, und ihre Leuchte ist das Lamm« (Offb 2,22–23). Zu dieser »spirituellen« Neudeutung fordert uns der hl. Augustinus auf; er ist davon überzeugt, daß in den Büchern der Bibel »alles, was dort über das irdische Jerusalem oder im Hinblick darauf gesagt ist und seine Erfüllung findet, zugleich einen allegorischen Sinn hat, der auf das himmlische Jerusalem zu beziehen ist, (und) so gibt es nichts, was ausschließlich auf das irdische Jerusalem Bezug hätte« (*Gottesstaat,* XVII,3,2). Dem stimmt der hl. Paulinus von Nola zu, der uns in seinem Kommentar zu den Worten unseres Psalms zum Beten ermahnt, damit wir »als lebendige Steine in den Mauern des himmlischen und freien Jerusalem wiedergefunden werden« (vgl. *Brief* 28,2 an Severus). In seiner Betrachtung über die Beständigkeit und Geschlossenheit dieser Stadt fährt derselbe Kirchenvater fort: »Denn derjenige, der in dieser Stadt wohnt, offenbart sich als der Eine in drei Personen ... Christus wurde nicht nur als ihr Fundament, sondern auch als ihr Turm und Tor eingesetzt ... Wenn also das Haus unserer Seele auf Ihm gründet und sich über Ihm ein

Bauwerk erhebt, das dieses großen Fundaments würdig ist, dann wird das Eingangstor in seine Stadt für uns eben Derjenige sein, der uns durch die Jahrhunderte leiten und uns an den Ort Seiner Weide führen wird« (vgl. ebd.).

Generalaudienz vom 17. Oktober 2001

# PSALM 51

3
*Gott, sei mir gnädig nach deiner Huld,*
*tilge meine Frevel nach deinem reichen Erbarmen!*
4
*Wasch meine Schuld von mir ab*
*und mach mich rein von meiner Sünde!*
5
*Denn ich erkenne meine bösen Taten,*
*meine Sünde steht mir immer vor Augen.*
6
*Gegen dich allein habe ich gesündigt,*
*ich habe getan, was dir mißfällt.*
*So behältst du recht mit deinem Urteil,*
*rein stehst du da als Richter.*
7
*Denn ich bin in Schuld geboren;*
*in Sünde hat mich meine Mutter empfangen.*
8
*Lauterer Sinn im Verborgenen gefällt dir,*
*im Geheimen lehrst du mich Weisheit.*
9
*Entsündige mich mit Ysop, dann werde ich rein;*
*wasche mich, dann werde ich weißer als Schnee.*
10
*Sättige mich mit Entzücken und Freude!*
*Jubeln sollen die Glieder, die du zerschlagen hast.*
11
*Verbirg dein Gesicht vor meinen Sünden,*
*tilge all meine Frevel!*
12
*Erschaffe mir, Gott, ein reines Herz*
*und gib mir einen neuen, beständigen Geist!*
13
*Verwirf mich nicht von deinem Angesicht*
*und nimm deinen heiligen Geist nicht von mir!*
14
*Mach mich wieder froh mit deinem Heil;*
*mit einem willigen Geist rüste mich aus!*

15

*Dann lehre ich Abtrünnige deine Wege,*
*und die Sünder kehren um zu dir.*

16

*Befrei mich von Blutschuld, Herr, du Gott meines Heiles,*
*dann wird meine Zunge jubeln über deine Gerechtigkeit.*

17

*Herr, öffne mir die Lippen,*
*und mein Mund wird deinen Ruhm verkünden.*

18

*Schlachtopfer willst du nicht, ich würde sie dir geben;*
*an Brandopfern hast du kein Gefallen.*

19

*Das Opfer, das Gott gefällt, ist ein zerknirschter Geist,*
*ein zerbrochenes und zerschlagenes Herz wirst du,*
*Gott, nicht verschmähen.*

20

*In deiner Huld tu Gutes an Zion;*
*bau die Mauern Jerusalems wieder auf!*

21

*Dann hast du Freude an rechten Opfern,*
*an Brandopfern und Ganzopfern,*
*dann opfert man Stiere auf deinem Altar.*

1. WIR HABEN SOEBEN das *Miserere* gehört, eines der bekanntesten Gebete des Psalters, den so eindrucksvollen und oft wiederholten Bußpsalm, den Gesang von Sünde und Vergebung, die tiefste Meditation über Schuld und Gnade. Das Stundengebet läßt es uns jeden Freitag bei der Laudes wiederholen. Seit vielen Jahrhunderten erhebt es sich zum Himmel aus zahllosen Herzen jüdischer und christlicher Gläubigen wie ein Seufzer der Reue und Hoffnung, der sich an den barmherzigen Gott richtet.
Die jüdische Überlieferung legt den Psalm auf die Lippen Davids, der von den strengen Worten des Propheten Nathan zur Buße aufgefordert wird (vgl. V. 1–2; 2 Sam 11–12). Nathan hatte ihm seinen Ehebruch mit Batseba und die Tötung ihres Mannes Urija vorgeworfen. Der Psalm wird jedoch in den folgenden Jahrhunderten durch das Gebet vieler anderer Sünder bereichert, die die Themen des »reinen Herzens« und des »Geistes« Gottes wiederaufnehmen, der gemäß den Worten der Prophe-

ten Jeremia und Ezechiel dem erlösten Menschen gegeben wird (vgl. V. 12; Jer 31,31–34; Ez 11,19; 36, 24–28).

2. DER PSALM 51 zeigt uns zwei verschiedene Horizonte auf. Zunächst den finsteren Bereich der Sünde (V. 3–11), in dem sich der Mensch seit dem Anfang seines Daseins befindet: »Denn ich bin in Schuld geboren; in Sünde hat mich meine Mutter empfangen« (V. 7). Auch wenn diese Erklärung nicht als ausdrückliche Formulierung der Lehre über die Erbsünde, wie sie die christliche Theologie definiert hat, gewertet werden kann, besteht kein Zweifel daran, daß sie ihr entspricht, denn sie bringt die tiefe Dimension der angeborenen sittlichen Schwachheit des Menschen zum Ausdruck. Der Psalm erscheint in diesem Abschnitt als eine Art Analyse der Sünde, die vor Gott vorgenommen wird. Im Hebräischen gibt es drei Begriffe zur Umschreibung dieser traurigen Wirklichkeit, die auf eine schlecht genutzte menschliche Freiheit zurückzuführen ist.

3. DAS ERSTE WORT, *hattá*, bedeutet wörtlich »das Ziel verfehlen«. Die Sünde ist eine Verirrung, die uns weit von Gott, dem grundlegenden Ziel unserer Beziehungen, und daher auch von unserem Nächsten wegführt.
Das zweite hebräische Wort ist *'awôn;* Sinnbild des Verdrehens, des Biegens. Die Sünde ist also eine krumme Abweichung vom rechten Weg; sie ist die Umkehrung, die Verdrehung, die Verformung von Gut und Böse in dem von Jesaja dargelegten Sinn: »Weh denen, die das Böse gut und das Gute böse nennen, die die Finsternis zum Licht und das Licht zur Finsternis machen« (Jes 5,20). Aus eben diesem Grund wird inder Bibel die Bekehrung als eine »Rückkehr« (auf hebräisch *shûb)* auf den rechten Weg durch eine Kurskorrektur bezeichnet.
Der dritte Terminus, mit dem der Psalmist von der Sünde spricht, ist *peshá.* Er bringt die Auflehnung des Untertanen gegenüber seinem Herrscher zum Ausdruck, also eine offene Herausforderung, die sich gegen Gott und seinen Plan für die Menschheitsgeschichte richtet.

4. WENN DER MENSCH jedoch seine Sünde bekennt, ist die heilbringende Gerechtigkeit Gottes bereit, ihn tiefgreifend zu läutern. Somit kommen wir zur zweiten geistigen Dimension des Psalms, nämlich zum lichterfüllten Bereich der Gnade (vgl.

V. 12–19). Durch das Schuldbekenntnis öffnet sich für den Betenden ein Horizont des Lichts, in dem Gott am Wirken ist. Der Herr handelt nicht nur im negativen Sinne, also indem er die Sünde tilgt, sondern durch seinen lebenspendenden Geist schafft er die sündige Menschheit neu: Er gibt dem Menschen ein neues und reines »Herz«, also ein erneuertes Gewissen, und eröffnet ihm die Möglichkeit eines reinen Glaubens und eines Kultes, der Gott wohlgefällt.
In diesem Zusammenhang spricht Origenes von einer göttlichen Therapie, die der Herr durch sein Wort und durch das heilende Werk Christi vollzieht: »Wie Gott für den Körper die Heilmittel weise vermischter Heilkräuter vorsah, so wollte er auch für die Seele eine Medizin zubereiten mit seinen Worten, die er uns in den heiligen Schriften gab ... Gott schuf auch eine weitere medizinische Tätigkeit;ihr erhabenster Arzt ist der Erlöser selbst, der von sich sagt: ›*Nicht die Gesunden brauchen den Arzt, sondern die Kranken.*‹ Er war der Arzt schlechthin, der jede Schwäche und Krankheit zu heilen vermag« (vgl. *Predigten über die Psalmen).*

5. DER REICHE INHALT des Psalms 51 würde eine detaillierte Exegese aller seiner Teile verdienen, und wir werden dies auch tun, wenn er wieder an den verschiedenen Freitagen in der Laudes erklingt. Der heutige Überblick über diese bedeutende Anrufung aus der Bibel offenbart uns bereits einige der grundlegenden Bestandteile einer Spiritualität, die sich auf das tägliche Leben der Gläubigen auswirken muß. Da wäre zunächst ein ausgeprägtes Empfinden für die Sünde zu nennen, die als freie Entscheidung in sittlicher und theologischer Hinsicht negativ geprägt aufgefaßt wird: »Gegen dich allein habe ich gesündigt, ich habe getan, was dir mißfällt« (V. 6).
Im Psalm findet sich ein ebenso ausgeprägtes Empfinden für die Möglichkeit einer Bekehrung: Der aufrichtig bereuende Sünder (vgl. V. 5) stellt sich in seinem ganzen Elend und seiner Nacktheit vor Gott und fleht Ihn an, ihn nicht aus seiner Gegenwart zu verbannen (vgl. V. 13).
Schließlich gewinnt man im *Miserere* die feste Überzeugung der Vergebung Gottes, die die Sünde »tilgt« und den Sünder »wäscht« und »rein macht« (vgl. V. 3–4) und ihn schließlich in ein neues Geschöpf mit verklärtem Geist, Sprache, Mund und Herz verwandelt (vgl. V. 14–19). »Und wären unsere Sünden

auch so schwarz wie die Nacht« – schrieb die hl. Faustyna Kowalska –, »die göttliche Barmherzigkeit ist stärker als unsere Schwachheit. Nur eines ist nötig: daß der Sünder die Tür seines Herzens wenigstens ein bißchen aufmacht … Gott wird den Rest tun … Alles beginnt und endet in deiner Barmherzigkeit« (vgl. M. Winowska, *L'icona dell'Amore misericordioso. Il messaggio di suor Faustina,* Rom 1981, S. 271).

Generalaudienz vom 24. Oktober 2001

## JESAJA 45,15–25

15
*Wahrhaftig, du bist ein verborgener Gott.*
*Israels Gott ist der Retter.*
16
*Schmach und Schande kommt über all seine Gegner,*
*die Götzenschmiede geraten in Schande.*
17
*Israel aber wird vom Herrn gerettet,*
*wird für immer errettet.*
*Über euch kommt keine Schande und Schmach mehr*
*für immer und ewig.*
18
*Denn so spricht der Herr, der den Himmel erschuf:*
*Ich bin der Herr und sonst niemand.*
19
*Ich bin der Herr, der die Wahrheit spricht*
*und der verkündet, was recht ist.*
20
*Wer hölzerne Götzen umherträgt, hat keine Erkenntnis,*
*wer einen Gott anbetet, der niemanden rettet.*
21
*Es gibt keinen Gott außer mir;*
*außer mir gibt es keinen gerechten und rettenden Gott.*
22
*Wendet euch mir zu und laßt euch erretten,*
*ihr Menschen aus den fernsten Ländern der Erde;*
*denn ich bin Gott und sonst niemand.*
23
*Ich habe bei mir selbst geschworen*
*und mein Mund hat die Wahrheit gesprochen,*
*es ist ein unwiderrufliches Wort:*
*Vor mir wird jedes Knie sich beugen,*
*und jede Zunge wird bei mir schwören:*
24
*Nur beim Herrn gibt es Rettung und Schutz.*
*Beschämt kommen alle zu ihm, die sich ihm widersetzten.*

25

*Alle Nachkommen Israels bekommen ihr Recht und erlangen Ruhm durch den Herrn.*

1. »WAHRHAFTIG, DU BIST ein verborgener Gott« (Jes 45,15). Dieser Vers, mit dem das Canticum der Laudes am Freitag in der ersten Woche des Psalteriums beginnt, stammt aus einer Meditation des Zweiten Jesaja über die Größe Gottes, die sich in der Schöpfung und Geschichte gezeigt hat: ein Gott, der sich offenbart, obwohl er in der Unergründlichkeit seines Mysteriums verborgen bleibt. Er ist definitionsgemäß der *Deus absconditus.* Kein Gedanke kann ihn erfassen. Der Mensch kann nur seine Gegenwart im Universum wahrnehmen, indem er gleichsam seinen Spuren folgt und eine Haltung der Anbetung und des Lobes annimmt.

Der geschichtliche Hintergrund, vor dem diese Meditation entstand, ist die überraschende Befreiung, die Gott seinem Volk zur Zeit des babylonischen Exils gewährte. Wer hätte je gedacht, daß die Verbannten Israels in ihre Heimat zurückkehren könnten? Wenn sie auf die Macht Babylons schauten, konnten sie nur verzweifeln. Da aber erreicht sie die großartige Nachricht, die Überraschung Gottes, die in den Worten des Propheten mitschwingt: Gott wird eingreifen, wie er es zur Zeit des Exodus getan hat. Und wenn er damals den Widerstand des Pharaos mit schrecklichen Strafen gebrochen hatte, wählt er sich nun eine König, Kyros von Persien, um die babylonische Macht niederzuwerfen und Israel die Freiheit zurückzuschenken.

2. »DU BIST EIN verborgener Gott. Israels Gott ist der Retter« (Jes 45,15). Mit diesen Worten lädt der Prophet zur Erkenntnis ein, daß Gott in der Geschichte handelt, auch wenn er nicht im Vordergrund erscheint. Man könnte sagen, daß er »hinter den Kulissen« wirkt. Er ist gleichsam der geheimnisvolle und unsichtbare Regisseur, der die Freiheit seiner Geschöpfe achtet, zugleich aber die Fäden der Gegebenheiten dieser Welt in seinen Händen hält. Die Gewißheit des providentiellen Wirkens Gottes ist ein Quell der Hoffnung für den Gläubigen; er weiß, daß er auf die stete Gegenwart dessen bauen kann, »der die Erde geformt und gemacht hat« (Jes 45,18).

Der Schöpfungsakt ist nämlich keine Episode, die sich in grauer Vorzeit verliert, so daß sich die Welt nach jenem Anfang als sich selbst überlassen betrachten müßte. Gott hält die aus seinen Händen hervorgegangene Schöpfung ständig im Sein. Dies anzuerkennen bedeutet, auch seine Einzigkeit zu bekennen: »War es nicht ich, der Herr? Es gibt keinen Gott außer mir« (Jes 45,21). Gott ist schon der Definition nach der Einzige. Nichts ist mit ihm vergleichbar. Alles ist ihm untergeordnet. Daraus folgt auch die Ablehnung der Götzenanbetung, gegen die sich der Prophet mit strengen Worten wendet: »Wer hölzerne Götzen umherträgt, hat keine Erkenntnis, wer einen Gott anbetet, der niemanden rettet« (Jes 45,20). Wie könnte man vor einem menschlichen Erzeugnis eine Haltung der Anbetung einnehmen?

3. NACH UNSEREM HEUTIGEN Empfinden könnte diese Streitfrage übertrieben scheinen, als ob sie auf die Bilder als solche abzielt, ohne zu berücksichtigen, daß ihnen ein symbolischer Wert zukommen kann, der mit der spirituellen Verehrung des einen Gottes durchaus vereinbar ist. Gewiß, hier steht die weise göttliche Pädagogik auf dem Spiel, die durch eine strenge Disziplin und das Verbot von Bildern das Volk Isarel durch die Geschichte hindurch vor polytheistischen Einflüssen schützt. Die Kirche ist von dem in der Menschwerdug Christi offenbarten Anlitz Gottes ausgegangen und hat im Zweiten Konzil von Nizäa (787) die Möglichkeit der Verwendung heiliger Bilder bestätigt, solange diese in ihrem wesenmäßig »hinweisenden« Wert verstanden wurden.
Dennoch ist diese prophetische Warnung vor allen Formen der Götzenanbetung von bleibender Bedeutung: Oft verbirgt sie sich eher in Einstellungen, bei denen Menschen und Dinge als absolute Werte betrachtet werden und sogar Gott ersetzen, und weniger in einer unangemessenen Verwendung von Bildern.

4. IM HINBLICK AUF die Schöpfung führt uns dieser Hymnus in jenen Bereich der Geschichte, in dem das Volk Israel die gütige und barmherzige Macht Gottes, seine Treue und Vorsehung viele Male erfahren konnte. Die Liebe Gottes zu seinem Volk hat sich noch einmal in besonderer Weise bei der Befreiung aus dem Exil gezeigt; dies geschah auf so deutliche und überraschende Weise, daß der Prophet sogar jene, »die aus den Völkern entkommen sind«, in den Zeugenstand ruft. Er lädt sie zum Gespräch ein, wenn sie dazu in der Lage sind: »Versammelt auch, kommt alle herbei, tretet herzu, die ihr aus den Völ-

kern entkommen seid« (Jes 45,20). Der Prophet gelangt zu der Schlußfolgerung, daß das Wirken des Gottes Israels unbestreitbar ist.
Damit eröffnet sich eine wunderbare allumfassende Perspektive. Gott verkündet: »Wendet euch mir zu, und laßt euch erretten, ihr Menschen aus den fernsten Ländern der Erde; denn ich bin Gott, und sonst niemand« (Jes 45,22). Es wird also offensichtlich, daß die Vorliebe, mit der Gott Israel als sein Volk erwählt hat, nicht ein Akt der Ausschließung, sondern eine Tat der Liebe ist, von dem die ganze Menschheit profitieren soll.
So zeichnet sich schon im Alten Testament jene »sakramentale« Auffassung von der Heilsgeschichte ab, die in der besonderen Erwählung der Kinder Abrahams – und später der Jünger Christi in der Kirche – nicht ein Privileg sieht, das »schließt« und »ausschließt«, sondern das Zeichen und Mittel einer universalen Liebe.

5. DIE AUFFORDERUNG ZUR Anbetung und das Heilsangebot betreffen alle Völker: »Vor mir wird jedes Knie sich beugen, und jede Zunge wird bei mir schwören« (Jes 45,23). Diese Worte aus christlicher Sicht zu deuten heißt, sich in Gedanken zur vollen Offenbarung des Neuen Testaments hinwenden. In Christus zeigt es uns »den Namen … der größer ist als alle Namen« (Phil 2,9), »damit alle im Himmel, auf der Erde und unter der Erde ihre Knie beugen vor dem Namen Jesu und jeder Mund bekennt: Jesus Christus ist der Herr – zur Ehre Gottes, des Vaters« (Phil 2,10–11).
Durch dieses Canticum weitet sich unser Morgenlob auf alle Dimensionen des Universums aus und gibt auch denen eine Stimme, die noch nicht die Gnade gehabt haben, Christus kennenzulernen. Das Lob wird »missionarisch« und spornt uns dazu an, auf alle Straßen zu gehen und zu verkünden, daß Gott sich in Jesus als Retter der Welt offenbart hat.

Generalaudienz vom 31. Oktober 2001

## PSALM 100

*Jauchzt vor dem Herrn, alle Länder der Erde!*
2
*Dient dem Herrn mit Freude!*
*Kommt vor sein Antlitz mit Jubel!*
3
*Erkennt: Der Herr allein ist Gott.*
*Er hat uns geschaffen, wir sind sein Eigentum,*
*sein Volk und die Herde seiner Weide.*
4
*Tretet mit Dank durch seine Tore ein!*
*Kommt mit Lobgesang in die Vorhöfe seines Tempels!*
*Dankt ihm, preist seinen Namen!*
5
*Denn der Herr ist gütig,*
*ewig währt seine Huld,*
*von Geschlecht zu Geschlecht seine Treue.*

1. DIE JÜDISCHE TRADITION hat dem soeben verkündeten Lobhymnus den Titel »Psalm für die *todáh*«, d.h. für die Danksagung im liturgischen Gesang, gegeben, und er eignet sich somit gut für die morgendliche Laudes. In den wenigen Versen dieses Freudenhymnus lassen sich drei bedeutende Elemente erkennen, die seinen Gebrauch im Gebet der christlichen Gemeinschaft geistig fruchtbringend machen.

2. ZUNÄCHST FINDET SICH in ihm der eindringliche Aufruf zum Gebet, das in einer eindeutig liturgischen Dimension beschrieben wird. Es genügt, die Imperative aufzulisten, die den Psalm kennzeichnen und von Hinweisen kultischer Art begleitet sind: »Jauchzt … Dient dem Herrn mit Freude! Kommt vor sein Antlitz mit Jubel! Erkennt: Der Herr allein ist Gott … Tretet mit Dank durch seine Tore ein! Kommt mit Lobgesang in die Vorhöfe seines Tempels! Dankt ihm, preist seinen Namen!« (V. 1–4): eine Reihe von Aufforderungen, nicht nur durch die Tore und Vorhöfe in den heiligen Bereich des Tempels einzutreten (vgl. Ps 15,1; 24,3.7–10), sondern auch Gott freudig zu preisen.
Es handelt sich gleichsam um eine unablässige Kette des Lobes, die nie abreißt und die in einem ständigen Bekenntnis des

Glaubens und der Liebe zum Ausdruck kommt. Dieses Lob erhebt sich von der Erde zu Gott; zugleich aber nährt es den Geist des Glaubenden.

3. EINE ZWEITE KURZE Anmerkung möchte ich dem Beginn des Canticum widmen, in dem der Psalmist die ganze Erde zusammenruft, um dem Herrn zuzujauchzen (vgl. V. 1). Gewiß, der Psalm wird später seine Aufmerksamkeit auf das auserwählte Volk richten, aber der Horizont des Lobpreises ist universaler Art, wie es im Psalter nicht selten der Fall ist, insbesondere in den sogenannten »Hymnen an den Herrn und König« (vgl. Ps 96–99). Welt und Geschichte liegen nicht in der Hand des Schicksals, des Chaos oder blinder Bedingtheiten. Sie werden vielmehr von einem Gott beherrscht, der zwar geheimnisvoll ist, gleichzeitig aber den Wunsch hegt, daß die Menschheit stets in gerechten und wahrhaftigen Beziehungen lebt. »Den Erdkreis hat er gegründet, so daß er nicht wankt. Er richtet die Nationen so, wie es recht ist … Er richtet den Erdkreis gerecht und die Nationen nach seiner Treue« (Ps 96,10.13).

4. WIR ALLE RUHEN also in der Hand Gottes, des Herrn und Königs, und wir preisen ihn im Vertrauen darauf, daß er uns nicht aus seinen Schöpfer- und Vaterhänden fallen lassen wird. In diesem Licht kann man das dritte wichtige Element des Psalms besser erfassen. Im Mittelpunkt des Lobes, das der Psalmist uns auf die Lippen legt, steht nämlich eine Art Glaubensbekenntnis, das durch eine Reihe von Attributen die tiefe Wirklichkeit Gottes beschreibt. Dieses aufs Wesentliche beschränkte Credo enthält folgende Aussagen: Der Herr ist Gott, der Herr ist unser Schöpfer, wir sind sein Volk, der Herr ist gut, seine Liebe währt ewig, seine Treue hat kein Ende (vgl. V. 3–5).

5. WIR FINDEN ALSO zunächst ein erneuertes Glaubensbekenntnis an den einen Gott, wie es das erste Gebot des Dekalogs verlangt: »Ich bin Jahwe, dein Gott … Du sollst neben mir keine anderen Götter haben« (Ex 20,2.3). Und wie in der Bibel oft wiederholt wird: »Heute sollst du erkennen und dir zu Herzen nehmen: Jahwe ist der Gott im Himmel droben und auf der Erde unten, keiner sonst« (Dtn 4,39). Dann wird der Glaube an den Schöpfergott, die Quelle des Seins und Lebens, erklärt. Hierauf wird durch die sogenannte »Bundesformel« die Gewißheit Israels hervorgehoben,

von Gott auserwählt zu sein: »Wir sind sein Eigentum, sein Volk und die Herde seiner Weide« (V. 3). Diese Gewißheit übernehmen die Gläubigen des neuen Gottesvolkes in dem Bewußtsein, jene Herde zu sein, die der oberste Seelenhirte zu den ewigen Weiden des Himmels führen wird (vgl. 1 Petr 2,25).

6. NACH DER VERKÜNDUNG des einen Gottes als Schöpfer und Ursprung des Bundes, wird die Darstellung des Herrn in unserem Psalm mit der Meditation über drei göttliche Eigenschaften, die im Psalter oft gepriesen werden, fortgesetzt: Güte, barmherzige Liebe *(hésed)* und Treue. Es sind die drei Tugenden, die den Bund Gottes mit seinem Volk kennzeichnen. Sie schildern eine Bindung, die durch die Generationen hindurch nie zerbrechen wird, trotz des lehmigen Flusses der Sünden, der Auflehnung und der menschlichen Treulosigkeiten. Im Vertrauen auf die Liebe Gottes, an der es nie mangeln wird, geht das Volk Gottes trotz aller täglichen Versuchungen und Schwächen seinen Weg durch die Geschichte.
Dieses Vertrauen wird zum Gesang, wobei mitunter die Worte nicht ausreichen, wie der hl. Augustinus bemerkt: »Je mehr die Liebe zu nimmt, desto mehr wirst du dir bewußt, daß du sprachst und doch nicht sprachst. Bevor du nämlich bestimmte Dinge verspürt hast, dachtest du, Worte verwenden zu können, um Gott zu bezeichnen; als du aber anfingst, ihren Geschmack zu spüren, hast du gemerkt, daß du nicht in der Lage bist, das, was du empfindest, angemessen auszudrücken. Wenn du aber meinst, deine Empfindungen nicht in Worte fassen zu können, mußt du dann deshalb schweigen und aufhören zu loben? … Keineswegs. So undankbar wirst du nicht sein. Ihm gebührt die Ehre, die Achtung, das größte Lob … Höre auf den Psalm: ›Jauchzt vor dem Herrn, alle Länder der Erde!‹ Du wirst den Jubel der ganzen Erde verstehen, wenn du selbst dem Herrn zujubelst« (vgl. *Erläuterungen zu den Psalmen* III/1).

Generalaudienz vom 7. November 2001

## PSALM 119,145–152

### XIX (Qof)

*145*
*Erhöre mich, Herr, ich rufe von ganzem Herzen;*
*deine Gesetze will ich halten.*
*146*
*Ich rufe zu dir; errette mich,*
*dann will ich deinen Vorschriften folgen.*
*147*
*Schon beim Morgengrauen komme ich und flehe;*
*ich warte auf dein Wort.*
*148*
*Meine Augen eilen den Nachtwachen voraus;*
*denn ich sinne nach über deine Verheißung.*
*149*
*Höre auf meine Stimme in deiner Huld;*
*belebe mich, Herr, durch deine Entscheide!*
*150*
*Mir nähern sich tückische Verfolger;*
*sie haben sich weit von deiner Weisung entfernt.*
*151*
*Doch du bist nahe, Herr,*
*und alle deine Gebote sind Wahrheit.*
*152*
*Aus deinen Vorschriften weiß ich seit langem,*
*daß du sie für ewig bestimmt hast.*

1. AM SAMSTAG DER ersten Woche stellt uns die Liturgie der Laudes eine einzige Strophe aus dem Psalm 119 vor, ein monumentales Gebet von 22 Strophen, so viele wie das hebräische Alphabet Buchstaben hat. Jede Strophe ist durch einen bestimmten Buchstaben des Alphabets gekennzeichnet, mit dem auch ihre einzelnen Verse beginnen, und die Anordnung der Strophen folgt der des Alphabets. Wir haben soeben die 19. Strophe gehört, die dem Buchstaben *qof* entspricht.
Diese Vorbemerkung, die sich eher auf äußerliche Aspekte bezieht, ermöglicht uns, die Bedeutung dieses Gesangs zu Ehren des göttlichen Gesetzes besser zu verstehen. Er ähnelt einer orientalischen Musik, deren Klangmodulationen nie zu en-

den scheinen und sich zum Himmel erheben in Form einer Wiederholung, die Verstand und Sinne, Geist und Körper des Betenden einbezieht.

2. IN EINER SEQUENZ von *'alef* bis *tau,* also vom ersten bis zum letzten Buchstaben des Alphabets – von A bis Z, würden wir mit dem deutschen Alphabet sagen –, lobt der Beter eingehend das Gesetz Gottes, das ihm eine Leuchte ist für seine Schritte auf dem oft dunklen Weg des Lebens (vgl. V. 105).
Man sagt, der große Philosoph und Wissenschaftler Blaise Pascal habe diesen Psalm, den längsten von allen, jeden Tag gebetet. Auch der 1945 von den Nazis ermordete Theologe Dietrich Bonhoeffer macht ihn zu einem lebendigen und aktuellen Gebet, wenn er schreibt: »Besonders schwer wird uns vielleicht der 119. Psalm um seiner Länge und Gleichmäßigkeit willen. Hier hilft uns ein langsames, stilles, geduldiges Fortschreiten von Wort zu Wort, von Satz zu Satz. Dann erkennen wir, daß die scheinbaren Wiederholungen doch immer neue Wendungen der einen Sache sind, der Liebe zu Gottes Wort. Wie diese Liebe kein Ende nehmen kann, so auch die Worte nicht, die sie bekennen. Sie wollen uns durch ein ganzes Leben begleiten, und in ihrer Einfachheit werden sie zum Gebet des Kindes, des Mannes und des Greises« (Dietrich Bonhoeffer, *Das Gebetbuch der Bibel;* in: *Gesammelte Schriften,* Bd. IV, S. 555).

3. DIE WIEDERHOLUNG UNTERSTÜTZT also nicht nur das Gedächtnis beim Chorgesang, sondern sie ist auch ein Mittel zur Festigung der inneren Treue und der vertrauensvollen Hingabe in die Arme des verehrten und geliebten Gottes. Unter den Wiederholungen des Psalms 119 möchten wir vor allem eine besonders bedeutsame nennen. Jeder der 176 Verse, aus denen dieses Lob auf die Torah als göttliches Gesetz und Wort besteht, enthält wenigstens eines der acht Worte, mit denen die Torah bezeichnet wird: Gesetz, Wort, Urteil, Weisung, Gebot, Vorschrift, Befehl, Spruch. So wird die göttliche Offenbarung gepriesen; sie ist Enthüllung des Geheimnisses Gottes, aber auch sittliche Richtschnur für das Leben des Gläubigen.
Gott und Mensch werden auf diese Weise in einem Dialog aus Worten und Werken, Lehre und Zuhören, Wahrheit und Leben verbunden.

4. KOMMEN WIR NUN zu unserer Strophe (vgl. V. 145–152), die der Atmosphäre der morgendlichen Laudes gut entspricht. Im Mittelpunkt der acht Verse steht nämlich eine nächtliche Szene, die sich aber auf den neuen Tag hin öffnet. Nach einer langen Nacht des Wartens und der Gebetswache im Tempel, wenn die Morgenröte sich am Horizont abzeichnet und die Liturgie beginnt, ist der Gläubige sicher, daß der Herr diejenigen erhören wird, die die Nacht betend, hoffend und über das Gotteswort meditierend verbracht haben. Von dieser Gewißheit gestärkt, wird er zu Beginn des sich vor ihm eröffnenden Tages die Gefahren nicht mehr fürchten. Er weiß, daß seine Verfolger, die sich ihm tückisch nähern (vgl. V. 150), ihn nicht übermannen werden, weil der Herr an seiner Seite ist.

5. IN DIESER STROPHE lesen wir ein eindringliches Gebet: »Erhöre mich, Herr, ich rufe von ganzem Herzen ... Schon beim Morgengrauen komme ich und flehe; ich warte auf dein Wort« (V. 145.147). Im Buch der Klagelieder finden wir diese Aufforderung: »Steh auf, klage bei Nacht, zu jeder Nachtwache Anfang! Schütte aus wie Wasser dein Herz vor dem Angesicht des Herrn! Erhebe zu ihm die Hände« (Klgl 2,9). Der hl. Ambrosius betonte: »Weißt du nicht, Mensch, daß du die Erstlingsfrüchte deines Herzens und deiner Stimme jeden Tag Gott darbringen mußt? Beeile dich bei Tagesanbruch, um die Erstlingsfrüchte deiner Frömmigkeit in die Kirche zu tragen« (vgl. *Expositio in Psalmos* CXVIII: *Patrologia Latina* 15, 14 76A).
Gleichzeitig hebt unsere Strophe auch mit Nachdruck die Gewißheit hervor: Wir sind nicht allein, weil Gott hört und eingreift. Der Betende spricht: »Du bist nahe, Herr« (V. 151), und dies bestätigen weitere Psalmen: »Sei mir nah, und erlöse mich! Befrei mich meinen Feinden zum Trotz!« (Ps 69,9). »Nahe ist der Herr den zerbrochenen Herzen, er hilft denen auf, die zerknirscht sind« (Ps 34,9).

Generalaudienz vom 14. November 2001

## EXODUS 15,1–4a.8–13.17–18

1

*Ich singe dem Herrn ein Lied,*
*denn er ist hoch und erhaben.*
*Rosse und Wagen warf er ins Meer.*

2

*Meine Stärke und mein Lied ist der Herr,*
*er ist für mich zum Retter geworden.*
*Er ist mein Gott, ihn will ich preisen;*
*den Gott meines Vaters will ich rühmen.*

3

*Der Herr ist ein Krieger, Jahwe ist sein Name.*

4

*Pharaos Wagen und seine Streitmacht*
*warf er ins Meer.*

8

*Du schnaubtest vor Zorn,*
*da türmte sich Wasser,*
*da standen Wogen als Wall,*
*Fluten erstarrten im Herzen des Meeres.*

9

*Da sagte der Feind: Ich jage nach, hole ein.*
*Ich teile die Beute, ich stille die Gier.*
*Ich zücke mein Schwert, meine Hand jagt sie davon.*

10

*Da schnaubtest du Sturm. Das Meer deckte sie zu.*
*Sie sanken wie Blei ins tosende Wasser.*

11

*Wer ist wie du unter den Göttern, o Herr?*
*Wer ist wie du gewaltig und heilig,*
*gepriesen als furchtbar, Wunder vollbringend?*

12

*Du strecktest deine Rechte aus,*
*da verschlang sie die Erde.*

13

*Du lenktest in deiner Güte*
*das Volk, das du erlöst hast,*
*du führtest sie machtvoll zu deiner heiligen Wohnung.*

17

*Du brachtest sie hin und pflanztest sie ein*
*auf dem Berg deines Erbes.*
*Einen Ort, wo du thronst, Herr,*
*hast du gemacht;*
*ein Heiligtum, Herr, haben deine Hände gegründet.*

18

*Der Herr ist König für immer und ewig.*

1. DIESER SIEGESHYMNUS (vgl. Ex 15,1–18), der in den Laudes am Samstag der ersten Woche vorkommt, führt uns zu einem Schlüsselereignis der Heilsgeschichte zurück: zu den Geschehnissen des Exodus, als das Volk Israel in einer nach menschlichem Ermessen verzweifelten Situation von Gott gerettet wurde. Die Umstände sind bekannt: Nach der langen Sklaverei in Ägypten hatten sich die Juden auf den Weg ins Gelobte Land gemacht; dabei wurden sie aber von der Streitmacht des Pharaos eingeholt, und nichts hätte sie vor der Vernichtung bewahrt, wenn der Herr nicht mit seiner starken Hand eingegriffen hätte. Der Hymnus beschreibt detailliert die Überheblichkeit in den Vorhaben des bewaffneten Feindes: »Ich jage nach, hole ein. Ich teile die Beute« (Ex 15,9).
Doch was vermag selbst das größte Heer angesichts der göttlichen Allmacht? Gott gebietet dem Meer, einen Durchgang für das angegriffene Volk zu schaffen und sich beim Durchzug der Angreifer zu schließen: »Da schnaubtest du Sturm. Das Meer deckte sie zu. Sie sanken wie Blei ins tosende Wasser« (Ex 15,10).
Es sind eindrucksvolle Bilder, die das Ausmaß der Größe Gottes vermitteln wollen, wobei sie das Erstaunen eines Volkes zum Ausdruck bringen, das seinen Augen fast nicht glauben kann und einstimmig einen ergriffenen Gesang anstimmt: »Meine Stärke und mein Lied ist der Herr, er ist für mich zum Retter geworden. Er ist mein Gott, ihn will ich preisen; den Gott meines Vaters will ich rühmen« (Ex 15,2).

2. DAS CANTICUM SPRICHT nicht nur von der wiedergewonnenen Freiheit; es weist auch auf ihren positiven Zweck hin, nämlich auf den Eintritt in die Wohnung Gottes, um in Gemeinschaft mit ihm zu leben: »Du lenktest in deiner Güte das Volk, das du erlöst hast, du führtest sie machtvoll zu dei-

ner heiligen Wohnung« (Ex 15,13). So verstanden war dieses Ereignis nicht nur Grundlage des Bundes zwischen Gott und seinem Volk, sondern es wurde gewissermaßen zum »Symbol« der ganzen Heilsgeschichte. Das Volk Israel wird viele ähnliche Situationen erleben, und auch dann wird es jedes Mal zu einem Exodus kommen. Im besonderen nimmt jenes Geschehnis die große Befreiung vorweg, die Christus durch seinen Tod und seine Auferstehung verwirklichen wird.
Deshalb erklingt unser Hymnus auf ganz besondere Weise in der Liturgie der Osternacht, um mit der Intensität seiner Bilder darzustellen, was sich in Christus erfüllt hat. In ihm wurde uns die Rettung zuteil, allerdings nicht vor einem menschlichen Unterdrücker, sondern vor der Sklaverei Satans und der Sünde, die seit Anbeginn auf dem Schicksal der Menschheit lastet. Mit ihm macht sich die Menschheit erneut auf den Weg, auf jenen Pfad, der zum Haus des Vaters zurückführt.

3. DIESE BEFREIUNG, im Mysterium schon verwirklicht und in der Taufe als zum Wachsen bestimmter Lebenssamen bereits gegenwärtig, wird ihre Fülle am Ende der Zeiten erreichen, wenn Christus in Herrlichkeit zurückkehrt und die »Herrschaft Gott, dem Vater, übergibt« (1 Kor 15,24). Das Stundengebet lädt uns ein, genau auf diesen endgültigen, eschatologischen Horizont zu schauen, wenn es das Canticum mit einem Zitat aus dem Buch der Offenbarung eröffnet: »Die Sieger über das Tier … sangen das Lied des Mose, des Knechtes Gottes« (Offb 15,2.3). Am Ende der Zeiten wird sich für alle Geretteten all das vollkommen verwirklichen, was das Geschehen des Auszugs aus Ägypten vorwegnahm und was das Osterereignis Christi in endgültiger, aber für die Zukunft offener Weise gewirkt hat. Unsere Rettung ist nämlich wahrhaftig und tiefgreifend, aber sie steht zwischen dem »schon« und dem »noch nicht« des irdischen Zustands, wie der Apostel Paulus uns sagt: »Wir sind gerettet, doch in der Hoffnung« (Röm 8,24).

4. »ICH SINGE DEM Herrn ein Lied, denn er ist hoch erhaben« (Ex 15,1). Indem uns das Stundengebet diese Worte des antiken Hymnus auf die Lippen legt, fordert es uns auf, unseren Tag in den großen Horizont der Heilsgeschichte zu stellen. Das ist die christliche Art, den Lauf der Zeit wahrzunehmen. In der Aufeinanderfolge der Tage gibt es nicht etwa eine uns nieder-

drückende Fatalität, sondern einen Plan, der sich entwickelt: Hierbei müssen unsere Augen lernen, zwischen den Zeilen zu lesen.
Diese heilsgeschichtliche Perspektive war den Kirchenvätern besonders wichtig, und sie deuteten die Hauptereignisse des Alten Testaments – von der Sintflut zu Zeiten Noahs bis hin zur Berufung Abrahams, von der Befreiung des Exodus bis zur Rückkehr der Juden aus dem babylonischen Exil – gerne als »Vorwegnahmen« künftiger Begebenheiten und erkennen ihnen einen »archetypischen« Wert zu: In ihnen wurden die Grundeigenschaften angekündigt, die sich im Laufe der ganzen Menschheitsgeschichte auf unterschiedliche Weise wiederholen sollten.

5. SCHON DIE PROPHETEN hatten sich mit den Ereignissen der Heilsgeschichte auseinandergesetzt und deren immer aktuellen Sinn sowie deren vollkommene Verwirklichung in der Zukunft dargestellt. So gelangten sie durch ihre Überlegungen über das Geheimnis des von Gott mit dem Volk Israel geschlossenen Bundes dazu, von einem »neuen Bund« zu sprechen (Jer 31,31; vgl. Ez 36,26–27), in dem das Gesetz Gottes in das Herz des Menschen selbst eingeschrieben ist. Es ist nicht schwer, in dieser prophetischen Vorhersage den neuen Bund zu sehen, der im Blut Christi geschlossen und durch die Gabe des Geistes verwirklicht worden ist. Wenn die Gläubigen diesen Siegeshymnus des damaligen Auszugs im Licht des österlichen Exodus sprechen, werden sie von der Freude darüber erfüllt, sich als durch die Zeit pilgernde Kirche zu fühlen, die zum himmlischen Jerusalem unterwegs ist.

6. ES GEHT ALSO DARUM, mit immer neuem Staunen das zu betrachten, was Gott seinem Volk bereitet hat: »Du brachtest sie hin und pflanztest sie ein auf dem Berg deines Erbes. Einen Ort, wo du thronst, Herr, hast du gemacht; ein Heiligtum, Herr, haben deine Hände gegründet« (Ex 15,17). Der Siegesgesang bringt nicht den Triumph des Menschen zum Ausdruck, sondern den Triumph Gottes. Er ist nicht ein Kriegslied, sondern ein Liebesgesang.
Wenn wir zulassen, daß unsere Tage von diesem überschwenglichen Lob der damaligen Juden erfüllt sind, gehen wir durch die nicht gefahr- und risikolosen und zuweilen leidvollen Stra-

ßen der Welt in der Gewißheit, vom barmherzigen Blick Gottes umgeben zu sein: Nichts kann der Macht seiner Liebe widerstehen.

Generalaudienz vom 21. November 2001

## PSALM 117

*1*
*Lobet den Herrn, alle Völker, preist ihn, alle Nationen!*
*2*
*Denn mächtig waltet über uns seine Huld,*
*die Treue des Herrn währt in Ewigkeit. Halleluja!*

1. DIES IST DER KÜRZESTE aller Psalmen. Im hebräischen Original besteht er aus nur siebzehn Wörtern, von denen neun besonders wichtig sind. Es handelt sich um eine kleine Doxologie, also einen kurzgefaßten Lobgesang, der sehr gut ein längeres Hymnengebet beschließen könnte. So war es mitunter in der Liturgie der Fall, ähnlich wie bei unserem »*Gloria Patri*«, das wir am Ende jedes Psalms beten.
In der Tat erweisen sich diese wenigen Gebetsworte als bedeutungsvoll und tief, um in einer allumfassenden Perspektive den Bund zwischen dem Herrn und seinem Volk zu verherrlichen. In dieser Hinsicht nimmt der Apostel Paulus den ersten Vers auf, um alle Völker der Welt zum Lobpreis Gottes aufzufordern. So schreibt er an die Christen von Rom: »Die Heiden aber rühmen Gott um seines Erbarmens willen; es steht ja in der Schrift: ... Lobt den Herrn, alle Heiden, preisen sollen ihn alle Völker« (Röm 15,9.11).

2. DIESER KURZE HYMNUS, über den wir heute nachdenken, beginnt also – wie es oft bei dieser Art von Psalmen der Fall ist – mit einer Aufforderung zum Lob, die nicht nur an das Volk Israel, sondern an alle Völker der Erde gerichtet ist. Ein »*Halleluja*« soll den Herzen aller Gerechten entspringen, die Gott mit aufrichtigem Herzen suchen und lieben. Auch hier spiegelt der Psalter eine umfassende Sichtweise wider, die wahrscheinlich von der Erfahrung Israels während des babylonischen Exils im 6. Jahrhundert v. Chr. gefördert wird: Damals begegnete das jüdische Volk anderen Nationen und Kulturen und empfand das Bedürfnis, den Menschen, mit denen es zusammenlebte, seinen Glauben zu verkünden. Im Psalter spürt man die Gewißheit, daß das Gute auf vielen Feldern erblühen und gleichsam zum einen Herrn und Schöpfer geleitet und gerichtet werden kann. Wir könnten daher von einer »Ökumene« des Gebets sprechen,

das Völker, die sich hinsichtlich ihrer Herkunft, Geschichte und Kultur unterscheiden, in einer einzigen Umarmung vereint. Wir stehen dabei in der Perspektive der großen »Vision« Jesajas, der das Zusammenströmen aller Völker zum »Berg mit dem Haus des Herrn ... am Ende der Tage« beschreibt. Dann werden die Schwerter und Lanzen aus den Händen fallen, ja sie werden zu Pflugscharen und Winzermessern umgeschmiedet, damit die Menschheit in Frieden lebe, dem einzigen Herrn aller Menschen lobsinge, sein Wort höre und sein Gesetz befolge (vgl. Jes 2,1–5).

3. ISRAEL, DAS AUSERWÄHLTE Volk, hat vor diesem universalen Horizont einen Auftrag zu erfüllen: Es muß zwei große göttliche Tugenden verkünden, die es in seinem Bund mit dem Herrn erfahren hat (vgl. V. 2). Diese beiden Tugenden, die gewissermaßen die Grundzüge des Antlitzes Gottes darstellen, der »gute Doppelname« Gottes, um mit den Worten des hl. Gregor von Nyssa zu sprechen (vgl. *In psalmorum inscriptiones),* werden mit ebensovielen hebräischen Begriffen zum Ausdruck gebracht, die allerdings in den Übersetzungen nicht in ihrer ganzen Bedeutungsfülle erstrahlen können.
Das erste ist hesed, ein Begriff, der im Psalter wiederholt verwendet wird und auf den ich bei anderer Gelegenheit bereits eingegangen bin. Er möchte die Verflechtung jener tiefen Empfindungen ausdrücken, die zwischen zwei von einer wahren und dauerhaften Beziehung verbundenen Personen bestehen. Er umfaßt also Werte wie Liebe, Treue, Barmherzigkeit, Güte, Zärtlichkeit. Zwischen uns und Gott existiert demnach ein Verhältnis, das nicht unterkühlt ist, wie etwa zwischen einem Kaiser und seinem Untertan, sondern lebendig, wie die Beziehung, die sich zwischen zwei Freunden, zwischen Eheleuten, zwischen Eltern und Kindern entwickelt.

4. DAS ZWEITE WORT – *'emét* – ist fast ein Synonym des ersten. Auch dieser Begriff tritt im Psalter häufig auf, genauer gesagt fast die Hälfte aller Male, an denen dieses Wort sonst noch im Alten Testament zu finden ist.
Der Begriff an und für sich bezeichnet die »Wahrheit«, also die Echtheit einer Verbindung, ihre Authentizität und Loyalität, die trotz der Hindernisse und Prüfungen erhalten bleibt; es ist die reine und freuderfüllte Treue, die keine Brüche kennt. Nicht

umsonst erklärt der Psalmist, daß sie »in Ewigkeit währt« (vgl. V. 2). Die treue Liebe Gottes wird nie enden, und sie wird uns nicht uns selbst oder der Finsternis der Sinnlosigkeit, eines blinden Schicksals, der Leere und des Todes überlassen.
Gott liebt uns mit einer bedingungslosen Liebe, die keine Müdigkeit kennt und nie erlischt. Das ist die Botschaft unseres Psalms; er ist so kurz wie ein Stoßgebet, aber so bedeutungsvoll wie ein großer Hymnus.

5. DIE WORTE, DIE er uns ans Herz legt, sind wie ein Widerhall des Lobgesangs im himmlischen Jerusalem, wo eine große Menge aller Sprachen, Völker und Nationen vor dem Thron Gottes und des Lammes die göttliche Herrlichkeit besingt (vgl. Offb 7,9). Diesem Canticum schließt sich die pilgernde Kirche an mit unzähligen Worten des Lobs, die oft vom dichterischen Genius und von der Musik zum Ausdruck gebracht worden sind. Denken wir – um nur ein Beispiel zu nennen – an das Te Deum, dessen sich viele Generationen von Christen im Laufe der Jahrhunderte bedient haben, um Lob und Dank zu sagen: »*Te Deum laudamus, te Dominum confitemur, te aeternum Patrem omnis terra veneratur.*« Der kurze Psalm, über den wir heute nachdenken, ist seinerseits eine wirkungsvolle Zusammenfassung der ewigen Lobesliturgie, mit der die Kirche in der Welt ihre Stimme erhebt und sich dem vollkommenen Lob anschließt, das Christus selbst an den Vater richtet.
Laßt uns also den Herrn loben! Loben wir ihn, ohne müde zu werden. Unser Lob muß jedoch eher durch unser Leben als durch unsere Worte zum Ausdruck kommen. Wir wären nämlich sehr wenig glaubwürdig, wenn wir mit unserem Psalm die Völker dazu einladen wollten, den Herrn zu preisen, und dabei folgende Mahnung Jesu nicht ernst nehmen würden: »So soll euer Licht vor den Menschen leuchten, damit sie eure guten Werke sehen und euren Vater im Himmel preisen« (Mt 5,16). Wenn sie den Psalm 117 singt – wie alle Psalmen, die den Herrn preisen –, versucht die Kirche, das Volk Gottes, selbst zum Lobgesang zu werden.

Generalaudienz vom 28. November 2001

## PSALM 118

1
*Danket dem Herrn, denn er ist gütig,*
*denn seine Huld währt ewig.*
2
*So soll Israel sagen:*
*Denn seine Huld währt ewig.*
3
*So soll das Haus Aaron sagen:*
*Denn seine Huld währt ewig.*
4
*So sollen alle sagen, die den Herrn fürchten und ehren:*
*Denn seine Huld währt ewig.*
5
*In der Bedrängnis rief ich zum Herrn;*
*der Herr hat mich erhört und mich frei gemacht.*
6
*Der Herr ist bei mir, ich fürchte mich nicht.*
*Was können Menschen mir antun?*
7
*Der Herr ist bei mir, er ist mein Helfer;*
*ich aber schaue auf meine Hasser herab.*
8
*Besser, sich zu bergen beim Herrn,*
*als auf Menschen zu bauen.*
9
*Besser, sich zu bergen beim Herrn,*
*als auf Fürsten zu bauen.*
10
*Alle Völker umringen mich;*
*ich wehre sie ab im Namen des Herrn.*
11
*Sie umringen, ja, sie umringen mich;*
*ich wehre sie ab im Namen des Herrn.*
12
*Sie umschwirren mich wie Bienen,*
*wie ein Strohfeuer verlöschen sie;*
*ich wehre sie ab im Namen des Herrn.*

13
*Sie stießen mich hart, sie wollten mich stürzen;*
*der Herr aber hat mir geholfen.*
14
*Meine Stärke und mein Lied ist der Herr;*
*er ist für mich zum Retter geworden.*
15
*Frohlocken und Jubel erschallt in den Zelten der Gerechten:*
*«Die Rechte des Herrn wirkt mit Macht!*
16
*Die Rechte des Herrn ist erhoben,*
*die Rechte des Herrn wirkt mit Macht!»*
17
*Ich werde nicht sterben, sondern leben,*
*um die Taten des Herrn zu verkünden.*
18
*Der Herr hat mich hart gezüchtigt,*
*doch er hat mich nicht dem Tod übergeben.*
19
*Öffnet mir die Tore zur Gerechtigkeit,*
*damit ich eintrete, um dem Herrn zu danken.*
20
*Das ist das Tor zum Herrn,*
*nur Gerechte treten hier ein.*
21
*Ich danke dir, daß du mich erhört hast;*
*du bist für mich zum Retter geworden.*
22
*Der Stein, den die Bauleute verwarfen,*
*er ist zum Eckstein geworden.*
23
*Das hat der Herr vollbracht,*
*vor unseren Augen geschah dieses Wunder.*
24
*Dies ist der Tag, den der Herr gemacht hat;*
*wir wollen jubeln und uns an ihm freuen.*
25
*Ach, Herr, bring doch Hilfe!*
*Ach, Herr, gib doch Gelingen!*

26

*Gesegnet sei er, der kommt im Namen des Herrn.*
*Wir segnen euch vom Haus des Herrn her.*

27

*Gott, der Herr, erleuchte uns. Mit Zweigen in den Händen*
*schließt euch zusammen zum Reigen*
*bis zu den Hörnern des Altars!*

28

*Du bist mein Gott, dir will ich danken;*
*mein Gott, dich will ich rühmen.*

29

*Dankt dem Herrn, denn er ist gütig,*
*denn seine Huld währt ewig.*

1. WENN DER CHRIST im Einklang mit der betenden Stimme Israels den Psalm 118 singt, den wir soeben gehört haben, spürt er in seinem Innern eine besondere Emotion, denn er findet in diesem stark liturgisch geprägten Hymnus zwei Sätze, die im Neuen Testament mit neuem Klang widerhallen werden. Mit dem ersten Satz ist Vers 22 gemeint: »Der Stein, den die Bauleute verwarfen, er ist zum Eckstein geworden.« Diese Worte zitiert Jesus, nachdem er das Gleichnis mit den bösen Winzern erzählt hat, und er wendet sie auf seine Sendung des Todes und der Herrlichkeit an (vgl. Mt 21,42). Sie werden auch von Petrus in der Apostelgeschichte wiederaufgenommen: »Er (Jesus) ist der Stein, der von euch Bauleuten verworfen wurde, der aber zum Eckstein geworden ist. Und in keinem anderen ist das Heil zu finden. Denn es ist uns Menschen kein anderer Name unter dem Himmel gegeben, durch den wir gerettet werden sollen« (Apg 4,11–12). Cyrill von Jerusalem merkt hierzu an: »Wir reden von ›einem‹ Herrn Jesus Christus, damit eins sei die Sohnschaft. Von ›einem‹ reden wir, damit du nicht noch einen anderen Sohn annimmst … Christus wird als ›*Stein*‹ bezeichnet. Nicht ist er ein lebloser, von Menschenhänden gehauener Stein; er ist ein *Eckstein,* und wer auf diesen vertraut, *wird nicht zuschanden werden« (X. Katechese an die Täuflinge,* 3; aus: *Bibliothek der Kirchenväter,* Bd. 41, Kempten-München 1922).

Der zweite Satz, den das Neue Testament aus dem Psalm 118 übernimmt, wird von der Menschenmenge beim feierlichen messianischen Einzug Christi in Jerusalem verkündet: »Gesegnet sei er, der kommt im Namen des Herrn!« (Mt 21,9; vgl.

Ps 118,26). Die Akklamation wird durch das »Hosanna« eingerahmt, das an die hebräische Anrufung *hoshia'na'* – »rette uns!« – anknüpft.

2. DIESER WUNDERVOLLE BIBLISCHE Hymnus gehört zu der kleinen Psalmensammlung – vom 113. bis zum 118. Psalm –, die als »österliches *Hallel*« bezeichnet wird; es handelt sich also um das Psalmenlob, das im jüdischen Gottesdienst für das Paschafest und auch für die Hauptfeste des liturgischen Jahres verwendet wurde. Als Leitfaden des Psalms 118 kann der Prozessionsritus betrachtet werden, der wahrscheinlich von Gesängen für einen Solisten und einen Chor untermalt wurde, vor dem Hintergrund der Heiligen Stadt und ihres Tempels. Eine schöne Antiphon eröffnet und beschließt den Text: »Danket dem Herrn, denn er ist gütig, denn seine Huld währt ewig« (V. 1.29).
Das Wort »Huld« übersetzt hier den hebräischen Begriff *hesed,* der die großzügige Treue Gottes gegenüber seinem verbündeten und befreundeten Volk zum Ausdruck bringt. In den Lobpreis dieser Treue werden drei Kategorien von Menschen einbezogen: das gesamte Volk Israel, das »Haus Aaron«, das heißt die Priester, und all jene, »die den Herrn fürchten«. Dieser Ausdruck steht für die Gläubigen und später auch die Proselyten, also die Mitglieder anderer Nationen, die sich zum Gesetz des Herrn bekehren möchten (vgl. V. 2–4).

3. DIE PROZESSION SCHEINT durch die Straßen Jerusalems zu ziehen, denn es ist von den »Zelten der Gerechten« die Rede (vgl. V. 15). Auf jeden Fall wird ein Dankeshymnus gebetet (vgl. V. 5–18), dessen Botschaft sich aufs Wesentliche beschränkt: Auch in Stunden der Verzweiflung muß man die Fackel des Vertrauens hochhalten, denn die mächtige Hand des Herrn führt seine Gläubigen zum Sieg über das Böse und zum Heil.
Der heilige Verfasser benutzt eindrucksvolle und lebhafte Bilder: Die grausamen Gegner werden mit einem Bienenschwarm oder mit einer Flammenwand, die sich ausbreitet und alles zu Asche macht, verglichen (vgl. V. 12). Aber die Reaktion des Gerechten, der vom Herrn unterstützt wird, ist heftig. Dreimal wird wiederholt: »… ich wehre sie ab im Namen des Herrn« (V. 10.11.12 ), und das hebräische Verb bezeichnet ein zerstörerisches Eingreifen gegen das Böse. Ausgangsbasis ist nämlich die

starke Rechte Gottes, also sein wirksames Handeln, und gewiß nicht die schwache und unsichere Hand des Menschen. Aus diesem Grund führt die Freude über den Sieg über das Böse zu einem eindrucksvollen Glaubensbekenntnis: »Meine Stärke und mein Lied ist der Herr; er ist für mich zum Retter geworden« (V. 14).

4. DIE PROZESSION SCHEINT beim Tempel, bei den »Toren zur Gerechtigkeit« (vgl. V. 19), das heißt bei der heiligen Pforte Zions, angelangt zu sein. Hier wird ein zweiter Dankesgesang angestimmt; er beginnt mit einem Dialog zwischen der Gemeinde und den Priestern, um zum Gottesdienst zugelassen zu werden. »Öffnet mir die Tore zur Gerechtigkeit, damit ich eintrete, um dem Herrn zu danken«, sagt der Solist im Namen der Prozessionsversammlung. »Das ist das Tor zum Herrn, nur Gerechte treten hier ein« (V. 19–20), antworten andere, wahrscheinlich die Priester.

Nachdem man eingetreten ist, wird die Stimme zu einer Dankeshymne an den Herrn erhoben, denn er bietet sich im Tempel als fester und sicherer »Stein« an, auf dem man das Haus des Lebens bauen kann (vgl. Mt 7,24–25). Ein priesterlicher Segen kommt auf die Gläubigen herab, die in den Tempel gegangen sind, um ihren Glauben zu bekennen, ihr Gebet zu verrichten und den Gottesdienst zu feiern.

5. DIE LETZTE SZENE, die sich vor unseren Augen abspielt, besteht aus einem freudigen Ritus heiliger Tänze, begleitet vom festlichen Schwingen der Zweige: »Mit Zweigen in den Händen schließt euch zusammen zum Reigen, bis zu den Hörnern des Altars« (V. 27). Die Liturgie ist Freude, festliche Begegnung, Ausdruck des gesamten Daseins, das den Herrn lobt. Die Zeremonie der Zweige läßt an das jüdische Laubhüttenfest denken, den Tag des Gedenkens an den Pilgerweg Israels durch die Wüste: Zu diesem Fest wurde eine Prozession mit Palmen, Myrten und Weidenzweigen unternommen.

Der gleiche Ritus, von dem im Psalm die Rede ist, bietet sich dem Christen beim Einzug Jesu in Jerusalem, der in der Palmsonntagsliturgie gefeiert wird. Christus wird als »Sohn Davids« gepriesen (vgl. Mt 21,9) von der Volksmenge, »die sich zum Fest eingefunden hatte … Da nahmen sie Palmzweige, zogen hinaus, um ihn zu empfangen, und riefen: *Hosanna! Gesegnet sei er,*

*der kommt im Namen des Herrn, der König Israels!«* (Joh 12,12–13). In jener freudigen Stunde, die aber auch das Leiden und den Tod Jesu einleitet, verwirklicht sich und wird der volle Sinn des zu Beginn angeführten Symbols des Ecksteins verständlich, der damit eine glorreiche und österliche Bedeutung annimmt.
Der Psalm 118 ermutigt die Christen, im Osterereignis Jesu jenen Tag zu erkennen, »den der Herr gemacht hat« (V. 24) und an dem »der Stein, den die Bauleute verworfen haben, zum Eckstein geworden ist« (vgl. V. 22). Mit dem Psalm können sie daher voller Dankbarkeit singen: »Meine Stärke und mein Lied ist der Herr; er ist für mich zum Retter geworden« (V. 14). »Dies ist der Tag, den der Herr gemacht hat;wir wollen jubeln und uns an ihm freuen« (V. 24).

Generalaudienz vom 5. Dezember 2001

## DANIEL 3,52–57

52
*Gepriesen bist du, Herr, du Gott unserer Väter,*
*gelobt und gerühmt in Ewigkeit.*
*Gepriesen ist dein heiliger, herrlicher Name,*
*hoch gelobt und verherrlicht in Ewigkeit.*
53
*Gepriesen bist du im Tempel deiner heiligen Herrlichkeit,*
*hoch gerühmt und verherrlicht in Ewigkeit.*
54
*Gepriesen bist du,*
*der in die Tiefen schaut und auf Kerubim thront,*
*gelobt und gerühmt in Ewigkeit.*
55
*Gepriesen bist du auf dem Thron deiner Herrschaft,*
*hoch gerühmt und gefeiert in Ewigkeit.*
56
*Gepriesen bist du am Gewölbe des Himmels,*
*gerühmt und verherrlicht in Ewigkeit.*
57
*Preist den Herrn, all ihr Werke des Herrn;*
*lobt und rühmt ihn in Ewigkeit!*

1. DAS CANTICUM, DAS uns soeben vorgelesen wurde, besteht aus dem ersten Teil eines langen und schönen Hymnus, der Teil der griechischen Übersetzung des Buches Daniel ist. Es singen drei junge Juden, die in einen Feuerofen geworfen wurden, weil sie sich geweigert hatten, die Statue des babylonischen Königs Nebukadnezar anzubeten. Ein weiterer Teil des gleichen Gesangs wird vom Stundengebet für die sonntägliche Laudes in der ersten und dritten Woche des liturgischen Psalters verwendet.

Wie man weiß, spiegelt das Buch Daniel die Gefühle, die Hoffnungen und auch die apokalyptischen Erwartungen des auserwählten Volkes wider, das zur Zeit der Makkabäer, im 2. Jahrhundert v. Chr., darum kämpfte, nach dem von Gott gegebenen Gesetz leben zu können.

Aus dem Feuerofen singen die drei jungen Männer, die auf wunderbare Weise vor den Flammen bewahrt werden, eine an

Gott gerichtete Lobeshymne. Sie ähnelt einer Litanei, die sich wiederholt und zugleich neu ist: Ihre Anrufungen steigen auf zu Gott wie Weihrauch, der in immer ähnlichen und doch nie gleichen Formen durch den Raum zieht. Das Gebet fürchtet keine Wiederholung, so wie ein Verliebter nicht zögert, der Geliebten seine ganze Zuneigung unendliche Male zu erklären. Auf denselben Fragen zu beharren ist ein Zeichen der Intensität und der vielfältigen Nuancen in den Empfindungen, innerlichen Impulsen und Gefühlen.

2. WIR HABEN DEN Anfang dieses kosmischen Hymnus verkünden gehört. Er steht im dritten Kapitel des Buches Daniel, in den Versen 52 bis 57. Es ist die Einführung, die der großartigen Prozession der in das Lob einbezogenen Geschöpfe vorausgeht. Eine Übersicht über den gesamten Gesang in seiner litaneiartigen Wirkung führt uns zur Entdeckung einer Reihe von Komponenten, die gleichsam das Gefüge des ganzen Hymnus bilden. Dieser beginnt mit sechs direkt an Gott gerichteten Anrufungen; ihnen folgt ein universaler Aufruf an alle »Werke des Herrn«, die für den Lobpreis geschaffenen Lippen zu öffnen (vgl. V. 57).
Das ist der Teil, über den wir heute nachdenken und den die Liturgie für die Laudes des Sonntags der zweiten Woche vorschlägt. Danach wird sich der Gesang weiterentwickeln mit einem Aufruf an alle Geschöpfe des Himmels und der Erde, ihren Herrn zu rühmen und zu preisen.

3. UNSER EINGANGSTEXT WIRD von der Liturgie ein weiteres Mal wiederaufgenommen, und zwar für die sonntäglichen Laudes der vierten Woche (siehe S. 271). Daher werden wir hier nur einige Punkte für unsere Betrachtung auswählen. Der erste ist die Einladung zum Lob: »Gepriesen bist du«, das zum Schluß zu einem »preist« wird.
In der Bibel gibt es zwei Formen der *Benedictio,* die miteinander verflochten sind. Einerseits diejenige, die von Gott ausgeht: Der Herr segnet sein Volk (vgl. Num 6,24–27). Es ist eine wirksame Segnung, eine Quelle der Fruchtbarkeit, des Glücks und Wohlergehens. Andererseits gibt es den Lobpreis, der sich von der Erde zum Himmel erhebt. Der Mensch, von der göttlichen Großherzigkeit beschenkt, preist Gott durch sein Lob, seinen Dank, seine Verherrlichung: »Lobe den Herrn, meine Seele!« (Ps 103,1; 104,1).

Der Segen Gottes wird oft von den Priestern durch die Handauflegung vermittelt (vgl. Num 6,22–23.27; Sir 50,20–21). Der menschliche Lobpreis hingegen äußert sich in dem liturgischen Hymnus, der sich aus der Gemeinde der Gläubigen zum Herrn erhebt.

4. EIN WEITERES ELEMENT, das wir im Rahmen des zu unserer Meditation vorgeschlagenen Textabschnitts in Betracht ziehen möchten, ist die Antiphon. Man könnte sich vorstellen, daß im Tempel, wo sich das Volk drängte, der Solist das Lob anstimmte: »Gepriesen bist du, Herr ...«, und die verschiedenen Wundertaten Gottes aufzählte, während die Gemeinde jeweils die Formel wiederholte: »Gerühmt und verherrlicht in Ewigkeit.« So geschah es schon mit dem Psalm 136, dem sogenannten Großen *Hallel,* das heißt dem großen Lob, wo das Volk wiederholte: »denn seine Huld währt ewig«, während der Solist die verschiedenen Heilstaten des Herrn für sein Volk aufzählte.

Gegenstand des Lobes in unserem Psalm ist in erster Linie der »heilige, herrliche Name« Gottes (vgl. Dan 3,52); seine Verkündung erklingt im Tempel, der ebenfalls als »Tempel deiner heiligen Herrlichkeit« bezeichnet wird (V. 53). Während die Priester und das Volk im Glauben Gott »auf dem Thron seiner Herrschaft« betrachten, spüren sie seinen Blick auf sich gerichtet, »der in die Tiefen schaut«. Dieses Bewußtsein läßt aus ihren Herzen das Lob emporsteigen: »Gepriesen ... Gepriesen.« Gott, der »auf Kerubim thront« und das »Gewölbe des Himmels« als Wohnung hat, ist dennoch seinem Volk nahe, das sich daher geborgen und sicher fühlt.

5. DIE WIEDERAUFNAHME DIESES Canticums am Sonntagmorgen, dem wöchentlichen Paschafest der Christen, ist eine Einladung, die Augen für die neue Schöpfung zu öffnen, die in der Auferstehung Jesu ihren Ursprung gehabt hat. Gregor von Nyssa, ein Vater der griechischen Kirche des 4. Jahrhunderts, erklärt, daß mit dem Osterfest des Herrn »ein neuer Himmel und eine neue Erde geschaffen werden ... Es wird ein anderer Mensch gebildet, nach dem Abbild seines Schöpfers erneuert durch die Geburt aus der Höhe« (vg. Joh 3,3.7).

Und er fährt fort: »So wie der Mensch, der auf die mit den Sinnen erfaßbare Welt schaut, durch die sichtbaren Dinge auf

die unsichtbare Schönheit schließt ... so sieht der Mensch, der auf diese neue Welt der kirchlichen Schöpfung schaut, darin Denjenigen, der alles in allen geworden ist, indem er den Verstand gleichsam an die Hand genommen und ihn durch die für unsere vernunftbegabte Natur verständlichen Dinge zu dem, was das menschliche Verständnis übersteigt, geführt hat« (vgl. H. Langerbeck, *Gregorii Nysseni Opera,* VI, 1–22 passim, S. 385).
Wenn er dieses Canticum singt, wird der christliche Gläubige also zur Betrachtung der Welt der ersten Schöpfung eingeladen, um darin die Züge der zweiten zu erkennen, die mit dem Tod und der Auferstehung des Herrn Jesus begonnen hat.
Diese Betrachtung nimmt alle bei der Hand und führt sie, gleichsam vor Freude tanzend, hinein in die einzigartige Kirche Christi.

Generalaudienz vom 12. Dezember 2001

## PSALM 150

1
*Halleluja! Lobt Gott in seinem Heiligtum,*
*lobt ihn in seiner mächtigen Feste!*
2
*Lobt ihn für seine großen Taten,*
*lobt ihn in seiner gewaltigen Größe!*
3
*Lobt ihn mit dem Schall der Hörner,*
*lobt ihn mit Harfe und Zither!*
4
*Lobt ihn mit Pauken und Tanz,*
*lobt ihn mit Flöten und Saitenspiel!*
5
*Lobt ihn mit hellen Zimbeln,*
*lobt ihn mit klingenden Zimbeln!*
6
*Alles, was atmet,*
*lobe den Herrn! Halleluja!*

1. DER HYMNUS, DER soeben unser Gebet begleitet hat, ist der Psalm 150, der letzte Gesang des Psalters. Und das letzte Wort in Israels Gebetbuch ist das Halleluja, das heißt das reine Lob Gottes. Deshalb kommt der Psalm im liturgischen Morgengebet zweimal vor, am zweiten und am vierten Sonntag.
Der kurze Text ist durch zehn aufeinanderfolgende Imperative gekennzeichnet, die dasselbe Wort *hallelú,* »lobet«, wiederholen. Es ist gewissermaßen eine Musik und ein Gesang, die nicht aufzuhören scheinen, wie auch im berühmten Halleluja des »Messias« von Händel. Das Lob Gottes wird gleichsam zum Atem der Seele, der keine Unterbrechung kennt. Wie geschrieben wurde, ist dies eine der Belohnungen des Menschseins: der ruhige Lobpreis, die Fähigkeit zu feiern. Rabbi Akiba hat das gut mit einem Satz ausgedrückt, den er seine Jünger lehrte: Ein Lied an jedem Tag, ein Lied für jeden Tag« (A. J. Heschel, *Chi è l'uomo?*, Milano 1971, S. 198).

2. PSALM 150 SCHEINT in drei Sätzen zu verlaufen. Bei der Eröffnung in den beiden ersten Versen (V. 1–2) wird der Blick auf

»Gott« in »seinem Heiligtum«, in »seiner mächtigen Feste«, auf »seine große Taten«, auf »seine gewaltige Größe« gelenkt. Im zweiten Satz, der einem wahren musikalischen Rhythmus ähnelt, wird das Orchester des Tempels von Zion in den Lobpreis miteinbezogen (vgl. V. 3–5b), das den religiösen Gesang und Tanz begleitet. Im letzten Vers des Psalms schließlich (vgl. V. 5c) tritt das Universum in Erscheinung, d.h. alles, was lebt, oder, wenn man das ursprüngliche Hebräische noch deutlicher zum Ausdruck bringen will, »alles, was atmet«. Das Leben selbst wird zum Lobpreis, einem Lobpreis, der von den Geschöpfen zum Schöpfer aufsteigt.

3. BEI UNSERER ERSTEN Begegnung mit dem Psalm 150 wollen wir nur den ersten und letzten Satz des Hymnus betrachten. Sie bilden sozusagen den Rahmen für den zweiten Satz, den Hauptteil der Komposition, den wir demnächst näher behandeln werden, wenn der Psalm wieder in der Liturgie der Laudes gebetet wird.
Der erste Ort, an dem das musikalische Gebetsthema entfaltet wird, ist der des »Heiligtums« (vgl. V. 1). Das hebräische Original spricht vom »heiligen«, reinen und transzendenten Ort, an dem Gott wohnt. Hier findet sich also ein Hinweis auf den himmlischen und paradiesischen Horizont, wo – wie das Buch der Offenbarung näher erläutert – die ewige und vollkommene Liturgie des Lammes gefeiert wird (vgl. z.B. Offb 5,6–14). Das Geheimnis Gottes, in das die Heiligen zur vollen Gemeinschaft aufgenommen werden, ist ein Bereich des Lichtes und der Freude, der Offenbarung und der Liebe. Die griechische Übersetzung der *Septuaginta* und die lateinische Übersetzung der *Vulgata* haben ziemlich frei, aber nicht ohne Grund anstelle von »Heiligtum«das Wort »Heilige« gewählt: »Lobt den Herrn inmitten seiner Heiligen.«

4. VOM HIMMEL GEHT der Gedanke unwillkürlich zur Erde mit der Betonung auf die von Gott vollbrachten »großen Taten«, die seine »gewaltige Größe« offenbar machen (V. 2). Diese großen Taten werden in Psalm 105 beschrieben, der die Israeliten einlädt, »über alle Wunder Gottes nachzusinnen« (vgl. V. 2) und »an die Wunder, die er getan hat, seine Zeichen und die Beschlüsse aus seinem Mund zu denken« (vgl. V. 5). Der Psalmist erinnert dann an »den Bund, den Gott mit Abraham

geschlossen hat« (vgl. V. 9), an die außerordentliche Geschichte Josefs, an die wunderbare Befreiung aus Ägypten sowie die Wüstenwanderung und schließlich an die Landgabe. Ein anderer Psalm spricht von der schweren Bedrängnis, aus der der Herr diejenigen rettet, die zu ihm »rufen«; die befreiten Personen werden wiederholt eingeladen, für die von Gott vollbrachten Wundertaten zu danken: »Sie alle sollen dem Herrn danken für seine Huld, für sein wunderbares Tun an den Menschen« (Ps 107,8.15.21.31).
So wird in unserem Psalm der Hinweis auf die »großen Taten« verständlich, wie der hebräische Originaltext lautet, das heißt der Hinweis auf die machtvollen »Wundertaten«, die Gott in der Heilsgeschichte vollbringt. Der Lobpreis wird zum Bekenntnis des Glaubens an Gott, den Schöpfer und Erlöser, wird zur festlichen Feier der göttlichen Liebe, die sich entfaltet, indem sie erschafft und erlöst, indem sie das Leben und die Befreiung schenkt.

5. WIR KOMMEN JETZT zum letzten Vers des Psalms 150 (vgl. V. 5c). Das hebräische Wort für die »Lebendigen«, die Gott loben, verweist, wie gesagt, auf den Atem, aber auch auf etwas tief Innerliches, dem Menschen Innewohnendes.
Man könnte meinen, das ganze Leben der Schöpfung sei ein Lobpreis des Schöpfers, aber richtiger ist die Überzeugung, daß der Mensch in diesem Chor eine Vorrangstellung einnimmt. Durch den Menschen als Wortführer der gesamten Schöpfung loben alle Lebewesen den Herrn. Unser Lebensatem, der auch Selbsterkenntnis, Selbstbewußtsein und Freiheit bedeutet (vgl. Spr 20,27), wird zum Gesang und Gebet von allem, was lebt und im Universum pulsiert.
Deshalb laßt uns miteinander »Psalmen, Hymnen und Lieder singen und jubeln aus vollem Herzen zum Lob des Herrn« (vgl. Eph 5,19).

6. IN DER ABSCHRIFT der Verse des Psalms 150 weisen die hebräischen Manuskripte oft die *Menorah* auf, den berühmten siebenarmigen Leuchter, der im Allerheiligsten des Jerusalemer Tempel steht. Diese Handschriften interpretieren sehr schön diesen Psalm und bilden damit im ständigen Gebet unserer »älteren Brüder« ein wahres *Amen.* Der ganze Mensch mit all seinen Instrumenten und musikalischen Ausdrucksformen,

die sein Genius erfunden hat – »Hörner, Harfen und Zithern, Pauken und Tanz, Flöten und Saitenspiel, helle Zimbeln und klingende Zimbeln«, wie es in dem Psalm heißt –, aber auch »alles, was atmet«, ist eingeladen, wie die *Menorah* angesichts des Heiligsten der Heiligen in ständigem Gebet des Lobes und der Danksagung zu entbrennen.
Vereint mit dem Sohn, der vollkommenen Stimme der ganzen von Ihm geschaffenen Welt, werden auch wir zum immerwährenden Gebet vor dem Thron Gottes.

Generalaudienz vom 9. Januar 2002

# PSALM 42

2
*Wie der Hirsch lechzt nach frischem Wasser,*
*so lechzt meine Seele, Gott, nach dir.*
3
*Meine Seele dürstet nach Gott,*
*nach dem lebendigen Gott. Wann darf ich kommen*
*und Gottes Antlitz schauen?*
4
*Tränen waren mein Brot bei Tag und bei Nacht;*
*denn man sagt zu mir den ganzen Tag:*
*»Wo ist nun dein Gott?«*
5
*Das Herz geht mir über, wenn ich daran denke:*
*wie ich zum Haus Gottes zog in festlicher Schar,*
*mit Jubel und Dank in feiernder Menge.*
6
*Meine Seele, warum bist du betrübt*
*und bist so unruhig in mir?*
*Harre auf Gott; denn ich werde ihm noch danken,*
*meinem Gott und Retter, auf den ich schaue.*
7
*Betrübt ist meine Seele in mir, darum denke ich an dich*
*im Jordanland, am Hermon, am Mizar-Berg.*
8
*Flut ruft der Flut zu beim Tosen deiner Wasser,*
*all deine Wellen und Wogen gehen über mich hin.*
9
*Bei Tag schenke der Herr seine Huld;*
*ich singe ihm nachts und flehe zum Gott meines Lebens.*
10
*Ich sage zu Gott, meinem Fels:*
*»Warum hast du mich vergessen?*
*Warum muß ich trauernd umhergehen,*
*von meinem Feind bedrängt?«*
11
*Wie ein Stechen in meinen Gliedern*
*ist für mich der Hohn der Bedränger;*

*denn sie rufen mir ständig zu:*
*»Wo ist nun dein Gott?«*
*12*
*Meine Seele, warum bist du betrübt*
*und bist so unruhig in mir?*
*Harre auf Gott; denn ich werde ihm noch danken,*
*meinem Gott und Retter, auf den ich schaue.*

1. EINE DURSTIGE HIRSCHKUH mit trockener Kehle erhebt ihren Klageruf angesichts der dürren Wüste, weil sie sich nach frischem Quellwasser sehnt. Mit diesem bekannten Bild beginnt der Psalm 42, der soeben gesungen wurde. In ihm können wir gleichsam die eindrucksvolle geistliche Symbolik dieser Schrift, eines wahren Kleinods des Glaubens und der Dichtung, erkennen. In Wirklichkeit ist unser Psalm, gemäß den Sachverständigen des Psalters, eng mit dem nachfolgenden Psalm 43 verbunden, aber er wurde von ihm getrennt, als die Psalmen geordnet wurden, um das Gebetbuch des Volkes Gottes zu bilden. In der Tat sind beide Psalmen nicht nur hinsichtlich des Themas und der Entwicklung miteinander verbunden, sondern sie werden von derselben Antiphon begleitet: »Meine Seele, warum bist du betrübt und bist so unruhig in mir? Harre auf Gott; denn ich werde ihm noch danken, meinem Gott und Retter, auf den ich schaue« (Ps 42,6.12; 43,5). Dieser Ruf, der in unserm Psalm zweimal und im nachfolgenden Psalm ein drittes Mal wiederholt wird, ist eine Einladung, die der Betende an sich selbst richtet, um die Traurigkeit durch das Vertrauen auf Gott zu vertreiben, der sich gewiß wieder als Retter erweisen wird.

2. ABER KEHREN WIR zum anfänglichen Bild des Psalms zurück, das man gern vom Gregorianischen Gesang oder dem polyphonen Meisterwerk *Sicut cervus* des Pierluigi da Palestrina musikalisch untermalt hören möchte. Die dürstende Hirschkuh ist in der Tat das Symbol des Bittenden, der mit ganzem Leib und Geist auf den Herrn hin strebt, der als weit entfernt und doch lebensnotwendig empfunden wird: »Meine Seele dürstet nach Gott, nach dem lebendigen Gott« (Ps 42,3). Das hebräische Wort *nefesh* bedeutet zugleich »Seele« und »Kehle«. Wir können also sagen, daß Seele und Leib des Bittenden in die wesentliche, spontane und vorrangige Sehnsucht nach Gott einbezogen sind (vgl. Ps 63,2). Nicht umsonst wird das Gebet einer langen Tra-

dition gemäß als »Atem« bezeichnet, denn es ist naturgemäß notwendig und von fundamentaler Bedeutung wie der Lebensatem.

Origines, der bedeutende christliche Schriftsteller des 3. Jahrhunderts, zeigte, daß die Suche nach Gott von seiten des Menschen ein unvollendetes Vorhaben bleibt, weil immer neue Fortschritte möglich und notwendig sind. In einer seiner Homilien über das Buch Numeri schreibt er: »Diejenigen, die sich auf den Weg machen und die Weisheit Gottes suchen, bauen sich keine festen Häuser, sondern bewegliche Zelte, weil sie ständig auf Wanderschaft sind und weiter voranschreiten, und je weiter sie voranschreiten, um so mehr öffnet sich vor ihnen der Ausblick auf einen Horizont, der in die Ewigkeit mündet« *(Homilie XVII, In Numeros, Die Griechischen Christlichen Schriftsteller* VII, 159–160).

3. WIR VERSUCHEN JETZT, den inneren Aufbau dieses Bittgebets zu erfassen, den wir uns in drei Akte untergliedert vorstellen könnten. Zwei von ihnen sind in diesem Psalm, während der letzte im nachfolgenden Psalm 43 beginnt, den wir später betrachten werden. Die erste Szene (vgl. Ps 42,2–6) drückt tiefe Wehmut aus, es ist die Erinnerung an die Vergangenheit, in der man bei den festlichen nunmehr unwiederholbaren Gottesdiensten glückliche Stunden erlebt hatte: »Das Herz geht mir über, wenn ich daran denke, wie ich zum Haus Gottes zog in festlicher Schar, mit Jubel und Dank in feiernder Menge« (V. 5).

»Das Haus Gottes« mit seiner Liturgie ist der Jerusalemer Tempel, den der Gläubige eine Zeit lang besuchte, aber es ist auch der Sitz der Vertrautheit mit Gott, dem »Quell des lebendigen Wassers«, wie Jeremia singt (2,13). Das einzige Wasser, das jetzt seine Pupillen benetzt, ist das der Tränen (Ps 42,4) wegen seiner Entfernung vom Lebensquell. An die Stelle des feierlichen Gebets von damals, das während des Gottesdienstes im Tempel zum Herrn aufstieg, tritt jetzt das Trauern, Klagen und Bitten.

4. IM GEGENSATZ ZUR glücklichen Vergangenheit ist die Gegenwart leider betrüblich. Der Psalmist ist jetzt weit weg von Zion: Der ihn umgebende Horizont ist der von Galiläa, der nördliche Teil des Heiligen Landes, das Jordanland, der Hermon, wo der Jordan entspringt, und ein uns unbekannter Berg,

der Mizar-Berg, wie es heißt (vgl. V. 7). Wir sind also mehr oder weniger in dem Gebiet, wo die Katarakten des Jordans sind, die Wasserfälle, bei denen der Flußlauf durch das ganze verheißene Land beginnt. Aber dieses Wasser stillt nicht den Durst wie das vom Zion. In den Augen des Psalmisten ähnelt es vielmehr dem chaotischen Wasser der Sturzflut, das alles zerstört. Er fühlt, daß es ihn wie ein wilder Strom überflutet, der das Leben auslöscht: »Flut ruft der Flut zu beim Tosen deiner Wasser, all deine Wellen und Wogen gehen über mich hin« (V. 8). Denn in der Bibel werden das Chaos und das Böse und selbst das göttliche Gericht als eine Sturzflut darstellt, die Zerstörung und Tod hervorbringt (Gen 6,3–8; Ps 69,2–3).

5. DIE SYMBOLIK DIESES Wassereinbruchs wird später erklärt: Es sind die Bedränger, die Feinde des Bittenden, vielleicht auch die Heiden, die in dieser verlassenen Region wohnen, in die der Gläubige verbannt ist. Sie verhöhnen den Gerechten und verspotten seinen Glauben, indem sie ihm zurufen: »Wo ist nun dein Gott?« (V. 11; vgl. V. 4). Und er fragt Gott angstvoll: »Warum hast du mich vergessen?« (V. 10). Das »Warum«, das an den Herrn gerichtet wird, der am Tag der Prüfung abwesend zu sein scheint, ist typisch für die biblischen Bittgebete.
Kann Gott stumm bleiben angesichts dieser trockenen Lippen, die schreien, angesichts dieser betrübten Seele, dieses Gesichts, das in einer Schlammflut unterzugehen droht? Gewiß nicht! Der Betende faßt wieder Mut und Hoffnung (vgl. V. 6.12). Der dritte Akt, der im nachfolgenden Psalm 43 enthalten ist, ist eine vertrauensvolle Bitte an Gott (Ps 43,1.2a.3a.4b) und verwendet frohe Dankesworte: »So will ich zum Altar Gottes treten, zum Gott meiner Freude. Jauchzend will ich dich auf der Harfe loben.«

Generalaudienz vom 16. Januar 2002

## JESUS SIRACH 36,1–7.13.16–19

1
*Rette uns, du Gott des Alls,*
2
*und wirf deinen Schrecken auf alle Völker!*
3
*Schwing deine Hand gegen das fremde Volk,*
*damit es deine mächtigen Taten sieht.*
4
*Wie du dich an uns vor ihren Augen als heilig bezeugt hast,*
*so verherrliche dich an ihnen vor unseren Augen,*
5
*damit sie erkennen, wie wir es erkannten:*
*Es gibt keinen Gott außer dir.*
6
*Erneuere die Zeichen, wiederhole die Wunder,*
7
*zeige die Macht deiner Hand und die Kraft deines rechten Armes!*
13
*Sammle alle Stämme Jakobs,*
16
*verteil den Erbbesitz wie in den Tagen der Vorzeit!*
17
*Hab Erbarmen mit dem Volk, das deinen Namen trägt,*
*mit Israel, den du deinen Erstgeborenen nanntest.*
18
*Hab Erbarmen mit deiner heiligen Stadt,*
*mit Jerusalem, dem Ort, wo du wohnst.*
19
*Erfülle Zion mit deinem Glanz*
*und deinen Tempel mit deiner Herrlichkeit!*

1 IM ALTEN TESTAMENT GIBT es nicht nur das offizielle Gebetbuch des Volkes Gottes, das heißt den Psalter. Viele Seiten der Bibel bestehen aus Gesängen, Hymnen, Psalmen, Bitten, Gebeten und Anrufungen, die zum Herrn als Antwort auf sein Wort aufsteigen. So erweist sich die Bibel als ein Dialog zwischen Gott und der Menschheit, eine Begegnung, die unter das Siegel des göttlichen Wortes, der Gnade und der Liebe gestellt ist.

Das ist bei dem Bittruf der Fall, den wir soeben an den »Gott des Alls« (V. 1)gerichtet haben. Er ist im Buch Jesus Sirach enthalten, eines Weisheitslehrers, der seine Gedanken, seine Ratschläge und seine Lieder wahrscheinlich um 190–180 v. Chr. zusammenfaßte, an der Schwelle der heldenhaften Befreiung, die Israel unter der Führung der Makkabäer-Brüder erlebte. Um diese Unterweisungen einem größeren Leserkreis von Jüngern zu vermitteln, übersetzte ein Enkel dieses Weisheitslehrers das Werk des Großvaters im Jahr 138 v. Chr. in Griechisch, wie es im Vorwort zur griechischen Übersetzung heißt.
Das Buch Jesus Sirach wird von der christlichen Tradition *Ecclesiasticus* genannt. Da es nicht in den jüdischen Kanon aufgenommen worden war, bildete dieses Buch schließlich mit anderen Büchern die sogenannte *veritas christiana.* Auf diese Weise fanden die von diesem Lehrbuch der Weisheit dargelegten Werte Eingang in die christliche Erziehung und Bildung der patristischen Zeit, insbesondere im monastischen Umfeld, und es wurde gleichsam ein Handbuch des praktischen Verhaltens der Jünger Christi.

2. DER BITTRUF AUS Kapitel 36 des Buches Jesus Sirach, der in vereinfachter Form als Gebet in die Laudes des liturgischen Stundengebets aufgenommen ist, folgt bestimmten thematischen Leitlinien.
Wir finden zuerst die Bitte, daß Gott zugunsten Israels gegen die fremden Völker, die es unterdrücken, eingreifen möge. Gott hat in der Vergangenheit seine Heiligkeit bewiesen, als er die Sünden seines Volkes bestrafte und es den Händen seiner Feinde überließ. Jetzt bittet der Betende Gott darum, er möge seine Macht dadurch zeigen, daß die Gewalt der Unterdrücker gebeugt wird und eine neue Zeit mit messianischem Charakter anbricht.
Das Bittgebet spiegelt sehr deutlich die Gebetstradition Israels wider und ist geprägt durch biblische Erinnerungen. Es kann in gewissem Sinn als Gebetsmodell für die Zeit der Verfolgung und Unterdrückung betrachtet werden. Als solche kann auch die Zeit angesehen werden, in der der Autor lebte, unter der recht harten und strengen syro-hellenistischen Fremdherrschaft.

3. DER ERSTE TEIL dieses Gebets beginnt mit der inständigen, an den Herrn gerichteten Bitte um Rettung (vgl. V. 1). Aber die

Aufmerksamkeit richtet sich sogleich auf das göttliche Handeln, das mit einer Reihe eindrucksvoller Verben hervorgehoben wird: »Rette uns ... wirf deinen Schrecken ... Schwing deine Hand ... verherrliche dich ... erneuere die Zeichen ... wiederhole die Wunder ... zeig die Macht deiner Hand und die Kraft deines rechten Armes ...«

Der Gott der Bibel steht dem Bösen nicht gleichgültig gegenüber. Auch wenn seine Wege nicht unsere Wege und seine Pläne verschieden von unseren Plänen sind (vgl. Jes 55,8–9), stellt er sich doch auf die Seite der Opfer und erweist sich als strenger Richter der Gewalttätigen, der Unterdrücker und der Sieger, die kein Erbarmen kennen.

Aber sein Eingreifen hat nicht die Zerstörung zum Ziel. Wenn er seine Macht und Treue in der Liebe zeigt, kann er auch das Gewissen des Ungerechten erschaudern lassen, so daß dieser sich bekehrt. »Damit sie erkennen, wie wir es erkannten: Es gibt keinen Gott außer dir« (V. 5).

4. DER ZWEITE TEIL des Hymnus beginnt mit einem besseren Ausblick. Denn während im ersten Teil um das Eingreifen Gottes gegen die Feinde gebeten wird, erwähnt der zweite Teil die Feinde nicht mehr, sondern bittet um Gottes Wohltaten für Israel, fleht um sein Erbarmen für das auserwählte Volk und für die Heilige Stadt Jerusalem.

Die Sehnsucht nach der Rückkehr aller Verbannten, einschließlich derer aus dem Nordreich, wird nun zum Inhalt des Gebetes: »Sammle alle Stämme Jakobs, verteil den Erbbesitz wie in den Tagen der Vorzeit« (V. 13). So wird um eine Art Wiedererstarken von ganz Israel gebeten, wie es in den glücklichen Zeiten der Besitznahme des ganzen verheißenen Landes war.

Um das Gebet noch eindringlicher zu machen, beharrt der Betende auf der Beziehung, die Gott mit Israel und Jerusalem verbindet. Israel wird bezeichnet als »Volk, das *deinen* Namen trägt«, das »du *deinen* Erstgeborenen nanntest«; Jerusalem ist »*deine* Heilige Stadt«, der »Ort, wo du wohnst«. Dann wird der Wunsch ausgesprochen, daß die Verbindung noch enger und damit ruhmvoller wird: »Erfülle Zion mit deinem Glanz und deinen Tempel mit deiner Herrlichkeit« (V. 19), zu dem alle Völker strömen werden (vgl. Jes 2,2–4; Mi 4,1–3), und der Herr wird sein Volk seine Herrlichkeit schauen lassen.

5. IN DER BIBEL endet die Klage der Leidenden nie in der Verzweiflung, sondern bleibt offen für die Hoffnung. Grund hierfür ist die Gewißheit, daß der Herr seine Kinder nicht verläßt, daß er die Menschen, die er geschaffen hat, nicht aus seiner Hand fallen läßt.
Die von der Liturgie getroffene Auswahl hat ein schönes Wort in unserem Gebet ausgelassen. Es ist die an Gott gerichtete Bitte: »Leg Zeugnis ab für das, was du ehedem verfügt hast« (V. 20). Von Ewigkeit her hat Gott einen Heilsplan der Liebe für alle Geschöpfe, die berufen sind, sein Volk zu werden. Das ist – wie Paulus sagt – »seinen heiligen Aposteln und Propheten durch den Geist offenbart worden:nach seinem ewigen Plan, den er durch Christus Jesus, unseren Herrn, ausgeführt hat« (Eph 3,5–11).

Generalaudienz vom 23. Januar 2002

## PSALM 19,2–7

2
*Die Himmel rühmen die Herrlichkeit Gottes,*
*vom Werk seiner Hände kündet das Firmament.*
3
*Ein Tag sagt es dem andern,*
*eine Nacht tut es der andern kund,*
4
*ohne Worte und ohne Reden,*
*unhörbar bleibt ihre Stimme.*
5
*Doch ihre Botschaft geht in die ganze Welt hinaus,*
*ihre Kunde bis zu den Enden der Erde.*
*Dort hat er der Sonne ein Zelt gebaut.*
6
*Sie tritt aus ihrem Gemach hervor wie ein Bräutigam;*
*sie frohlockt wie ein Held*
*und läuft ihre Bahn.*
7
*Am einen Ende des Himmels geht sie auf*
*und läuft bis ans andere Ende;*
*nichts kann sich vor ihrer Glut verbergen.*

1. DIE SONNE HAT durch ihren steigenden Glanz am Himmel, durch ihr strahlendes Licht und durch die wohltuende Wärme ihrer Strahlen die Menschheit seit ihren Anfängen erobert. Die Menschen haben in vielfacher Weise ihre Dankbarkeit für diese Quelle des Lebens und Wohlergehens mit einer Begeisterung kundgetan, die nicht selten in wahrer Poesie gipfelt. Der herrliche Psalm 19, von dem der erste Teil vorgelesen wurde, ist nicht nur ein hymnisches Gebet von außerordentlicher inhaltlicher Dichte, sondern auch ein poetischer Hymnus an die Sonne und ihre Ausstrahlung auf die Erde. Damit stellt sich der Psalmist in die lange Reihe der Sänger des antiken Vorderen Orients, die den Stern des Tages besingen, der am Himmel leuchtet und ihre Gebiete seit langem durch seine brennende Glut bedroht. Man denke an den berühmten Hymnus an Aton, der im 14. Jahrhundert v. Chr. vom Pharao Echnaton komponiert und der als Gottheit verehrten Sonnenscheibe gewidmet wurde.

Für den Menschen der Bibel besteht aber ein tiefgreifender Unterschied zu diesen Hymnen an die Sonne: Die Sonne ist keine Gottheit, sondern ein Geschöpf im Dienst des einen Gottes und Schöpfers. Es mag genügen, an die Worte der *Genesis* zu erinnern: »Dann sprach Gott: Lichter sollen am Himmelsgewölbe sein, um Tag und Nacht zu scheiden. Sie sollen Zeichen sein und zur Bestimmung von Festzeiten, von Tagen und Jahren dienen ... Gott machte die beiden großen Lichter, das größere, das über den Tag herrscht, das kleinere, das über die Nacht herrscht ... Gott sah, daß es gut war« (Gen 1,14.16.18 ).

2. BEVOR WIR DIE von der Liturgie ausgewählten Psalmverse untersuchen, werfen wir einen Blick auf sie in ihrer Gesamtheit. Psalm 19 ähnelt einem Diptychon. Im ersten Teil (V. 2–7), der soeben unser Gebet war, hörten wir ein Loblied an den Schöpfer, dessen geheimnisvolle Größe sich in der Sonne und im Mond kundtut. Im zweiten Teil des Psalms (V. 8–15) finden wir hingegen ein Lob auf die *Torah,* das göttliche Gesetz.
Beide Teile sind durch einen gemeinsamen Leitfaden verbunden: Gott erhellt das Weltall durch die Sonnenstrahlen und erleuchtet die Menschheit mit dem Glanz seines Wortes, das in der biblischen Offenbarung enthalten ist. Es handelt sich gleichsam um eine doppelte Sonne: Die erste ist eine kosmische Epiphanie des Schöpfers, die zweite eine geschichtliche und ungeschuldete Erscheinung des göttlichen Erlösers. Nicht umsonst wird die *Torah,* das göttliche Wort, mit Merkmalen der Sonne beschrieben: »... das Gebot des Herrn ist lauter, es erleuchtet die Augen« (V. 9).

3. WENDEN WIR UNS jetzt dem ersten Teil des Psalms zu. Er beginnt mit einer wunderbaren Personifizierung der Himmel, die für den Autor sprechende Zeugen von Gottes Schöpfungswerk zu sein scheinen (V. 2–5). Denn sie »rühmen« und »verkünden« die Wunder des göttlichen Werkes (vgl. V. 2). Auch der Tag und die Nacht werden als Boten dargestellt, die die wunderbare Botschaft der Schöpfung weitergeben. Es handelt sich um eine stumme Zeugenschaft, die aber überall zu hören ist wie eine Stimme, die das ganze Weltall erfüllt.
Mit den Augen des Herzens, mit der religiösen Intuition, die frei von Oberflächlichkeit ist, können die Menschen entdecken, daß die Welt nicht stumm ist, sondern vom Schöpfer spricht.

Denn, wie der antike Weisheitslehrer sagt, »von der Größe und Schönheit der Geschöpfe läßt sich auf ihren Schöpfer schließen« (Weish 13,5). Auch Paulus erinnert die Römer daran, daß »seit Erschaffung der Welt seine (Gottes) unsichtbare Wirklichkeit an den Werken der Schöpfung mit der Vernunft wahrgenommen« wird (Röm 1,20).

4. IM HYMNUS ERSCHEINT dann die Sonne. Der Verfasser beschreibt den Sonnenball als Kriegshelden, der aus dem Brautgemach kommt, wo er die Nacht verbracht hat; das heißt, die Sonne kommt aus der Finsternis und beginnt ihren Lauf von einem Ende des Himmels bis ans andere (V. 6–7). Sie ähnelt einem Athleten, der nicht stehenbleibt und nicht ermüdet, während unser Planet von ihrer unwiderstehlichen Wärme umhüllt wird. Die Sonne wird also mit einem Bräutigam, einem Helden, einem Spitzensportler verglichen, der auf göttlichen Befehl jeden Tag eine Arbeit, eine Eroberung und einen Lauf im Weltraum durchführen muß. Dann weist der Psalmist auf die strahlende Sonne am Himmelsgewölbe hin, während die ganze Erde in ihre Wärme eingehüllt ist, kein Lüftchen sich regt und kein Winkel des Horizonts ihrem Licht entfliehen kann.

5. DIE SONNEN-METAPHER des Psalms wird von der christlichen Osterliturgie aufgenommen, um den triumphalen Auszug Christi aus der Finsternis des Grabes und seinen Eintritt in die Fülle des neuen Lebens nach der Auferstehung zu beschreiben. Die byzantinische Liturgie singt im Morgengebet des Karsamstags: »Wie die Sonne nach der Nacht strahlend in neuer Helligkeit aufgeht, so wirst auch du, göttliches Wort, im neuen Glanz erstrahlen, wenn du nach dem Tod dein Brautgemach verläßt.« Die erste Ode der Ostermatutin verbindet die kosmische Offenbarung mit dem Osterereignis Christi: »Der Himmel frohlocke, und die Erde jauchze mit ihm, weil die ganze sichtbare und unsichtbare Welt an diesem Fest teilhat: Erstanden ist Christus, unsere Freude in Ewigkeit.« Eine andere Ode (die dritte) fügt hinzu: »Heute ist das ganze Universum, Himmel, Erde und Unterwelt, voll des Lichtes, und die ganze Schöpfung verkündet die Auferstehung Christi, unserer Kraft und Freude.« In der vierten Ode heißt es schließlich: »Christus, unser Ostern, ist aus dem Grab erstanden als Sonne der Gerechtigkeit und erfüllt uns alle mit dem Glanz seiner Liebe.«

Die römische Liturgie vergleicht Christus nicht so ausdrücklich mit der Sonne wie die orientalische. Aber sie beschreibt die kosmischen Auswirkungen seiner Auferstehung, wenn sie ihre Laudes am Ostermorgen mit dem berühmten Hymnus beginnt: *»Aurora lucis rutilat, caelum resultat laudibus, mundus exultans iubilat, gemens infernus ululat«* – »Hell leuchtet die Morgenröte, es frohlockt der Himmel, es jauchzt und freut sich die Erde, während die Unterwelt stöhnt vor Qual.«

6. DIE CHRISTLICHE DEUTUNG des Psalms hebt dessen Grundbotschaft nicht auf, die eine Einladung ist, das in der Schöpfung gegenwärtige göttliche Wort zu entdecken. Es gibt gewiß, wie es im zweiten Teil des Psalms heißt, ein anderes und höheres Wort, das wertvoller als das Licht ist, nämlich das Wort der biblischen Offenbarung.

Aber wer offene Ohren und unverschleierte Augen hat, für den ist die Schöpfung eine erste Offenbarung, die ihre eigene ausdrucksvolle Sprache hat: Sie ist gleichsam eine zweite Heilige Schrift, deren Buchstaben von der Vielzahl der im Universum vertretenen Geschöpfe gebildet werden. Johannes Chrysostomus bekräftigt: »Das Schweigen der Himmel ist lauter als der Klang einer Trompete: Diese Stimme ruft unseren Augen und nicht unseren Ohren die Größe dessen zu, der sie geschaffen hat« *(Patrologia Graeca* 49, 105). Und Athanasius schreibt: »Das Firmament ist durch seine Großartigkeit, seine Schönheit und seine Ordnung ein eindrucksvoller Prediger seines Schöpfers, dessen Beredsamkeit das Universum erfüllt« *(Patrologia Graeca* 27, 124).

Generalaudienz vom 30. Januar 2002

# PSALM 43

1
*Verschaff mir Recht, o Gott,*
*und führe meine Sache gegen ein treuloses Volk!*
*Rette mich vor bösen und tückischen Menschen!*
2
*Denn du bist mein starker Gott.*
*Warum hast du mich verstoßen?*
*Warum muß ich trauernd umhergehen,*
*von meinem Feind bedrängt?*
3
*Sende dein Licht und deine Wahrheit,*
*damit sie mich leiten;*
*sie sollen mich führen zu deinem heiligen Berg*
*und zu deiner Wohnung.*
4
*So will ich zum Altar Gottes treten, zum Gott meiner Freude.*
*Jauchzend will ich dich auf der Harfe loben,*
*Gott, mein Gott.*
5
*Meine Seele, warum bist du betrübt*
*und bist so unruhig in mir?*
*Harre auf Gott; denn ich werde ihm noch danken,*
*meinem Gott und Retter, auf den ich schaue.*

1 IN EINER DER vorhergegangenen Generalaudienzen kommentierten wir den Psalm, der dem vorausgeht, den wir soeben gesungen haben, und sagten, daß er mit dem nachfolgenden Psalm eng verbunden ist (siehe S. 115). Die Psalmen 42 und 43 bilden tatsächlich ein einziges Lied, das vom selben Kehrvers dreigeteilt wird: »Meine Seele, warum bist du betrübt und bist so unruhig in mir. Harre auf Gott, denn ich werde ihm noch danken, meinem Gott und Retter, auf den ich schaue« (Ps 42,6.12; 43,5).
Diese Worte klingen wie ein Monolog und drücken die tiefen Gefühle des Psalmisten aus. Er ist weit weg vom Zion, dem Bezugspunkt seines Daseins und bevorzugten Sitz der Gegenwart Gottes und des Kultes der Gläubigen. Er fühlt sich deshalb einsam, weil ihn die Ungläubigen nicht verstehen und sogar

angreifen; dieses Gefühl der Verlassenheit wird noch verstärkt durch das Schweigen Gottes. Aber der Psalmist bekämpft die Traurigkeit, indem er sich selbst Mut macht und die Hoffnung bekräftigt: Er rechnet damit, daß er Gott, »auf den er schaut«, noch lobpreisen wird.
In Psalm 43 spricht der Psalmist nicht zu sich selbst wie im vorhergehenden Psalm, sondern wendet sich an Gott mit der Bitte, ihn gegen seine Feinde zu schützen. Der Bittende wiederholt fast wörtlich eine im anderen Psalm angekündigte Anrufung (vgl. 42,10) und schreit diesmal tatsächlich verzweifelt zu Gott: »Du bist mein starker Gott. Warum hast du mich verstoßen?« (Ps 43,2).

2. ER AHNT SCHON, daß die dunkle Zeit des Fernseins zu Ende geht und drückt seine Zuversicht auf die Rückkehr nach Zion aus, wo er die göttliche Wohnstatt wiederfindet. Die Heilige Stadt ist nicht mehr die verlorene Heimat, wie es in der Klage des vorhergehenden Psalms hieß (vgl. Ps 42,3–4), sondern das glückliche Ziel, auf das man zugeht. Auf der Rückkehr nach Zion wird man geführt von der »Wahrheit« Gottes und seinem »Licht« (vgl. Ps 43,3). Der Herr selbst ist das Endziel des Weges. Er wird als Richter und Verteidiger angerufen (vgl. V. 1–2). Drei Verben kennzeichnen den Bittruf: »Verschaff mir Recht«, »führe meine Sache«, »rette mich« (V. 1). Es sind gleichsam drei Sterne der Hoffnung, die am dunklen Horizont der Prüfung erscheinen und die bevorstehende Morgenröte der Erlösung ankündigen.
Bedeutsam ist, daß der hl. Ambrosius diese Erfahrung des Psalmisten auf Jesus, der am Ölberg betet, bezieht: »Ich möchte nicht, daß du dich darüber wunderst, wenn der Prophet sagt, daß seine Seele betrübt war, denn der Herr Jesus selbst sagte: *›Meine Seele ist zu Tode betrübt.‹* Denn wer unsere Schwachheit auf sich genommen hat, hat auch unsere Empfindsamkeit auf sich genommen, so daß er zu Tode, aber nicht wegen des Todes betrübt war. Ein freiwillig angenommener Tod, von dem die Seligkeit aller Menschen abhing, hätte keine Trauer erwecken können … Er war deshalb zu Tode betrübt in der Erwartung, daß die Gnade zur Vollendung gelangt. Das bezeugen auch seine Worte, als er von seinem Tod spricht: *›Ich muß mit einer Taufe getauft werden, und ich bin sehr bedrückt, so lange sie nicht vollzogen ist‹«* (*Le rimonstranze di Giobbe e di Davide,* VII, 28, Rom 1980, S. 233).

3. IN DER FORTSETZUNG von Psalm 43 taucht nun vor dem Psalmisten die so heiß ersehnte Lösung auf: die Rückkehr zum Quell des Lebens und der Gemeinschaft mit Gott. Die »Wahrheit«, das heißt die liebende Treue des Herrn, und das »Licht«, das heißt die Offenbarung seiner Güte, werden als Boten dargestellt, die Gott vom Himmel senden wird, um den Glaubenden bei der Hand zu nehmen und zum ersehnten Ziel zu führen (vgl. Ps 43,3).
Sehr bedeutsam ist der etappenmäßige Weg zum Zion und seiner geistlichen Mitte. Zuerst erscheint der heilige Berg, der Hügel, auf dem sich der Tempel und die Zitadelle Davids erheben. Dann tauchen die »Wohnstätten« auf, das Heiligtum Zions mit seinen verschiedenen Räumen und Bauten, aus denen es zusammengesetzt ist. Es folgt der Altar Gottes, der Ort der Opferdarbringung und des offiziellen Kultes des ganzen Volkes. Letztes und endgültiges Ziel ist der Gott der Freude, die Umarmung, die wiedergewonnene Vertrautheit mit Ihm, der zuvor weit weg und schweigsam war.

4. JETZT WIRD ALLES Gesang, Freude, Fest (vgl. V. 4). Im hebräischen Original ist die Rede vom »Gott der Freude meines Jubels«. Es handelt sich um eine semitische Redewendung, die den Superlativ ausdrückt: Der Psalmist will unterstreichen, daß der Herr der Urheber aller Freude ist, die höchste Freude, die Fülle des Friedens.
Die griechische Übersetzung der *Septuaginta* hat offenbar einen gleichbedeutenden aramäischen Ausdruck zu Hilfe genommen, der die Jugend bezeichnet, und hat übersetzt: »zu Gott, der mich erfreut von Jugend auf«, so daß man hier an die Frische und Intensität der Freude denkt, die der Herr schenkt. Der lateinische Psalter der *Vulgata*, einer Übersetzung aus dem Griechischen, lautet: *»Ad Deum qui laetificat juventutem meam.«* Früher wurde der Psalm in dieser Form in der Eucharistiefeier an den Altarstufen als einführendes Gebet vor der Begegnung mit dem Herrn gebetet.

5. DIE ANFÄNGLICHE KLAGE des Kehrverses der Psalmen 42–43 erklingt ein letztes Mal (vgl. Ps 43,5). Der Beter hat den Tempel Gottes noch nicht erreicht, er ist noch in die Dunkelheit der Prüfung eingehüllt, aber vor seinen Augen strahlt schon das Licht der bevorstehenden Begegnung, und seine Lippen

kennen bereits die Melodie des Freudengesanges. Der Anruf ist hier hauptsächlich von der Hoffnung gekennzeichnet. Der hl. Augustinus kommentierte unseren Psalm: »*Auf Gott hoffen* entspricht der Seele dessen, der voll Hoffnung ist … Lebe jetzt in der Hoffnung. Die Hoffnung, die sichtbar ist, ist keine Hoffnung; aber wenn wir auf das hoffen, was wir nicht sehen, warten wir darauf, weil wir Geduld haben« (vgl. Röm 8,24–25) (*Erklärung der Psalmen* I, Rom 1982, S. 1019).
Der Psalm wird dann zum Gebet des Menschen, der noch auf dem irdischen Pilgerweg ist und mit dem Bösen und dem Leiden in Berührung kommt, aber die Gewißheit hat, daß das Endziel der Geschichte nicht der Abgrund des Todes ist, sondern die heilbringende Begegnung mit Gott. Diese Gewißheit wird noch verstärkt für die Christen, denn der Hebräerbief verkündet: »Ihr seid vielmehr zum Berg Zion hingetreten, zur Stadt des lebendigen Gottes, dem himmlischen Jerusalem, zu Tausenden von Engeln, zu einer festlichen Versammlung und zur Gemeinschaft der Erstgeborenen, die im Himmel verzeichnet sind, zu Gott, dem Richter aller, zu den Geistern der schon vollendeten Gerechten, zum Mittler eines neuen Bundes, Jesus, und zum Blut der Besprengung, das mächtiger ruft als das Blut Abels« (Hebr 12,22–24).

Generalaudienz vom 6. Februar 2002

## JESAJA 38,10–13a.14cd.17–20

*10*
*Ich sagte: In der Mitte meiner Tage*
*muß ich hinab zu den Pforten der Unterwelt,*
*man raubt mir den Rest meiner Jahre.*
*11*
*Ich sagte: Ich darf den Herrn nicht mehr schauen*
*im Land der Lebenden, keinen Menschen mehr sehen*
*bei den Bewohnern der Erde.*
*12*
*Meine Hütte bricht man über mir ab,*
*man schafft sie weg wie das Zelt eines Hirten.*
*Wie ein Weber hast du mein Leben zu Ende gewoben,*
*du schneidest mich ab wie ein fertig gewobenes Tuch.*
*Vom Anbruch des Tages bis in die Nacht*
*gibst du mich völlig preis;*
*13*
*bis zum Morgen schreie ich um Hilfe.*
*14*
*Meine Augen blicken ermattet nach oben:*
*Ich bin in Not, Herr; steh mir bei!*
*17*
*Du hast mich aus meiner bitteren Not gerettet,*
*du hast mich vor dem tödlichen Abgrund bewahrt;*
*denn all meine Sünden warfst du hinter deinen Rücken.*
*18*
*Ja, in der Unterwelt dankt man dir nicht,*
*die Toten loben dich nicht; wer ins Grab gesunken ist,*
*kann nichts mehr von deiner Güte erhoffen.*
*19*
*Nur die Lebenden danken dir,*
*wie ich am heutigen Tag.*
*Von deiner Treue erzählt der Vater den Kindern.*
*20*
*Der Herr war bereit, mir zu helfen.*
*Wir wollen singen und spielen im Haus des Herrn,*
*solange wir leben!*

1. UNTER DEN VERSCHIEDENEN Gesängen, die die Psalmen begleiten, gibt es im Stundengebet auch einen Dankhymnus mit dem Titel: »Das Danklied Hiskijas« (Jes 38,9). Es ist in einen Abschnitt des Buches des Propheten Jesaja in der Art einer geschichtlichen Erzählung eingeschoben (vgl. Jes 36–39), deren Angaben – mit einigen Abweichungen – denen aus dem Zweiten Buch der Könige gleichen (vgl. Kap. 18–20).
Im Anklang an die Laudes haben wir soeben in Gebetsform zwei eindrucksvolle Strophen dieses Liedes gehört, die die beiden für das Dankgebet typischen Aspekte beschreiben: Einerseits wird an den Alptraum des Leidens erinnert, von dem der Herr den Gläubigen befreit hat, andererseits wird die Dankbarkeit über das Leben und die wiedererlangte Rettung voll Freude besungen.
König Hiskija, ein gerechter Herrscher und Freund des Propheten Jesaja, war von einer schweren Krankheit heimgesucht worden, die der Prophet Jesaja als tödlich bezeichnet hatte (vgl. Jes 38,1). »Da drehte sich Hiskija mit dem Gesicht zur Wand und betete zum Herrn: Ach Herr, denk daran, daß ich mein Leben lang treu und mit aufrichtigem Herzen meinen Weg vor deinen Augen gegangen bin und daß ich immer getan habe, was dir gefällt. Und Hiskija begann laut zu weinen. Da erging das Wort des Herrn an Jesaja: Geh zu Hiskija, und sag zu ihm: So spricht der Herr, der Gott deines Vaters David: Ich habe dein Gebet gehört und deine Tränen gesehen. Ich will zu deiner Lebenszeit noch fünfzehn Jahre hinzufügen« (Jes 38,2–5).

2. DA STIMMT DER König aus tiefstem Herzen ein Danklied an. Wie bereits gesagt, ist es zunächst eine Erinnerung an Vergangenes. Nach der alten Auffassung Israels führte der Tod in eine Unterwelt, in Hebräisch *Scheol* genannt, in der das Licht erlosch, das Dasein schwand und gleichsam geisterhaft wurde, die Zeit stehenblieb, die Hoffnung erlosch und man keine Möglichkeit mehr hatte, den Herrn im Gottesdienst anzurufen und ihm zu begegnen.
Hiskija erinnert sich vor allem der bitteren Worte, die er gesprochen hatte, als sein Leben dem Tod nahe war: »Ich darf den Herrn nicht mehr schauen im Land der Lebenden« (V. 11). Auch der Psalmist betete so, als er erkrankt war: »Denn bei den Toten denkt niemand mehr an dich. Wer wird dich in der Unterwelt noch preisen?« (Ps 6,6). Der Todesgefahr entronnen, kann His-

kija kraftvoll und froh ausrufen: »Nur die Lebenden danken dir, wie ich am heutigen Tag« (Jes 38,19).

3. DAS LIED DES Hiskija über dieses Thema bekommt einen neuen Akzent, wenn es im Blick auf Ostern gelesen wird. Schon im Alten Testament eröffneten sich in den Psalmen helle Lichtblicke, wenn der Betende seine Gewißheit aussprach, daß »du mich nicht der Unterwelt preisgibst; du läßt deinen Frommen das Grab nicht schauen. Du zeigst mir den Pfad zum Leben. Vor deinem Angesicht herrscht Freude in Fülle, zu deiner Rechten Wonne für alle Zeit« (Ps 16,10–11; vgl. Ps 49 und 73). Der Autor des Buches der Weisheit zögert seinerseits nicht, zu bekräftigen, daß die Hoffnung der Gerechten »voll Unsterblichkeit« ist (Weish 3,4), denn er ist davon überzeugt, daß die während seines irdischen Daseins gelebte Erfahrung der Gemeinschaft mit Gott nicht zerstört wird. Wir werden nach dem Tod immer vom ewigen und unendlichen Gott gestützt und beschützt, weil »die Seelen der Gerechten in Gottes Hand sind und keine Qual sie berühren kann« (Weish 3,1). Vor allem durch den Tod und die Auferstehung des Gottessohnes Jesus Christus wurde in unsere sterbliche Vergänglichkeit ein Same der Ewigkeit gelegt und zum Keimen gebracht, so daß wir die auf dem Alten Testament gründenden Worte des Apostels wiederholen können: »Wenn sich aber dieses Vergängliche mit Unvergänglichkeit bekleidet und dieses Sterbliche mit Unsterblichkeit, dann erfüllt sich das Wort der Schrift: Verschlungen ist der Tod vom Sieg. Tod, wo ist dein Sieg? Tod, wo ist dein Stachel?« (1 Kor 15,54–55; vgl. Jes 25,8; Hos 13,14 ).

4. ABER DAS LIED des Königs Hiskija lädt uns auch ein, über unsere kreatürliche Hinfälligkeit nachzudenken. Die Bilder sind beeindruckend. Das menschliche Leben wird mit dem Symbol des Zeltes der Nomaden beschrieben: Wir sind immer Pilger und Gast auf Erden. Es wird auch der Vergleich mit dem gewebten Tuch verwandt, das unvollendet bleiben kann, wenn der Faden abgeschnitten und die Arbeit unterbrochen wird (vgl. Jes 38,12). Der Psalmist hat das gleiche Gefühl: »Du machtest meine Tage nur eine Spanne lang, meine Lebenszeit ist vor dir wie ein Nichts. Ein Hauch nur ist jeder Mensch. Nur wie ein Schatten geht der Mensch einher, um ein Nichts macht er Lärm« (Ps 39,6–7). Man muß sich seiner Grenzen bewußt werden, man muß wis-

sen, daß »unser Leben siebzig Jahre währt« – sagt der Psalmist –, »und wenn es hoch kommt, sind es achtzig. Das Beste daran ist nur Mühsal und Beschwer, rasch geht es vorbei, wir fliegen dahin« (Ps 90,10).

5. AM TAG DER Krankheit und des Leidens ist es immer recht, zu Gott die eigene Klage zu erheben, wie uns Hiskija lehrt, der mit poetischen Bildern seine Klage als das Zwitschern einer Schwalbe und das Gurren einer Taube beschreibt (vgl. Jes 38,14). Und obwohl er nicht zögert zu bekennen, daß er Gott als einen Gegner empfindet, fast als einen Löwen, der alle Knochen zermalmt (vgl. V. 13), hört er nicht auf zu rufen: »Ich bin in Not, Herr; steh mir bei!« (V. 14).
Der Herr bleibt nicht gleichgültig gegenüber den Tränen des Leidenden, und auf Wegen, die nicht immer mit unseren Erwartungen übereinstimmen, antwortet, tröstet und heilt er. Das bekennt Hiskija am Ende, wenn er alle einlädt zu hoffen, zu beten und voller Zuversicht darauf zu vertrauen, daß Gott seine Geschöpfe nicht verläßt: »Der Herr war bereit, mir zu helfen; wir wollen singen und spielen im Haus des Herrn, solange wir leben« (V. 20).

6. VON DIESEM LIED des Königs Hiskija bewahrt die mittelalterliche lateinische Tradition einen geistlichen Kommentar des Bernhard von Clairvaux, eines der bedeutendsten Mystiker des westlichen Mönchtums. Es handelt sich um die dritte der Predigten, in denen Bernhard, indem er das vom König von Juda durchlebte Drama auf das Leben jedes Menschen überträgt und dessen Inhalt nach innen kehrt, folgendes schreibt: »*Den Herrn will ich preisen zu aller Zeit*, das heißt von Morgen bis zum Abend, wie ich es zu tun gelernt habe, und nicht wie diejenigen, die dich loben, wenn du ihnen Gutes tust, und auch nicht wie diejenigen, *die für eine gewisse Zeit glauben, aber in der Stunde der Versuchung abfallen;* ich werde wie die Heiligen sagen: *Wenn wir von Gott das Gute empfangen haben, warum sollen wir nicht auch das Böse annehmen?*... So werden diese beiden Augenblicke des Tages eine Zeit des Dienstes für Gott sein, denn am *Abend bleibt die Klage,* und *am Morgen kehrt die Freude wieder.* Ich überlasse mich am Abend dem Schmerz, um dann die Freude des Morgens genießen zu können« (*Scriptorium Claravallense, Sermo III,* Nr. 6, Mailand 2000, S. 59–60).

Die Bitte des Königs wird vom hl. Bernhard als Beispiel des gesungenen Gebets des Christen gelesen, das mit gleicher Festigkeit und Gelassenheit in der Finsternis der Nacht und Prüfung wie im Licht des Tages und der Freude erklingt.

Generalaudienz vom 27. Februar 2002

# PSALM 65

2
*Dir gebührt Lobgesang, Gott, auf dem Zion,*
*dir erfüllt man Gelübde.*
3
*Du erhörst die Gebete.*
*Alle Menschen kommen zu dir 4 unter der Last ihrer Sünden.*
*Unsere Schuld ist zu groß für uns,*
*du wirst sie vergeben.*
5
*Wohl denen, die du erwählst und in deine Nähe holst,*
*die in den Vorhöfen deines Heiligtums wohnen.*
*Wir wollen uns am Gut deines Hauses sättigen,*
*am Gut deines Tempels.*
6
*Du vollbringst erstaunliche Taten,*
*erhörst uns in Treue, du Gott unsres Heiles,*
*du Zuversicht aller Enden der Erde*
*und der fernsten Gestade.*
7
*Du gründest die Berge in deiner Kraft,*
*du gürtest dich mit Stärke.*
8
*Du stillst das Brausen der Meere,*
*das Brausen ihrer Wogen, das Tosen der Völker.*
9
*Alle, die an den Enden der Erde wohnen,*
*erschauern vor deinen Zeichen;*
*Ost und West erfüllst du mit Jubel.*
10
*Du sorgst für das Land und tränkst es;*
*du überschüttest es mit Reichtum.*
*Der Bach Gottes ist reichlich gefüllt,*
*du schaffst ihnen Korn; so ordnest du alles.*
11
*Du tränkst die Furchen, ebnest die Schollen,*
*machst sie weich durch Regen, segnest ihre Gewächse.*

12
*Du krönst das Jahr mit deiner Güte,*
*deinen Spuren folgt Überfluß.*
13
*In der Steppe prangen die Auen,*
*die Höhen umgürten sich mit Jubel.*
14
*Die Weiden schmücken sich mit Herden,*
*die Täler hüllen sich in Korn. Sie jauchzen und singen.*

1. BEI UNSERER BETRACHTUNG der Psalmen des Stundengebets kommen wir nun zu einem Hymnus, der uns vor allem wegen des bezaubernden frühlingshaften Bildes im letzten Teil gefällt (vgl. Ps 65,10–14), einer Szene voller Frische, bunt ausgeschmückt und durchdrungen von Freudenrufen.
Der Psalm 65 hat in Wirklichkeit eine weitgefaßte Struktur, die sich aus der Verflechtung von zwei verschiedenen Schattierungen ergibt: Zunächst erscheint das geschichtliche Thema der Sündenvergebung und der Aufnahme bei Gott (vgl. V. 2–5); dann wird das kosmische Thema von Gottes Handeln am Meer und Gebirge angedeutet (vgl. V. 6–9a); zum Schluß wird der Frühling beschrieben (vgl. V. 9b–14): Vor dem sonnigen und trockenen Horizont des Nahen Ostens ist der befruchtende Regen Zeichen der Treue des Herrn gegenüber der Schöpfung (vgl. Ps 104,13–16). Für die Bibel ist die Schöpfung der Sitz der Menschheit, und die Sünde ist ein Angriff auf die Ordnung und Vollkommenheit der Welt. Die Umkehr und Vergebung stellen deshalb die Ganzheit und Harmonie des Kosmos wieder her.

2. IM ERSTEN TEIL des Psalms befinden wir uns im Tempel auf dem Zion. Dorthin kommt das Volk mit seiner Last an moralischen Verfehlungen, um die Befreiung vom Bösen zu erbitten (vgl. Ps 65,2–4a). Wenn sie den Sündennachlaß erhalten haben, fühlen sich die Gläubigen als Gäste Gottes, die ihm nahe sind, bereit, um zu seinem Gastmahl zugelassen zu werden und am Fest der Freundschaft mit Gott teilzuhaben (vgl. V. 4b–5).
Der Herr, der im Tempel in Erscheinung tritt, wird dann in ruhmvollen und kosmischen Zügen beschrieben. Denn es heißt, daß er die »Zuversicht aller Enden der Erde und der fernsten Gestade« ist: »Du gründest die Berge in deiner Kraft, du gürtest dich mit Stärke, du stillst das Brausen der Meere, das

Brausen ihrer Wogen … Alle, die an den Enden der Erde wohnen, erschauern vor deinen Zeichen; Ost und West erfüllst du mit Jubel« (V. 6–9).

3. IN DIESEM LOBPREIS Gottes, des Schöpfers, stoßen wir auf ein Ereignis, das wir hervorheben wollen: Der Herr ist imstande, auch das Brausen der Meere zu zähmen und zu stillen, die in der Bibel das Symbol für das Chaos sind, das der Schöpfungsordnung Widerstand leistet (vgl. Hiob 38,8–11). Es ist eine Weise, nicht nur den göttlichen Sieg über das Nichts, sondern auch über das Böse zu preisen: Aus diesem Grund kommt zum »Brausen der Meere« und zum »Brausen ihrer Wogen« auch »das Tosen der Völker« (vgl. Ps 65,8), das heißt der Aufstand der Hochmütigen.
Augustinus kommentiert sehr eindrucksvoll: »Das Meer versinnbildlicht die heutige Welt: Es ist bitter und salzig, unruhig und stürmisch; die Menschen mit ihren verkehrten und ungeordneten Begierden gleichen den Fischen, die sich gegenseitig auffressen. Schaut auf dieses böse Meer, dieses bittere, grausame Meer und seine Wogen! … Wir dürfen nicht so handeln, Brüder, denn *der Herr ist die Zuversicht aller Enden der Erde« (Esposizione sui Salmi* II , Rom 1990, S. 475).
Die Folgerung, die uns der Psalm darlegt, ist einfach: Gott, der dem Chaos und dem Bösen in der Welt und Geschichte ein Ende setzt, kann die Bosheit und Sünde, die der Betende in sich hat und mit der Gewißheit der göttlichen Reinigung im Tempel darbringt, besiegen und vergeben.

4. AN DIESER STELLE treten die anderen Wasserflüsse auf: die des Lebens und der Fruchtbarkeit, die die Erde im Frühling bewässern und das neue Leben des Gläubigen versinnbildlichen, der Vergebung erlangt hat. Die Schlußverse des Psalms (vgl. Ps 65,10–14) sind, wie gesagt, von außerordentlicher Schönheit und Bedeutsamkeit. Gott tränkt das von Hitze und Kälte rissig gewordene Erdreich, indem er es mit Regen bewässert. Der Herr ähnelt einem Landwirt (vgl. Joh 15,1), der durch seine Arbeit das Korn wachsen und das Gras sprießen läßt. Er bereitet das Erdreich, bewässert die Furchen, glättet die Schollen, begießt jeden Teil seines Feldes.
Der Psalmist verwendet zehn Verben, um dieses liebevolle Handeln des Schöpfers an der Erde zu beschreiben, die als ein

lebendiges Geschöpf dargestellt wird. In der Tat, »sie jauchzt und singt« (vgl. Ps 65,14). Anschaulich sind hier auch die drei Verben, die auf die Symbolik der Bekleidung verweisen: »Die Höhen umgürten sich mit Jubel. Die Weiden schmücken sich mit Herden, die Täler hüllen sich in Korn« (V. 13–14).
Das Bild stellt eine Weide dar, weißgepunktet mit Schafen; die Hügel gürten sich mit den Weinbergen, dem Zeichen der Freude an ihrem Erzeugnis, dem Wein, »der das Herz des Menschen erfreut« (Ps 103,15); die Hügel umhüllen sich mit dem goldenen Mantel der Ernte. Vers 12 erinnert auch an die Krone, die an die Kränze denken läßt, die sich die Gäste beim Festmahl auf das Haupt setzen (vgl. Jes 28,1.5).

5. ALLE GESCHÖPFE WENDEN sich gemeinsam wie in einer Prozession an ihren Schöpfer und Herrn, wobei sie tanzen, singen, lobpreisen und beten. Die Natur wird wiederum zu einem deutlichen Zeichen des göttlichen Handelns; sie ist ein offenes Buch für alle, bereit, die ihr vom Schöpfer eingeprägte Botschaft zu offenbaren, denn »von der Größe und Schönheit der Geschöpfe läßt sich auf ihren Schöpfer schließen« (Weish 13,5; vgl. Röm 1,20). In dieser Lyrik verschmelzen theologische Betrachtung und poetischer Überschwang miteinander und werden zu Anbetung und Lobpreis.
Aber die eindringlichste Begegnung, auf die der Psalmist mit seinem ganzen Lied abzielt, ist die Verbindung der Schöpfung mit der Erlösung. Wie die Erde im Frühling durch das Tun des Schöpfers aufersteht, so steht der Mensch durch das Handeln des Erlösers aus seiner Sünde wieder auf. Schöpfung und Geschichte stehen auf diese Weise unter der heilbringenden Vorsehung des Herrn, der die unruhigen und zerstörerischen Wasser besiegt und das Wasser schenkt, das reinigt, befruchtet und den Durst stillt. In der Tat, der Herr »heilt die gebrochenen Herzen und verbindet ihre schmerzenden Wunden«, aber er bedeckt auch »den Himmel mit Wolken, spendet der Erde Regen und läßt Gras auf den Bergen sprießen« (Ps 147,3.8).
So wird der Psalm ein Lobpreis an die göttliche Gnade. Wieder ist es Augustinus, der unseren Psalm kommentiert und auf dieses transzendente und einzige Geschenk hinweist: »Gott der Herr spricht in deinem Herzen: Ich bin dein Reichtum. Kümmere dich nicht um das, was die Welt verspricht, sondern um das, was der Schöpfer der Welt verheißt! Achte auf das, was

Gott dir verheißt, wenn du auf die Gerechtigkeit achtest; und verachte das, was dir der Mensch verspricht, der dich von der Gerechtigkeit abbringen will. Achte also nicht auf das, was die Welt verspricht! Achte vielmehr auf das, was der Schöpfer der Welt verheißt« (ebd., S. 481).

Generalaudienz vom 6. März 2002

# PSALM 77

2
*Ich rufe zu Gott, ich schreie,*
*ich rufe zu Gott, bis er mich hört.*
3
*Am Tag meiner Not suche ich den Herrn;*
*unablässig erhebe ich nachts meine Hände,*
*meine Seele läßt sich nicht trösten.*
4
*Denke ich an Gott, muß ich seufzen;*
*sinne ich nach,*
*dann will mein Geist verzagen.*
5
*Du läßt mich nicht mehr schlafen;*
*ich bin voll Unruhe und kann nicht reden.*
6
*Ich sinne nach über die Tage von einst,*
*ich will denken an längst vergangene Jahre.*
7
*Mein Herz grübelt bei Nacht,*
*ich sinne nach, es forscht mein Geist.*
8
*Wird der Herr mich denn auf ewig verstoßen*
*und mir niemals mehr gnädig sein?*
9
*Hat seine Huld für immer ein Ende,*
*ist seine Verheißung aufgehoben für alle Zeiten?*
10
*Hat Gott seine Gnade vergessen,*
*im Zorn sein Erbarmen verschlossen?*
11
*Da sagte ich mir: »Das ist mein Schmerz,*
*daß die Rechte des Höchsten so anders handelt.»*
12
*Ich denke an die Taten des Herrn,*
*ich will denken an deine früheren Wunder.*
13
*Ich erwäge all deine Werke*
*und will nachsinnen über deine Taten.*

14
*Gott, dein Weg ist heilig.*
*Wo ist ein Gott, so groß wie unser Gott?*
15
*Du allein bist der Gott, der Wunder tut,*
*du hast deine Macht den Völkern kundgetan.*
16
*Du hast mit starkem Arm dein Volk erlöst,*
*die Kinder Jakobs und Josefs.*
17
*Die Wasser sahen dich, Gott,*
*die Wasser sahen dich und bebten.*
*Die Tiefen des Meeres tobten.*
18
*Die Wolken gossen ihr Wasser aus,*
*das Gewölk ließ die Stimme dröhnen,*
*auch deine Pfeile flogen dahin.*
19
*Dröhnend rollte dein Donner,*
*Blitze erhellten den Erdkreis,*
*die Erde bebte und wankte.*
20
*Durch das Meer ging dein Weg,*
*dein Pfad durch gewaltige Wasser,*
*doch niemand sah deine Spuren.*
21
*Du führtest dein Volk wie eine Herde*
*durch die Hand von Mose und Aaron.*

1. DIE LITURGIE NIMMT den Psalm 77, den wir soeben gehört haben, in das Morgengebet mit hinein: Sie will uns dadurch daran erinnern, daß der Tagesanfang nicht immer schön ist. Wie es dunkle Tage geben kann, in denen der Himmel mit Wolken bedeckt ist und ein Unwetter heraufzieht, so kennt unser Leben Tage, die mit Sorgen und Angst angefüllt sind. Dann wird schon das Beten am Morgen ein Klagen, Bitten und um Hilfe Rufen.
Unser Psalm ist eine beharrliche Bitte, die zum Herrn aufsteigt und von tiefem Vertrauen, ja von der Gewißheit der göttlichen Hilfe beseelt ist. Denn für den Psalmisten ist der Herr kein teilnahmsloser Herrscher, der in die himmlische Herrlichkeit verbannt ist und unserem Schicksal gleichgültig gegenübersteht.

Aber eine solche Haltung macht uns mitunter das Herz schwer, und dann steigen bittere Fragen auf, die den Glauben ins Wanken bringen: »Verweigert Gott jetzt seine Liebe und seine Erwählung? Hat er die Vergangenheit vergessen, in der er uns stützte und beglückte?« Wir werden sehen, daß solche Fragen durch ein neues, gestärktes Vertrauen auf Gott, den Erlöser und Retter, ausgeräumt werden.

2. VERFOLGEN WIR ALSO den Verlauf dieses Gebets, das in einem dramatischen Ton, voller Angst beginnt, sich aber nach und nach der Gelassenheit und Hoffnung öffnet. Vor uns haben wir zunächst die Klage über die traurige Gegenwart und über das Schweigen Gottes (vgl. V. 2–11). Ein Hilfeschrei wird an einen scheinbar stummen Himmel gerichtet, die Hände erheben sich bittend, das Herz ist schwer von tiefen Seufzern. In der schlaflosen Nacht der Traurigkeit und des Betens »grüble ich, sinne ich nach«, wie es in Vers 7 heißt, und erforsche ich mein Inneres.
Wenn der Schmerz den Höhepunkt erreicht und man wünscht, daß der Kelch des Leidens vorübergehen möge (vgl. Mt 26,39), überstürzen sich die Worte, und man stellt quälende Fragen, wie dies bereits oben erwähnt wurde (vgl. Ps 77,8–11). Dieser Schrei möchte das Geheimnis Gottes und sein Schweigen ergründen.

3. DER PSALMIST FRAGT sich, warum ihn der Herr abweist, warum er sein Antlitz und sein Handeln geändert hat, ob er die Liebe, die Heilsverheißung und die barmherzige Zärtlichkeit vergessen hat. »Die Rechte des Höchsten«, die die rettenden Wunder des Exodus vollbracht hatte, scheint nun gelähmt (vgl. V. 11). Und das ist der wahre und eigentliche »Schmerz«, der den Glauben des Betenden ins Wanken bringt.
Wenn es so wäre, dann wäre Gott nicht mehr zu erkennen, er wäre ein grausames Wesen oder eine Präsenz wie die der Götzen, die nicht retten können, weil sie unfähig, gleichgültig und ohnmächtig sind. In diesen Versen des ersten Teils des Psalms 77 wird das ganze Drama des Glaubens in der Zeit der Prüfung und des göttlichen Schweigens deutlich.

4. ABER ES GIBT Gründe zur Hoffnung. Das geht aus dem zweiten Teil der Bitte hervor (vgl. V. 12–21), die einem Hymnus gleicht, der die mutige Bekräftigung des eigenen Glaubens auch am dunklen Tag des Schmerzes anbietet. Man besingt die

frühere Rettung, die ihre lichtvolle Epiphanie in der Schöpfung und in der Befreiung von der Knechtschaft in Ägypten hatte. Die bittere Gegenwart wird von der vergangenen Heilserfahrung erhellt, die ein in die Geschichte eingepflanztes Samenkorn ist: Es ist nicht tot, sondern nur begraben, damit es später wieder keimt (Joh 12,24).
Der Psalmist nimmt also einen wichtigen biblischen Begriff zu Hilfe, den des »Gedächtnisses«, das nicht nur eine schwache tröstliche Erinnerung ist, sondern die Gewißheit eines göttlichen Handelns, das nicht ausbleiben wird: »Ich denke an die Taten des Herrn, ich will denken an deine früheren Wunder« (Ps 77,12). Den Glauben an die Heilswerke der Vergangenheit zu bekennen führt zum Glauben an das, was der Herr ständig und auch zu diesem Zeitpunkt ist. »Gott, dein Weg ist heilig … du allein *bist* der Gott, der Wunder tut« (V. 14–15). So wird die Gegenwart, die auswegslos und ohne Licht zu sein schien, vom Glauben an Gott erhellt und für die Hoffnung geöffnet.

5. UM DIESEN GLAUBEN zu stützen, zitiert der Psalmist wahrscheinlich einen älteren Hymnus, der vielleicht in der Liturgie des Tempels auf dem Zion gesungen wurde (vgl. V. 17–20). Es ist eine einzigartige Theophanie, in der der Herr in die Geschichte eintritt, indem er die Natur und ganz besonders die Wasser, das Symbol des Chaos, des Bösen und des Leidens, erschüttert. Sehr schön ist das Bild Gottes, der auf dem Wasser geht, dem Zeichen seines Triumphes über die negativen Kräfte: »Durch das Meer ging dein Weg, dein Pfad durch gewaltige Wasser, doch niemand sah deine Spuren« (V. 20). Und man denkt an Christus, der auf dem Wasser geht zum deutlichen Zeichen seines Sieges über das Böse (vgl. Joh 6,16–20).
Durch die Erinnerung, daß Gott sein Volk »wie eine Herde durch die Hand von Mose und Aaron« führte (Ps 77,21), gelangt der Psalm schließlich von selbst zur Gewißheit: Gott wird erneut zum Heil führen. Seine mächtige und unsichtbare Hand wird mit uns sein durch die sichtbare Hand der Hirten und der von ihm eingesetzten Führer. Der Psalm, der mit einem Schmerzensschrei begonnen hat, weckt zum Schluß Gefühle des Glaubens und der Hoffnung auf den großen Hirten unserer Seelen (vgl. Hebr 13,20; 1 Petr 2,25).

Generalaudienz vom 13. März 2002

## 1 SAMUEL 2,1–10

1
*Mein Herz ist voll Freude über den Herrn,*
*große Kraft gibt mir der Herr.*
*Weit öffnet sich mein Mund gegen meine Feinde;*
*denn ich freue mich über deine Hilfe.*
2
*Niemand ist heilig, nur der Herr;*
*denn außer dir gibt es keinen Gott;*
*keiner ist ein Fels wie unser Gott.*
3
*Redet nicht immer so vermessen,*
*kein freches Wort komme aus eurem Mund;*
*denn der Herr ist ein wissender Gott,*
*und bei ihm werden die Taten geprüft.*
4
*Der Bogen der Helden wird zerbrochen,*
*die Wankenden aber gürten sich mit Kraft.*
5
*Die Satten verdingen sich um Brot,*
*doch die Hungrigen können feiern für immer.*
*Die Unfruchtbare bekommt sieben Kinder,*
*doch die Kinderreiche welkt dahin.*
6
*Der Herr macht tot und lebendig,*
*er führt zum Totenreich hinab und führt auch herauf.*
7
*Der Herr macht arm und macht reich,*
*er erniedrigt und er erhöht.*
8
*Den Schwachen hebt er empor aus dem Staub*
*und erhöht den Armen, der im Schmutz liegt;*
*er gibt ihm einen Sitz bei den Edlen,*
*einen Ehrenplatz weist er ihm zu.*
*Ja, dem Herrn gehören die Pfeiler der Erde;*
*auf sie hat er den Erdkreis gegründet.*

9
*Er behütet die Schritte seiner Frommen,*
*doch die Frevler verstummen in der Finsternis;*
*denn der Mensch ist nicht stark aus eigener Kraft.*
10
*Wer gegen den Herrn streitet, wird zerbrechen,*
*der Höchste läßt es donnern am Himmel.*
*Der Herr hält Gericht bis an die Grenzen der Erde.*
*Seinem König gebe er Kraft*
*und erhöhe die Macht seines Gesalbten.*

1. UNSER LOB AN den Herrn des Lebens führt heute eine Frauenstimme an. Denn in der Erzählung des Ersten Buches Samuel ist es Hanna, die den soeben gesungenen Hymnus anstimmt, nachdem sie dem Herrn ihr Kind, den kleinen Samuel, dargebracht hatte. Er wird ein Prophet in Israel sein und durch sein Handeln den Übergang des jüdischen Volkes zu einer neuen Regierungsform, der Monarchie, entscheidend beeinflussen; Hauptpersonen sollten der unglückselige König Saul und der ruhmvolle König David sein. Hanna hatte viel gelitten, weil – so heißt es in der Erzählung – der Herr »ihren Schoß verschlossen hatte« (1 Sam 1,5).
Eine unfruchtbare Frau galt im alten Israel als »trockener Zweig«, als tote Präsenz, weil sie den Ehemann daran hinderte, in der Erinnerung der nachfolgenden Generationen weiterzuleben, ein wichtiges Kennzeichen in der noch ungewissen und verschwommenen Vision vom Jenseits.

2 ABER HANNA HATTE ihr Vertrauen auf den Gott des Lebens gesetzt und gebetet: »Herr der Heere, wenn du das Elend deiner Magd wirklich ansiehst, wenn du an mich denkst und deine Magd nicht vergißt und deiner Magd einen männlichen Nachkommen schenkst, dann will ich ihn für sein ganzes Leben dem Herrn überlassen« (V. 11). Und Gott erhörte den Ruf dieser gedemütigten Frau und schenkte ihr Samuel: Aus dem vertrockneten Baumstumpf wuchs ein Reis hervor (vgl. Jes 11,1). Was in menschlichen Augen unmöglich war, wurde greifbare Wirklichkeit in dem Kind, das dem Herrn geweiht werden sollte.
Das Danklied, das von den Lippen der Frau kam, wurde dann von einer anderen Mutter, Maria, die durch den Heiligen Geist gebären und dennoch Jungfrau bleiben sollte, aufgenommen

und neugeformt. In der Tat ist im *Magnifikat* der Mutter Jesu eine Ähnlichkeit mit Hannas Lied zu erkennen, das deshalb das »*Magnifikat* des Alten Testaments« genannt wird.

3. DIE GELEHRTEN WEISEN darauf hin, daß der Verfasser in Wirklichkeit Hanna einen Psalm königlicher Art mit Zitaten oder Anspielungen auf andere Psalmverse in den Mund gelegt hat.
Im Vordergrund steht die Gestalt des jüdischen Königs, der von den übermächtigen Feinden angegriffen wird, aber am Ende sich rettet und triumphiert, weil der Herr neben ihm den Bogen der Helden zerbrochen hat (vgl. 1 Sam 2,4). Bedeutsam ist das Ende des Liedes, denn der Herr betritt in einer feierlichen Epiphanie die Bühne: »Wer gegen den Herrn streitet, wird zerbrechen, der Höchste läßt es donnern am Himmel. Der Herr hält Gericht bis über die Grenzen der Erde. Seinem König gebe er Kraft und erhöhe die Macht seines Gesalbten« (V. 10). Das letzte Wort in Hebräisch ist »Messias«, das heißt »der Gesalbte«, weshalb dieses königliche Gebet als ein Lied der Hoffnung auf den Messias verstanden werden kann.

4. WIR MÖCHTEN ZWEI Themen in diesem Dankhymnus hervorheben, der die Gefühle von Hanna zum Ausdruck bringt. Das erste herrscht auch in Marias Magnifikat vor und ist die von Gott gewirkte Umkehrung der Geschicke. Die Starken werden gedemütigt, die Schwachen »gürten sich mit Kraft«, die Satten verdingen sich um Brot, und die Hungrigen sitzen bei einem üppigen Gastmahl; der Arme wird aus dem Staub gehoben und erhält »einen Ehrenplatz« (vgl. V. 4.8).
Aus diesem alten Gebet hört man leicht den Leitfaden der sieben Taten heraus, die Maria von Gott, dem Retter, in der Geschichte vollbracht sieht: »Er vollbringt mit seinem Arm machtvolle Taten: Er zerstreut, die im Herzen voll Hochmut sind; er stürzt die Mächtigen vom Thron und erhöht die Niedrigen. Die Hungernden beschenkt er mit seinen Gaben und läßt die Reichen leer ausgehen. Er nimmt sich seines Knechtes Israel an« (Lk 1,51–54).
Es ist ein Glaubensbekenntnis, das die beiden Mütter vor dem Herrn der Geschichte ablegen, der sich zu ihrem Schutz auf die Seite der Armen, der Elenden und Unglücklichen, der Beleidigten und Gedemütigten stellt.

5. DAS ZWEITE THEMA, das wir betrachten wollen, hängt noch mehr mit der Gestalt von Hanna zusammen: »Die Unfruchtbare bekommt sieben Kinder, doch die Kinderreiche welkt dahin« (1 Sam 2,5). Der Herr, der die Geschicke umkehrt, steht auch am Ursprung des Lebens und des Todes. Der unfruchtbare Schoß von Hanna glich einem Grab; und doch konnte Gott daraus Leben erwecken, denn »in seiner Hand ruht die Seele allen Lebens und jeden Menschenleibes Geist« (Hiob 12,10). Auf der gleichen Linie singt man gleich darauf: »Der Herr macht tot und lebendig, er führt zum Totenreich hinab und führt auch herauf« (1 Sam 2,6).
Nun ist die Hoffnung nicht nur auf das werdende Leben gerichtet, sondern auch auf das Leben, das Gott nach dem Tod erwekken kann. Damit öffnet sich gleichsam ein »österlicher« Horizont der Auferstehung. Und Jesaja singt: »Deine Toten werden leben, die Leichen stehen wieder auf; wer in der Erde liegt, wird erwachen und jubeln. Denn der Tau, den du sendest, ist ein Tau des Lichts; die Erde gibt die Toten heraus« (Jes 26,19).

Generalaudienz vom 20. März 2002

## PSALM 97

1
*Der Herr ist König. Die Erde frohlocke.*
*Freuen sollen sich die vielen Inseln.*
2
*Rings um ihn her sind Wolken und Dunkel,*
*Gerechtigkeit und Recht sind die Stützen seines Throns.*
3
*Verzehrendes Feuer läuft vor ihm her*
*und frißt seine Gegner ringsum.*
4
*Seine Blitze erhellen den Erdkreis;*
*die Erde sieht es und bebt.*
5
*Berge schmelzen wie Wachs vor dem Herrn,*
*dem Antlitz des Herrschers aller Welt.*
6
*Seine Gerechtigkeit verkünden die Himmel,*
*seine Herrlichkeit schauen alle Völker.*
7
*Alle, die Bildern dienen, werden zuschanden,*
*alle, die sich der Götzen rühmen.*
*Vor ihm werfen sich alle Götter nieder.*
8
*Zion hört es und freut sich,*
*Judas Töchter jubeln, Herr, über deine Gerichte.*
9
*Denn du, Herr, bist der Höchste über der ganzen Erde,*
*hoch erhaben über alle Götter.*
10
*Ihr, die ihr den Herrn liebt, haßt das Böse!*
*Er behütet das Leben seiner Frommen,*
*er entreißt sie der Hand der Frevler.*
11
*Ein Licht erstrahlt den Gerechten*
*und Freude den Menschen mit redlichem Herzen.*
12
*Ihr Gerechten, freut euch am Herrn*
*und lobt seinen heiligen Namen!*

1. DAS LICHT, DIE Freude und der Friede, die in der Osterzeit die Gemeinschaft der Jünger Christi durchströmen und sich in der ganzen Schöpfung ausbreiten, prägen unsere heutige Begegnung, die in der intensiven Atmosphäre der Osteroktav stattfindet. Es ist der Triumph Christi über das Böse und den Tod, den wir in diesen Tagen feiern. Durch seinen Tod und seine Auferstehung wird das von Gott gewollte Reich der Gerechtigkeit und Liebe errichtet.
Die heutige Katechese, die sich mit dem Psalm 97 befaßt, ruft eben dieses Thema des Reiches Gottes in Erinnerung. Der Psalm beginnt mit dem feierlichen Spruch: »Der Herr ist König. Die Erde frohlocke. Freuen sollen sich die vielen Inseln.« Er klingt wie eine Verherrlichung des göttlichen Königs, des Herrn des Kosmos und der Geschichte. Wir könnten also sagen, daß wir einen »österlichen« Psalm vor uns haben.
Wir wissen, welche Bedeutung die Ankündigung des Reiches Gottes in Jesu Verkündigung hatte. Es ist nicht nur die Anerkennung der Abhängigkeit der geschaffenen Wesen gegenüber dem Schöpfer; es ist auch die Überzeugung, daß nach Gottes Willen ein Plan, ein Projekt, ein Leitfaden von Harmonie und Gutem in die Geschichte eingewoben sind. All das hat sich im Ostern des Todes und der Auferstehung Jesu voll verwirklicht.

2. BETRACHTEN WIR JETZT den Psalmtext, den uns die Liturgie in den Laudes vorlegt. Gleich nach dem Ruf zum Herrn, dem König, der wie ein Trompetenstoß klingt, öffnet sich vor dem Beter eine großartige göttliche Epiphanie. Indem er Zitate oder Anspielungen auf andere Teile von Psalmen oder Schriften der Propheten, besonders von Jesaja, benützt, beschreibt der Psalmist das Erscheinen des Großen Königs auf der Weltbühne, der von einer Reihe von kosmischen Dienern oder Helfern umgeben wird: den Wolken, der Finsternis, dem Feuer, den Blitzen.
Neben ihnen personifiziert eine weitere Reihe von Dienern sein Handeln in der Geschichte: die Gerechtigkeit, das Recht, die Herrlichkeit. Ihr Auftritt läßt die ganze Schöpfung erbeben. Die Erde frohlockt an allen Orten, einschließlich der Inseln, die als die entferntesten Bereiche galten (vgl. Ps 97,1). Der ganze Erdkreis wird von Blitzen erhellt und von einem Erdbeben erschüttert (vgl. V. 4). Die Berge, die der biblischen Kosmologie zufolge die ältesten und solidesten Wirklichkeiten bilden, schmelzen,

als wären sie aus Wachs (vgl. V. 5), wie schon der Prophet Micha gesungen hat: »Seht, der Herr verläßt seinen erhabenen Ort ... Die Berge zerschmelzen unter ihm wie Wachs in der Hitze des Feuers; die Talgründe werden aufgerissen« (Mi 1,3–4). Die Himmel sind erfüllt von Engelshymnen, die die Gerechtigkeit rühmen, das heißt das vom Herrn vollbrachte Heilswerk für die Gerechten. Die ganze Menschheit schaut das Offenbarwerden der göttlichen Herrlichkeit, das heißt der geheimnisvollen Wirklichkeit Gottes (vgl. Ps 97,6), während die »Feinde«, das heißt die Sünder und die Ungerechten, vor der unwiderstehlichen Kraft des Gerichtes des Herrn weichen (vgl. V. 3).

3. NACH DER THEOPHANIE des Herrn des Weltalls beschreibt der Psalm zwei Arten der Reaktion angesichts des Großen Königs und seines Eintritts in die Geschichte. Auf der einen Seite stürzen die Götzendiener und Götzenbilder zerstört und besiegt zu Boden; auf der anderen Seite stimmen die Gläubigen, die sich in Zion zum Gottesdienst zu Ehren des Herrn versammelt haben, voll Freude einen Lobgesang an. Die Darstellung derer, »die Bildern dienen« (vgl. V. 7–9), ist bedeutsam: Die Götzen werfen sich vor dem einzigen Gott nieder, und ihre Anhänger werden zuschanden. Die Gerechten freuen sich über das göttliche Gericht, das die Lüge und die falsche Religiosität ausmerzt, die Quelle des moralischen Elends und der Knechtschaft sind. Sie stimmen ein leuchtendes Glaubensbekenntnis an: »Denn du, Herr, bist der Höchste über der ganzen Erde, hoch erhaben über alle Götter« (V. 9).

4. DEM BILD, DAS den Sieg über die Götzen und ihre Anbeter beschreibt, wird der – wir möchten sagen – herrliche Tag der Gläubigen entgegengestellt (vgl. V. 10–12). Denn es ist die Rede von einem Licht, das den Gerechten erstrahlt (vgl. V. 11): Es scheint, als ginge eine Morgenröte der Freude, des Festes, der Hoffnung auf, auch weil bekanntlich das Licht ein Symbol für Gott ist (vgl. 1 Joh 1,5).
Der Prophet Maleachi erklärte: »Für euch aber, die ihr meinen Namen fürchtet, wird die Sonne der Gerechtigkeit aufgehen« (Mal 3,20). Zum Licht kommt die Glückseligkeit hinzu: »... Freude den Menschen mit redlichem Herzen. Ihr Gerechten, freut euch am Herrn, und lobt seinen heiligen Namen« (Ps 97,11–12).

Das Reich Gottes ist Quelle des Friedens und der Freude und löscht das Reich der Finsternis aus. Eine zeitgenössische jüdische Gemeinde Jesu sang: »Die Gottlosigkeit weicht der Gerechtigkeit, wie die Finsternis dem Licht weicht; die Gottlosigkeit wird für immer verschwinden, und die Gerechtigkeit wird sich wie die Sonne als Beginn der Ordnung der Welt erweisen« *(Buch der Geheimnisse von Qumran:* 1 Q 27, I, 5–7).

5. BEVOR WIR UNSERE Betrachtung von Psalm 97 abschließen, ist es wichtig, in ihm neben dem Antlitz des Herrn, des Königs, auch das des Gläubigen zu finden. Es wird mit sieben Merkmalen als Zeichen der Vollkommenheit und Fülle beschrieben. Diejenigen, die das Kommen des großen göttlichen Königs erwarten, das Böse hassen, den Herrn lieben, sind die *Hasidim,* das heißt die Frommen (vgl. V. 10); sie gehen den Weg der Gerechtigkeit, haben ein redliches Herz (vgl. V. 11), freuen sich an den Werken Gottes, danken und preisen den heiligen Namen des Herrn (vgl. V. 12). Bitten wir den Herrn, daß diese geistlichen Züge auch auf unserem Gesicht zu erkennen sind.

Generalaudienz vom 3. April 2002

# PSALM 80

2
*Du Hirte Israels, höre,*
*der du Josef weidest wie eine Herde!*
*Der du auf den Kerubim thronst, erscheine*
3
*vor Efraim, Benjamin und Manasse!*
*Biete deine gewaltige Macht auf*
*und komm uns zu Hilfe!*
4
*Gott, richte uns wieder auf!*
*Laß dein Angesicht leuchten, dann ist uns geholfen.*
5
*Herr, Gott der Heerscharen, wie lange noch zürnst du,*
*während dein Volk zu dir betet?*
6
*Du hast sie gespeist mit Tränenbrot,*
*sie überreich getränkt mit Tränen.*
7
*Du machst uns zum Spielball der Nachbarn*
*und unsere Feinde verspotten uns.*
8
*Gott der Heerscharen, richte uns wieder auf!*
*Laß dein Angesicht leuchten, dann ist uns geholfen.*
9
*Du hobst in Ägypten einen Weinstock aus,*
*du hast Völker vertrieben, ihn aber eingepflanzt.*
10
*Du schufst ihm weiten Raum;*
*er hat Wurzeln geschlagen*
*und das ganze Land erfüllt.*
11
*Sein Schatten bedeckte die Berge,*
*seine Zweige die Zedern Gottes.*
12
*Seine Ranken trieb er bis hin zum Meer*
*und seine Schößlinge bis zum Eufrat.*

13

*Warum rissest du seine Mauern ein?*

*Alle, die des Weges kommen, plündern ihn aus.*

14

*Der Eber aus dem Wald wühlt ihn um,*

*die Tiere des Feldes fressen ihn ab.*

15

*Gott der Heerscharen, wende dich uns wieder zu!*

*Blick vom Himmel herab, und sieh auf uns!*

*Sorge für diesen Weinstock*

16

*und für den Garten, den deine Rechte gepflanzt hat.*

17

*Die ihn im Feuer verbrannten wie Kehricht,*

*sie sollen vergehen vor deinem drohenden Angesicht.*

18

*Deine Hand schütze den Mann zu deiner Rechten,*

*den Menschensohn, den du für dich groß und stark gemacht.*

19

*Erhalt uns am Leben!*

*Dann wollen wir deinen Namen anrufen*

*und nicht von dir weichen.*

20

*Herr, Gott der Heerscharen, richte uns wieder auf!*

*Laß dein Angesicht leuchten, dann ist uns geholfen.*

1. DER SOEBEN ERKLUNGENE Psalm hat den Ton einer Klage und Bitte des ganzen Volkes Israel. Im ersten Teil wird ein bekanntes biblisches Bild, das des Hirten, verwendet. Der Herr wird als »Hirte Israels« angerufen, der »Josef weidet wie eine Herde« (Ps 80,2). Von der Höhe der Bundeslade aus, auf den Kerubim thronend, leitet der Herr seine Herde, das heißt sein Volk, und beschützt es in den Gefahren.

Das hat er während des Durchzugs durch die Wüste getan. Aber jetzt scheint er abwesend zu sein, gleichsam eingeschlafen, desinteressiert. Die Herde, die er leiten und nähren sollte (vgl. Ps 23), speist er nur mit Tränenbrot (vgl. Ps 80,6). Die Feinde verspotten dieses gedemütigte und erniedrigte Volk; aber Gott scheint dies nicht zu beeindrucken, er »kommt nicht zu Hilfe« (V. 3), er bietet seine Macht nicht auf zum Schutz der Opfer von Gewalt und Unterdrückung. Der wiederholte antiphonale Ruf (vgl. V. 4.8) soll Gott aus seiner unbeteiligten Haltung wachrütteln, um zu bewirken, daß er sich wieder als Hirt und Hüter seines Volkes erweist.

2. IM ZWEITEN TEIL des Gebets, der voll von Anspannung und zugleich voller Zuversicht ist, finden wir ein anderes in der Bibel beliebtes Symbol, das des Weinbergs. Es ist ein leicht verständliches Bild, weil es zur Vorstellung vom verheißenen Land paßt und Zeichen der Fruchtbarkeit und Freude ist.
Der Weinberg – so lehrt der Prophet Jesaja in einer seiner schönsten poetischen Seiten (vgl. Jes 5,1–7) – versinnbildlicht das Volk Israel. Zwei Grunddimensionen werden beschrieben: Einerseits, weil er von Gott gepflanzt ist (vgl. Jes 5,2; Ps 80,9–10), stellt der Weinberg das Geschenk, die Gnade, die Liebe Gottes dar; anderseits erfordert er die Arbeit des Winzers, durch die er Trauben hervorbringt, aus denen dann Wein gemacht werden kann; er stellt folglich die menschliche Antwort dar, das persönliche Bemühen und die Frucht der guten Werke.

3. DURCH DAS BILD des Weinbergs ruft der Psalm die wichtigsten Etappen der jüdischen Geschichte in Erinnerung: ihre Wurzeln, die Erfahrung des Auszugs aus Ägypten, den Einzug ins Gelobte Land. Mit Salomos Reich hatte der Weinberg seine weiteste Ausdehnung – über Palästina hinaus – erlangt. Er reichte von den nördlichen Bergen des Libanon mit seinen Zedern bis zum Mittelmeer und fast bis zum großen Eufrat (vgl. V. 11–12).
Aber die Schönheit dieser Blüte ist zerstört. Der Psalm erinnert uns daran, daß ein Sturm auf den Weinberg Gottes niedergegangen ist, das heißt, Israel hat eine schwere Prüfung erlitten, eine harte Invasion hat das verheißene Land verwüstet. Gott selbst hat, als wäre er ein Eindringling, die Mauern des Weinbergs eingerissen und damit zugelassen, daß die Räuber ihn plündern; diese sind vom Eber dargestellt, der nach alter Sichtweise als gewalttätiges und unreines Tier gilt. Zur Gewalt des Ebers gesellen sich alle wilden Tiere als Symbol einer Horde von Feinden, die alles verwüstet (vgl. V. 13–14).

4. DA RICHTET DAS Volk einen dringenden Hilferuf an Gott und bittet, er möge zurückkehren und sich zum Schutz der Opfer erheben und sein Schweigen brechen: »Gott der Heerscharen, wende dich uns wieder zu! Blick vom Himmel herab,

und sieh auf uns! Sorge für diesen Weinstock« (V. 15). Und Gott wird wieder zum Schützer des lebensfähigen Wurzelstocks dieses Weinbergs, der einem so gewaltigen Sturm ausgesetzt war. Gott jagt alle hinfort, die versucht hatten, den Weinberg zu zerstören und zu verbrennen (vgl. V. 16–17).
Jetzt wird im Psalm eine messianische Hoffnung offenbar. Denn in Vers 18 heißt es: »Deine Hand schütze den Mann zu deiner Rechten, den Menschensohn, den du für dich groß und stark gemacht.« Man denkt vielleicht zuerst an König David, der mit Hilfe des Herrn den Aufstand zur Befreiung angeführt hat. Aber inbegriffen ist auch die Hoffnung auf den zukünftigen Messias, den »Menschensohn«, der vom Propheten Daniel besungen wird (vgl. 7,13–14) und dessen Titel Jesus bevorzugte, wenn er sein Werk und seine messianische Person benannte. Ja, die Kirchenväter sind sich darin einig, daß der im Psalm erwähnte Weinberg eine prophetische Vorschau auf Christus, den »wahren Weinstock« (Joh 15,1), und auf die Kirche ist.

5. DAMIT DAS ANGESICHT des Herrn wieder leuchtet, ist es notwendig, daß Israel sich in treuer Liebe und im Gebet zu Gott, dem Retter, bekehrt. Das bekräftigt der Psalm mit den Worten: »Dann wollen wir nicht von dir weichen« (Ps 80,19).
Psalm 80 ist also ein Lied, das stark vom Leiden, aber auch von einer unerschütterlichen Zuversicht geprägt ist. Gott ist immer bereit, sich seinem Volk »hinzuwenden«, aber es ist auch notwendig, daß sich sein Volk in treuer Liebe zu ihm »hinwendet«. Wenn wir uns von der Sünde abkehren, wird der Herr sich von seiner Absicht, zu strafen, »abkehren«: Das ist die Überzeugung des Psalmisten, die auch in unseren Herzen Widerhall findet und sie auf die Hoffnung hin öffnet.

Generalaudienz vom 10. April 2002

## JESAJA 12,1–6

*1*
*Ich danke dir, Herr. Du hast mir gezürnt,*
*doch dein Zorn hat sich gewendet*
*und du hast mich getröstet.*
*2*
*Ja, Gott ist meine Rettung;*
*ihm will ich vertrauen und niemals verzagen.*
*Denn meine Stärke und mein Lied ist der Herr.*
*Er ist für mich zum Retter geworden.*
*3*
*Ihr werdet Wasser schöpfen voll Freude*
*aus den Quellen des Heils.*
*4*
*An jenem Tag werdet ihr sagen:*
*Dankt dem Herrn! Ruft seinen Namen an!*
*Macht seine Taten unter den Völkern bekannt,*
*verkündet: Sein Name ist groß und erhaben!*
*5*
*Preist den Herrn, denn herrliche Taten hat er vollbracht;*
*auf der ganzen Erde soll man es wissen.*
*6*
*Jauchzt und jubelt, ihr Bewohner von Zion,*
*denn groß ist in eurer Mitte der Heilige Israels.*

1. DER SOEBEN GESUNGENE Hymnus ist im liturgischen Morgengebet als Lied der Freude enthalten. Er »besiegelt« gleichsam einige Seiten des Buches Jesaja , die durch ihre messianische Lektüre berühmt geworden sind. Es handelt sich um die Kapitel 6–12, allgemein »Das Buch vom Immanuel« genannt. Im Mittelpunkt dieser prophetischen Weissagungen steht die Gestalt eines Herrschers, der, obgleich er zur historischen davidischen Dynastie gehört, verklärte Konturen aufweist und glanzvolle Titel hat: »Wunderbarer Ratgeber, Starker Gott, Vater in Ewigkeit, Fürst des Friedens« (Jes 9,5).
Die konkrete Figur des Königs von Juda, den Jesaja als Sohn und Nachfolger des vom damaligen davidischen Ideal weit entfernten Herrschers Ahas verspricht, zeigt eine höhere Verheißung an: die des Messias und Königs, der den Namen »Immanuel«,

das heißt »Gott-mit-uns«, voll verwirklichen wird, indem er die vollkommene göttliche Gegenwart in der menschlichen Geschichte sein wird. Es ist also durchaus verständlich, daß das Neue Testament und das Christentum in diesem königlichen Profil die Physiognomie Jesu Christi, des Sohnes Gottes, vermutet haben, der in Solidarität zu uns Mensch geworden ist.

2. DER HYMNUS, AUF den wir uns jetzt beziehen (vgl. Jes 12, 1–6), wird von den Fachleuten aufgrund der literarischen Qualität und seiner allgemeinen Klangfarbe als eine dem Jesaja – der im 8. Jahrhundert v. Chr. gelebt hatte – nachfolgende Komposition betrachtet. Er ist fast ein Zitat, ein in Psalmenform verfaßter Text, vielleicht aus der Liturgie, der an dieser Stelle als Abschluß des »Buches vom Immanuel« eingefügt wurde, von dem er tatsächlich einige Themen in Erinnerung ruft: die Rettung, das Vertrauen, die Freude, das göttliche Handeln, die Anwesenheit des »Heiligen von Israel« unter dem Volk, ein Ausdruck, der sowohl die transzendente »Heiligkeit« Gottes als auch seine liebende und handelnde Nähe bezeichnet, auf die das Volk Israel zählen kann.
Der Sänger ist eine Person, die eine bittere Erfahrung gemacht und diese als einen göttlichen Urteilsspruch empfunden hat. Aber jetzt ist die Prüfung vorbei, die Reinigung ist erfolgt; der Zorn des Herrn weicht dem Lächeln, der Bereitschaft, zu heilen und zu trösten.

3. DIE BEIDEN STROPHEN des Hymnus verdeutlichen zwei Augenblicke. Im ersten (vgl. V. 1–3), der mit der Einladung zum Gebet beginnt: »An jenem Tag wirst du sagen«, herrschen die auf Gott bezogenen Worte Rettung, Retter, Heil vor: »Gott ist meine Rettung ... Er ist für mich zum Retter geworden ... Quellen des Heils.« Wir erinnern uns u. a., daß der Name Jesaja – wie der Name Jesus – die Wurzel des hebräischen Wortes *jasa'* enthält, das auf das »Heil« anspielt. Unser Beter hat deshalb die unerschütterliche Gewißheit, daß die Befreiung und Hoffnung in der göttlichen Gnade wurzeln.
Es ist wichtig festzustellen, daß er von selbst Bezug auf das große Heilsereignis des Auszugs aus der Sklaverei in Ägypten nimmt, weil er die Worte des von Mose angestimmten Befreiungsliedes zitiert: »Meine Stärke und mein Lied ist der Herr« (Ex 15,2).

4. DIE VON GOTT GESCHENKTE Rettung, die imstande ist, auch am dunklen Tag der Prüfung Freude und Vertrauen zu wecken, wird durch das klassische biblische Bild des Wassers dargestellt. »Ihr werdet Wasser schöpfen voll Freude aus den Quellen des Heils« (Jes 12,3). Man denkt unwillkürlich an die Szene der samaritischen Frau, der Jesus die Möglichkeit bietet, in sich selbst eine »sprudelnde Quelle« zu entdecken, »deren Wasser ewiges Leben schenkt« (Joh 4,14).

Cyrill von Alexandrien kommentiert dies sehr anschaulich: »Jesus nennt das lebenspendende Geschenk des Geistes lebendiges Wasser; mit dessen Hilfe wird der Menschheit, obwohl sie wie die Baumstämme in den Bergen ganz verlassen, ausgetrocknet und durch die List des Teufels jeder Tugend entledigt ist, die frühere Schönheit der Natur zurückgegeben ... Der Erlöser nennt die Gnade des Heiligen Geistes Wasser, und wenn jemand an ihm teilhat, hat er die Quelle der göttlichen Lehre in sich, so daß er des Beistands der anderen nicht mehr bedarf und diejenigen unterweisen kann, die nach dem Wort Gottes dürsten. So waren die heiligen Propheten und Apostel und ihre Amtsnachfolger, während sie auf dieser Erde lebten. Von ihnen steht geschrieben: *›Ihr werdet Wasser schöpfen voll Freude aus den Quellen des Heils‹« (Kommentar zum Johannesevangelium* II, 4, Rom 1994, S. 272–275).

Nur zu oft verläßt die Menschheit diese Quelle, die das ganze Wesen der Person durchtränkt; voll Bitterkeit sagt der Prophet Jeremia: »Mich hat es (mein Volk) verlassen, den Quell des lebendigen Wassers, um sich Zisternen zu graben, Zisternen mit Rissen, die das Wasser nicht halten« (Jer 2,13). Auch Jesaja hatte wenige Seiten zuvor »die ruhig dahinfließenden Wasser von Schiloach« gerühmt, das Symbol des in Zion gegenwärtigen Herrn, und hatte die Strafe der Überschwemmung durch »die gewaltigen und großen Wasser des Eufrat« (Jes 8,6–7) angedroht; dieser galt als Symbol der militärischen und wirtschaftlichen Macht und auch des Götzendienstes, aber seine Wasser, von denen Juda damals fasziniert war, sollten es überschwemmen.

5. MIT EINER WEITEREN Einladung: »An jenem Tag wirst du sagen«, beginnt die zweite Strophe (vgl. Jes 12,4–6); sie ist eine ständige Aufforderung zum frohen Lobpreis zu Ehren des Herrn. Die Befehlsform mehrt sich: »Dankt, ruft an, macht bekannt, verkündet, preist, jauchzt, jubelt.«

Im Mittelpunkt des Lobes steht ein einziges Bekenntnis des Glaubens an Gott, den Retter, der in der Geschichte handelt und seinem Geschöpf nahe ist, indem er dessen Schicksal teilt: »… herrliche Taten hat er vollbracht … groß ist in eurer Mitte der Heilige Israels« (V. 5.6). Dieses Glaubensbekenntnis hat auch eine missionarische Funktion: »Macht seine Taten unter den Völkern bekannt … auf der ganzen Erde soll man es wissen« (V. 4.5). Die erlangte Rettung muß vor der Welt bezeugt werden, damit die ganze Menschheit zu diesen Quellen des Friedens, der Freude und der Freiheit eilt.

Generalaudienz vom 17. April 2002

# PSALM 81

2
*Jubelt Gott zu, er ist unsre Zuflucht;*
*jauchzt dem Gott Jakobs zu!*
3
*Stimmt an den Gesang, schlagt die Pauke,*
*die liebliche Laute, dazu die Harfe!*
4
*Stoßt in die Posaune am Neumond*
*und zum Vollmond, am Tag unsres Festes!*
5
*Denn das ist Satzung für Israel,*
*Entscheid des Gottes Jakobs.*
6
*Das hat er als Gesetz für Josef erlassen,*
*als Gott gegen Ägypten auszog.*
*Eine Stimme höre ich, die ich noch nie vernahm:*
7
*Seine Schulter hab ich von der Bürde befreit,*
*seine Hände kamen los vom Lastkorb.*
8
*Du riefst in der Not*
*und ich riß dich heraus;*
*ich habe dich aus dem Gewölk des Donners erhört,*
*an den Wassern von Meríba geprüft.*
9
*Höre, mein Volk, ich will dich mahnen!*
*Israel, wolltest du doch auf mich hören!*
10
*Für dich gibt es keinen andern Gott.*
*Du sollst keinen fremden Gott anbeten.*
11
*Ich bin der Herr, dein Gott,*
*der dich heraufgeführt hat aus Ägypten.*
*Tu deinen Mund auf! Ich will ihn füllen.*
12
*Doch mein Volk hat nicht auf meine Stimme gehört;*
*Israel hat mich nicht gewollt.*

13
*Da überließ ich sie ihrem verstockten Herzen,*
*und sie handelten nach ihren eigenen Plänen.*
14
*Ach daß doch mein Volk auf mich hörte,*
*daß Israel gehen wollte auf meinen Wegen!*
15
*Wie bald würde ich seine Feinde beugen,*
*meine Hand gegen seine Bedränger wenden.*
16
*Alle, die den Herrn hassen, müßten Israel schmeicheln,*
*und das sollte für immer so bleiben.*
17
*Ich würde es nähren mit bestem Weizen*
*und mit Honig aus dem Felsen sättigen.*

1. »STOSST IN DIE Posaune zum Vollmond, am Tag unsres Festes!« (Ps 81, 4). Diese Worte des soeben gesungenen Psalms 81 verweisen auf eine liturgische Feier nach dem Mondkalender des Volkes Israel. Es ist schwer zu sagen, auf welchen Feiertag der Psalm hindeutet. Fest steht, daß der biblische liturgische Kalender zwar vom Ablauf der Jahreszeiten und folglich von der Natur ausgeht, aber ganz in der Heilsgeschichte verankert ist, insbesondere in dem entscheidenden Ereignis des Auszugs aus der ägyptischen Sklaverei, das mit dem Vollmond des ersten Monats in Verbindung steht (vgl. Ex 12,2.6; Lev 23,5). Denn dort hat sich Gott als Befreier und Erlöser geoffenbart.
Wie es in Vers 7 unseres Psalms so poetisch heißt, war es Gott selbst, der dem jüdischen Sklaven in Ägypten den Korb voll Ziegel, die zum Bau der Städte Pitom und Ramses bestimmt waren, von der Schulter nahm (vgl. Ex 1,11.14). Gott selbst hatte sich auf die Seite des unterdrückten Volkes gestellt und mit seiner Macht das bittere Zeichen der Knechtschaft weggenommen und ausgelöscht, den Korb voll von an der Sonne gebrannten Ziegeln, Zeichen der Zwangsarbeit, zu der die Söhne Israels verpflichtet worden waren.

2. VERFOLGEN WIR JETZT den Verlauf dieses Canticum der Liturgie Israels. Es beginnt mit einer Einladung zum Fest, zu Gesang und Musik: Es ist die öffentliche Einberufung der liturgischen Versammlung entsprechend der alten Kultvorschrift,

die schon in Ägypten mit der Pascha-Feier entstanden war (vgl. Ps 81,2–6a). Nach diesem Aufruf erhebt sich die Stimme des Herrn durch den Spruch des Priesters im Tempel von Zion, und diese göttlichen Worte herrschen auch in den übrigen Psalmversen vor (vgl. V. 6b–17).

Die Worte, die sich nun entfalten, sind einfach und drehen sich um zwei ideelle Pole. Auf der einen Seite ist das göttliche Geschenk der Freiheit, die dem unterdrückten und unglücklichen Volk Israel angeboten wurde: »Du riefst in der Not, und ich riß dich heraus« (V. 8). Es wird auch auf die Hilfe hingewiesen, die der Herr dem Volk Israel auf dem Weg durch die Wüste in einer schwierigen Situation der Prüfung zuteil werden ließ, das heißt auf das Geschenk des Wassers in Meriba.

3. ABER AUF DER anderen Seite führt der Psalmist neben dem göttlichen Geschenk auch ein anderes bedeutsames Element ein. Die biblische Religion ist kein einseitiger Monolog Gottes, keine Handlung, die dazu bestimmt ist, unwirksam zu bleiben. Sie ist vielmehr ein Dialog, ein Wort, auf das eine Antwort folgt, eine Geste der Liebe, die Zustimmung verlangt. Deshalb wird den Einladungen, die Gott an das Volk Israel richtet, viel Platz eingeräumt.

Der Herr lädt es vor allem zur treuen Beachtung des ersten Gebotes ein, das die Stütze des ganzen Dekalogs ist, das heißt der Glaube an den einen Herrn und Erlöser und die Absage an die Götzen (vgl. Ex 20,3–5). Die Rede des Priesters im Namen Gottes wird vom Verb »hören« bestimmt, das im Buch Deuteronomium sehr beliebt ist und das die gehorsame Zustimmung zum Gesetz des Sinai ausdrückt und die Antwort Israels auf das Geschenk der Freiheit anzeigt. In unserem Psalm hört man die Antwort: »Höre, mein Volk … Israel, wolltest du doch auf mich hören! … Doch mein Volk hat nicht auf meine Stimme gehört. Israel hat mich nicht gewollt … Ach, daß doch mein Volk auf mich hörte …!« (Ps 81,9.12.14).

Nur durch Treue im Hören und im Gehorsam kann das Volk die Geschenke des Herrn voll annehmen. Gott muß leider mit Bitterkeit Israels vielfache Untreue zur Kenntnis nehmen. Der Weg durch die Wüste, auf den der Psalm anspielt, ist ganz von diesen Taten der Rebellion und der Götzenanbetung gekennzeichnet, die mit der Darstellung des Goldenen Kalbs ihren Höhepunkt erreichen (vgl. Ex 32,1–14).

4. DER LETZTE TEIL des Psalms klingt melancholisch (vgl. Ps 81,14–17). Denn Gott spricht hier einen Wunsch aus, der noch nicht erfüllt wurde: »Ach, daß doch mein Volk auf mich hörte, daß Israel gehen wollte auf meinen Wegen!« (V. 14).
Aber diese von der Liebe inspirierte Melancholie ist mit dem lebhaften Wunsch verbunden, das auserwählte Volk mit Gütern zu überhäufen. Wenn das Volk Israel auf den Wegen des Herrn ginge, könnte dieser sofort den Sieg über die Feinde gewähren (vgl. V. 15) und es »mit bestem Weizen« nähren und »mit Honig aus dem Felsen sättigen« (V. 17). Es gäbe ein frohes Festmahl mit frischem Brot und Honig, der aus den Felsen des verheißenen Landes zu fließen scheint als Zeichen des Wohlstands und vollkommenen Glücks, wie es oft in der Bibel wiederholt wird (vgl. Dtn 6,3; 11,9; 26,9.15; 27,3; 31,20). Durch diesen wunderbaren Ausblick versucht der Herr offensichtlich, die Umkehr seines Volkes zu erreichen und eine aufrichtige und wirksame Liebesantwort auf seine überaus hochherzige Liebe zu erlangen.
In der christlichen Lesart offenbart das göttliche Angebot seinen ganzen Umfang. Denn Origines legt es folgendermaßen aus: Der Herr »ließ sie in das Land der Verheißung eintreten; er nährte sie nicht mit dem Manna wie in der Wüste, sondern mit dem Weizenkorn, das auf den Boden gefallen war (vgl. Joh 12,24–25), das auferstanden ist … Christus ist das Weizenkorn; er ist auch der Felsen, der das Volk Israel in der Wüste mit Wasser gesättigt hat. Im geistlichen Sinn hat er es mit Honig und nicht mit Wasser gesättigt, damit alle, die glauben und diese Speise empfangen werden, in ihrem Mund den Honig schmecken« (*Homilie über Psalm 80,* Nr. 17: Origines-Hieronymus, *74 Homilien über das Buch der Psalmen,* Mailand 1993, S. 204–205).

5. WIE IMMER IN der Heilsgeschichte haben im Streit zwischen Gott und dem sündigen Volk nicht Urteil und Strafe, sondern Liebe und Vergebung das letzte Wort. Gott will nicht urteilen und verdammen, sondern die Menschheit vor dem Bösen retten und befreien. Er wiederholt uns ständig die Worte, die wir im Buch des Propheten Ezechiel lesen: »Habe ich etwa Gefallen am Schuldigen und nicht vielmehr daran, daß er seine bösen Wege verläßt und so am Leben bleibt? … Warum wollt ihr sterben, ihr vom Haus Israel? Ich habe doch kein Gefallen am Tod dessen, der sterben muß – Spruch Gottes, des Herrn. Kehrt um, damit ihr am Leben bleibt« (Ez 18,13.31–32).

Die Liturgie wird der bevorzugte Ort, an dem der Mensch den göttlichen Anruf zur Umkehr hören und in die Arme Gottes zurückkehren kann, der »barmherzig und gnädig ist, langmütig und reich an Huld und Treue« (Ex 34,6).

Generalaudienz vom 24. April 2002

# PSALM 51

3
*Gott, sei mir gnädig nach deiner Huld,*
*tilge meine Frevel nach deinem reichen Erbarmen!*
4
*Wasch meine Schuld von mir ab*
*und mach mich rein von meiner Sünde!*
5
*Denn ich erkenne meine bösen Taten,*
*meine Sünde steht mir immer vor Augen.*
6
*Gegen dich allein habe ich gesündigt,*
*ich habe getan, was dir mißfällt.*
*So behältst du recht mit deinem Urteil,*
*rein stehst du da als Richter.*
7
*Denn ich bin in Schuld geboren;*
*in Sünde hat mich meine Mutter empfangen.*
8
*Lauterer Sinn im Verborgenen gefällt dir,*
*im Geheimen lehrst du mich Weisheit.*
9
*Entsündige mich mit Ysop, dann werde ich rein;*
*wasche mich, dann werde ich weißer als Schnee.*
10
*Sättige mich mit Entzücken und Freude!*
*Jubeln sollen die Glieder, die du zerschlagen hast.*
11
*Verbirg dein Gesicht vor meinen Sünden,*
*tilge all meine Frevel!*
12
*Erschaffe mir, Gott, ein reines Herz*
*und gib mir einen neuen, beständigen Geist!*
13
*Verwirf mich nicht von deinem Angesicht*
*und nimm deinen heiligen Geist nicht von mir!*
14
*Mach mich wieder froh mit deinem Heil;*
*mit einem willigen Geist rüste mich aus!*

15
*Dann lehre ich Abtrünnige deine Wege,*
*und die Sünder kehren um zu dir.*
16
*Befrei mich von Blutschuld, Herr, du Gott meines Heiles,*
*dann wird meine Zunge jubeln über deine Gerechtigkeit.*
17
*Herr, öffne mir die Lippen,*
*und mein Mund wird deinen Ruhm verkünden.*
18
*Schlachtopfer willst du nicht, ich würde sie dir geben;*
*an Brandopfern hast du kein Gefallen.*
19
*Das Opfer, das Gott gefällt, ist ein zerknirschter Geist,*
*ein zerbrochenes und zerschlagenes Herz wirst du,*
*Gott, nicht verschmähen.*
20
*In deiner Huld tu Gutes an Zion;*
*bau die Mauern Jerusalems wieder auf!*
21
*Dann hast du Freude an rechten Opfern,*
*an Brandopfern und Ganzopfern,*
*dann opfert man Stiere auf deinem Altar.*

1. AM FREITAG JEDER Woche wird in der Liturgie der Laudes der Psalm 51 gebetet, das *Miserere,* der beliebteste, am meisten gesungene und meditierte Bußpsalm, ein Hymnus, den der reumütige Sünder an den barmherzigen Gott richtet. Wir hatten in einer der vorhergehenden Katechesen bereits Gelegenheit, einen Überblick über dieses großartige Gebet zu bieten (siehe S. 78). Man begibt sich zunächst in den düsteren Bereich der Sünde, um das Licht der menschlichen Reue und Buße und der göttlichen Vergebung zu bringen (vgl. V. 3–11). Dann geht man über zum Lobpreis des Geschenkes der göttlichen Gnade, die Geist und Herz des reuigen Sünders verwandelt und erneuert: Das ist ein heller Bereich, voll Hoffnung und Zuversicht (vgl. V. 12–21).
In unserer Reflexion wollen wir über den ersten Teil des Psalms 51 nachdenken und einige Aspekte eingehender untersuchen. An den Anfang möchten wir aber den wunderbaren göttlichen Spruch vom Sinai stellen, der gleichsam ein Bild des

vom *Miserere* besungenen Gottes ist: »Jahwe ist ein barmherziger und gnädiger Gott, langmütig, reich an Huld und Treue: Er bewahrt Tausenden Huld, nimmt Schuld, Frevel und Sünde weg« (Ex 34,6–7).

2. DIE ANFÄNGLICHE BITTE steigt auf zu Gott, um das Geschenk der Reinigung zu erhalten, so daß die Sünden, die – wie der Prophet Jesaja sagte – an sich »rot wie Scharlach« und »wie Purpur« sind, »weiß werden wie Schnee« und »wie Wolle« (vgl. Jes 1,18). Der Psalmist bekennt seine Sünde klar und ohne zu zögern: »Ich erkenne meine bösen Taten ... Gegen dich allein habe ich gesündigt, ich habe getan, was dir mißfällt« (Ps 51,5–6). Es tritt also das persönliche Gewissen des Sünders hervor, der seine bösen Taten klar erkennt. Das ist eine Erfahrung, die Freiheit und Verantwortung erfordert und zu dem Eingeständnis führt, eine Beziehung abgebrochen zu haben, um sich für ein dem Wort Gottes entgegengesetztes, alternatives Leben zu entscheiden. Daraus folgt die Entscheidung, sich radikal zu ändern. Das alles ist in dem Wort »erkennen« enthalten, einem Verb, das im Hebräischen nicht nur eine verstandesmäßige Zustimmung, sondern eine Lebensentscheidung bedeutet.
Und das tun leider nicht viele, so daß Origines uns mahnt: »Es gibt Menschen, die sündigen, und danach ganz ruhig sind und sich wegen ihrer Sünde keine Sorgen machen, denen die begangene Sünde nicht im geringsten bewußt wird, ja, die leben, als sei nichts geschehen. Von diesen kann man wirklich nicht sagen: *Meine Sünde steht mir immer vor Augen.* Wenn sich hingegen jemand nachher wegen der Sünde verzehrt und quält, von Gewissensbissen gepeinigt und unablässig aufgerieben wird, wenn sich sein Innerstes auflehnt, um ihn anzuklagen, dann kann er mit gutem Recht ausrufen: *Angesichts meiner Sünden gibt es für meine Gebeine keinen Frieden ...* Wenn wir uns also die begangenen Sünden vor die Augen unseres Herzens halten, sehen wir eine nach der andern, wir erkennen sie, wir erröten, und wir bereuen das, was wir getan haben, und sagen dann, zurecht aufgewühlt und entsetzt, *daß es angesichts unserer Sünden keinen Frieden in unseren Gebeinen gibt ...« (Homilie über die Psalmen,* Florenz 1991, S. 277–279). Erkenntnis und Bewußtsein der Sünde erwachsen deshalb aus einer Sensibilität, die dank des Lichtes des Wortes Gottes erlangt wird.

3. IM BEKENNTNIS DES *Miserere* gibt es einen besonders markanten Akzent: Die Sünde wird nicht nur in ihrer persönlichen und »psychologischen« Dimension erfaßt, sondern sie wird vor allem hinsichtlich ihrer theologischen Eigenschaften beschrieben. »Gegen dich allein habe ich gesündigt« (Ps 51,6), ruft der Sünder aus, dem die Tradition das Gesicht Davids gegeben hat, der sich seines Ehebruchs mit Batseba und der Anklage des Propheten Nathan wegen dieses Verbrechens und der Ermordung ihres Ehemannes Urija (vgl. V. 2; 2 Sam 11–12) bewußt ist.
Die Sünde ist also nicht eine rein psychologische oder soziale Frage, sondern ein Ereignis, das die Beziehung zu Gott schädigt, indem sein Gesetz verletzt, sein Plan in der Geschichte zurückgewiesen, die Werteskala grundlegend geändert wird und »die Finsternis zum Licht und das Licht zur Finsternis gemacht«, das heißt »das Böse gut und das Gute böse genannt wird« (vgl. Jes 5,20). Bevor sie gegebenenfalls eine Beleidigung gegen den Menschen darstellt, ist die Sünde vor allem Verrat an Gott. Bezeichnend dafür sind die Worte, die der verlorene Sohn, der mit Gütern verschwenderisch umgeht, zu seinem Vater sagt, der großzügig in der Liebe ist: »Vater, ich habe mich gegen den Himmel und gegen dich versündigt!« (Lk 15,21).

4. IN DIESEM ZUSAMMENHANG bringt der Psalmist einen anderen Aspekt vor, der eng mit der menschlichen Wirklichkeit verbunden ist. Es ist der Satz, der in verschiedener Weise ausgelegt und auch mit der Lehre von der Erbsünde verknüpft wurde: »Denn ich bin in Schuld geboren; in Sünde hat mich meine Mutter empfangen« (Ps 51,7). Der Beter will auf die Gegenwart des Bösen in unserem ganzen Sein hinweisen, wie es durch die Erwähnung der Empfängnis und der Geburt deutlich wird; durch diese beiden Begriffe wird das ganze Dasein von seinem Ursprung an bezeichnet. Aber der Psalmist führt diesen Zustand nicht formell auf die Sünde von Adam und Eva zurück, er spricht nicht ausdrücklich von der Erbsünde.
Jedenfalls ist klar, daß dem Psalmtext zufolge das Böse sich im Innersten des Menschen einnistet, es ist der historischen Wirklichkeit innewohnend, und deshalb ist die Bitte um das Eingreifen der göttlichen Gnade von entscheidender Bedeutung. Die Macht der Liebe Gottes übertrifft die der Sünde, der Sturzbach des Bösen besitzt weniger Kraft als das befruchtende Wasser

der Vergebung: »Wo die Sünde mächtig wurde, da ist die Gnade übergroß geworden« (Röm 5,20).

5. AUF DIESE WEISE werden die Lehre von der Erbsünde und das gesamte biblische Bild des sündigen Menschen indirekt durch Worte wieder lebendig, die zugleich das Licht der Gnade und der Erlösung durchscheinen lassen.
Wir werden in Zukunft noch auf diesen Psalm und seine nachfolgenden Verse zurückkommen und Gelegenheit haben, zu entdecken, daß das Schuldbekenntnis und das Bewußtsein des eigenen Elends nicht in Angst oder Schrecken vor dem Gericht, sondern in die Hoffnung auf die Läuterung, die Erlösung, die neue Schöpfung münden.
Denn Gott »hat uns gerettet – nicht weil wir Werke vollbracht hätten, die uns gerecht machen können, sondern aufgrund seines Erbarmens – durch das Bad der Wiedergeburt und der Erneuerung im Heiligen Geist. Ihn hat er in reichem Maß über uns ausgegossen durch Jesus Christus, unseren Retter« (Tit 3,5–6).

Generalaudienz vom 8. Mai 2002

## HABAKUK 3,2–4.13a.15–19

2
*Herr, ich höre die Kunde,*
*ich sehe, Herr, was du früher getan hast.*
*Laß es in diesen Jahren wieder geschehen,*
*offenbare es in diesen Jahren!*
*Auch wenn du zürnst, denk an dein Erbarmen!*
3
*Gott kommt von Teman her,*
*der Heilige kommt vom Gebirge Paran.*
*Seine Hoheit überstrahlt den Himmel,*
*sein Ruhm erfüllt die Erde.*
4
*Er leuchtet wie das Licht der Sonne,*
*ein Kranz von Strahlen umgibt ihn,*
*in ihnen verbirgt sich seine Macht.*
13
*Du ziehst aus, um dein Volk zu retten,*
*um deinem Gesalbten zu helfen.*
15
*Du bahnst mit deinen Rossen den Weg durch das Meer,*
*durch das gewaltig schäumende Wasser.*
16
*Ich zitterte am ganzen Leib, als ich es hörte,*
*ich vernahm den Lärm und ich schrie.*
*Fäulnis befällt meine Glieder,*
*und es wanken meine Schritte.*
*Doch in Ruhe erwarte ich den Tag der Not,*
*der dem Volk bevorsteht, das über uns herfällt.*
17
*Zwar blüht der Feigenbaum nicht,*
*an den Reben ist nichts zu ernten,*
*der Ölbaum bringt keinen Ertrag,*
*die Kornfelder tragen keine Frucht;*
*im Pferch sind keine Schafe,*
*im Stall steht kein Rind mehr.*
18
*Dennoch will ich jubeln über den Herrn*
*und mich freuen über Gott, meinen Retter.*

## 19

*Gott, der Herr, ist meine Kraft.*
*Er macht meine Füße schnell wie die Füße der Hirsche*
*und läßt mich schreiten auf den Höhen.*

1. DIE LITURGIE DER LAUDES bietet uns eine Reihe biblischer Gesänge von großer spiritueller Dichte, die das Grundgebet der Psalmen begleiten. Heute haben wir einen Abschnitt gehört, der dem dritten und letzten Kapitel des Buches Habakuk entnommen ist. Dieser Prophet lebte gegen Ende des 7. Jahrhunderts v. Chr., als das Königreich Juda sich der Gefahr ausgesetzt sah, von zwei sich ausbreitenden Großmächten, Ägypten und Babylon, erdrückt zu werden.
Dennoch halten viele Fachleute diesen Schlußhymnus für ein Zitat. In den Anhang der kurzen Schrift von Habakuk habe man in Wirklichkeit ein liturgisches Lied »im Klageton« eingefügt, das vom »Saitenspiel« zu begleiten sei, wie es in den beiden Anmerkungen zu Beginn und am Ende des Psalters heißt (vgl. Hab 3,1.19 b). Die Liturgie der Laudes knüpft an das alte Gebet Israels an und lädt uns ein, diese Komposition in ein christliches Lied umzuwandeln, indem einige bedeutsame Verse ausgewählt werden (vgl. V. 2–4.13a.15–19a).

2. DER HYMNUS, DER auch eine beachtliche poetische Ausdruckskraft offenbart, stellt ein großartiges Bild des Herrn vor (vgl. V. 3–4). Seine Gestalt thront hoch über dem Weltenrund, und das Universum erbebt angesichts seines Eingreifens. Er kommt aus dem Süden, von Teman und vom Berg Paran (vgl. V. 3), das heißt vom Gebiet des Sinai, des Sitzes der großen Erscheinung und Offenbarung für Israel. Auch in Psalm 68 wird angemerkt: »Vom Sinai zieht der Herr zu seinem Heiligtum« (vgl. V. 18). Gemäß einer langen biblischen Tradition leuchtet er bei seinem Erscheinen wie die Sonne (vgl. Hab 3,4).
Es ist die Ausstrahlung seines transzendenten Geheimnisses, das sich der Menschheit mitteilt: Denn das Licht ist außerhalb von uns, wir können es nicht einfangen oder festhalten; und doch umgibt es uns; es erleuchtet uns und wärmt uns. So ist Gott, fern und doch so nah, nicht greifbar und doch neben uns, ja bereit, mit uns und in uns zu sein. Als seine Herrlichkeit offenbar wird, antwortet von der Erde her in vielstimmi-

ger Lobpreis: Es ist die kosmische Antwort, eine Art Gebet, dem der Mensch seine Stimme verleiht.
Die christliche Tradition hat diese innere Erfahrung nicht nur innerhalb der persönlichen Spiritualität, sondern auch in kühnen künstlerischen Darstellungen gemacht. Neben den majestätischen Kathedralen des Mittelalters verweisen wir vor allem auf die Kunst des christlichen Ostens mit seinen wunderbaren Ikonen und den genialen Bauwerken seiner Kirchen und Klöster.
Die Kirche der hl. Sophia von Konstantinopel bleibt in dieser Hinsicht gleichsam ein Urbild für die räumliche Begrenztheit des christlichen Gebets, in dem die Anwesenheit und Unerfaßbarkeit des Lichtes ermöglichen, die Nähe und Transzendenz der göttlichen Wirklichkeit zu spüren. Sie durchdringt die ganze betende Gemeinde bis ins Mark und lädt sie zugleich ein, sich selbst zu übersteigen, um ganz in die Erhabenheit des Geheimnisses einzutauchen. Ebenso bedeutsam sind die künstlerischen und geistlichen Angebote, die die Klöster dieser christlichen Tradition kennzeichnen. In diesen wirklich heiligen Räumen – man denkt unwillkürlich an den Berg Athos – beinhaltet die Zeit ein Zeichen der Ewigkeit. Das Geheimnis Gottes offenbart sich und verbirgt sich in diesen Räumen durch das ständige Gebet der Mönche und der Eremiten, die seit jeher für engelgleich gehalten wurden.

3. ABER KEHREN WIR zum Lied des Propheten Habakuk zurück. Für den Verfasser des Textes hat der Eintritt des Herrn in die Welt eine ganz bestimmte Bedeutung: Er will »in diesen Jahren« – wie in Vers 2 zweimal wiederholt wird – in die Geschichte der Menschheit eintreten, um über dieses Geschick, das wir in so verwirrender und oft gegenteiliger Weise lenken, zu richten und es besser zu gestalten.
Gott erzürnt sich also über das Böse. Das Lied weist auf das mehrmalige unvermeidliche göttliche Eingreifen hin, ohne genau zu sagen, ob es sich um direkte oder indirekte Taten handelt. Es wird an den Auszug Israels erinnert, als die Reiter des Pharao im Meer untergingen (vgl. V. 15). Aber auch der Ausblick auf das, was der Herr an dem neuen Unterdrükker seines Volkes vollbringen will, ist erkennbar. Das göttliche Eingreifen wird beinahe »sichtbar« gemacht durch eine Reihe von Bildern aus dem Bereich der Landwirtschaft: »Zwar

blüht der Feigenbaum nicht, an den Reben ist nichts zu ernten, der Ölbaum bringt keinen Ertrag, die Kornfelder tragen keine Frucht; im Pferch sind keine Schafe, im Stall steht kein Rind mehr« (V. 17). Alles, was Zeichen des Friedens und der Fruchtbarkeit ist, wird zerstört, und die Welt scheint eine Wüste zu sein. Das ist auch ein beliebter Vergleich anderer Propheten (vgl. Jer 4,19–26; 12,7–13; 14,1–10), um den Urteilspruch des Herrn zu beschreiben, der gegenüber dem Bösen, der Unterdrückung und der Ungerechtigkeit nicht gleichgültig bleibt.

4. BEI DEM GÖTTLICHEN Eingreifen erzittert der Beter (vgl. Hab 3,16), tiefer Schrecken erfaßt ihn, er fühlt sich im Innersten betroffen, wird von Furcht befallen, denn der Gott der Gerechtigkeit ist unfehlbar, ganz anders als die irdischen Richter.
Aber der Einzug des Herrn hat auch einen anderen Zweck, den unser Lied voll Freude besingt. Denn Gott vergißt trotz seines Zorns die erbarmungsvolle Güte nicht (vgl. V. 2). Er tritt aus seiner Herrlichkeit hervor nicht nur, um die Vermessenheit des Gottlosen zunichte zu machen, sondern auch um sein Volk und seinen Gesalbten zu retten (vgl. V. 13), das heißt Israel und seinen König. Er will auch Befreier der Unterdrückten sein, er will in den Herzen der Opfer die Hoffnung wecken und ein neues Zeitalter der Gerechtigkeit eröffnen.

5. UNSER »IM KLAGETON« gehaltenes Lied verwandelt sich deshalb in einen Freudengesang. Das angekündigte Unheil hat die Befreiung der Unterdrückten zum Ziel (vgl. V. 15). Es weckt die Freude des Gerechten, der ausruft: »Dennoch will ich jubeln über den Herrn, und mich freuen über Gott, meinen Retter« (V. 18). Jesus empfiehlt den Jüngern dieselbe Haltung für die apokalyptische Schreckenszeit: »Wenn (all) das beginnt, dann richtet euch auf, und erhebt eure Häupter; denn eure Erlösung ist nahe« (Lk 21,28).
Wunderschön in Habakuks Lied ist der Schlußvers, der die wiedererlangte Gelassenheit zum Ausdruck bringt. Der Herr wird – wie es David in Psalm 18 getan hatte – nicht nur als »die Stärke« des Treuen bezeichnet, sondern auch als derjenige, der ihm Gewandheit, Frische und Gelassenheit in den Gefahren schenkt. David sang: »Ich will dich rühmen, Herr, meine Stärke … Er ließ mich springen schnell wie Hirsche, auf hohem Weg ließ er mich gehen« (Ps 18,2.34). Jetzt ruft unser Sänger aus: »Gott, der

Herr, ist meine Kraft. Er macht meine Füße schnell wie die Füße der Hirsche und läßt mich schreiten auf den Höhen« (Hab 3,19). Wer den Herrn zur Seite hat, fürchtet weder Gefahren noch Hindernisse, sondern geht leichten Schrittes und voll Freude seinen wenn auch harten Weg durchs Leben.

Generalaudienz vom 15. Mai 2002

## PSALM 147,12–20

12
*Jerusalem, preise den Herrn,*
*lobsinge, Zion, deinem Gott!*
13
*Denn er hat die Riegel deiner Tore fest gemacht,*
*die Kinder in deiner Mitte gesegnet;*
14
*er verschafft deinen Grenzen Frieden*
*und sättigt dich mit bestem Weizen.*
15
*Er sendet sein Wort zur Erde,*
*rasch eilt sein Befehl dahin.*
16
*Er spendet Schnee wie Wolle,*
*streut den Reif aus wie Asche.*
17
*Eis wirft er herab in Brocken,*
*vor seiner Kälte erstarren die Wasser.*
18
*Er sendet sein Wort aus und sie schmelzen,*
*er läßt den Wind wehen, dann rieseln die Wasser.*
19
*Er verkündet Jakob sein Wort,*
*Israel seine Gesetze und Rechte.*
20
*An keinem andern Volk hat er so gehandelt,*
*keinem sonst seine Rechte verkündet. Halleluja!*

1. DAS SOEBEN GESUNGENE *Lauda Jerusalem* ist sehr beliebt in der christlichen Liturgie. Oft wurde damit der Psalm 147 angestimmt, und es wurde auf das Wort Gottes, das auf Erden »rasch dahineilt«, aber auch auf die Eucharistie bezogen, den »besten Weizen«, den Gott reichlich ausgeteilt hat, um den Hunger des Menschen zu »sättigen« (vgl. V. 14–15). Origenes hat in einer seiner Predigten, die im Westen vom hl. Hieronymus übersetzt und verbreitet wurden, diesen Psalm kommentiert und ihn mit dem Wort Gottes und der Eucharistie verknüpft: »Wir lesen die Heiligen Schriften. Ich denke, daß das Evange-

lium der Leib Christi ist; ich denke, daß die Heiligen Schriften seine Lehre sind. Und wenn er sagt: *Wer mein Fleisch nicht ißt und ein Blut nicht trinkt* (Joh 6,53), dann ist unter diesen Worten das (eucharistische) Geheimnis zu verstehen; dennoch ist der Leib Christi und sein Blut wahrhaftig das Schriftwort, die Lehre Gottes. Wenn wir das (eucharistische) Geheimnis empfangen, und ein kleines Stückchen davon fällt auf den Boden, meinen wir, wir seien verloren. Wie gefährlich ist dann für uns, wenn wir das Wort Gottes hören, wenn das Wort Gottes und das Fleisch Christi und sein Blut uns in die Ohren geträufelt werden, wir aber an etwas ganz anderes denken?« *(74 Homilien über das Buch der Psalmen*, Mailand 1993, S. 543–544).
Die Gelehrten weisen darauf hin, daß dieser Psalm an den vorhergehenden anknüpft und mit ihm eine Einheit bildet, wie es im hebräischen Original der Fall ist. Man hat in der Tat ein einziges zusammenhängendes Loblied auf die Schöpfung und die vom Herrn gewirkte Erlösung vor sich. Es beginnt mit einer freundlichen Einladung zum Lob Gottes: »Gut ist es, unserem Gott zu singen; schön ist es, ihn zu loben« (Ps 147,1).

2. WENN WIR DEN soeben gehörten Abschnitt näher betrachten, können wir drei Momente des Lobes unterscheiden, die mit einer an die Heilige Stadt Jerusalem gerichteten Einladung beginnen, ihren Herrn zu preisen und ihm zu lobsingen (vgl. Ps 147,12).
Im ersten Teil (vgl. V. 13–14) ist die Rede von Gottes Wirken in der Geschichte. Es wird mit einer Reihe von Symbolen beschrieben, die Gottes Werk des Schutzes und der Unterstützung gegenüber der Stadt Zion und ihren Kindern darstellen. Es wird vor allem auf die »Riegel« hingewiesen, die Jerusalems Tore verstärken und festmachen. Vielleicht bezieht sich der Psalmist auf Nehemia, der die Heilige Stadt nach der bitteren Erfahrung der Babylonischen Verbannung wiederaufgebaut und befestigt hatte (vgl. Neh 3,3.6.13–15; 4,1–9; 6,15–16; 12,27–43). Das Tor ist unter anderem ein Zeichen, das die ganze Stadt in ihrer Festigkeit und Sicherheit darstellen soll. In ihr, die als sicherer Schoß dargestellt ist, genießen die Kinder Zions, das heißt die Bürger, die vom Schutzmantel des göttlichen Segens umhüllt sind, Frieden und Sicherheit.
Der Eindruck von der frohen und ruhigen Stadt wird noch verstärkt durch das höchste und wertvollste Geschenk, den Frie-

den, der die Grenzen sicher macht. Aber gerade weil für die Bibel der Friede *(shalòm)* kein negativ belegter Begriff ist und die Betonung nicht auf der Abwesenheit von Krieg, sondern auf dem positiven Tatbestand des Wohlergehens und Wohlstandes liegt, bezeichnet der Psalmist die Sattheit als »besten Weizen«, das heißt als Weizen mit Ähren voller Körner. Der Herr hat also Jerusalems Befestigung verstärkt (vgl. Ps 87,2), er hat seinen Segen auf die Heilige Stadt herabkommen lassen (vgl. Ps 128,5; 134,3), und indem er ihn auf das ganze Land ausgeweitet hat, hat er Frieden geschenkt (vgl. Ps 122,6–8) und die Kinder gesättigt (vgl. Ps 132,15).

3. IM ZWEITEN TEIL des Psalms (vgl. Ps 147,15–18) stellt sich Gott vor allem als Schöpfer vor. In der Tat wird das Schöpfungswerk mit dem Wort in Verbindung gebracht, das das Erscheinen des Lebens erschlossen hat: »Gott sprach: Es werde Licht! Und es wurde Licht … Er sendet sein Wort zur Erde … Er sendet sein Wort aus« (vgl. Gen 1,3; Ps 147,15–18). Auf das göttliche Wort hin werden die beiden Hauptjahreszeiten festgesetzt und treten in Erscheinung. Die Ordnung des Herrn läßt einerseits den Winter über die Erde kommen, malerisch dargestellt vom Schnee, der weiß wie Wolle ist, vom pulverähnlichen Tau und vom Hagel in Form von Brotkrümeln und Eisbrocken, die alles erstarren lassen (vgl. V. 16–17). Dem göttlichen Befehl ist andererseits zu verdanken, daß der warme Wind weht, der den Sommer bringt und damit das Eis schmelzen läßt: Das Regenwasser und die Flüsse haben freien Lauf und können die Erde bewässern und befruchten.
Das Wort Gottes ist also der Ursprung von Kälte und Hitze, von den Jahreszeiten und vom Lebensfluß in der Natur. Die Menschheit ist eingeladen, den Schöpfer zu erkennen und ihm für das primäre Geschenk des Universums zu danken, das sie umgibt, sie atmen läßt, sie nährt und erhält.

4. NUN KOMMT ALSO der dritte und letzte Teil des Lobgesangs (vgl. V. 19–20). Wir kehren zurück zum Herrn der Geschichte, von dem wir ausgegangen sind. Das göttliche Wort bringt dem Volk Israel ein noch höheres und wertvolleres Geschenk, das Gesetz, die Offenbarung. Ein ganz besonderes Geschenk: »An keinem andern Volk hat er so gehandelt, keinem sonst seine Rechte verkündet« (V. 20).

Die Bibel ist also der Schatz des auserwählten Volkes, aus dem es in Liebe und treuer Zustimmung schöpfen soll. Es ist das, was Mose im Deuteronomium zu den Juden sagt: »Welche große Nation besäße Gesetze und Rechtsvorschriften, die so gerecht sind wie alles in dieser Weisung, die ich euch heute vorlege?« (Dtn 4,8).

5. So wie es zwei ruhmvolle Taten Gottes in der Schöpfung und in der Geschichte gibt, so gibt es auch zwei Offenbarungen: Die eine ist in die Natur selbst eingeschrieben und allen zugänglich, die andere ist dem auserwählten Volk geschenkt und in der Heiligen Schrift enthalten. Zwei unterschiedliche Offenbarungen, aber Gott ist einer, und sein Wort ist eines. Alles ist durch das Wort geworden, heißt es im Prolog des Johannesevangeliums, und ohne das Wort wurde nichts, was geworden ist. Aber das Wort ist auch »Fleisch« geworden, das heißt, es ist in die Geschichte eingetreten und wohnt unter uns (vgl. Joh 1,3.14).

Generalaudienz vom 5. Juni 2002

## PSALM 92

2
*Wie schön ist es, dem Herrn zu danken,*
*deinem Namen, du Höchster, zu singen,*
3
*am Morgen deine Huld zu verkünden*
*und in den Nächten deine Treue*
4
*zur zehnsaitigen Laute, zur Harfe, zum Klang der Zither.*
5
*Denn du hast mich durch deine Taten froh gemacht;*
*Herr, ich will jubeln über die Werke deiner Hände.*
6
*Wie groß sind deine Werke, o Herr, wie tief deine Gedanken!*
7
*Ein Mensch ohne Einsicht erkennt das nicht,*
*ein Tor kann es nicht verstehen.*
8
*Wenn auch die Frevler gedeihen und alle, die Unrecht tun, wachsen,*
*so nur, damit du sie für immer vernichtest.*
9
*Herr, du bist der Höchste, du bleibst auf ewig.*
10
*Doch deine Feinde, Herr, wahrhaftig, deine Feinde vergehen;*
*auseinandergetrieben werden alle, die Unrecht tun.*
11
*Du machtest mich stark wie einen Stier,*
*du salbtest mich mit frischem Öl.*
12
*Mein Auge blickt herab auf meine Verfolger,*
*auf alle, die sich gegen mich erheben;*
*mein Ohr hört vom Geschick der Bösen.*
13
*Der Gerechte gedeiht wie die Palme,*
*er wächst wie die Zedern des Libanon.*
14
*Gepflanzt im Hause des Herrn,*
*gedeihen sie in den Vorhöfen unseres Gottes.*

15
*Sie tragen Frucht noch im Alter und*
*bleiben voll Saft und Frische;*
16
*sie verkünden: Gerecht ist der Herr; mein Fels ist er,*
*an ihm ist kein Unrecht.*

1. DER PSALM 92, der soeben als Lied des Gerechten an Gott, den Schöpfer, erklungen ist, nimmt in der altjüdischen Tradition einen besonderen Platz ein. In der Tat zeigt der Titel des Psalms an, daß dieser für den Sabbattag bestimmt ist (vgl. V. 1). Er ist also das Lied, das zum ewigen und erhabenen Herrn aufsteigt, wenn man am Freitag bei Sonnenuntergang in den geheiligten Tag des Gebets, der Kontemplation und der Ruhe des Leibes und Geistes eintritt.
Im Mittelpunkt des Psalms steht der erhabene große Gott, der Höchste (vgl. V. 9); um ihn herum zeichnet sich eine harmonische und befriedete Welt ab. Vor ihm steht auch die Person des Gerechten, der nach einer im Alten Testament beliebten Vorstellung mit Wohlstand, Freude und langem Leben als natürlicher Folge seines redlichen und treuen Daseins belohnt wird. Es handelt sich um die sogenannte »Vergeltungstheorie«, wonach jedes Verbrechen schon auf Erden bestraft und jede gute Tat belohnt wird. Diese Ansicht enthält zwar ein Körnchen Wahrheit, aber – wie Hiob vermuten läßt und Jesus hervorhebt (vgl. Joh 9,2–3), ist die Wirklichkeit des menschlichen Leidens viel komplexer und kann nicht so leicht vereinfacht werden. Das menschliche Leid muß unter dem Blickwinkel der Ewigkeit betrachtet werden.

2. UNTERSUCHEN WIR NUN dieses Weisheitslied mit liturgischen Anklängen näher. Es besteht aus einem allgemeinen Aufruf zum Lob und Dank, zu frohem Gesang und festlicher Musik, die sich aus der zehnsaitigen Laute, der Harfe und der Zither zusammensetzt (vgl. V. 2–4). Die Liebe und Treue des Herrn sollen durch den liturgischen Gesang gepriesen werden: Ihm soll ein Psalmenlied »gespielt« werden (vgl. Ps 47,8). Diese Einladung gilt auch für unsere Feiern, damit sie nicht nur in den Worten und Riten, sondern auch in ihren Begleitmelodien neuen Glanz erhalten.
Nach dieser Aufforderung, den inneren und äußeren Gebetsfaden, den wahren beständigen Atem der gläubigen Menschheit, nie abreißen zu lassen, zeichnet der Psalm 92 gleichsam in zwei

Bildern das Profil des Menschen ohne Einsicht (vgl. V. 7–10) und des Gerechten (vgl. V. 13–16). Der Frevler wird aber dem Herrn, dem »Höchsten« (V. 9), gegenübergestellt, der seine Feinde umkommen läßt und alle Übeltäter zerstreut (V. 10). Allein im göttlichen Licht gelingt es, das Gute und das Böse, die Gerechtigkeit und die Verirrung, wirklich zu verstehen.

3. DER SÜNDER WIRD durch in Bild aus der Pflanzenwelt beschrieben: »Wenn auch die Frevler gedeihen und alle, die Unrecht tun, wachsen« (V. 8). Aber dieses Gedeihen ist dazu bestimmt, zu vertrocknen und zu vergehen. Der Psalmist intensiviert die Ausdrucksweise, mit der er die Zerstörung beschreibt: »So nur, damit du sie für immer vernichtest … Herr, wahrhaftig, deine Feinde vergehen; auseinandergetrieben werden alle, die Unrecht tun« (V. 8.10).
Wurzel dieses unglückseligen Ausgangs ist das innere Böse, das Sinn und Herz des Toren beherrscht: »Ein Mensch ohne Einsicht erkennt das nicht, ein Tor kann es nicht verstehen« (V. 7). Die hier verwendeten Worte gehören zur Sprache der Weisheitsliteratur und bezeichnen die Brutalität, Blindheit und Beschränktheit dessen, der meint, auf Erden ohne moralische Grenzen wüten zu können, und sich der Illusion hingibt, Gott sei abwesend und unbeteiligt. Der Beter hingegen ist sich sicher, daß der Herr früher oder später erscheinen wird, um Gericht zu halten und die Überheblichkeit der Uneinsichtigen zu beugen (vgl. Ps 14).

4. NUN HABEN WIR die Gestalt des Gerechten vor uns, der in kräftigen Farben beschrieben wird. Auch in diesem Fall bedient man sich eines frischen, duftigen Bildes (vgl. Ps 92,13–16). Im Unterschied zum Frevler, der wie das üppige Gras auf dem Feld vergeht, wächst der Gerechte zum Himmel, fest und majestätisch wie die Palme und die Zeder vom Libanon. Die Gerechten sind »gepflanzt im Haus des Herrn« (V. 14), das heißt, sie haben eine außerordentliche feste und dauerhafte Beziehung zum Tempel und damit zum Herrn, der darin Wohnung genommen hat.
Die christliche Tradition spielt auch mit der Doppelbedeutung des griechischen Wortes *phoinix,* das bei der Übersetzung des hebräischen Wortes für Palme verwendet wird. *Phoinix* ist die griechische Bezeichnung für Palme, aber auch für die Vogelart »Phönix«. Bekanntlich ist der Phönix das Symbol für Unsterblichkeit, denn man glaubte, das dieser

Vogel aus seiner Asche wiedergeboren würde. Der Christ macht eine ähnliche Erfahrung durch seine Teilhabe am Tod Christi, der Quelle des neuen Lebens (vgl. Röm 6,3–4). »Gott hat uns, die wir infolge unserer Sünden tot waren … mit Christus wieder lebendig gemacht«, heißt es im Epheserbrief: »Er hat uns mit Christus auferweckt« (2,5–6).

5. IN EINEM WEITEREN Bild wird der Gerechte mit einem Tier verglichen, das die Kraft verdeutlichen soll, die Gott ausspendet, auch wenn das Alter vor der Tür steht: »Du machtest mich stark wie einen Stier, du salbtest mich mit frischem Öl« (Ps 92,11). Die göttliche Kraft führt erstens zum Sieg und schenkt Sicherheit (vgl. V. 12); zweitens wird die ruhmvolle Stirn des Gerechten mit Öl gesalbt, das Kraft, Schutz und Segen ausstrahlt. Psalm 92 ist also ein optimistisches Lied, das durch die Begleitmusik und den Gesang noch verstärkt wird. Es feiert die Zuversicht und das Vertrauen auf Gott, der die Quelle der Gelassenheit und des Friedens ist, auch wenn man den scheinbaren Erfolg des Übeltäters erlebt. Eines Friedens, der auch im vorgerückten Alter noch unversehrt ist (vgl. V. 15), in einem Lebensabschnitt, der dennoch in Fruchtbarkeit und Sicherheit gelebt wird.
Wir schließen mit den von Hieronymus übersetzten Worten des Origenes, die von dem Satz ausgehen, in dem der Psalmist zu Gott sagt: »Du salbtest mich mit frischem Öl« (V. 11). Origenes kommentiert: »Unser vorgerücktes Alter braucht das göttliche Öl. So wie unser Körper, wenn er müde ist, sich nur erfrischt, wenn er mit Öl gesalbt wird, oder wie die Flamme in der Laterne erlischt, wenn kein Öl nachgegossen wird: So braucht auch das Flämmchen meines vorgerückten Alters, wenn es wachsen soll, das Öl der Barmherzigkeit Gottes. Übrigens sind auch die Apostel auf den Ölberg gegangen (vgl. Apg 1,12), um das Licht, das Öl des Herrn, zu empfangen, denn sie waren müde, und ihre Laternen brauchten das Öl des Herrn … Bitten wir also den Herrn, das unser vorgerücktes Alter und alle unser Mühe und Finsternis vom Öl des Herrn erhellt werden« *(74 Homilien über das Buch der Psalmen,* Mailand 1993, S. 280–282, passim).

Generalaudienz vom 12. Juni 2002

## DEUTERONOMIUM 32,1–7.9–12

1
*Hört zu, ihr Himmel, ich will reden,*
*die Erde lausche meinen Worten.*
2
*Meine Lehre wird strömen wie Regen,*
*meine Botschaft wird fallen wie Tau,*
*wie Regentropfen auf das Gras*
*und wie Tauperlen auf die Pflanzen.*
3
*Ich will den Namen des Herrn verkünden;*
*preist die Größe unseres Gottes!*
4
*Er heißt: der Fels.*
*Vollkommen ist, was er tut;*
*denn alle seine Wege sind recht. Er ist ein unbeirrbar treuer Gott,*
*er ist gerecht und gerade.*
5
*Ein falsches, verdrehtes Geschlecht fiel von ihm ab,*
*Verkrüppelte, die nicht mehr seine Söhne sind.*
6
*Ist das euer Dank an den Herrn,*
*du dummes, verblendetes Volk?*
*Ist er nicht dein Vater, dein Schöpfer?*
*Hat er dich nicht geformt und hingestellt?*
7
*Denk an die Tage der Vergangenheit,*
*lerne aus den Jahren der Geschichte!*
*Frag deinen Vater, er wird es dir erzählen,*
*frag die Alten, sie werden es dir sagen.*
9
*Der Herr nahm sich sein Volk als Anteil,*
*Jakob wurde sein Erbland.*
10
*Er fand ihn in der Steppe,*
*in der Wüste, wo wildes Getier heult.*
*Er hüllte ihn ein, gab auf ihn acht*
*und hütete ihn wie seinen Augenstern,*

11
*wie der Adler, der sein Nest beschützt*
*und über seinen Jungen schwebt,*
*der seine Schwingen ausbreitet, ein Junges ergreift*
*und es flügelschlagend davonträgt.*
12
*Der Herr allein hat Jakob geleitet,*
*kein fremder Gott stand ihm zur Seite.*

1. »MOSE TRUG DER vollzähligen Versammlung Israels den Wortlaut dieses Liedes vor, ohne irgend etwas auszulassen« (Dtn 31,30). So ist am Anfang des soeben vorgetragenen Gesangs zu lesen, der den letzten Seiten des Buches Deuteronomium, das heißt dem Kapitel 32 entnommen ist. Die ersten zwölf Verse wurden in die Liturgie der Laudes eingefügt, weil sie als ein Lied der Freude an den Herrn galten, der sein Volk in den täglichen Gefahren und Schwierigkeiten beschützt. Die Analyse des Canticum hat gezeigt, daß es sich um einen sehr alten Text handelt, der auf die Zeit nach Mose zu datieren ist, diesem aber in den Mund gelegt wurde, damit er feierlicher klingt. Das liturgische Lied ist in die Frühgeschichte des Volkes Israel einzuordnen. Es fehlt in diesem Gebet nicht an Hinweisen oder Verbindungen zu einigen Psalmen und zur Botschaft der Propheten: Es ist deshalb eine eindrucksvolle und starke Glaubensaussage Israels geworden.

2. DAS LIED DES Mose ist länger als der Abschnitt, der von der Liturgie der Laudes angeboten wird und nur den Anfang bildet. Manche Fachleute glaubten, in dieser Komposition einen literarischen Text vor sich zu haben, der in der Fachsprache mit dem hebräischen Wort *ríb,* das heißt Rechtsstreit, Prozeß, bezeichnet wird. Das in der Bibel dargestellte Gottesbild erscheint keineswegs als das eines unheimlichen Wesens, einer anonymen, unnahbaren Gewalt, als ein unbegreifliches Schicksal. Gott ist hingegen eine Person, die Gefühle hat, handelt und reagiert, liebt und verurteilt, am Leben seiner Geschöpf teilhat und ihrem Tun nicht gleichgültig gegenübersteht. So in unserem Fall, wo der Herr eine Art Gerichtsverhandlung einberuft, die Vergehen des angeklagten Volkes im Beisein von Zeugen anzeigt, eine Strafe verlangt, aber seinen Richterspruch in unendliches Erbarmen umwandelt. Verfolgen wir jetzt den Verlauf dieser Angelegen-

heit, auch wenn wir uns nur mit den Versen beschäftigen, die von der Liturgie angeboten werden.

3. ZU BEGINN WERDEN die kosmischen Augenzeugen genannt: »Hört zu, ihr Himmel … die Erde lausche meinen Worten.« In diesem symbolischen Gerichtsverfahren tritt Mose gleichsam als Staatsanwalt in Erscheinung. Was er sagt, hat Gewicht und Wirkung wie das prophetische Wort, das Ausdruck des göttlichen Wortes ist. Man achte auf die besondere Anordnung der Bilder, die es veranschaulichen sollen: Es handelt sich um Zeichen, die der Natur entnommen sind, wie der Regen, der Tau, die Wasserströme, die Regentropfen und die Tauperlen, die auf der Erde Gras und Pflanzen wachsen lassen.
Die Stimme des Mose, des Propheten und Vermittlers des göttlichen Wortes, kündigt das bevorstehende Erscheinen des hohen Richters, des Herrn, an, dessen heiligsten Namen er anruft, wobei er eine der vielen göttlichen Eigenschaften hervorhebt. Gott wird als Felsen bezeichnet (vgl. V. 4), ein Titel, der dieses ganze Lied durchzieht (vgl. V. 15.18.30.31.37), ein Bild, das Gottes unerschütterliche und feste Treue herausstellt, die ganz anders ist als die Unbeständigkeit und Untreue des Volkes. Das Thema wird in einer Reihe von Bekräftigungen der göttlichen Gerechtigkeit entfaltet: »Vollkommen ist, was er tut; denn alle seine Wege sind recht. Er ist ein unbeirrbar treuer Gott, er ist gerecht und gerade« (V. 4).

4. NACH DER FEIERLICHEN Vorstellung des obersten Richters, der auch die verletzte Partei ist, wandert der Blick des Sängers zum Angeklagten. Um diesen zu charakterisieren, verwendet er das eindrucksvolle Bild Gottes, des Vaters (vgl. V. 6). Seine vielgeliebten Geschöpfe werden als seine »Söhne« bezeichnet, aber leider sind sie »Verkrüppelte« (vgl. V. 5). Wir wissen ja, daß es schon im Alten Testament das Bild von Gott als fürsorglichen Vater seiner Kinder gibt, die ihn oft enttäuschen (Ex 4,22; Dtn 8,5; Ps 103,13; Sir 51,10; Jes 1,2; 63,16; Hos 11,1–4). Die Anklage ist deshalb nicht gefühllos, sondern leidenschaftlich: »Ist das euer Dank an den Herrn, du dummes, verblendetes Volk? Ist er nicht dein Vater, dein Schöpfer? Hat er dich nicht geformt und hingestellt?« (Dtn 32, 6). Es ist in der Tat ein großer Unterschied, ob man sich gegen einen unerbittlichen Herrscher oder gegen einen liebevollen Vater auflehnt.

Damit der Anklagepunkt klar herausgestellt wird und um zu bewirken, daß die Umkehr aus aufrichtigem Herzen kommt, appelliert Mose an das Gedächtnis »Denk an die Tage der Vergangenheit, lerne aus den Jahren der Geschichte« (V. 7). Der biblische Glaube ist ja ein »Gedenken«, das heißt, Gottes ewiges, in den Fluß der Zeit verwobenes Handeln wird neu überdacht;das heißt, das Heil, die Erlösung, die Gott dem Menschen geschenkt hat und ihm weiterhin anbietet, wird wirksam vergegenwärtigt. Die Untreue, die schwere Sünde, besteht in der »Gedächtnislosigkeit«, die die Erinnerung an die göttliche Gegenwart in uns und in der Geschichte auslöscht.

5. DAS ENTSCHEIDENDE EREIGNIS, das nicht vergessen werden soll, ist die Wanderung durch die Wüste nach dem Auszug aus Ägypten, das Hauptthema des Deuteronomiums und des ganzen Pentateuchs. So wird an den schwierigen dramatischen Weg in der Wüste des Sinai erinnert: »... in der Wüste, wo wildes Getier heult« (vgl. V. 10), wie es in einem stark emotional gefärbten Vergleich heißt. Aber Gott wendet sich dort seinem Volk mit überraschender Zärtlichkeit und Wärme zu. Mit dem väterlichen Symbol ist auch die Anspielung auf das mütterliche Symbol des Adlers verbunden: »Er hüllte ihn ein, gab auf ihn acht und hütete ihn wie seinen Augenstern, wie der Adler, der sein Nest beschützt und über seinen Jungen schwebt, der seine Schwingen ausbreitet, ein Junges ergreift und es flügelschlagend davonträgt« (V. 10–11). Der Weg in der Wüste nimmt dann einen ruhigen und friedlichen Verlauf, weil der Schutzmantel der göttlichen Liebe da ist.
Das Lied weist auch auf den Sinai hin, wo Israel zum Verbündeten des Herrn wurde, sein »Anteil« und »Erbland«, das heißt die wertvollste Wirklichkeit (vgl. V. 9; Ex 19,5). So wird das Lied des Mose zur einmütigen Gewissensprüfung, damit nicht mehr die Sünde, sondern die Treue die göttlichen Wohltaten beantwortet.

Generalaudienz vom 19. Juni 2002

## PSALM 8

*2*
*Herr, unser Herrscher,*
*wie gewaltig ist dein Name auf der ganzen Erde;*
*über den Himmel breitest du deine Hoheit aus.*
*3*
*Aus dem Mund der Kinder und Säuglinge schaffst du dir Lob,*
*deinen Gegnern zum Trotz;*
*deine Feinde und Widersacher müssen verstummen.*
*4*
*Seh ich den Himmel, das Werk deiner Finger,*
*Mond und Sterne, die du befestigt:*
*5*
*Was ist der Mensch, daß du an ihn denkst,*
*des Menschen Kind, daß du dich seiner annimmst?*
*6*
*Du hast ihn nur wenig geringer gemacht als Gott,*
*hast ihn mit Herrlichkeit und Ehre gekrönt.*
*7*
*Du hast ihn als Herrscher eingesetzt*
*über das Werk deiner Hände,*
*hast ihm alles zu Füßen gelegt:*
*8*
*All die Schafe, Ziegen und Rinder*
*und auch die wilden Tiere,*
*9*
*die Vögel des Himmels und die Fische im Meer,*
*alles, was auf den Pfaden der Meere dahinzieht.*
*10*
*Herr, unser Herrscher,*
*wie gewaltig ist dein Name auf der ganzen Erde!*

1. »DER MENSCH ERSCHEINT uns hier im Mittelpunkt dieses Unternehmens als Gigant. Er offenbart sich uns als göttlich, nicht von sich aus, aber in seinem Ursprung und seiner Bestimmung. Dem Menschen gebührt also Ehre, seiner Würde, seinem Geist und seinem Leben gebührt Ehre.« Mit diesen Worten übergab Paul VI. im Juli 1969 den amerikanischen Astronauten vor ihrem Start zum Mond den soeben hier vorgetragenen Text

von Psalm 8, damit dieser in den Weltraum eingeht (*Insegnamenti* VII, 1969, S. 493–494).
Dieser Hymnus ist in der Tat ein Loblied auf den Menschen, der im Vergleich zur unendlichen Weite des Universums ein schwaches »Schilfrohr« im Wind ist – um einen berühmten Ausspruch des großen Philosophen Blaise Pascal zu verwenden (*Pensées,* Nr. 264). Und doch ist er ein »denkendes Schilfrohr«, das die Schöpfung erfassen kann, weil er von Gott als Herrscher über die Schöpfung eingesetzt und von ihm selbst gekrönt wurde (vgl. Ps 8,6). Wie es bei den Liedern, die den Schöpfer lobpreisen, oft der Fall ist, beginnt und endet Psalm 8 mit einer feierlichen Antiphon an den Herrn, dessen Herrlichkeit sich über das Universum ausbreitet: »Herr, unser Herrscher, wie gewaltig ist dein Name auf der ganzen Erde« (V. 2.10).

2. DER EIGENTLICHE LIEDKÖRPER läßt eine nächtliche Atmosphäre mit Mond und Sternen vermuten, die am Himmel aufgehen. In der ersten Liedstrophe (vgl. V. 2–5) steht Gott dem Menschen und dem Kosmos gegenüber. Es tritt zunächst der Herr in Erscheinung, dessen Herrlichkeit vom Himmel und auch von den Lippen der Menschheit verkündet wird. Das Lob, das spontan aus dem Mund der Kinder ertönt, bringt die überheblichen Reden der Gegner Gottes zum Verstummen (vgl. V. 3). Sie werden als Gegner, Feinde und Widersacher bezeichnet, denn sie meinen, den Schöpfer durch ihr Denken und Handeln herausfordern und sich ihm widersetzen zu können. Dann wird das eindrucksvolle Bild einer sternklaren Nacht sichtbar. Angesichts dieses unendlichen Horizonts drängt sich die ewige Frage auf: »Was ist der Mensch?« (Ps 8,5). Die erste spontane Antwort spricht von der Nichtigkeit sowohl in bezug auf die Unendlichkeit des Himmels als auch hinsichtlich der Größe des Schöpfers. Denn der Mond und die Sterne – sagt der Psalmist –, »die du befestigst«, sind dein und »das Werk deiner Finger« (vgl. V. 4). Wie schön ist dieser Ausdruck anstelle des gewohnten »Werks deiner Hände« (vgl. V. 7)! Gott hat diese kolossalen Wirklichkeiten mit einer Leichtigkeit und Feinheit gleichsam wie eine Stickerei oder Ziselierarbeit geschaffen, unter dem zarten Klang eines Harfenspielers, der seine Finger über die Saiten gleiten läßt.

3. DIE ERSTE REAKTION ist deshalb Erstaunen: Wie kann Gott an ein so zerbrechliches und unbedeutendes Geschöpf denken und sich seiner annehmen (vgl. V. 5)? Aber da kommt die große Überraschung: Dem Menschen, diesem schwachen Geschöpf, hat Gott eine wunderbare Würde verliehen: Er hat ihn nur wenig geringer als die Engel gemacht, oder, wie das hebräische Original auch übersetzt werden kann, wenig geringer als einen Gott (vgl. V. 6).

So kommen wir zur zweiten Strophe des Psalms (vgl. V. 6–10). Der Mensch wird als der königliche Statthalter des Schöpfers gesehen. Denn Gott hat ihn wie einen Vizekönig »gekrönt« und zu einer universalen Herrschaft bestimmt: »Du hast ihm alles zu Füßen gelegt.« Nach dem Adjektiv »alles« werden die verschiedenen Geschöpfe aufgezählt (vgl. V. 7.9). Doch diese Herrschaft wird nicht von der Fähigkeit des Menschen erobert, die schwach und begrenzt ist; ebensowenig wird sie durch einen Sieg über Gott errungen, wie es der griechische Mythos des Prometheus haben möchte. Es ist eine von Gott geschenkte Herrschaft: Den zerbrechlichen und oft egoistischen Händen des Menschen ist der ganze Horizont der Schöpfung anvertraut, damit er deren Harmonie und Schönheit bewahrt, sie nutzt, aber nicht ausnützt, ihr Geheimnisse erschließt und ihre Möglichkeiten entfaltet.

Wie die Pastoralkonstitution *Gaudium et spes* des II. Vatikanischen Konzils erklärt, ist »der Mensch ›nach dem Bild Gottes‹ geschaffen, fähig, seinen Schöpfer zu erkennen und zu lieben, von ihm zum Herrn über alle irdischen Geschöpfe gesetzt, um sie in Verherrlichung Gottes zu beherrschen und zu nutzen« (Nr. 12).

4. LEIDER KANN DIE in Psalm 8 bekräftigte Herrschaft des Menschen vom egoistischen Menschen mißverstanden und entstellt werden; oft hat er sich mehr als irrsinniger Tyrann denn als kluger und weiser Herrscher erwiesen. Das Buch der Weisheit warnt vor solchen Abweichungen, wenn es erklärt, daß Gott den Menschen »durch seine Weisheit erschaffen hat, damit er über die Geschöpfe herrscht« (9,2–3). Auch Hiob beruft sich auf unseren Psalm – wenn auch in einem anderen Zusammenhang –, um vor allem an die menschliche Schwachheit zu erinnern, die von seiten Gottes nicht so viel Aufmerksamkeit verdienen würde: »Was ist der Mensch,

daß du groß ihn achtest und deinen Sinn auf ihn richtest, daß du ihn musterst jeden Morgen?« (7,17–18). Der Lauf der Geschichte macht das Böse deutlich, das die menschliche Freiheit durch die Unweltverwüstungen und die eklatanten sozialen Ungerechtigkeiten in der Welt verbreitet.
Im Gegensatz zu den Menschen, die ihresgleichen und die Schöpfung herabwürdigen, stellt sich Christus als der vollkommene Mensch vor, der »um seines Todesleidens willen mit Herrlichkeit und Ehre gekrönt wurde; es war nämlich Gottes gnädiger Wille, daß er für alle den Tod erlitt« (Hebr 2,9). Er gebietet über das Universum mit jener Herrschaft des Friedens und der Liebe, die die neue Welt, den neuen Himmel und die neue Erde vorbereitet (vgl. 2 Petr 3,13). Ja, seine Königsherrschaft wird – wie der Autor des Briefes an die Hebräer nahelegt, indem er Psalm 8 auf ihn bezieht – durch seine äußerste Selbsthingab im Tod »für alle« ausgeübt.
Christus ist kein Herrscher, der sich dienen läßt, sondern der den anderen dient und sich für sie hingibt: »Der Menschensohn ist nicht gekommen, um sich dienen zu lassen, sondern um zu dienen und sein Leben hinzugeben als Lösegeld für viele« (Mk 10,45). Auf diese Weise vereint er alles, »was im Himmel und auf Erden ist« (Eph 1,10). In diesem christologischen Licht offenbart Psalm 8 die ganze Kraft seiner Botschaft und seiner Hoffnung und lädt uns ein, unser Herrschaft über die Schöpfung nicht als Besitztum, sondern als Liebesdienst auszuüben.

Generalaudienz vom 26. Juni 2002

# PSALM 93

*1*
*Der Herr ist König, bekleidet mit Hoheit;*
*der Herr hat sich bekleidet und mit Macht umgürtet.*
*Der Erdkreis ist fest gegründet,*
*nie wird er wanken.*
*2*
*Dein Thron steht fest von Anbeginn,*
*du bist seit Ewigkeit.*
*3*
*Fluten erheben sich, Herr,*
*Fluten erheben ihr Brausen,*
*Fluten erheben ihr Tosen.*
*4*
*Gewaltiger als das Tosen vieler Wasser,*
*gewaltiger als die Brandung des Meeres*
*ist der Herr in der Höhe.*
*5*
*Deine Gesetze sind fest und verläßlich;*
*Herr, deinem Haus gebührt Heiligkeit für alle Zeiten.*

1. DER INHALT VON Psalm 93, über den wir heute nachdenken, ist im wesentlichen in einigen Versen des Hymnus, den das Stundengebet montags für die Vesper anbietet, eindrucksvoll wiedergegeben: »Des Himmels Schöpfer, großer Gott, du hast das Firmament gebaut und so geschieden Flut von Flut, daß sie nicht wirr zusammenströmt. Den Wolken wiesest du die Bahn, den Flüssen zeigtest du ihr Bett; nun hemmt die Flut des Feuers Macht, damit die Erde nicht verbrennt.«
Bevor wir den Psalm eingehender untersuchen, in dem das Bild der Wasserfluten vorherrscht, wollen wir sein Grundmotiv erfassen, die literarische Gattung, die ihn leitet. Denn dieser Psalm wird wie die nachfolgenden Psalmen 96–99 von den Bibelforschern als »Königslied« bezeichnet. Er rühmt das Reich Gottes, die Quelle des Friedens, der Wahrheit und der Liebe, das wir im Vaterunser herbeirufen, wenn wir flehentlich bitten: »Dein Reich komme!«
In der Tat beginnt Psalm 93 mit einem Freudenruf, der so klingt: »Der Herr ist König« (V. 1). Der Psalmist feiert das aktive Kö-

nigtum Gottes, das heißt sein wirksames und heilbringendes Handeln, das die Welt erschaffen und den Menschen erlöst hat. Der Herr ist kein gleichgültiger in seinem fernen Himmel eingeschlossener Herrscher, sondern er ist mitten unter seinem Volk gegenwärtig als machtvoller Erlöser, groß in der Liebe.

2. IM ERSTEN TEIL des Lobhymnus thront der König, der Herr. Er sitzt wie ein Herrscher auf einem ruhmvollen Thron, der feststeht von Ewigkeit (vgl. V. 2). Er hat sich bekleidet mit Hoheit, gegürtet mit Macht (vgl. V. 1). Im Zentrum des Psalms wird Gottes Allmacht offenbar, anschaulich dargestellt von den Wasserfluten.
Der Psalmist weist insbesondere auf das »Brausen« der Fluten, das heißt auf das Geräusch des Wassers hin. In der Tat erzeugt das ohrenbetäubende Getöse großer Wasserfälle im Zuschauer das Gefühl einer furchterregenden Gewalt und läßt ihn erzittern. Psalm 42 erinnert an dieses Gefühl, wenn es heißt: »Flut ruft der Flut zu beim Tosen deiner Wasser, all deine Wellen und Wogen gehen über mich hin« (V. 8). Angesichts dieser Naturgewalt fühlt sich der Mensch hilflos. Aber der Psalmist bedient sich dieses Sprungbretts, um die viel größere Macht des Herrn zu rühmen. Die dreifache Wiederholung der Worte »Fluten erheben« ihr Brausen (vgl. Ps 93,3), wird beantwortet durch die dreifache Bekräftigung der noch größeren Macht Gottes.

3. WENN DIE KIRCHENVÄTER diesen Psalm kommentieren, beziehen sie ihn gern auf Christus, den »Herrn und Erlöser«. Origines, der von Hieronymus ins Lateinische übersetzt wurde, sagt: »Der Herr ist König, er hat sich mit Schönheit bekleidet. Das heißt, er, der zuvor in der Niedrigkeit des Fleisches erzitterte, erstrahlt jetzt in göttlicher Majestät.« Die Wasserfluten, die ihr Brausen erheben, stellen »die bedeutenden Gestalten der Propheten und der Apostel« dar, die »den Herrn lobpreisen und verherrlichen und seinen Richterspruch in der ganzen Welt verkünden« (vgl. *74 Homilien über das Buch der Psalmen,* Mailand 1993, S. 666–669).
Augustinus deutet das Zeichen der Wasserfluten und Meere noch weiter. Als überflutende Wasser, das heißt gestärkt und voll des Heiligen Geistes, haben die Apostel keine Angst mehr und erheben endlich ihre Stimme. Aber »als Christus von so vielen Stimmen verkündet wurde, begann das Meer zu beben«. Im

aufgewühlten Meer dieser Welt – schreibt Augustinus – schien das Schifflein der Kirche gefährlich hin- und herzuschwanken unter den feindlichen Bedrohungen und Verfolgungen, aber »gewaltiger ist der Herr in der Höhe«: Er »ging auf dem See und hat die Fluten gebändigt« *(Esposizioni sui salmi,* III, Rom 1976, S. 231).

4. GOTT IST HERR über alles, allmächtig und unbesiegbar; er ist seinem Volk, dem er seine Weisungen erteilt, immer nahe. Das ist der Leitgedanke, den Psalm 93 in seinem letzten Vers anbietet: Auf den höchsten Himmelsthron folgt der Thron der Arche des Tempels von Jerusalem. An Stelle der Macht seiner kosmischen Stimme tritt die Milde seines heiligen und unfehlbaren Wortes: »Deine Gesetze sind fest und verläßlich; Herr, deinem Haus gebührt Heiligkeit für alle Zeiten« (V. 5).
So endet ein kurzer, aber bewegender Hymnus. Er ist ein Gebet, das den Gläubigen Vertrauen und Hoffnung einflößt, wenn sie oft beunruhigt sind und fürchten, von den Umwälzungen der Geschichte verschlungen und von dunklen, bedrohlichen Mächten ergriffen zu werden.
Als Widerhall auf diesen Psalm ist die Offenbarung des Johannes zu betrachten, wo der inspirierte Schriftsteller in der Beschreibung der großen Schar im Himmel, die über den Untergang Babylons jubelt, bekräftigt: »Da hörte ich etwas wie den Ruf einer großen Schar und das Rauschen gewaltiger Wassermassen und wie das Rollen mächtiger Donner: Halleluja! Denn König geworden ist der Herr, unser Gott« (19,6).

5. WIR BEENDEN UNSERE Reflexion über Psalm 93, indem wir das Wort an Gregor von Nazianz, den »Theologen« schlechthin unter den Vätern, weitergeben. Wir tun es durch eines seiner schönen Gedichte, in denen der Lobpreis an Gott, den Schöpfer und Herrscher, einen dreifaltigen Aspekt annimmt: »Du (Vater) hast das Universum erschaffen und jedem den Platz zugewiesen, der ihm zukommt; du erhältst ihn kraft deiner Vorsehung … Dein Wort ist Sohn-Gottes: Er ist wirklich eines Wesens mit dem Vater, ihm an Ehren gleich. Er hat das Universum harmonisch geordnet, um über alles zu herrschen. Und indem Gott der Heilige Geist alles umfängt, sorgt er für alles und schützt es. Ich will dich verkündigen, lebendige Dreifaltigkeit, eine und einzige Herrscherin … dich, unerschütterliche

Kraft, die die Himmel festigt, dich, unzugängliches Auge, das das ganze Universum anschaut und die verborgenen Tiefen der Erde bis in den Abgrund kennt. O Vater, sei mir gnädig ... Laß mich Erbarmen und Gnade finden, denn dein ist der Ruhm und die Ehre ohne Ende bis in Ewigkeit« *(Carme 31*, in: *Poesie/1*, Rom 1994, S. 65–66).

Generalaudienz vom 3. Juli 2002

## NACH DANIEL 3,57–88

*Preist den Herrn, all ihr Werke des Herrn;*
*lobt und rühmt ihn in Ewigkeit!*
*Preist den Herrn, ihr Himmel; preist den Herrn,*
*ihr Engel des Herrn!*
*All ihr Wasser über dem Himmel, preiset den Herrn;*
*all ihr Mächte des Herrn, preiset den Herrn!*
*Preist den Herrn, Sonne und Mond;*
*preist den Herrn, ihr Sterne am Himmel!*
*Preist den Herrn, aller Regen und Tau;*
*preist den Herrn, all ihr Winde!*
*Preist den Herrn, Feuer und Glut;*
*preist den Herrn, Frost und Hitze!*
*Preist den Herrn, Tau und Schnee; preist den Herrn,*
*Eis und Kälte!*
*Preist den Herrn, ihr Nächte und Tage; preist den Herrn,*
*Licht und Dunkel!*
*Preist den Herrn, Rauhreif und Schnee;*
*preist den Herrn, ihr Blitze und Wolken!*
*Die Erde preise den Herrn;*
*sie lobe und rühme ihn in Ewigkeit.*
*Preist den Herrn, ihr Berge und Hügel;*
*preist den Herrn, all ihr Gewächse auf Erden!*
*Preist den Herrn, ihr Meere und Flüsse; preist den Herrn,*
*ihr Quellen!*
*Preist den Herrn, ihr Tiere des Meeres*
*und alles, was sich regt im Wasser; preist den Herrn,*
*all ihr Vögel am Himmel!*
*Preist den Herrn, all ihr Tiere, wilde und zahme;*
*preist den Herrn, ihr Menschen!*
*Preist den Herrn, ihr Israeliten;*
*lobt und rühmt ihn in Ewigkeit!*
*Preist den Herrn, ihr seine Priester; preist den Herrn,*
*ihr seine Knechte!*
*Ihr Geister und Seelen der Gerechten, preiset den Herrn;*
*ihr Demütigen und Frommen, preiset den Herrn!*
*Preist den Herrn, Hananja, Asarja und Mischaël;*
*lobt und rühmt ihn in Ewigkeit!*

1. IM DRITTEN KAPITEL des Buches Daniel ist eine wunderbare Gebetslitanei eingeflochten, ein richtiger »Sonnengesang«, von dem uns die Liturgie der Laudes verschiedene Teile wiederholt anbietet.
Wir haben soeben den Hauptteil davon gehört, einen großartigen kosmischen Choral, eingerahmt von zwei Antiphonen, die ihn zusammenfassen: »Preist den Herrn, all ihr Werke des Herrn; lobt und rühmt ihn in Ewigkeit! ... Gepriesen bist du am Gewölbe des Himmels, gerühmt und verherrlicht in Ewigkeit« (V. 56.57).
Zwischen diesen beiden Antiphonen entfaltet sich ein feierlicher Lobpreis mit der wiederholten Einladung: »Preist ...«: Es handelt sich nur der Form nach um eine an die ganze Schöpfung gerichtete Einladung, Gott zu lobpreisen. In Wirklichkeit ist es ein Lied des Dankes für alle Wunder des Universums, das die Gläubigen zu Gott aufsteigen lassen. Der Mensch macht sich zum Wortführer der ganzen Schöpfung, um Gott zu loben und ihm zu danken.

2. DIESER HYMNUS, GESUNGEN von drei jüdischen jungen Männern, die alle Geschöpfe einladen, Gott zu loben, ist in einer dramatischen Situation entstanden. Die vom babylonischen König verfolgten Männer befinden sich aufgrund ihres Glaubens in einem Feuerofen. Obwohl ihnen das Martyrium bevorsteht, singen sie und freuen sie sich. Der bittere, heftige Schmerz der Prüfung schwindet und scheint sich in Gebet und Betrachtung aufzulösen. Eben diese Haltung vertrauensvoller Zuversicht ruft das göttliche Eingreifen herbei.
In der Tat bestätigt Daniels Erzählung eindrucksvoll, daß »der Engel des Herrn zusammen mit Asarja und seinen Gefährten in den Ofen hinabgestiegen war. Er trieb die Flammen des Feuers aus dem Ofen hinaus und machte das Innere des Ofens so, als wehte ein taufrischer Wind. Das Feuer berührte sie gar nicht, es tat ihnen nichts zuleide und belästigte sie nicht« (V. 49–50). Die Befürchtungen lösen sich auf wie Nebelschwaden in der Sonne, die Ängst schwinden, der Schmerz hört auf, wenn alles im Menschen zu Lobpreis und Zuversicht, zu Erwartung und Hoffnung wird. So wirkt die Kraft des Gebets, wenn es aus tiefstem Herzen kommt und wahr ist, voller Vertrauen auf den vorsorgenden und heilbringenden Gott.

3. DER LOBGESANG DER drei Jünglinge läßt vor unseren Augen eine Art kosmische Prozession vorbeiziehen, die vom Himmel und den in ihm wohnenden Engeln ausgeht, wo auch die Sonne, der Mond und die Sterne leuchten. Von dort gießt Gott auf die Erde das Geschenk der Wasser aus (vgl. V. 60), die über dem Himmel sind, das heißt Regen und Tau (vgl. V. 64).
Aber es weht auch der Wind, es krachen die Blitze, und es brechen die Jahreszeiten herein mit Wärme und Kälte, mit sommerlicher Hitze, aber auch mit Rauhreif, Eis und Schnee (vgl. V. 65–70.73). Der Dichter bezieht in den Lobgesang an den Schöpfer auch den Rhythmus der Zeit ein, Tag und Nacht, Licht und Dunkel (vgl. 71–72). Zum Schluß schweift der Blick auch über die Erde, ausgehend von den Bergen und Hügeln, die Erde und Himmel zu verbinden scheinen (vgl. V. 74–75).
Da stimmen auch die pflanzlichen Geschöpfe, die auf der Erde wachsen, in den Lob Gottes ein (vgl. V. 76), ebenso die Quellen, die Leben und Frische bringen, die Meere und die Flüsse mit ihren reichhaltigen und geheimnisvollen Wassern (vgl. V 77–78). In der Tat weist der Sänger nicht nur auf die Fische, sondern auch auf die Tiere des Meeres hin (vgl. V. 79) als Zeichen des ursprünglichen chaotischen Wassers, dem Gott befohlen hat, die Grenzen einzuhalten (vgl. Ps 93,3–4; Hiob 38,8–11; 40,15–41,26).
Dann kommt das große, vielfältige Tierreich an die Reihe, das im Wasser, auf dem Land und in der Luft lebt und sich bewegt (vgl. Dan 3,80–81).

4. Der letzte Akteur der Schöpfung, der in Erscheinung tritt, ist der Mensch. Zuerst umfaßt der Blick alle Menschen (vgl. V. 82), dann richtet sich die Aufmerksamkeit auf Israel, das Volk Gottes (vgl. V. 83); danach sind jene an der Reihe, die ganz Gott geweiht sind, aber nicht nur als Priester (vgl. V. 84), sondern auch als Zeugen des Glaubens, der Gerechtigkeit und der Wahrheit. Sie sind die »Knechte des Herrn«, die »Geister und Seelen der Gerechten«, die »Demütigen und Frommen«, und unter ihnen ragen die jungen Männer hervor, Hananja, Asarja und Mischaël, die allen Geschöpfen in einem weltumspannenden immerwährenden Lobgesang ihre Stimme geliehen haben.
Immer wieder sind – wie in einer Litanei – die drei Verben der göttlichen Verherrlichung erklungen: »Preist, lobt, rühmt« den Herrn. Das ist das wahre Wesen des Gebets und des Gesangs:

den Herrn unermüdlich feiern aus Freude, zu einem Chor zu gehören, der alle Geschöpfe miteineinbezieht.

5. WIR MÖCHTEN UNSERE Betrachtung schließen, indem wir Kirchenväter wie Origenes, Hippolyt, Basilius von Cäsarea und Ambrosius von Mailand sprechen lassen, die den Bericht über die sechs Schöpfungstage gerade im Zusammenhang mit dem Lobgesang der drei jungen Männer kommentiert haben.
Wir wollen nur den Kommentar des hl. Ambrosius aufgreifen, der sich im Hinblick auf den vierten Schöpfungstag (vgl. Gen 1,14–19) vorstellt, daß die Erde spricht, und, während sie von der Sonne redet, alle Geschöpfe im Lobpreis Gottes vereint findet: »Wahrhaftig gut ist die Sonne, denn sie ist nützlich und fördert meine Fruchtbarkeit, sie nährt meine Früchte. Sie ist mir zu meinem Wohl geschenkt und mit mir der Mühe unterworfen. Sie seufzt mit mir, daß die Adoption der Kinder und die Erlösung des Menschengeschlechtes eintreffen möge, damit auch wir von der Knechtschaft befreit werden. Lobe an meiner Seite und zusammen mit mir den Schöpfer, mit mir erhebe einen Lobpreis an Gott unsern Herrn. Wo die Sonne lobpreist, dort lobpreist die Erde, lobpreisen die fruchttragenden Bäume, lobpreisen die Tiere, lobpreisen die Vögel mit mir« *(I sei giorni della creazione, Sancti Ambrosii Episcopi Mediolanensis Opera,* I, Mailand-Rom 1977–1994, S. 192–193).
Niemand ist vom Lobpreis des Herrn ausgeschlossen, nicht einmal die Tiere des Meeres (vgl. Dan 3,79). Denn Ambrosius schreibt weiter: »Auch die Schlangen loben den Herrn, denn ihre Natur und ihr Aussehen offenbaren unseren Augen so manch Schönes und zeigen, daß auch sie ihren Grund haben« (ebd., S. 103–104).
Um so mehr sollen wir Menschen unsere frohe und vertrauensvolle Stimme, begleitet von einem konsequenten Glaubensleben, in diesem Konzert des Lobes erklingen lassen.

Generalaudienz vom 10. Juli 2002

## PSALM 148

1
*Halleluja! Lobet den Herrn vom Himmel her,*
*lobt ihn in den Höhen:*
2
*Lobt ihn, all seine Engel,*
*lobt ihn, all seine Scharen;*
3
*lobt ihn, Sonne und Mond,*
*lobt ihn, all ihr leuchtenden Sterne;*
4
*lobt ihn, alle Himmel*
*und ihr Wasser über dem Himmel!*
5
*Loben sollen sie den Namen des Herrn;*
*denn er gebot, und sie waren erschaffen.*
6
*Er stellte sie hin für immer und ewig,*
*er gab ihnen ein Gesetz, das sie nicht übertreten.*
7
*Lobt den Herrn, ihr auf der Erde,*
*ihr Seeungeheuer und all ihr Tiefen,*
8
*Feuer und Hagel, Schnee und Nebel,*
*du Sturmwind, der sein Wort vollzieht,*
9
*ihr Berge und all ihr Hügel,*
*ihr Fruchtbäume und alle Zedern,*
10
*ihr wilden Tiere und alles Vieh,*
*Kriechtiere und gefiederte Vögel,*
11
*ihr Könige der Erde und alle Völker,*
*ihr Fürsten und alle Richter auf Erden,*
12
*ihr jungen Männer und auch ihr Mädchen,*
*ihr Alten mit den Jungen!*

13
*Loben sollen sie den Namen des Herrn;*
*denn sein Name allein ist erhaben,*
*seine Hoheit strahlt über Erde und Himmel.*
14
*Seinem Volk verleiht er Macht,*
*das ist ein Ruhm für all seine Frommen,*
*für Israels Kinder, das Volk, das ihm nahen darf. Halleluja!*

1. DER SOEBEN ZU Gott erhobene Psalm 148 ist ein wahrer »Sonnengesang«, eine Art *Te Deum* des Alten Testamentes, ein kosmisches Halleluja, das alles und alle in das göttliche Lob miteinbezieht.
Ein zeitgenössischer Exeget kommentiert ihn wie folgt: »Der Psalmist ordnet die Geschöpfe, indem er sie beim Namen nennt: oben den Himmel, zwei Gestirne, den Zeiten entsprechend, und seitwärts die Sterne; auf der einen Seite die Fruchtbäume, auf der andern die Zedern; auf einer Stufe die Reptilien und auf einer andern die Vögel; hier die Fürsten und dort das Volk; die Jungen und die Mädchen in Zweierreihen, vielleicht Hand in Hand … Gott hat sie hingestellt, indem er ihnen einen Platz und eine Aufgabe zugeteilt hat; der Mensch nimmt sie an, indem er ihnen einen Platz in der Sprache einräumt und sie, so geordnet, zur Liturgiefeier geleitet. Der Mensch ist der ›Hirt des Daseins‹ oder der Liturge der Schöpfung« (L. Alonso Schökel, *Trenta salmi: poesia e preghiera,* Bologna 1982, S. 499).
Auch wir folgen diesem universalen Chor, der in der Apsis des Himmels erklingt und den gesamten Kosmos als Gotteshaus hat. Lassen wir uns vom Atem und Lobpreis erfassen, den alle Geschöpfe zu ihrem Schöpfer erheben.

2. IM HIMMEL FINDEN wir die Sänger des Weltraums: die weit entfernten Gestirne, die Scharen der Engel, die Sonne und den Mond, die leuchtenden Sterne, »alle Himmel« (vgl. V. 4), das heißt den Weltraum, die Wasser über dem Himmel, von denen der biblische Mensch meinte, sie würden in einem Behälter aufbewahrt, bevor sie als Regen auf die Erde niederfallen.
Das Halleluja, das heißt die Einladung, »den Herrn zu loben«, erklingt wenigstens achtmal und hat die Ordnung und Harmonie der himmlischen Wesen zum Ziel: »Er gab ihnen ein Gesetz, das sie nicht übertreten« (V. 6).

Der Blick richtet sich dann auf den Horizont der Erde, wo sich eine Prozession von wenigstens 22 Sängern aufstellt, das heißt eine Art Alphabet des Lobes, das über unseren Planeten verstreut ist. Da sind die Seeungeheuer und die Tiefen, Symbole des Chaos der Meere, auf dem er den Erdkreis gegründet hat (vgl. Ps 24,2), gemäß der kosmoslogischen Auffassung der alten Semiten.
Der Kirchenvater Basilius sagt dazu: »Nicht einmal der Abgrund wurde vom Psalmisten für verächtlich gehalten, denn er hat ihn in den allgemeinen Chor der Schöpfung einbezogen, er vervollständigt sogar mit eigenen Worten harmonisch den Hymnus an den Schöpfer« *(Homiliae in hexaemeron,* III, 9: *Patrologia Graeca* 29,75).

3. DIE PROZESSION WIRD mit den Geschöpfen der Atmosphäre fortgesetzt: mit dem blitzenden Feuer, dem Hagel, dem Schnee, dem Nebel und dem Sturmwind, der als rascher Bote Gottes gilt (vgl. Ps 148, 8).
Dann kommen die Berge und die Hügel an die Reihe, die im allgemeinen als die ältesten Geschöpfe der Erde betrachtet werden (vgl. V. 9a). Das Pflanzenreich wird von den Fruchtbäumen und den Zedern vertreten (vgl. V. 9b). Die Tierwelt hingegen ist durch die wilden Tiere, das Vieh, die Kriechtiere und die gefiederten Vögel anwesend (vgl. V. 10).
Und zum Schluß tritt der Mensch auf und leitet die Schöpfungsliturgie. Er wird nach Alter und Merkmalen vorgestellt: die jungen Männer und Frauen, die Jungen und die Alten, die Fürsten, Könige und Völker (vgl. V. 11–12).

4. WIR ÜBERLASSEN JETZT dem hl. Johannes Chrysostomus die Aufgabe, einen Überblick über diesen riesigen Chor zu geben. Er tut es mit Worten, die auch auf den Lobgesang der drei jungen Männer im Feuerofen anspielen, über den wir in der vergangenen Katechese nachgedacht haben.
Der bedeutende Kirchenvater und Patriarch von Konstantinopel bekräftigt: »Aufgrund ihrer großen Rechtschaffenheit der Herzen rufen die Heiligen, wenn sie sich zur Danksagung an Gott vorbereiten, viele Geschöpfe zur Teilhabe an ihrem Lobgesang herbei und fordern sie auf, gemeinsam mit ihnen diese schöne Liturgie zu feiern. Das taten auch die drei jungen Männer im Feuerofen, als sie die ganze Schöpfung aufriefen, Gott für die

empfangene Wohltat zu danken und ihn zu lobpreisen (Dan 3). Dasselbe tut auch dieser Psalm, indem er beide Teile der Welt herbeiruft, den einen in der Höhe und den anderen, der niedriger steht, den sinnlich wahrnehmbaren und den verstandesmäßigen Teil. Das tat auch der Prophet Jesaja, als er sagte: ›Jubelt, ihr Himmel, jauchze, o Erde! Denn der Herr hat sein Volk getröstet‹ (Jes 49,13). Und das Psalterium drückt sich wie folgt aus: ›Als Israel aus Ägypten auszog, Jakobs Haus aus dem Volk mit fremder Sprache ... hüpften die Berge wie Widder, die Hügel wie junge Lämmer‹ (Ps 114,1.4). Und bei Jesaja heißt es an anderer Stelle: ›Ihr Wolken laßt Gerechtigkeit regnen‹ (Jes 45,8). Denn die Heiligen halten sich allein nicht für ausreichend im Lobpreis des Herrn, sie wenden sich nach allen Seiten und beziehen alle in die allgemeine Hymnodie ein« *(Expositio in psalmum CXLVIII: Patrologia Graeca* 55,484–485).

5. AUCH WIR SIND eingeladen, in diesen großen Chor einzustimmen, indem wir zum Vorsänger aller Geschöpfe werden und Gott in den beiden Grunddimensionen seines Geheimnisses lobpreisen. Auf der einen Seite müssen wir seine transzendente Größe anbeten, »denn sein Name allein ist erhaben, seine Hoheit strahlt über Erde und Himmel«, heißt es in unserem Psalm (V. 13). Anderseits erkennen wir seine nachsichtige Güte, denn Gott ist seinen Geschöpfen nahe und kommt besonders seinem Volk zu Hilfe: »Seinem Volk verleiht er Macht ... das Volk, das ihm nahen darf« (V. 14), wie der Psalmist weiter bekräftigt.
Angesichts des allmächtigen und barmherzigen Schöpfers nehmen wir also die Einladung des hl. Augustinus an, ihn zu loben, zu rühmen und zu preisen durch seine Werke: »Wenn du diese Geschöpfe siehst und dich daran freust und zum Urheber von allem erhebst und durch die Einsicht seine unsichtbaren Eigenschaften in den Geschöpfen entdeckst, dann steigt auf Erden und im Himmel das Bekenntnis auf ... Wenn die Geschöpfe schön sind, um wieviel schöner wird dann der Schöpfer sein?« *(Esposizioni sui Salmi,* IV, Rom, 1977, S. 887–889).

Generalaudienz vom 17. Juli 2002

## PSALM 84

2
*Wie liebenswert ist deine Wohnung, Herr der Heerscharen!*
3
*Meine Seele verzehrt sich in Sehnsucht*
*nach dem Tempel des Herrn.*
*Mein Herz und mein Leib jauchzen ihm zu,*
*ihm, dem lebendigen Gott.*
4
*Auch der Sperling findet ein Haus*
*und die Schwalbe ein Nest für ihre Jungen –*
*deine Altäre, Herr der Heerscharen, mein Gott und mein König.*
5
*Wohl denen, die wohnen in deinem Haus,*
*die dich allezeit loben.*
6
*Wohl den Menschen, die Kraft finden in dir,*
*wenn sie sich zur Wallfahrt rüsten.*
7
*Ziehen sie durch das trostlose Tal,*
*wird es für sie zum Quellgrund,*
*und Frühregen hüllt es in Segen.*
8
*Sie schreiten dahin mit wachsender Kraft;*
*dann schauen sie Gott auf dem Zion.*
9
*Herr der Heerscharen, höre mein Beten,*
*vernimm es, Gott Jakobs!*
10
*Gott, sieh her auf unsern Schild,*
*schau auf das Antlitz deines Gesalbten!*
11
*Denn ein einziger Tag in den Vorhöfen deines Heiligtums*
*ist besser als tausend andere.*
*Lieber an der Schwelle stehen im Haus meines Gottes*
*als wohnen in den Zelten der Frevler.*

12
*Denn Gott der Herr ist Sonne und Schild.*
*Er schenkt Gnade und Herrlichkeit;*
*der Herr versagt denen, die rechtschaffen sind, keine Gabe.*
13
*Herr der Heerscharen, wohl dem, der dir vertraut!*

1. WIR SETZEN UNSEREN Weg durch die Psalmen der Liturgie der Laudes fort. Gerade haben wir den Psalm 84 gehört, den die jüdische Tradition den »Söhnen Kores« (Korachitern) zuschreibt, also einer Priesterfamilie, die sich um den Gottesdienst kümmerte und die Schwelle des Zeltes der Bundeslade bewachte (vgl. 1 Chr 9,19).
Es ist ein ganz melodiöser Gesang, von einer mystischen Sehnsucht nach dem Gott des Lebens durchdrungen, der mehrfach mit dem Titel »Herr der Heerscharen« – also Herr der Himmelsheere und damit des Kosmos – gepriesen wird (vgl. Ps 84,2.4.9.13). Im übrigen stand dieser Titel in einer besonderen Beziehung zur Bundeslade, die im Tempel aufbewahrt und als »die Bundeslade des Herrn der Heere, der über den Kerubim thront«, bezeichnet wurde (1 Sam 4,4; vgl. Ps 80,2). In der Tat wurde sie als Zeichen des göttlichen Schutzes in Zeiten der Gefahr und des Kriegs angesehen (vgl. 1 Sam 4,3–5; 2 Sam 11,11).
Den Hintergrund des ganzen Psalms bildet der Tempel, zu dem die Wallfahrt der Gläubigen zieht. Die Jahreszeit scheint Herbst zu sein, weil vom »Frühregen« die Rede ist, der die Hitze des Sommers abkühlen läßt (vgl. Ps 84,7). Man könnte also an den Pilgerzug nach Zion zum dritten Hauptfest des jüdischen Kalenders denken: das Laubhüttenfest, der Gedenktag an das Umherirren des Volkes Israel in der Wüste.

2. DER TEMPEL IST am Anfang und am Ende des Psalms in seiner ganzen Faszination gegenwärtig. Zu Beginn (vgl. V. 2–4) finden wir das einzigartige und sanfte Bild der Vögel, die ihre Nester im Heiligtum gebaut haben; ein beneidenswertes Privileg.
Es handelt sich hierbei um eine Darstellung der Freude jener Menschen wie z.B. der Priester des Tempels, die ihre feste Wohnstätte im Haus Gottes haben und dadurch seine Abgeschiedenheit und seinen Frieden genießen können. Das ganze Wesen des Gläubigen strebt nämlich zum Herrn hin, gewissermaßen von

einem körperlichen und geistigen Wunsch getrieben: »Meine Seele verzehrt sich in Sehnsucht nach dem Tempel des Herrn. Mein Herz und mein Leib jauchzen ihm zu, ihm, dem lebendigen Gott« (V. 3). Der Tempel kommt dann wieder im letzten Teil des Psalms vor (vgl. V. 11–13). Der Pilger äußert seine große Freude darüber, einige Zeit in den Vorhöfen des Gotteshauses verbringen zu können, und stellt dieses geistliche Glück in Gegensatz zur götzendienerischen Illusion, die zu den »Zelten der Frevler«, also zu den schändlichen Tempeln der Ungerechtigkeit und Abartigkeit, drängt.

3. NUR IM HEILIGTUM des lebendigen Gottes ist Licht, Leben und Freude; dort ist der Mensch »selig«, der dem Herrn »vertraut« und sich für den Weg der Rechtschaffenheit entscheidet (vgl. V. 12–13). Das Bild des Weges führt uns zur Mitte des Psalms (vgl. V. 5–9), wo eine andere und bedeutsamere Wallfahrt stattfindet. Wenn derjenige selig ist, der seinen festen Wohnsitz im Tempel hat, so sind doch jene noch seliger, die beschließen, eine Reise des Glaubens nach Jerusalem zu unternehmen.
Auch die Kirchenväter stellten in ihren Kommentaren zum Psalm 84 den sechsten Vers besonders heraus: »Wohl den Menschen, die Kraft finden in dir, wenn sie sich zur Wallfahrt rüsten.« Die ältesten Psalterübersetzungen sprachen von der Entscheidung, zur heiligen Stadt »hinaufzusteigen«. Für die Väter wurde daher die Pilgerfahrt nach Zion zum Symbol des ständigen Voranschreitens der Gerechten zu den »ewigen Wohnungen«, in denen Gott seine Freunde in der vollkommenen Freude aufnimmt (vgl. Lk 16,9).
Wir möchten einen Augenblick näher auf diesen mystischen »Aufstieg« eingehen, der in der Wallfahrt auf Erden sein Abbild und Zeichen findet. Wir tun dies mit den Worten eines christlichen Autors des 7. Jahrhunderts, der Abt des Sinai-Klosters war.

4. GEMEINT IST JOHANNES KLIMAKOS, der einen ganzen Traktat, nämlich *Die Himmelsleiter,* der Darstellung der unzähligen Stufen widmete, über die das geistige Leben emporsteigt. Zum Schluß seines Werks erteilt er der Nächstenliebe selbst das Wort, und er stellt sie auf die höchste Stufe der Leiter des spirituellen Werdegangs.
Sie fordert auf und ermahnt, sie regt zu Empfindungen und Verhaltensweisen an, die auch unser Psalm uns nahelegt: »Steigt

auf, Brüder, steigt hinauf. Hegt, Brüder, in eurem Herzen den lebendigen Wunsch, stets aufzusteigen (vgl. Ps 84,6). Hört auf die Schrift, die auffordert: ›Kommt, wir ziehen hinauf zum Berg des Herrn und zum Haus des Gottes Jakobs‹ (Jes 2,3), der unsere Füße schnell machte wie die eines Hirsches und uns einen erhabenen Ort zum Ziel gab, damit wir seinen Wegen folgen und dadurch als Sieger hervorgehen. Beeilen wir uns also – wie geschrieben steht –, bis wir alle in der Einheit des Glaubens dem Antlitz Gottes begegnet sind, ihn erkannt und in der vollen Reife des Alters Christi den vollkommenen Menschen erreicht haben (vgl. Eph 4,13)« *(Die Himmelsleiter).*

5. DER PSALMIST DENKT in erster Linie an die konkrete Pilgerreise, die aus den verschiedenen Orten des Heiligen Landes auf den Zion führt. Der einsetzende Regen scheint ihm ein Vorzeichen der freudigen Segnungen zu sein, die ihn wie ein Mantel einhüllen werden (vgl. Ps 84,7), wenn er vor dem Herrn im Tempel stehen wird (vgl. V. 8). Die mühevolle Reise durch »das trostlose Tal« (vgl. V. 7) wird durch die Gewißheit verklärt, daß Gott das Ziel ist: Er gibt Kraft (vgl. V. 8), er erhört das Beten des Gläubigen (vgl. V. 9) und wird zu einem Schutzschild (vgl. V. 10).
In diesem Licht verwandelt sich – wie die Väter schon erkannt hatten – die konkrete Wallfahrt in ein Gleichnis des ganzen Lebens im Spannungsfeld zwischen Ferne und Vertrautheit mit Gott, zwischen Geheimnis und Offenbarung. Auch in der Wüste des täglichen Daseins werden die sechs Werktage von der Begegnung mit Gott am siebten Tag durch die Liturgie und das Gebet bei der sonntäglichen Begegnung fruchtbar gemacht, erleuchtet und geheiligt.
Gehen wir also voran, auch wenn wir uns im »trostlosen Tal« befinden, und richten wir unseren Blick fest auf das leuchtende Ziel des Friedens und der Gemeinschaft. Auch wir wiederholen in unserem Herzen die abschließende Seligpreisung. Sie ähnelt einer Antiphon, die den Psalm besiegelt: »Herr der Heerscharen, wohl dem, der dir vertraut!« (V. 13).

Generalaudienz vom 28. August 2002

# JESAJA 2,2–5

*2*
*Am Ende der Tage wird es geschehen:*
*Der Berg mit dem Haus des Herrn*
*steht fest gegründet als höchster der Berge;*
*er überragt alle Hügel.*
*Zu ihm strömen alle Völker.*
*3*
*Viele Nationen machen sich auf den Weg.*
*Sie sagen: Kommt, wir ziehen hinauf zum Berg des Herrn*
*und zum Haus des Gottes Jakobs.*
*Er zeige uns seine Wege,*
*auf seinen Pfaden wollen wir gehen.*
*Denn von Zion kommt die Weisung des Herrn,*
*aus Jerusalem sein Wort.*
*4*
*Er spricht Recht im Streit der Völker,*
*er weist viele Nationen zurecht.*
*Dann schmieden sie Pflugscharen aus ihren Schwertern*
*und Winzermesser aus ihren Lanzen.*
*Man zieht nicht mehr das Schwert, Volk gegen Volk,*
*und übt nicht mehr für den Krieg.*
*5*
*Ihr vom Haus Jakob, kommt,*
*wir wollen unsere Wege gehen im Licht des Herrn.*

1. DIE LITURGIE DER Laudes bietet heute immer ein dem Alten Testament entnommenes Canticum an. Bekanntlich gibt es ja außer dem Psalterium, dem eigentlichen Gebetbuch Israels und dann der Kirche, ein weiteres sogenanntes »Psalterium«, das in den geschichtlichen und prophetischen Texten sowie in den Weisheitsliedern der Bibel vorkommt. Es besteht auch aus Hymnen, Bittpsalmen, Lobliedern und Anrufungen, die oft von großer Schönheit und geistlicher Eindringlichkeit sind.
Auf unserer ideellen Wanderung durch die Gebete der Liturgie der Laudes sind uns schon viele dieser Lieder begegnet, die die Seiten der Bibel füllen. Jetzt nehmen wir uns einen wirklich einzigartigen Text vor, den Jesaja, der im 8. Jahrhundert v. Chr. lebte und zu den bedeutendsten Propheten Israels gehörte, ver-

faßt hat. Er war Zeuge der schweren Stunden, die das Reich Juda erlebte; er verkündete aber auch die messianische Hoffnung in einer höchst poetischen Sprache.

2. DAS TRIFFT AUF das Canticum zu, das wir soeben gehört haben und das in den ersten Versen des 2. Kapitels gleichsam an den Anfang des Buches gestellt ist; dem Canticum geht folgende redaktionelle Anmerkung voraus: »Das Wort, das Jesaja, der Sohn des Amoz, in einer Vision über Juda und Jerusalem gehört hat« (Jes 2,1). Der Hymnus wird als eine prophetische Vision verstanden, die ein Ziel beschreibt, auf das die Geschichte Israels voll Hoffnung ausgerichtet ist. Nicht umsonst lauten die ersten Worte: »Am Ende der Tage« (V. 2), das heißt, wenn die Zeit erfüllt ist. Das bedeutet, daß wir eingeladen sind, uns nicht an die armselige Gegenwart zu klammern, sondern unter der Oberfläche der täglichen Ereignisse die geheimnisvolle Gegenwart Gottes und seines Handelns zu erahnen, der die Geschichte zu einem ganz anderen Horizont des Lichtes und des Friedens hinführt.
Diese messianisch gefärbte »Vision« wird noch in einem größeren Rahmen im 60. Kapitel des gleichen Buches behandelt; das deutet darauf hin, daß die wesentlichen und einschneidenden Worte des Propheten, eben jener des soeben gesungenen Canticum, nochmals bedacht wurden. Der Prophet Micha (vgl. 4,1–3) sollte später denselben Hymnus aufgreifen, wenn auch mit einem unterschiedlichen Ausgang (vgl. 4,4–5) gegenüber dem Spruch Jesajas (vgl. Jes 2,5).

3. IM MITTELPUNKT VON Jesajas Vision erhebt sich der Berg Zion, der alle anderen Berge ideell überragt, weil er von Gott bewohnt wird und deshalb ein Ort der Verbindung mit dem Himmel ist (vgl. 1 Kön 8,22–53). Von ihm wird nach der Weissagung des Jesaja (60,1–6) ein Licht ausgehen, das die Finsternis durchbrechen und aufhellen wird und zu dem Völkerscharen aus allen Himmelsrichtungen kommen werden.
Diese Anziehungskraft Zions beruht auf zwei Wirklichkeiten, die vom heiligen Berg Jerusalems ausstrahlen: das Gesetz und das Wort des Herrn. Sie sind in Wahrheit eine einzige Wirklichkeit, die die Quelle des Lebens, des Lichts und des Friedens sowie Ausdruck des Geheimnisses des Herrn und seines Willens ist. Wenn die Völker zur Spitze des Zion gelangen, wo sich der

Tempel Gottes erhebt, dann geschieht jenes Wunder, auf das die Menschheit seit je wartet und das sie ersehnt. Die Völker legen die Waffen ab, die dann aufgesammelt und in friedliche Werkzeuge für die Arbeit umgeschmiedet werden: Die Schwerter werden in Pflugscharen, die Lanzen in Winzermesser umgewandelt. Auf diese Weise zieht ein Horizont des Friedens herauf, des *shalom* (vgl. Jes 60,17), wie es in Hebräisch heißt, einem Wort, das vor allem in der messianischen Theologie beliebt ist. Endlich senkt sich der Vorhang über Krieg und Haß für immer.

4. DER JESAJISCHE SPRUCH endet mit einem Aufruf, der mit der Spiritualität der Wallfahrtslieder in Jerusalem übereinstimmt: »Ihr vom Haus Jakob, kommt, wir wollen unsere Wege gehen im Licht des Herrn« (Jes 2,5). Israel darf nicht Zuschauer dieses radikalen geschichtlichen Wandels bleiben; es darf sich nicht von der Einladung distanzieren, die zu Beginn über die Lippen der Völker gekommen ist: »Kommt, wir ziehen hinauf zum Berg des Herrn« (V. 3).
Auch wir Christen werden von dieser Jesaja-Prophetie angesprochen. Sie hatte sich für die Kirchenväter des 5. Jahrhunderts (Basilius der Große, Johannes Chrysostomus, Theodoret von Kyros und Cyrill von Alexandrien), die das Canticum kommentierten, mit der Ankunft Christi erfüllt. Sie erkannten in der Kirche den »Berg mit dem Haus des Herrn ... fest gegründet als höchster der Berge«, von dem das Wort des Herrn ausging und zu dem die Heidenvölker in der vom Evangelium eingeleiteten neuen Zeit des Friedens strömten.

5. SCHON DER HL. JUSTIN der Märtyrer verkündete in seiner *Ersten Apologie,* etwa aus dem Jahr 153 n. Chr., die Verwirklichung des Kehrverses des Canticum, in dem es heißt: »Aus Jerusalem kommt das Wort des Herrn« (vgl. V. 3). Er schrieb: »Von Jerusalem zogen Menschen in die Welt hinaus, zwölf an der Zahl, und diese waren unwissend; sie konnten nicht reden, aber dank der Macht Gottes offenbarten sie dem ganzen Menschengeschlecht, daß sie von Christus eingeladen sind, alle Menschen das Wort Gottes zu lehren. Und wir, die zuvor einander getötet hatten, kämpfen nicht mehr gegen unsere Feinde und – um nicht mehr zu lügen und diejenigen, die uns fragen, nicht mehr zu betrügen – bekennen uns zu Christus und ster-

ben gern« (*Erste Apologie,* 39,3: *Gli apologeti greci,* Rom 1986, S. 118).
Deshalb nehmen besonders wir Christen den Aufruf des Propheten an und versuchen, die Grundlagen für die Zivilisation der Liebe und des Friedens zu legen, in der kein Krieg, kein Tod mehr sein wird, »keine Trauer, keine Klage, keine Mühsal. Denn was früher war, ist vergangen« (Offb 21,4).

Generalaudienz vom 4. September 2002

# PSALM 96

1
*Singet dem Herrn ein neues Lied,*
*singt dem Herrn, alle Länder der Erde!*
2
*Singt dem Herrn und preist seinen Namen,*
*verkündet sein Heil von Tag zu Tag!*
3
*Erzählt bei den Völkern von seiner Herrlichkeit,*
*bei allen Nationen von seinen Wundern!*
4
*Denn groß ist der Herr und hoch zu preisen,*
*mehr zu fürchten als alle Götter.*
5
*Alle Götter der Heiden sind nichtig,*
*der Herr aber hat den Himmel geschaffen.*
6
*Hoheit und Pracht sind vor seinem Angesicht,*
*Macht und Glanz in seinem Heiligtum.*
7
*Bringt dar dem Herrn, ihr Stämme der Völker,*
*bringt dar dem Herrn Lob und Ehre!*
8
*Bringt dar dem Herrn die Ehre seines Namens,*
*spendet Opfergaben und tretet ein in sein Heiligtum!*
9
*In heiligem Schmuck werft euch nieder vor dem Herrn,*
*erbebt vor ihm, alle Länder der Erde!*
10
*Verkündet bei den Völkern:*
*Der Herr ist König.*
*Den Erdkreis hat er gegründet, so daß er nicht wankt.*
*Er richtet die Nationen so, wie es recht ist.*
11
*Der Himmel freue sich, die Erde frohlocke,*
*es brause das Meer und alles, was es erfüllt.*
12
*Es jauchze die Flur und was auf ihr wächst.*
*Jubeln sollen alle Bäume des Waldes*

13 *vor dem Herrn, wenn er kommt,*
*wenn er kommt, um die Erde zu richten.*
*Er richtet den Erdkreis gerecht*
*und die Nationen nach seiner Treue.*

1. »VERKÜNDET BEI DEN Völkern: Der Herr ist König!« Diese soeben wiederholte Aufforderung von Psalm 96 (V. 10) gibt im ganzen Hymnus gleichsam den Ton an. Denn er gehört zu den sogenannten »Königsliedern«, die Psalm 47 und 93 sowie die Psalmen 96–99 umfassen.

Wir hatten früher schon Gelegenheit, auf Psalm 93 zu stoßen und ihn zu kommentieren (siehe S. 192), und wissen, daß die einzigartige Gestalt Gottes, der über das ganze Universum herrscht und die Menschheitsgeschichte lenkt, im Mittelpunkt dieser Cantica steht.

Auch Ps 96 lobt sowohl den Schöpfer allen Lebens als auch den Erlöser der Völker: Gott »hat den Erdkreis gegründet, so daß er nicht wankt. Er richtet die Nationen so, wie es recht ist« (V. 10). Ursprünglich bedeutet das mit »richten« übersetzte hebräische Wort »herrschen«: Also hat man die Gewißheit, daß wir nicht unbekannten Mächten des Chaos oder Zufalls ausgeliefert sind, sondern uns schon immer in den Händen eines gerechten und barmherzigen Herrschers befinden.

2. DER PSALM BEGINNT mit einer festlichen Einladung, Gott zu loben, einer Einladung, die sofort einen weltweiten Ausblick bietet: »Singt dem Herrn, alle Länder der Erde!« (V. 1). Die Gläubigen werden eingeladen, »bei den Völkern von seiner Herrlichkeit« und »bei allen Nationen von seinen Wundern zu erzählen« (V. 3). Ja, der Psalmist ruft direkt die »Stämme der Völker« auf (V. 7), dem Herrn Lob und Ehre darzubringen. Er bittet die Gläubigen, »bei den Völkern« zu verkünden: »der Herr ist König« (V. 10), und er erklärt, daß der Herr »die Nationen« (V. 10), »die Erde« richtet (V. 13). Diese weltweite Öffnung von seiten eines kleinen Volkes, das von den großen Mächten fast erdrückt wird, ist äußerst bedeutsam. Dieses Volk weiß, daß sein Herr der Gott des Weltalls ist und daß »alle Götter der Heiden nichtig sind« (V. 5).

Der Psalm besteht im wesentlichen aus zwei Bildern. Der erste Teil (vgl. V. 1–9) betrifft eine feierliche Erscheinung des Herrn

»in seinem Heiligtum« (V. 6), das heißt im Tempel von Zion. Ihr sind Lieder und Opferriten in der Versammlung der Gläubigen vorausgegangen. Die Lobgesänge im Angesicht der göttlichen Majestät werden immer eindringlicher: »Singet dem Herrn ein neues Lied … singt … singt … verkündet sein Heil … erzählt von seiner Herrlichkeit, …von seinen Wundern … bringt dar dem Herrn Lob und Ehre … Bringt dar dem Herrn … Werft euch nieder vor dem Herrn!« (V. 1–3.7–9). Die grundsätzliche Haltung vor dem König, dem Herrn, der seine Herrlichkeit in der Heilsgeschichte offenbart, ist also das Canticum der Anbetung, des Lobes und der Verkündigung. Diese Haltungen sollten auch in unserer täglichen Liturgie und in unserem persönlichen Gebet vorherrschen.

3. IM ZENTRUM DIESES vielstimmigen Canticum finden wir eine gegen den Götzendienst gerichtete Erklärung. Das Gebet erweist sich also als ein Weg, die Glaubensreinheit nach dem bekannten Wort *lex orandi, lex credendi* zu erlangen. Die wahre Gebetsregel ist auch Glaubensregel, ist Lehre von der göttlichen Wahrheit. Das kann man gerade durch die im Gebet verwirklichte enge Gemeinschaft mit Gott erfahren.
Der Psalmist verkündet: »Groß ist der Herr und hoch zu preisen, mehr zu fürchten als alle Götter. Alle Götter der Heiden sind nichtig, der Herr aber hat den Himmel geschaffen« (V. 4–5). Durch die Liturgie und das Gebet reinigt man den Glauben von jeder Verstümmelung, verwirft man die Götzen, denen man im täglichen Leben leicht etwas von uns opfert, und geht man von der Angst vor der transzendenten Gerechtigkeit Gottes über zur lebendigen Erfahrung seiner Liebe.

4. ABER JETZT SIND wir beim zweiten Bild angelangt, das mit der Verkündigung der Königsherrschaft des Herrn beginnt (vgl. V. 10–13). Nun ist das Weltall an der Reihe zu singen, auch in seinen verborgensten und dunkelsten Elementen, wie es z.B. das Meer nach der alten biblischen Auffassung ist: »Der Himmel freue sich, die Erde frohlocke, es brause das Meer und alles, was es erfüllt. Es jauchze die Flur und was auf ihr wächst. Jubeln sollen alle Bäume des Waldes vor dem Herrn, wenn er kommt, wenn er kommt, um die Erde zu richten« (V. 11–13).
Wie der Apostel Paulus sagt, wartet auch die Natur zusammen mit dem Menschen »sehnsüchtig … von der Sklaverei und Ver-

lorenheit befreit zu werden zur Freiheit und Herrlichkeit der Kinder Gottes« (Röm 8,19.21).
Und jetzt möchten wir der christlichen Lektüre der Kirchenväter von diesem Psalm Platz machen, die in ihm eine vorweggenommene Darstellung der Menschwerdung und der Kreuzigung, das Zeichen der paradoxen Königsherrschaft Christi, sehen.

5. DER HL. GREGOR von Nazianz begann seine Weihnachtsansprache im Jahr 379 oder 380 in Konstantinopel mit folgenden dem Psalm 96 entnommenen Worten: »Christus ist geboren: Lobsingt ihm! Christus kommt vom Himmel herab: Eilt ihm entgegen! Christus ist auf Erden: Erhebt euch! ›Singt dem Herrn, alle Länder der Erde!‹ (V. 1), und um die beiden Gedanken miteinander zu verbinden: ›Der Himmel freue sich, die Erde frohlocke‹ (V. 11) aufgrund dessen, der himmlisch ist, aber dann irdisch geworden ist« (*Omelie sulla natività, Discorso* 38,1, Rom 1983, S. 44).
So wird das Geheimnis der göttlichen Königsherrschaft in der Menschwerdung offenbar. Ja, er, der herrscht, indem er irdisch wird, herrscht gerade in der Erniedrigung am Kreuz. Es ist bedeutsam, daß im frühen Christentum viele den Vers 10 dieses Psalms mit einer bemerkenswerten christologischen Vervollständigung lasen: »Der Herr herrschte vom Kreuz aus.«
Deshalb lehrte schon der *Barnabasbrief,* daß »Jesu Reich am Kreuz ist« (VIII,5: *I Padri Apostolici,* Rom 1984, S. 198). Der Märtyrer Justin zitiert in seiner *Ersten Apologie* den Psalm beinahe vollständig und lädt alle Völker zur Freude ein, weil »der Herr vom Holz des Kreuzes aus herrscht« (*Gli apologeti greci,* Rom 1986, S. 121).
Auf diesem Boden ist der Hymnus *Vexilla regis* des christlichen Dichters Venantius Fortunatus entstanden, wo Christus, der vom Kreuz aus herrscht, dem Thron der Liebe und nicht der Vorherrschaft, gerühmt wird: *Regnavit a ligno Deus.* In der Tat hatte Jesus schon während seines Lebens auf Erden gemahnt: »Wer bei euch groß sein will, der soll euer Diener sein, und wer bei euch der Erste sein will, soll der Sklave aller sein, denn auch der Menschensohn ist nicht gekommen, um sich dienen zu lassen, sondern um zu dienen und sein Leben hinzugeben als Lösegeld für viele« (Mk 10,43–45).

Generalaudienz vom 18. September 2002

# PSALM 85

2
*Einst hast du, Herr, dein Land begnadet*
*und Jakobs Unglück gewendet,*
3
*hast deinem Volk die Schuld vergeben,*
*all seine Sünden zugedeckt,*
4
*hast zurückgezogen deinen ganzen Grimm*
*und deinen glühenden Zorn gedämpft.*
5
*Gott, unser Retter, richte uns wieder auf,*
*laß von deinem Unmut gegen uns ab!*
6
*Willst du uns ewig zürnen,*
*soll dein Zorn dauern von Geschlecht zu Geschlecht?*
7
*Willst du uns nicht wieder beleben,*
*so daß dein Volk sich an dir freuen kann?*
8
*Erweise uns, Herr, deine Huld*
*und gewähre uns dein Heil!*
9
*Ich will hören, was Gott redet:*
*Frieden verkündet der Herr seinem Volk und seinen Frommen,*
*den Menschen mit redlichem Herzen.*
10
*Sein Heil ist denen nahe, die ihn fürchten.*
*Seine Herrlichkeit wohne in unserm Land.*
11
*Es begegnen einander Huld und Treue;*
*Gerechtigkeit und Friede küssen sich.*
12
*Treue sproßt aus der Erde hervor;*
*Gerechtigkeit blickt vom Himmel hernieder.*
13
*Auch spendet der Herr dann Segen,*
*und unser Land gibt seinen Ertrag.*

# 14

*Gerechtigkeit geht vor ihm her,*
*und Heil folgt der Spur seiner Schritte.*

1. DER SOEBEN GESUNGENE Psalm 85 ist ein froher Gesang, voll Hoffnung auf das kommende Heil. Er spiegelt den Augenblick des Jubels wider, als Israel aus dem babylonischen Exil in das Land seiner Väter zurückkehrte. Das Volk konnte wieder am geliebten heimischen Herd leben, der bei der Eroberung Jerusalems durch das Heer des Königs Nebukadnezar im Jahr 586 v. Chr. erloschen und zerstört worden war.

In der Tat ist im hebräischen Original des Psalms wiederholt das Wort *shûb* zu hören, das die Heimkehr der Verschleppten, aber auch eine geistliche »Rückkehr«, eine »Umkehr« bedeutet. Die Wiedergeburt betrifft also nicht nur das Volk, sondern auch die Gemeinschaft der Gläubigen, die die Verbannung als eine Strafe für die begangenen Sünden empfunden hatten und jetzt die Heimkehr und die
wiedergewonnene Freiheit als einen göttlichen Segen für die vollbrachte Umkehr betrachteten.

2. DER PSALM KANN in seinem Verlauf entsprechend den beiden Hauptthemen gelesen werden. Das erste Thema ist die »Rückkehr« mit allem, was damit verbunden ist, worauf wir hingewiesen haben.

Es wird vor allem die physische Rückkehr Israels gefeiert: »Einst hast du, Herr … Jakobs Unglück gewendet« (V. 2); »Gott, unser Retter, richte uns wieder auf …Willst du uns nicht wieder beleben …?« (V. 5.7). Es ist ein wertvolles Geschenk Gottes, denn er sorgt dafür, daß seine Söhne und Töchter von der Unterdrükkung befreit werden, und er kümmert sich um ihr Wohlergehen. Er »liebt alles, was ist … er schont alles, weil es sein Eigentum ist, der Herr, der Freund des Lebens« (vgl. Weish 11,24.26).

Aber neben dieser »Rückkehr«, die die Verstreuten wieder sammelt, gibt es eine andere innere und geistliche »Rückkehr«. Ihr gibt der Psalmist viel Raum, indem er ihre besondere Bedeutung hervorhebt, die nicht nur für das alte Israel, sondern für die Gläubigen aller Zeiten gilt.

3. IN DIESER »RÜCKKEHR« handelt und wirkt der Herr; er offenbart seine Liebe, indem er seinem Volk die Schuld vergibt,

dessen Sünden zudeckt, seinen Grimm zurückzieht und seinen Zorn dämpft (vgl. Ps 85,3–4).
Gerade die Befreiung vom Bösen, die Vergebung der Schuld, die Reinigung unserer Sünden erschaffen das neue Volk Gottes. Das wird durch eine Anrufung ausgedrückt, die auch in die christliche Liturgie eingegangen ist: »Erweise uns, Herr, deine Huld und gewähre uns dein Heil« (V. 8).
Dieser »Rückkehr« zu Gott, der vergibt, soll aber die »Rückkehr«, das heißt die Umkehr des Menschen, entsprechen, der bereut. Denn im Psalm heißt es, daß Frieden und Heil »den Menschen mit redlichem Herzen« angeboten wird (V. 9). Wer entschlossen den Weg der Heiligkeit geht, empfängt die Geschenke der Freude, der Freiheit und des Friedens.
In der Bibel wird die Sünde meist als eine falsche Richtung, ein Verfehlen des Zieles, ein Abweichen vom rechten Weg beschrieben. Die Umkehr ist eine »Rückkehr« auf den geraden Weg, der zum Haus des Vaters führt, der uns mit offenen Armen erwartet, um uns zu vergeben und uns glücklich zu machen (vgl. Lk 15,11–32).

4. WIR SIND NUN beim zweiten Teil des Psalms angelangt (vgl. Ps 85,10–14), der in der christlichen Tradition so beliebt ist. Hier wird eine neue Welt beschrieben, in der die Liebe Gottes und seine Treue, als wären sie Personen, sich umarmen; auch Gerechtigkeit und Frieden begegnen einander und küssen sich. Die Wahrheit sprießt hervor wie ein neuer Frühling, und die Gerechtigkeit, die für die Bibel auch Heil und Heiligkeit ist, blickt vom Himmel hernieder und tritt ihren Weg unter der Menschheit an.
Alle Tugenden, die zuvor wegen der Sünde von der Erde verbannt worden waren, treten jetzt wieder in die Geschichte ein und zeichnen, indem sie sich treffen, den Plan für eine Welt des Friedens. Barmherzigkeit, Wahrheit, Gerechtigkeit und Frieden werden gleichsam die vier Himmelsrichtungen dieser Geographie des Geistes. Auch Jesaja singt: »Taut, ihr Himmel, von oben, ihr Wolken, laßt Gerechtigkeit regnen! Die Erde tue sich auf und bringe das Heil hervor, sie lasse Gerechtigkeit sprießen. Ich, der Herr, will es vollbringen« (Jes 45,8).

5. DIE WORTE DES Psalmisten wurden schon im 2. Jahrhundert von Irenäus von Lyon als Ankündigung der »Geburt Chri-

sti von der Jungfrau« *(Adversus haereses,* III,5,1) gelesen. Die Ankunft Christi ist in der Tat die Quelle des Erbarmens, das Aufkeimen der Wahrheit, das Erblühen der Gerechtigkeit, der Glanz des Friedens.
Die christliche Tradition liest deshalb den Psalm, vor allem den Schluß, unter weihnachtlichem Aspekt. Augustinus legte ihn in seiner Weihnachtsansprache wie folgt dar, und zum Abschluß unserer Reflexion geben wir ihm das Wort: »›Die Wahrheit sprießt aus der Erde hervor‹: Christus, der gesagt hat: ›Ich bin die Wahrheit‹ (Joh 14,6), wird von einer Jungfrau geboren. Wer an den, der geboren ist, glaubt, wird nicht von sich selbst, sondern von Gott gerecht gemacht. ›Die Wahrheit sprießt aus der Erde hervor‹:weil ›das Wort Fleisch geworden ist‹ (vgl. Joh 1,14). Die ›Gerechtigkeit blickt vom Himmel hernieder‹, weil ›jede gute Gabe und jedes vollkommene Geschenk von oben kommt‹ (Jak 1,17). ›Die Wahrheit sprießt aus der Erde hervor‹, das heißt, sie hat von Maria einen Leib angenommen. Die ›Gerechtigkeit blickt vom Himmel hernieder‹: denn ›kein Mensch kann sich etwas nehmen, wenn es ihm nicht vom Himmel gegeben ist‹ (Joh 3,27)« *(Discorsi,* IV/1, Rom 1984, S. 11).

Generalaudienz vom 25. September 2002

## JESAJA 26,1–4.7–9.12

*1*
*Zion ist unsre befestigte Stadt,*
*zu unserem Schutz baute der Herr Mauern und Wälle.*
*2*
*Öffnet die Tore,*
*damit ein gerechtes Volk durch sie einzieht,*
*ein Volk, das dem Herrn die Treue bewahrt.*
*3*
*Sein Sinn ist fest;*
*du schenkst ihm Ruhe und Frieden;*
*denn es verläßt sich auf dich.*
*4*
*Verlaßt euch stets auf den Herrn;*
*denn der Herr ist ein ewiger Fels.*
*7*
*Der Weg des Gerechten ist gerade,*
*du ebnest dem Gerechten die Bahn.*
*8*
*Herr, auf das Kommen deines Gerichts vertrauen wir.*
*Deinen Namen anzurufen und an dich zu denken*
*ist unser Verlangen.*
*9*
*Meine Seele sehnt sich nach dir in der Nacht,*
*auch mein Geist ist voll Sehnsucht nach dir.*
*Denn dein Gericht ist ein Licht für die Welt,*
*die Bewohner der Erde lernen deine Gerechtigkeit kennen.*
*12*
*Herr, du wirst uns Frieden schenken;*
*denn auch alles, was wir bisher erreichten, hast du für uns getan.*

1. IM BUCH DES Propheten Jesaja vereinen sich verschiedene Stimmen, die auf eine weite Zeitspanne verteilt und unter den Namen und die Inspiration dieses außergewöhnlichen Zeugen des Wortes Gottes gestellt sind, der im 8. Jahrhundert v. Chr. gelebt hat.

In dieser umfangreichen Schriftrolle der Prophetien, die auch Jesus in der Synagoge seines Heimatortes Nazareth öffnete und las (vgl. Lk 4,17–19), gibt es eine Reihe von Kapiteln (24–27), die die Wissenschaftler im allgemeinen die »große Jesaja-Apokalypse« nennen; in den Kapiteln 34–35 findet sich eine zweite, die kürzer ist. Auf spannenden und symbolreichen Seiten wird das Gericht Gottes über die Geschichte poetisch beschrieben und die Heilserwartung der Gerechten gepriesen.

2. WIE IN DER späteren Apokalypse von Johannes stehen sich oft zwei gegensätzliche Städte gegenüber: die aufständische Stadt, die von den damaligen Hauptstädten dargestellt wird, und die Heilige Stadt, in der sich die Gläubigen versammeln.
Das Canticum, das wir soeben gehört haben und das dem 26. Jesaja-Kapitel entnommen ist, bezieht sich auf die frohe Feier der Stadt des Heils. Diese erhebt sich befestigt und ruhmvoll, denn der Herr selbst hat die Mauern und Wälle gebaut und sie zu einer sicheren und ruhigen Wohnstatt gemacht (vgl. V. 1). Jetzt öffnet er die Tore, um das Volk der Gerechten aufzunehmen (vgl. V. 2), die die Worte des Psalmisten zu wiederholen scheinen, der vor dem Tempel auf dem Zion ausruft: »Öffnet mir die Tore zur Gerechtigkeit, damit ich eintrete, um dem Herrn zu danken. Das ist das Tor zum Herrn, nur Gerechte treten hier ein« (Ps 118,19–20).

3. WER IN DIE Stadt des Heils eintritt, muß folgende Grundeigenschaften haben: »einen festen Sinn … und stetes Vertrauen auf den Herrn, er muß sich auf ihn verlassen« (vgl. Jes 26,3–4). Der Glaube an Gott, ein fester, auf ihm gegründeter Glaube, ist der »ewige Fels« (V. 4).
Es ist das Vertrauen, das schon in der ursprünglich hebräischen Wurzel des Wortes »Amen«, dem knappen Bekenntnis des Glaubens an Gott, zum Ausdruck kommt, der – wie König David gesungen hat – »meine Stärke, mein Fels, meine Burg, mein Retter, mein Gott, meine Feste, in der ich mich berge, mein Schild und sicheres Heil, meine Zuflucht« ist (Ps 18,2–3; vgl. 2 Sam 22,2–3).
Das Geschenk, das Gott den Gläubigen anbietet, ist der Frieden (vgl. Jes 26,3), das messianische Geschenk schlechthin, die Synthese des Lebens in Gerechtigkeit, Freiheit und Freude der Gemeinschaft.

4. ES IST EIN Geschenk, das auch im letzten Vers des Jesaja-Canticum betont wird: »Herr, du wirst uns Frieden schen-

ken, denn auch alles, was wir bisher erreichten, hast du für uns getan« (V. 12). Dieser Vers erweckte die Aufmerksamkeit der Kirchenväter. In dieser Friedensverheißung sahen sie die Worte Christi, die Jahrhunderte später erklingen sollten: »Frieden hinterlasse ich euch, meinen Frieden gebe ich euch« (Joh 14,27).
In seinem *Kommentar zum Johannesevangelium* erinnert der hl. Cyrill von Alexandrien daran, daß Jesus, indem er Frieden schenkt, seinen Geist schenkt. Er läßt uns also nicht als Waisen zurück, sondern bleibt mit Hilfe des Geistes bei uns. Und der hl. Cyrill von Alexandrien kommentiert: Der Prophet »bittet darum, daß der göttliche Geist gegeben wird, durch den wir in die Freundschaft mit Gott, dem Vater, aufgenommen wurden, wir, die wir ihm wegen der Sünde, die in uns herrschte, fernstanden«. Der Kommentar wird dann zum Gebet: »Gib uns den Frieden, Herr. Dann werden wir erkennen, daß wir alles haben, und uns wird scheinen, daß es dem, der die Fülle Christi empfangen hat, an nichts mangelt. In der Tat ist die Fülle alles Guten, daß Gott durch den Geist in uns wohnt (vgl. Kol 1,19)« (Bd. III, Rom, 1994, S. 165).

5. WERFEN WIR EINEN letzten Blick auf den Jesaja-Text. Er bietet eine Reflexion über den »Weg des Gerechten« (vgl. V. 7) und eine Zustimmungserklärung zu den gerechten Entscheidungen Gottes (vgl. V. 8–9). Das vorherrschende Bild ist das klassische biblische Bild des Weges, wie schon Hosea, ein prophetischer Vorgänger von Jesaja, erklärt hatte: »Wer weise ist, begreife dies alles … die Wege des Herrn sind gerade; die Gerechten gehen auf ihnen, die Treulosen aber kommen auf ihnen zu Fall« (14,10).
Im Jesaja-Canticum gibt es eine andere Komponente, die auch für den liturgischen Gebrauch, wie z.B. in der Liturgie der Laudes sehr bedeutsam ist. Es wird die Morgendämmerung erwähnt, die man nach einer in der Gottsuche verbrachten Nacht herbeisehnt: »Meine Seele sehnt sich nach dir in der Nacht, auch mein Geist ist voll Sehnsucht nach dir« (26,9).
Und bei Tagesanbruch beginnt die Arbeit und das pulsierende tägliche Leben in den Straßen der Stadt. Der Gläubige muß erneut »auf das Kommen deines Gerichts vertrauen« (V. 8), indem er auf ihn und auf sein Wort hofft, die einzige Quelle des Friedens.

Es kommen ihm dann die Worte des Psalmisten über die Lippen, der schon am frühen Morgen seinen Glauben bekennt: »Gott, du mein Gott, dich suche ich, meine Seele dürstet nach dir … denn deine Huld ist besser als das Leben« (Ps 63,2.4). Innerlich gestärkt, kann er nun den neuen Tag beginnen.

Generalaudienz vom 2. Oktober 2002

# PSALM 67

2
*Gott sei uns gnädig und segne uns.*
*Er lasse über uns sein Angesicht leuchten,*
3
*damit auf Erden sein Weg erkannt wird und*
*unter allen Völkern sein Heil.*
4
*Die Völker sollen dir danken, o Gott,*
*danken sollen dir die Völker alle.*
5
*Die Nationen sollen sich freuen und jubeln.*
*Denn du richtest den Erdkreis gerecht.*
*Du richtest die Völker nach Recht und*
*regierst die Nationen auf Erden.*
6
*Die Völker sollen dir danken, o Gott,*
*danken sollen dir die Völker alle.*
7
*Das Land gab seinen Ertrag.*
*Es segne uns Gott, unser Gott.*
8
*Es segne uns Gott.*
*Alle Welt fürchte und ehre ihn!*

1. SOEBEN ERKLANG DAS Wort des Psalmisten, der ein frohes Danklied an Gott gerichtet hat. Es ist ein kurzer, nüchterner Text, der aber einen weiten Horizont umfaßt und ideell alle Völker der Erde miteinbezieht.
Diese universale Öffnung spiegelt wahrscheinlich den prophetischen Geist der Epoche wider, die auf das babylonische Exil folgte. Damals hoffte man, daß Gott auch die Fremden auf seinen heiligen Berg führen werde, um sie mit Freude zu erfüllen. Ihre Brand- und Schlachtopfer waren willkommen, denn der Tempel des Herrn sollte das »Haus des Gebets für alle Völker« werden (Jes 56,7).
Auch in unserem Psalm 67 wird der universale Chor der Völker dazu eingeladen, in den Lobpreis einzustimmen, den Israel im Tempel von Zion zu Gott erhebt. Zweimal erklingt diese Anti-

phon: »Die Völker sollen dir danken, o Gott, danken sollen dir die Völker alle« (V. 4.6).

2. AUCH DIEJENIGEN, DIE nicht zu der von Gott auserwählten Gemeinschaft gehören, erhalten von ihm einen Auftrag: Sie sind nämlich dazu berufen, den »Weg« zu erkennen, der Israel geoffenbart wurde. Der »Weg« ist der göttliche Heilsplan, das Reich des Lichtes und des Friedens, in dessen Verwirklichung auch die Heiden einbezogen sind, die eingeladen werden, Jahwes Spruch zu hören (vgl. V. 3). Ergebnis dieses gehorsamen Hörens ist die Furcht des Herrn in »aller Welt« (V. 8), die nicht so sehr Angst, sondern respektvolle Anbetung des transzendenten und glorreichen Geheimnisses Gottes zum Ausdruck bringen soll.

3. ZUR ERÖFFNUNG UND zum Abschluß des Psalms wird das ständige Verlangen nach dem göttlichen Segen ausgedrückt: »Gott sei uns gnädig und segne uns. Er lasse über uns sein Angesicht leuchten ... Es segne uns Gott, unser Gott. Es segne uns Gott« (V. 2.7–8).
In diesen Worten ist leicht das Echo des bekannten priesterlichen Segens zu erkennen, den Mose im Namen Gottes Aaron und die Nachkommen des Priesterstammes gelehrt hat. »Der Herr segne dich und behüte dich. Der Herr lasse sein Angesicht über dich leuchten und sei dir gnädig. Der Herr wende sein Angesicht dir zu und schenke dir Heil« (Num 6,24–26).
Nach den Worten des Psalmisten wird dieser über Israel ausgegossene Segen gleichsam ein Samen der Gnade und des Heils sein, der in das Erdreich der ganzen Welt und Geschichte mit der Bereitschaft eingesenkt wird, zu sprießen und ein üppiger Baum zu werden.
Wir denken auch an die Verheißung des Herrn an Abraham am Tag seiner Erwählung: »Ich werde dich zu einem großen Volk machen, dich segnen und deinen Namen groß machen. Ein Segen sollst du sein ... Durch dich sollen alle Geschlechter der Erde Segen erlangen« (Gen 12,2–3).

4. IN DER BIBLISCHEN Tradition ist das Geschenk des Lebens, der Fruchtbarkeit und Ertragsfähigkeit eine der spürbaren Auswirkungen des göttlichen Segens.
In unserem Psalm wird ausdrücklich auf diese konkrete Wirklichkeit hingewiesen, die für das Dasein wertvoll ist: »Das Land

gab seinen Ertrag« (V. 7). Diese Feststellung zwang die Wissenschaftler dazu, den Psalm mit dem Ritus der Danksagung für eine reiche Ernte zu verbinden, die das Zeichen der göttlichen Gunst und das Zeugnis der Nähe des Herrn zu Israel gegenüber den anderen Völkern war.

Derselbe Satz zog die Aufmerksamkeit der Kirchenväter auf sich, die von der landwirtschaftlichen Sichtweise auf die symbolische Ebene übergegangen sind. So hat Origenes den Vers auf die Jungfrau Maria und auf die Eucharistie bezogen, das heißt auf Christus, der aus der Blüte der Jungfrau hervorgeht und Frucht wird, damit er gegessen werden kann. Demnach »ist die Erde die heilige Maria, die von unserer Erde, aus unserem Samen, aus diesem Schlamm, aus diesem Lehm, von Adam stammt«. Diese Erde brachte ihre Frucht hervor: Das, was sie im Paradies verloren hatte, hat sie im Sohn wiedergefunden. »Die Erde gab ihre Frucht: Zuerst brachte sie eine Blume hervor ... diese Blume wurde dann zur Frucht, damit wir sie essen können, damit wir ihr Fleisch essen. Wollt ihr wissen, was diese Frucht ist? Es ist der Jungfräuliche aus der Jungfrau, der Herr aus der Magd, Gott aus dem Menschen, der Sohn aus der Mutter, die Frucht aus der Erde« *(74 Homilien über das Buch der Psalmen,* Mailand 1993, S. 141).

5. WIR SCHLIESSEN MIT den Worten des hl. Augustinus aus seinem Kommentar zu diesem Psalm. Er identifiziert die auf Erden keimende Frucht mit der Neuheit, die durch das Kommen Christi in den Menschen entsteht, eine Neuheit der Umkehr und eine Frucht des Gotteslobes.

In der Tat sagt Augustinus: »Erde war sie; voll Dornen war sie, da nahte des Rodenden Hand, nahte der Ruf Seiner Majestät und Erbarmung, die Erde begann zu bekennen. Jetzt gibt die Erde ihre Frucht.« Gewiß gäbe sie ihre Frucht nicht, »wenn sie nicht zuvor (vom Regen) getränkt worden wäre, wenn nicht zuvor Gottes Erbarmen aus der Höhe gekommen wäre«. Aber nunmehr haben wir eine reiche Frucht in der Kirche, dank der Verkündigung der Apostel: »Indem er durch seine Wolken den Regen sandte, das heißt durch die Apostel, die die Wahrheit verkündeten, ›gab die Erde ihre Frucht‹; und diese Ernte hat bereits die ganze Erde erfüllt« *(Über die Psalmen,* Einsiedeln 1983.)

Generalaudienz vom 9. Oktober 2002

# PSALM 86

1
*Wende dein Ohr mir zu, erhöre mich, Herr!*
*Denn ich bin arm und gebeugt.*
2
*Beschütze mich, denn ich bin dir ergeben!*
*Hilf deinem Knecht, der dir vertraut!*
3
*Du bist mein Gott. Sei mir gnädig, o Herr!*
*Den ganzen Tag rufe ich zu dir.*
4
*Herr, erfreue deinen Knecht;*
*denn ich erhebe meine Seele zu dir.*
5
*Herr, du bist gütig und bereit zu verzeihen,*
*für alle, die zu dir rufen, reich an Gnade.*
6
*Herr, vernimm mein Beten,*
*achte auf mein lautes Flehen!*
7
*Am Tag meiner Not rufe ich zu dir;*
*denn du wirst mich erhören.*
8
*Herr, unter den Göttern ist keiner wie du,*
*und nichts gleicht den Werken, die du geschaffen hast.*
9
*Alle Völker kommen und beten dich an,*
*sie geben, Herr, deinem Namen die Ehre.*
10
*Denn du bist groß und tust Wunder;*
*du allein bist Gott.*
11
*Weise mir, Herr, deinen Weg;*
*ich will ihn gehen in Treue zu dir. Richte mein Herz darauf hin,*
*allein deinen Namen zu fürchten!*
12
*Ich will dir danken, Herr, mein Gott,*
*aus ganzem Herzen,*
*will deinen Namen ehren immer und ewig.*

13
*Du hast mich den Tiefen des Totenreichs entrissen.*
*Denn groß ist über mir deine Huld.*
14
*Gott, freche Menschen haben sich gegen mich erhoben,*
*die Rotte der Gewalttäter trachtet mir nach dem Leben;*
*doch dich haben sie nicht vor Augen.*
15
*Du aber, Herr, bist ein barmherziger und gnädiger Gott,*
*du bist langmütig, reich an Huld und Treue.*
16
*Wende dich mir zu und sei mir gnädig,*
*gib deinem Knecht wieder Kraft und hilf dem Sohn deiner Magd!*
17
*Tu ein Zeichen und schenke mir Glück!*
*Alle, die mich hassen, sollen es sehen und sich schämen,*
*weil du, Herr, mich gerettet und getröstet hast.*

1. DER SOEBEN ERKLUNGENE Psalm 86, der Gegenstand unserer Reflexion ist, bietet uns eine eindrucksvolle Beschreibung des Betenden. Dieser stellt sich Gott vor mit den Worten: Ich bin »dein Knecht« und »Sohn deiner Magd« (V. 16). Diese Bezeichnung mag zum Sprachgebrauch des Hofzeremoniells gehört haben, aber sie fand auch Verwendung für den Knecht, der vom Familien- oder Stammesoberhaupt als Sohn adoptiert wurde. So gesehen, fühlt sich der Psalmist, der sich auch als dem Herrn »ergeben« bezeichnet (vgl. V. 2), an Gott gebunden, aber nicht nur durch den Gehorsam, sondern auch durch ein Band der Vertrautheit und der Gemeinschaft. Deshalb ist sein Beten ganz von vertrauensvoller Hingabe und Hoffnung durchdrungen.
Verfolgen wir jetzt dieses Gebet, das uns von der Liturgie der Laudes am Tagesanfang angeboten wird, wo voraussichtlich nicht nur Verpflichtungen und Mühen, sondern auch mangelndes Verständnis und Schwierigkeiten auf uns zukommen.

2. DER PSALM BEGINNT mit einem eindringlichen Hilferuf, den der Beter an den Herrn richtet im Vertrauen auf dessen Liebe (vgl. V. 1–7). Zum Schluß spricht er wieder die Gewißheit aus, daß der Herr ein »barmherziger und gnädiger Gott ist, langmütig, reich an Huld und Treue« (V. 15; vgl. Ex 34,6). Diese

wiederholten und überzeugten Vertrauensbeweise offenbaren einen unversehrten und reinen Glauben, der sich dem Herrn überantwortet, der »gütig und bereit ist zu verzeihen, für alle, die zu ihm rufen, reich an Gnade« (vgl. Ps 86,5).
Mitten im Psalm steigt ein Loblied auf, das Dankgefühle mit einem Bekenntnis des Glaubens an die Heilswerke verbindet, die Gott vor den Völkern vollbringt (vgl. V. 8–13).

3. GEGEN JEDE GÖTZENDIENERISCHE Versuchung verkündet der Betende die absolute Einzigkeit Gottes (vgl. V. 8). Dann wird die kühne Hoffnung ausgesprochen, daß eines Tages »alle Völker« den Gott Israels anbeten werden (V. 9). Diese wunderbare Perspektive erfüllt sich in der Kirche Christi, denn er hat seine Apostel »zu allen Völkern« gesandt (Mt 28,19). Niemand kann eine volle Befreiung anbieten, wenn nicht der Herr, dem alle Geschöpfe unterstehen und an den man sich in anbetender Haltung wenden soll (vgl. Ps 86,9). Er offenbart sich im Kosmos und in der Geschichte durch seine machtvollen Taten, die seine absolute Herrschaft bezeugen (vgl. V. 10).
Der Psalmist beansprucht nun Platz für sich selbst, um sich Gott mit einer eindringlichen und klaren Bitte vorzustellen: »Weise mir, Herr, deinen Weg; ich will ihn gehen in Treue zu dir. Richte mein Herz darauf hin, allein deinen Namen zu fürchten!« (V. 11). Wie schön ist diese Bitte, den Willen Gottes zu erkennen, und dieses flehende Ansuchen, das Geschenk des »Herzens« eines Kindes zu erlangen, das sich ohne Falschheit und Berechnung der Führung des Vaters anvertraut, um den Weg des Lebens zu gehen.

4. DA FLIESST DEM Gläubigen das Herz über, und er lobt den barmherzigen Gott, der ihn nicht der Verzweiflung, dem Tod, dem Bösen und der Sünde überläßt (vgl. V. 12–13; Ps 16,10–11). Psalm 86 ist ein im Judentum beliebter Text, das ihn in die Liturgie eines großen Festtages, des *Jóm Kippur* oder Bußtages, eingebaut hat. Das Buch der Offenbarung seinerseits hat dem Psalm einen Vers (vgl. V. 9) entnommen und ihn im Rahmen der himmlischen Liturgie in das »Lied des Mose, des Knechtes Gottes, und Lied zu Ehren des Lammes« eingegliedert: »Alle Völker kommen und beten dich an«, und die Offenbarung fügt hinzu: »… denn deine gerechten Taten sind offenbar geworden« (Offb 15,4).

Der hl. Augustinus hat unserem Psalm in seinen *Enarrationes in Psalmos* einen langen und leidenschaftlichen Kommentar gewidmet und ihn in ein Lied Christi und des Christen verwandelt. Die lateinische Übersetzung verwendet in Vers 2 gemäß der griechischen Version der *Septuaginta* anstatt »ergeben« die Version »heilig«: »Beschütze mich, denn ich bin heilig.« Eigentlich ist nur Christus heilig. Aber – so Augustinus – »auch der Christ kann diese Worte auf sich anwenden: »Ich bin heilig, weil du mich geheiligt hast; weil ich (diesen Titel) empfangen habe, nicht weil ich ihn von mir selbst hätte, sondern weil du ihn mir geschenkt hast und nicht weil ich ihn mir verdient habe.« So »wage auch jeder Christ, wage auch der Leib Christi zu rufen von den Enden der Erde, während er Leiden, Versuchungen und zahllose Ärgernisse erträgt: ›Bewahre meine Seele, denn ich bin heilig! Rette, mein Gott, deinen Knecht, der auf dich hofft.‹ Nun, dieser Heilige hofft auf den Herrn, er ist also nicht hochmütig« (Bd. II, Rom 1970, S. 1251).

5. DER CHRIST, DER heilig ist, öffnet sich der Universalität der Kirche und betet mit dem Psalmisten: »Alle Völker kommen und beten dich an, Herr« (Ps 86,9). Und Augustinus kommentiert: »Weil alle Völker im einen Herrn eins sind, bilden sie eine Einheit. Wie es nämlich die Kirche und die Kirchen gibt, und die Kirchen das sind, was die Kirche ist, so ist jenes Volk dasselbe wie die Völker. Früher gab es verschiedene Völker, viele Völker, jetzt ist es ein Volk. Warum ein Volk? Weil ein Glaube, eine Hoffnung, eine Liebe, eine Erwartung. Warum, letztlich, nicht ein Volk, da doch eine Heimat? Die Heimat ist der Himmel, die Heimat ist Jerusalem. Und dieses Volk reicht von Osten nach Westen, vom Norden bis zum Meer, in alle vier Himmelsrichtungen« (ebd., S. 1269).
In diesem universalen Licht wird unser liturgisches Beten zum Atem des Lobes und zu einem Loblied an den Herrn im Namen aller Geschöpfe.

Generalaudienz vom 23. Oktober 2002

## JESAJA 33,13–16

13
*Ihr in der Ferne, hört, was ich tue;*
*ihr in der Nähe, erkennt meine Kraft!*
14
*Die Sünder in Zion beginnen zu zittern,*
*ein Schauder erfaßt die ruchlosen Menschen.*
*Wer von uns hält es aus neben dem verzehrenden Feuer,*
*wer von uns hält es aus neben der ewigen Glut?*
15
*Wer rechtschaffen lebt und immer die Wahrheit sagt,*
*wer es ablehnt, Gewinn zu erpressen, wer sich weigert,*
*Bestechungsgelder zu nehmen, wer sein Ohr verstopft,*
*um keinen Mordplan zu hören, und die Augen schließt,*
*um nichts Böses zu sehen,*
16
*der wird auf den Bergen wohnen,*
*Felsenburgen sind seine Zuflucht;*
*man reicht ihm sein Brot,*
*und seine Wasserquelle versiegt nicht.*

1. UNTER DEN BIBLISCHEN Cantica, die sich mit den Psalmen in der Liturgie der Laudes vermischen, stoßen wir auf den heute vorgetragenen kurzen Text. Er ist einem Kapitel aus dem Buch des Propheten Jesaja entnommen, dem 33. seiner umfangreichen und wunderbaren Sammlung göttlicher Sprüche.
Das Canticum beginnt in den Versen, die den obengenannten vorausgehen (vgl. V. 10–12), mit der Ankündigung eines mächtigen und ruhmvollen Erscheinens Gottes auf der Bühne der menschlichen Geschichte: »Jetzt stehe ich auf, spricht der Herr, jetzt erhebe ich mich, jetzt richte ich mich auf« (V. 10). Die Worte Gottes sind an die in der »Ferne« und an die in der »Nähe« gerichtet, das heißt an alle Völker der Erde, auch an die entlegensten, und an Israel, das Volk, das aufgrund seines Bundes in der »Nähe« des Herrn ist.
In einem anderen Abschnitt des Buches Jesaja wird bekräftigt: »Ich schaffe Lob auf den Lippen. Friede, Friede den Fernen und den Nahen, spricht der Herr, ich werde sie heilen« (Jes 57,19). Dann werden die Worte des Herrn streng und nehmen den Ton

eines Gerichts über das Böse der »Fernen« und der »Nahen« an.

2. DIE BEWOHNER VON Zion, in denen sich Sünde und Gottlosigkeit festsetzen, werden nun tatsächlich von Angst ergriffen (vgl. Jes 33,14). Sie wissen, daß sie beim Herrn leben, der im Tempel wohnt, in der Geschichte neben ihnen hergeht und zum »Immanuel«, dem »Gott-mit-uns«, geworden ist (vgl. Jes 7,14). Der gerechte und heilige Herr kann Gottlosigkeit, Korruption und Ungerechtigkeit nicht dulden. Als »verzehrendes Feuer« und als »ewige Glut« (vgl. Jes 33,14) erhebt er sich gegen das Böse, um es zu vernichten.
Jesaja mahnte schon im 10. Kapitel: »Israels Licht wird zum Feuer, sein Heiliger wird zur Flamme. Sie brennt und verzehrt« (V. 17). Auch der Psalmist verkündete: »Sie verfliegen, wie Rauch verfliegt; wie Wachs am Feuer zerfließt, so vergehen die Frevler vor Gottes Angesicht« (Ps 68,3). Damit wollte man in der alttestamentlichen Ökonomie sagen, daß Gott dem Guten und dem Bösen nicht gleichgültig gegenübersteht, sondern sich empört und angesichts der Bosheit in Zorn entbrennt.

3. UNSER CANTICUM VERSTUMMT vor dieser düsteren Gerichtsszene nicht. Im Gegenteil, es behält sich den größten und wichtigsten Teil vor für die Heiligkeit, die als Zeichen für die erfolgte Umkehr und Versöhnung mit Gott angenommen und gelebt wird. Auf der gleichen Linie mit den Psalmen 15 und 24, die die Bedingungen hervorheben, welche der Herr demjenigen stellt, der mit ihm in froher Gemeinschaft in der Liturgie des Tempels leben will, zählt Jesaja sechs moralische Verpflichtungen auf; sie gelten für den wahren, treuen, gerechten Gläubigen (vgl. Jes 33,15), der, ohne Schaden zu erleiden, in der Nähe des göttlichen Feuers wohnen darf, das für ihn eine Quelle der Wohltaten ist.
Die erste Verpflichtung besteht darin, »rechtschaffen zu leben«, das heißt, daß man das göttliche Gesetz als Licht nimmt, das den Lebensweg erleuchtet. Die zweite Pflicht besteht darin, die Wahrheit zu sagen, was zugleich rechte und gesunde soziale Beziehungen anzeigt. Die dritte Pflicht ist – laut Jesaja –, es abzulehnen, »Gewinn zu erpressen«, wodurch die Unterdrükkung der Armen und der ungerechte Reichtum bekämpft werden. Der Gläubige verpflichtet sich dann, jede politische und

gerichtliche Korruption zu verurteilen, indem er »sich weigert, Bestechungsgelder zu nehmen«, ein beeindruckendes Bild, das die Verweigerung von Schenkungen anzeigt, die gemacht werden, um die Gesetzesanwendung und den Lauf der Gerechtigkeit zu behindern.

4. DIE FÜNFTE PFLICHT wird durch die bedeutsame Geste dessen ausgedrückt, der »sich sein Ohr verstopft«, wenn ihm angeboten wird, blutige Gewaltakte zu begehen. Die sechste und letzte Verpflichtung findet Ausdruck in einem Vergleich, der uns zunächst befremdet, weil er in unserem Sprachgebrauch nicht üblich ist. Wenn wir sagen: »ein Auge zudrücken«, dann soll das heißen, »so zu tun, als sähe man nichts, um nicht einschreiten zu müssen«; der Prophet hingegen sagt, daß der rechtschaffene Mensch die Augen schließt, »um nichts Böses zu sehen« zum Zeichen dafür, daß er auch die geringste Berührung mit dem Bösen vermeiden will.
In seinem Kommentar über Jesaja entfaltet Hieronymus diesen Begriff unter Berücksichtigung des gesamten Abschnitts: »Jede Sünde, Unterdrückung und Ungerechtigkeit ist eine mit Blut befleckte Entscheidung: Auch wenn man nicht durch das Schwert tötet, tötet man dennoch durch die Absicht. ›Und er schließt die Augen, um nichts Böses zu sehen.‹ Glücklich das Gewissen, das nichts Böses hört und denkt! Ein solcher Mensch wird ›in der Höhe‹ wohnen, das heißt im Himmelreich oder in der höchsten Höhle des mächtigsten Felsens, in Jesus Christus« *(In Isaiam prophetam,* 10,33; *Patrologia Latina* 24,367).
So führt uns Hieronymus zum rechten Verständnis dessen, was der Prophet meint, wenn er sagt: »die Augen schließen«. Es handelt sich um eine Aufforderung, jede Komplizenschaft mit dem Bösen abzulehnen. Dabei ist leicht zu erkennen, daß die wichtigen Sinnesorgane des Körpers gemeint sind: Die Hände, die Füße, die Augen, die Ohren und die Zunge sind in das moralische Tun des Menschen verwickelt.

5. WER SICH DAFÜR entscheidet, sich an diese ehrliche und aufrechte Lebensführung zu halten, wird in den Tempel des Herrn eintreten können, wo er die Sicherheit jenes äußeren und inneren Wohlergehens erhält, die Gott dem schenkt, der mit ihm in Gemeinschaft lebt. Der Prophet verwendet zwei Bilder, um diesen freudvollen Ausgang zu beschreiben (vgl. V. 16): die

Sicherheit der Felsenburgen und den Reichtum von Brot und Wasser, dem Symbol eines fruchtbaren und glücklichen Lebens.

Die Tradition hat das Zeichen des Wassers spontan als Hinweis auf die Taufe verstanden (vgl. z. B. den *Barnabasbrief* 11,5), während die Christen im Brot das Zeichen für die Eucharistie erkannten. Das ist zum Beispiel im Kommentar des Märtyrers Justin zu lesen, der in Jesajas Worten eine Prophetie des eucharistischen »Brotes« sah, des »Gedächtnisses« des Heilstodes Christi (vgl. *Dialogo con Trifone,* Mailand 1988, S. 242).

Generalaudienz vom 30. Oktober 2002

## PSALM 98

1
*Singt dem Herrn ein neues Lied;*
*denn er hat wunderbare Taten vollbracht.*
*Er hat mit seiner Rechten geholfen*
*und mit seinem heiligen Arm.*
2
*Der Herr hat sein Heil bekannt gemacht*
*und sein gerechtes Wirken enthüllt vor den Augen der Völker.*
3
*Er dachte an seine Huld*
*und an seine Treue zum Hause Israel.*
*Alle Enden der Erde*
*sahen das Heil unsres Gottes.*
4
*Jauchzt vor dem Herrn, alle Länder der Erde,*
*freut euch, jubelt und singt!*
5
*Spielt dem Herrn auf der Harfe,*
*auf der Harfe zu lautem Gesang!*
6
*Zum Schall der Trompeten und Hörner*
*jauchzt vor dem Herrn, dem König!*
7
*Es brause das Meer und alles, was es erfüllt,*
*der Erdkreis und seine Bewohner.*
8
*In die Hände klatschen sollen die Ströme,*
*die Berge sollen jubeln im Chor*
9
*vor dem Herrn, wenn er kommt,um die Erde zu richten.*
*Er richtet den Erdkreis gerecht,*
*die Nationen so, wie es recht ist.*

1. DER SOEBEN VORGETRAGENE Psalm 98 gehört zu einer Psalmengattung, der wir auf unserem geistlichen Weg, den wir im Licht des Psalters gehen, schon begegnet sind.
Es handelt sich um einen Hymnus an den Herrn, den König, den Herrscher des Universums und der Geschichte (vgl. V. 6).

Er wird als »neues Lied« (V. 1) bezeichnet; damit ist im biblischen Sprachgebrauch ein langes, feierliches, getragenes Lied mit Instrumentalbegleitung gemeint. In der Tat werden das Spiel »auf der Harfe zu lautem Gesang« (vgl. V. 5), die Trompeten und die Hörner, aber auch eine Art von kosmischer Beifallsbekundung erwähnt (vgl. V. 8).
Des weiteren erklingt wiederholt der Name des »Herrn« (sechsmal); er wird als »unser Gott« angerufen (V. 3). Im Mittelpunkt steht also Gott in seiner ganzen Majestät, wie er in der Geschichte das Heil wirkt, und auf den man wartet, daß er kommt, um die Erde und die Völker »zu richten« (V. 9). Das hebräische Wort für »Gericht« bedeutet auch »herrschen«: Man erwartet deshalb das wirksame Handeln des Herrschers der ganzen Erde, der Frieden und Gerechtigkeit bringen wird.

2. DER PSALM BEGINNT mit der Ankündigung des göttlichen Eingreifens in die Geschichte Israels (vgl. V. 1–3). Die Bilder der »Rechten« und des »heiligen Arms« verweisen auf den Auszug, auf die Befreiung von der Knechtschaft in Ägypten (vgl. V. 1). Der Bund mit dem auserwählten Volk wird hingegen durch die beiden großen göttlichen Vollkommenheiten »Liebe« und »Treue« hervorgehoben (vgl. V. 3).
Diese Heilszeichen werden »vor den Augen der Völker« und bis an »die Enden der Erde« (V. 2.3) bezeugt, damit die ganze Menschheit zu Gott, dem Retter, hingezogen wird und sich seinem Wort und seinem Heilswerk öffnet.

3. DIE AUFNAHME, DIE dem in der Geschichte wirkenden Herrn vorbehalten ist, wird durch ein Loblied angezeigt: Außer dem Orchester und den Liedern des Tempels von Zion (vgl. V. 5–6) nimmt auch das Universum teil, das eine Art kosmisches Gotteshaus bildet.
In diesem großen Loblied gibt es vier Sänger. Der erste ist das Meer mit seinem Brausen, das gleichsam die begleitende Baßstimme zu diesem großartigen Lobpreis bildet (vgl. V. 7). Ihm folgen die Erde und die ganze Welt (vgl. V. 4.7) mit allen ihren in feierlicher Harmonie vereinten Bewohnern. An dritter Stelle kommen die Flüsse, die als Arme des Meeres betrachtet werden und durch ihre rhythmische Bewegung Beifall zu klatschen scheinen (vgl. V. 8). Zuletzt erscheinen die Berge, die vor dem Herrn zu jubeln und zu tanzen scheinen, auch wenn sie

die gewaltigsten und stattlichsten Geschöpfe sind (vgl. V. 8; Ps 29,6; 114,6).
Ein gewaltiger Chor also, der nur ein Ziel hat: den Herrn, den König und gerechten Richter, zu verherrlichen. Am Schluß des Psalms wird, wie schon erwähnt, Gott vorgestellt, der »kommt, um die Erde zu richten … so, wie es recht ist«, zu richten (und zu regieren) (Ps 98,9).
Unsere große Hoffnung und Bitte lautet also: »Dein Reich komme!«, ein Reich des Friedens in Gerechtigkeit und Ruhe, das die ursprüngliche Harmonie der Schöpfung wiederherstellt.

4. DER APOSTEL PAULUS hat in diesem Psalm mit großer Freude eine Prophetie des Werkes Gottes im Geheimnis Christi erkannt. Paulus bediente sich des 2. Verses, um das Thema seines großen Briefes an die Römer deutlich zu machen: Im Evangelium »wird die Gerechtigkeit Gottes offenbart« (vgl. Röm 1,17), »ist die Gerechtigkeit Gottes offenbart worden« (vgl. Röm 3,21).
Die Auslegung von seiten des Apostels Paulus verleiht dem Psalm eine tiefere Sinnfülle. Wenn er in der Sicht des Alten Testaments gelesen wird, verkündet der Psalm, daß Gott sein Volk rettet und daß alle Völker, die das sehen, in Bewunderung ausbrechen. In christlicher Sicht hingegen wirkt Gott das Heil in Christus, dem Sohn Israels; alle Völker sehen ihn und werden eingeladen, dieses Heil zu nutzen, denn das Evangelium »ist eine Kraft Gottes, die jeden rettet, der glaubt, zuerst den Juden, aber ebenso den Griechen«, das heißt den Heiden (Röm 1,16). »Alle Enden der Erde sahen das Heil unsres Gottes« nicht nur (Ps 98,3), sondern sie haben es auch empfangen.

5. DER CHRISTLICHE SCHRIFTSTELLER Origines aus dem 3. Jahrhundert deutete in einem Text, der später von Hieronymus wieder aufgegriffen wurde, das »neue Lied« des Psalms als eine vorweggenommene Feier der christlichen Neuheit des gekreuzigten Erlösers. Folgen wir seinem Kommentar, der das Lied des Psalmisten mit der Verkündigung des Evangeliums verbindet.
»Das neue Lied ist der Sohn Gottes, der gekreuzigt wurde – was man bisher noch nie gehört hatte. Eine neue Wirklichkeit erfordert ein neues Lied. ›Singt dem Herrn ein neues Lied.‹ Er, der

gelitten hat, ist in Wirklichkeit ein Mensch; aber ihr singt dem Herrn. Er hat das Leiden als Mensch ertragen, wurde aber als Gott gerettet.« Origines schreibt weiter: Christus »hat unter den Juden Wunder vollbracht: Er hat Lahme geheilt, Aussätzige rein gemacht, Tote auferweckt. Aber auch andere Propheten taten das. Er hat wenige Brote in viele verwandelt, er hat eine riesige Volksmenge gespeist. Aber auch Elischa tat dasselbe. Also, was ist das Neue, das er getan hat und das ein neues Lied verdienen würde? Wollt ihr wissen, was er Neues getan hat? Gott ist als Mensch gestorben, damit die Menschen das Leben haben. Der Sohn Gottes wurde gekreuzigt, um uns bis in den Himmel zu erheben« *(74 Homilien über das Buch der Psalmen,* Mailand 1993, S. 309–310).

Generalaudienz vom 6. November 2002

## PSALM 87

2
*Der Herr liebt seine Gründung auf heiligen Bergen;*
*mehr als all seine Stätten in Jakob liebt er die Tore Zions.*
3
*Herrliches sagt man von dir, du Stadt unseres Gottes.*
4
*Leute aus Ägypten und Babel zähle ich zu denen,*
*die mich kennen;*
*auch von Leuten aus dem Philisterland,*
*aus Tyrus und Kusch sagt man: Er ist dort geboren.*
5
*Doch von Zion wird man sagen: Jeder ist dort geboren.*
*Er, der Höchste hat Zion gegründet.*
6
*Der Herr schreibt, wenn er die Völker verzeichnet:*
*Er ist dort geboren.*
7
*Und sie werden beim Reigentanz singen:*
*All meine Quellen entspringen in dir.*

1. DAS SOEBEN GEHÖRTE CANTICUM über Jerusalem, die Stadt des Friedens und universale Mutter, steht leider im krassen Gegensatz zur geschichtlichen Erfahrung, die die Stadt durchlebt. Aber Aufgabe des Gebets ist es, Zuversicht zu säen und Hoffnung zu wecken.

Die weltumspannende Perspektive von Psalm 87 mag an den Hymnus des Buches Jesaja denken lassen, der alle Völker nach Zion strömen sieht, wo sie das Wort des Herrn hören und die Schönheit des Friedens entdecken, indem sie »Pflugscharen aus ihren Schwertern und Winzermesser aus ihren Lanzen« schmieden (vgl. 2,2–5). In Wirklichkeit ist der Psalm aus einem ganz anderen Blickwinkel zu sehen, aus dem einer Bewegung, die aber nicht nach Zion hingeht, sondern von Zion ausgeht. Der Psalmist sieht in Zion den Ursprung aller Völker. Nachdem der Primat der Heiligen Stadt keinen historischen oder kulturellen Verdiensten, sondern nur der Liebe zuzuschreiben ist, die Gott auf sie ausgegossen hat (vgl. Ps 87,1–3), beginnt der Psalm mit einer Würdigung eben dieses Universalismus, der alle Völker verbrüdert.

2. ZION WIRD BESUNGEN als Mutter der ganzen Menschheit und nicht nur von Israel. Eine solche Aussage ist sehr gewagt. Der Psalmist weiß das und betont es: »Herrliches sagt man von dir, du Stadt unseres Gottes« (V. 3). Wie kann die bescheidene Hauptstadt einer kleinen Nation als Ursprung viel mächtigerer Völker vorgestellt werden? Woher nimmt Zion diese ungeheure Anmaßung? Die Antwort wird im selben Satz gegeben: Zion ist Mutter der ganzen Menschheit, weil es die »Stadt Gottes« ist und damit die Grundlage für den Plan Gottes bildet.
Alle Himmelsrichtungen der Erde stehen in Beziehung zu dieser Mutter: Rahab, das heißt Ägypten, der große westliche Staat; Babel, die bekannte Macht im Osten; Tyrus als das Handelsvolk im Norden, während Äthiopien den tiefen Süden und Palästina das zentrale Gebiet, das auch Tochter Zions ist, darstellen.
In der geistlichen Namensliste von Jerusalem sind alle Völker der Erde verzeichnet: dreimal wiederholt sich die Formel »dort geboren« (V. 4.5.6). Es ist die offizielle Rechtsformel, mit der man damals erklärte, daß eine Person in einer bestimmten Stadt geboren worden war und dadurch die vollen Bürgerrechte dieses Volkes besaß.

3. ES BEEINDRUCKT, WENN man sogar die Israel feindlich gesinnten Nationen nach Jerusalem strömen sieht, wo sie nicht als Fremde, sondern als »Verwandte« aufgenommen werden. Ja, der Psalmist verwandelt die Prozession dieser Völker nach Zion in einen vielstimmigen Gesang und fröhlichen Tanz: Sie finden ihre »Quellen« (vgl. V. 7) in der Stadt Gottes wieder, von der sich ein Strom lebendigen Wassers verzweigt, der die ganze Welt befruchtet in der Richtung, wie sie von den Propheten verkündet wird (vgl. Ez 47,1–12; Sach 13,1; 14,8; Offb 22,1–2).
Alle sollen in Jerusalem ihre geistlichen Wurzeln entdecken, sich hier beheimatet fühlen, sich als Glieder derselben Familie zusammenfinden, sich als Geschwister umarmen, die nach Hause zurückgekehrt sind.

4. PSALM 87 IST eine Seite wahren interreligiösen Dialogs; er sammelt das weltumspannende Erbe der Propheten (vgl. Jes 56,6–7; 60,6–7; 66,21; Jona 4,10–11; Mal 1,11 usw.) und nimmt die christliche Tradition vorweg, die diesen Psalm auf das »himmlische Jerusalem« anwendet, von dem Paulus sagt, daß es »frei und unsere Mutter« ist und mehr Kinder als das ir-

dische Jerusalem hat (vgl. Gal 4,26–27). Nichts anderes sagt die Offenbarung, wenn sie singt :»… die heilige Stadt Jerusalem, die von Gott her aus dem Himmel herabkam« (vgl. 21,2.10).
Auf derselben Linie wie Psalm 87 betrachtet auch das II. Vatikanische Konzil die weltumspannende Kirche als den Ort, an dem »alle Gerechten von Adam an, von dem gerechten Abel bis zum letzten Erwählten … versammelt werden«. Sie wird »am Ende der Weltzeiten in Herrlichkeit vollendet werden« *(Lumen gentium*, 2).

5. DIESE EKKLESIOLOGISCHE AUSLEGUNG des Psalms wird in der christlichen Tradition für die marianische Neuauslegung zugänglich. Jerusalem war für den Psalmisten eine wahre »Weltstadt«, das heißt eine »Mutter-Stadt«, in deren Mitte der Herr selbst gegenwärtig ist (vgl. Zef 3,14–18). In diesem Licht besingt das Christentum Maria als Tochter Zions, in deren Schoß das fleischgewordene Wort empfangen wird und in der Folge die Kinder Gottes geschaffen werden. Die Stimmen der Kirchenväter, von Ambrosius von Mailand bis Athanasius von Alexandrien, von Maximus dem Bekenner zu Johannes Damascenus, von Chromatius von Aquileia bis Germanus von Konstantinopel, stimmen in dieser christlichen Neuauslegung von Psalm 87 überein.
Wir wollen jetzt einen Meister der armenischen Tradition, Gregor von Narek (ca. 950–1010), hören, der sich in seiner *Lobrede auf die allerseligste Jungfrau Maria* mit folgenden Worten an sie wendet: »Indem wir uns unter deine würdigste und mächtige Fürsprache flüchten, sind wir geschützt, o heilige Gottesgebärerin, und finden Erquickung und Ruhe unter deinem Schutz wie unter einer starken befestigten Mauer: Sie ist mit eingesetzten reinsten Brillanten geschmückt und in Feuer gehüllt, darum uneinnehmbar für die Angriffe der Räuber;sie ist eine funkensprühende Mauer, unangreifbar und unzugänglich für die grausamen Verräter; eine Mauer, die von allen Seiten befestigt ist, gemäß David, deren Fundamente vom Höchsten gegründet wurden (vgl. Ps 87,1.5); die Mauer einer erhabenen Stadt, wie Paulus sagt (vgl. Gal 4,26; Hebr 12,22), in der du alle als Bewohner aufgenommen hast, denn durch die leibliche Geburt Gottes hast du die Kinder des irdischen Jerusalems zu Kindern des himmlischen Jerusalems gemacht. Darum preisen ihre Lippen deinen jungfräulichen Schoß, und alle bekennen dich als Woh-

nung und Tempel dessen, der eines Wesens mit dem Vater ist. Zu Recht sagt der Prophet von dir: ›Du warst unsere Zuflucht und Hilfe gegen die Sturzbäche in den Tagen der Angst und Not‹ (vgl. Ps 46,2)« *(Testi mariani del primo millennio,* IV, Rom, 1991, S. 589).

Generalaudienz vom 13. November 2002

## JESAJA 40,10–17

10
*Seht, Gott der Herr, kommt mit Macht,*
*er herrscht mit starkem Arm.*
*Seht, er bringt seinen Siegespreis mit:*
*Alle, die er gewonnen hat, gehen vor ihm her.*
11
*Wie ein Hirt führt er seine Herde zur Weide,*
*er sammelt sie mit starker Hand.*
*Die Lämmer trägt er auf dem Arm,*
*die Mutterschafe führt er behutsam.*
12
*Wer mißt das Meer mit der hohlen Hand?*
*Wer kann mit der ausgespannten Hand den Himmel vermessen?*
*Wer mißt den Staub der Erde mit einem Scheffel?*
*Wer wiegt die Berge mit einer Waage*
*und mit Gewichten die Hügel?*
13
*Wer bestimmt den Geist des Herrn?*
*Wer kann sein Berater sein und ihn unterrichten?*
14
*Wen fragt er um Rat,*
*und wer vermittelt ihm Einsicht?*
*Wer kann ihn über die Pfade des Rechts belehren?*
*Wer lehrt ihn das Wissen*
*und zeigt ihm den Weg der Erkenntnis?*
15
*Seht, die Völker sind wie ein Tropfen am Eimer,*
*sie gelten so viel wie ein Stäubchen auf der Waage.*
*Ganze Inseln wiegen nicht mehr als ein Sandkorn.*
16
*Der Libanon reicht nicht aus für das Brennholz,*
*sein Wild genügt nicht für die Opfer.*
17
*Alle Völker sind vor Gott wie ein Nichts,*
*für ihn sind sie wertlos und nichtig.*

1. IM BUCH DES großen Propheten Jesaja, der im 8. Jahrhundert v. Chr. gelebt hat, sind auch die Stimmen anderer Propheten enthalten, die seine Jünger waren und sein Werk fortgesetzt haben. Das ist der Fall bei dem zweiten Jesaja – wie er von den Bibelwissenschaftlern genannt wird –, dem Propheten der Heimkehr Israels aus dem babylonischen Exil im 6. Jahrhundert v. Chr. Sein Werk umfaßt die Kapitel 40–55 des Buches Jesaja, und dem ersten Kapitel ist das soeben erklungene Canticum entnommen, das in die Liturgie der Laudes eingefügt wurde.
Das Canticum besteht aus zwei Teilen: Die ersten beiden Verse stammen vom Ende eines schönen Trostspruches, der die Heimkehr der Verbannten unter der Führung Gottes nach Jerusalem ankündigt (vgl. Jes 40,1–11). Die nachfolgenden Verse sind der Anfang einer apologetischen Rede, die Gottes Allwissenheit und Allmacht preist und andererseits die Hersteller von Götzenbildern scharf kritisiert.

2. AM ANFANG DES liturgischen Textes erscheint also die mächtige Gestalt Gottes – ihm voraus die Trophäen –, der nach Jerusalem heimkehrt, so wie Jakob mit den ihm vorausziehenden Herden ins Heilige Land zurückgekehrt ist (vgl. Gen 31,17; 32,17). Gottes Trophäen sind die verbannten Juden, die er der Hand ihrer Eroberer entrissen hat. Gott wird also »wie ein Hirt« dargestellt (Jes 40,11). Dieses in der Bibel und in anderen alten Traditionen enthaltene Bild erinnert an den Gedanken der Führung und Herrschaft, aber hier sind die Züge voll Zärtlichkeit und Liebe, denn der Hirt ist auch Wegbegleiter seiner Schafe (vgl. Ps 23). Er sorgt für die Herde, das heißt, er ernährt sie und sammelt sie, damit sie nicht zerstreut wird, er achtet besonders auf die Lämmer und die Mutterschafe (vgl. Jes 40,11).

3. NACH DER BESCHREIBUNG des Einzugs des Herrn als König und Hirt folgt die Reflexion über sein Handeln als Schöpfer des Universums. Niemand ist ihm gleich in diesem großartigen und kolossalen Werk: der Mensch nicht und noch weniger die Götzen, die tote und machtlose Wesen sind. Der Prophet stellt dann eine Reihe rhetorischer Fragen, in denen schon die Antwort enthalten ist. Sie werden in der Art einer Gerichtsverhandlung gestellt:

Niemand ist imstande, das ganze Ausmaß des von Gott geschaffenen Universums zu ermessen. Der Prophet gibt zu verstehen, daß die menschlichen Mittel für diese Aufgabe unzureichend, ja geradezu lächerlich sind. Anderseits ist Gott ein einsamer Baumeister; niemand kann ihm helfen oder ihn beraten bei einem so umfassenden Plan wie dem der kosmischen Schöpfung (vgl. V. 13–14). Niemand kann mit Gott rivalisieren und sich seiner gewaltigen Macht oder seiner unbegrenzten Weisheit rühmen.
Cyrill von Jerusalem stützt sich in seiner 18. Taufkatechese auf unser Canticum und lädt dazu ein, Gott nicht mit dem Metermaß unserer menschlichen Begrenztheit zu messen: »Für dich, der du ein winzig kleiner und schwacher Mensch bist, ist Indien weit von Gothien und Spanien weit von Persien entfernt. Für Gott aber, der die ganze Erde in seiner Hand hält, ist alles nahe« (in: *Bibliothek der Kirchenväter,* Bd. 41, München-Kempten, 1922, S. 338).

4. NACH DEM LOBPREIS auf die Allmacht Gottes in der Schöpfung beschreibt der Prophet dessen Herrschaft über die Geschichte, das heißt über die Nationen, über die Menschheit, die die Erde bevölkert. Die Bewohner bekannter Gebiete, aber auch die aus fernen Regionen, die die Bibel weit entfernte »Inseln« nennt, sind in Wirklichkeit winzig klein gegenüber der unendlichen Größe des Herrn. Die Bilder haben eine starke Leuchtkraft und Ausstrahlung. Die Völker sind »wie ein Tropfen am Eimer«, wie »ein Stäubchen auf der Waage«, wie »ein Sandkorn« (Jes 40,15).
Niemand wäre in der Lage, ein Dankopfer herzurichten, das dieses großartigen Herrn und Königs würdig ist. Die Tiere der Erde und die Zedernwälder des Libanon reichten nicht aus, um das Feuer für dieses Opfer zu entfachen. Der Prophet weist den Menschen in seine Schranken zurück angesichts der unendlichen Größe und der souveränen Allmacht Gottes. Das Schlußwort ist lapidar: »Alle Völker sind vor Gott wie ein Nichts, für ihn sind sie wertlos und nichtig« (V. 17).

5. DER GLÄUBIGE WIRD deshalb von Tagesbeginn an zur Anbetung des allmächtigen Herrn eingeladen. Gregor von Nyssa, Kirchenvater von Kappadozien (4. Jahrhundert), dachte über die Worte des Canticum von Jesaja nach: »Wenn wir das Wort ›allmächtig‹ hören, denken wir an die Tatsache, daß Gott alles

im Dasein erhält, sowohl die intelligiblen Lebewesen als auch diejenigen, die zur materiellen Schöpfung gehören. In der Tat, darum hält er den Erdkreis, darum hält er die Enden der Erde, darum umfaßt er den Himmel mit seiner Faust, darum mißt er das Wasser mit der Hand, darum ist die ganze geisterfüllte Schöpfung in ihm enthalten: Denn alles bleibt im Dasein, alles wird mit Macht von der Macht gehalten, die es umfängt« *(Teologia trinitaria,* Mailand 1994, S. 625).

Hieronymus seinerseits verweilt staunend vor einer anderen überraschenden Wahrheit: der Wahrheit, daß Christus, »obwohl er Gott gleich war … sich entäußerte und wie ein Sklave und den Menschen gleich wurde« (vgl. Phil 2,6–7). Dieser unendliche und allmächtige Gott – so schreibt Hieronymus – hat sich klein und hilflos gemacht. Hieronymus betrachtet ihn im Stall von Bethlehem und ruft aus: »Er, der die ganze Welt in seiner Hand trägt, läßt sich in die enge Krippe legen« *(Brief* 22,39; in: *Bibliothek der Kirchenväter,* Bd. 16, München-Kempten 1936, S. 113).

Generalaudienz vom 20. November 2002

## PSALM 99

1
*Der Herr ist König: Es zittern die Völker.*
*Er thront auf den Kerubim: Es wankt die Erde.*
2
*Groß ist der Herr auf Zion,*
*über alle Völker erhaben.*
3
*Preisen sollen sie deinen großen, majestätischen Namen.*
*Denn er ist heilig.*
4
*Stark ist der König, er liebt das Recht.*
*Du hast die Weltordnung fest begründet,*
*hast Recht und Gerechtigkeit in Jakob geschaffen.*
5
*Rühmt den Herrn, unsern Gott;*
*werft euch am Schemel seiner Füße nieder!*
*Denn er ist heilig.*
6
*Mose und Aaron sind unter seinen Priestern,*
*Samuel unter denen, die seinen Namen anrufen;*
*sie riefen zum Herrn, und er hat sie erhört.*
7
*Aus der Wolkensäule sprach er zu ihnen;*
*seine Gebote hielten sie,*
*die Satzung, die er ihnen gab.*
8
*Herr, unser Gott, du hast sie erhört;*
*du warst ihnen ein verzeihender Gott,*
*aber du hast ihre Frevel vergolten.*
9
*Rühmt den Herrn, unsern Gott,*
*werft euch nieder an seinem heiligen Berge!*
*Denn heilig ist der Herr, unser Gott.*

1. »DER HERR IST KÖNIG.« Dieser Zuruf, mit dem der soeben gehörte Psalm 99 beginnt, offenbart dessen Grundthema und kennzeichnende literarische Gattung. Es ist ein Canticum, das vom Volk Gottes zum Herrn aufsteigt, der als höchster tran-

szendenter Herrscher die Welt und die Geschichte regiert. Es knüpft an andere ähnliche Gesänge wie die Psalmen 96–98 an, die in der Liturgie der Laudes als ideales Morgengebet angeboten werden und über die wir schon nachgedacht haben (siehe S. 212 zu Ps 96, S. 149 zu Ps 97 und S. 235 zu Ps 98).
In der Tat weiß der Gläubige zu Tagesbeginn, daß er nicht einem blinden ungewissen Zufall ausgeliefert ist, daß er nicht seiner unsicheren Freiheit überlassen noch den Entscheidungen Dritter anvertraut oder den Wechselfällen der Geschichte unterworfen ist. Er weiß, daß über jeder irdischen Wirklichkeit der Schöpfer und Erlöser in seiner Größe, Heiligkeit und Barmherzigkeit steht.

2. VERSCHIEDEN SIND DIE von den Bibelwissenschaftlern vorgebrachten Hypothesen über die Verwendung dieses Psalms in der Liturgie des Tempels von Zion. Der Psalm trägt jedenfalls die Merkmale eines kontemplativen Lobes, das zum Herrn aufsteigt, der in der himmlischen Herrlichkeit vor allen Völkern der Erde thront (vgl. V. 1). Aber Gott macht sich in einem Raum und inmitten einer Gemeinde, das heißt in Jerusalem (vgl. V. 2), gegenwärtig, indem er zeigt, daß er der »Gott mit uns« ist.
Sieben hohe Titel werden Gott schon in den ersten Versen vom Psalmisten zuerkannt: Er ist König, groß, erhaben, majestätisch, heilig, stark und gerecht (vgl. V. 1–4). Im weiteren wird Gott auch als »verzeihend« (V. 8) beschrieben. Besonders betont wird die Heiligkeit Gottes: Denn dreimal wird – gleichsam als Antiphon – wiederholt, daß »er heilig ist« (V. 3.5.9). Am Schluß wird in der biblischen Sprache die göttliche Transzendenz besonders hervorgehoben. Gott übersteigt uns und steht unendlich höher als alle seine Geschöpfe. Aber diese Transzendenz macht ihn nicht zu einem gleichgültigen und fernstehenden Herrscher: Wenn er angerufen wird, antwortet er (vgl. V. 6). Gott ist derjenige, der retten kann, der einzige, der die Menschheit vom Bösen und vom Tod befreien kann. Denn »er liebt das Recht«, und er »hat Recht und Gerechtigkeit in Jakob geschaffen« (V. 4).

3. ÜBER DAS THEMA der Heiligkeit Gottes haben die Kirchenväter zahllose Betrachtungen angestellt und die göttliche Unzugänglichkeit gerühmt. Aber dieser transzendente und heilige Gott hat sich dem Menschen genähert. Ja, er hat sich, wie der

hl. Irenäus sagt, schon im Alten Testament an den Menschen »gewöhnt«, indem er sich durch Erscheinungen geoffenbart und durch die Propheten gesprochen hat, während der Mensch sich an Gott »gewöhnt hat« und gelernt hat, ihm zu folgen und zu gehorchen. Der hl. Ephraim betont sogar in einer seiner Hymnen, daß durch die Menschwerdung »der Heilige seine Wohnung im Leib (Mariens) in körperlicher Weise genommen hat, jetzt nimmt er in geistlicher Weise im Denken seine Wohnung« *(Inni sulla Natività,* 4,130). Aufgrund des Geschenkes der Eucharistie und in Analogie zur Menschwerdung »ist das Heilmittel des Lebens aus der Höhe herabgekommen, um unter denen zu wohnen, die seiner würdig sind. Nachdem er eingetreten war, hat er mit uns Wohnung genommen, so daß wir uns in ihm heiligen« *(Inni conservati in armeno,* 47,27.30).

4. DIESE ENGE VERBINDUNG zwischen der »Heiligkeit« und der Nähe Gottes wird auch im Psalm 99 entfaltet. Nachdem er die absolute Vollkommenheit des Herrn betrachtet hat, erinnert der Psalmist daran, daß Gott durch Mose und Aaron, seine Vermittler, wie auch durch Samuel, seinen Propheten, in ständigem Kontakt mit seinem Volk gestanden ist. Er hat gesprochen und ist gehört worden, er hat die Übeltaten bestraft, aber er hat die Verbrechen wieder verziehen.
Zeichen seiner Gegenwart unter dem Volk war »der Schemel seiner Füße«, das heißt der Thron der Bundeslade des Tempels von Zion (V. 5–8). Der heilige und unsichtbare Gott machte sich also bereit für sein Volk durch Mose, den Gesetzgeber, durch Aaron, den Priester, durch Samuel, den Propheten. Er offenbarte sich in heilbringenden Worten und Handlungen und urteilte gerecht, und er war durch die Feier des Gottesdienstes im Tempel auf Zion schon gegenwärtig.

5. WIR KÖNNTEN ALSO sagen, daß Psalm 99 sich heute in der Kirche, dem Sitz der Gegenwart des heiligen und transzendenten Gottes, verwirklicht. Der Herr hat sich nicht in den unerreichbaren Raum seines Geheimnisses zurückgezogen. Er »richtet den Erdkreis gerecht, die Nationen so, wie es recht ist« (Ps 98,9).
Gott ist vor allem in seinem Sohn zu uns gekommen, der einer von uns wurde, um sein Leben und seine Heiligkeit in uns einzugießen. Deshalb treten wir jetzt nicht mit Furcht, sondern

mit Vertrauen vor Gott hin. Denn wir haben in Christus den Hohenpriester, der heilig, unschuldig und makellos ist. Er kann »auch die, die durch ihn vor Gott hintreten, für immer retten; denn er lebt allezeit, um für sie einzutreten« (Hebr 7,25). Unser Gesang ist darum voll Zuversicht und Freude und rühmt den König, den Herrn, der in unserer Mitte wohnt und alle Tränen von unseren Augen abwischt (vgl. Offb 21,3–4).

Generalaudienz vom 27. November 2002

# PSALM 51,3.12–13.15–16

*3*
*Gott, sei mir gnädig nach deiner Huld,*
*tilge meine Frevel nach deinem reichen Erbarmen!*
*12*
*Erschaffe mir, Gott, ein reines Herz,*
*und gib mir einen neuen, beständigen Geist!*
*13*
*Verwirf mich nicht von deinem Angesicht,*
*und nimm deinen heiligen Geist nicht von mir!*
*15*
*Dann lehre ich Abtrünnige deine Wege,*
*und die Sünder kehren um zu dir.*
*16*
*Befrei mich von Blutschuld, Herr, du Gott meines Heiles,*
*dann wird meine Zunge jubeln über deine Gerechtigkeit.*

1. DIE LITURGIE DER LAUDES bietet uns allwöchentlich den 51. Psalm, das berühmte *Miserere,* an. Wir haben ihn in Auszügen schon betrachtet (siehe S. 78 und 166). Auch jetzt beschäftigen wir uns mit einem Abschnitt dieser großartigen Bitte um Vergebung, nämlich mit den Versen 12–16.
Es ist von besonderer Bedeutung, daß im hebräischen Original dreimal das Wort »Geist« vorkommt; er wird von Gott als Geschenk erbeten und vom Geschöpf, das die eigenen Sünden bereut, empfangen: »Gib mir einen neuen, beständigen Geist … nimm deinen heiligen Geist nicht von mir … mit einem willigen Geist rüste mich aus!« (V. 12.13.14). Wir könnten in der liturgischen Fachsprache gewissermaßen von einer »Epiklese« sprechen, das heißt von einer dreifachen Anrufung des göttlichen Geistes, der bei der Erschaffung der Welt über dem Wasser schwebte (vgl. Gen 1,2), aber jetzt in die Seele des Gläubigen eingeht, ihr neues Leben einflößt und sie aus dem Reich der Sünde in das himmlische Reich der Gnade erhebt.

2. DIE KIRCHENVÄTER SEHEN in dem vom Psalmisten erbetenen »Geist« die wirksame Gegenwart des Heiligen Geistes. So ist Ambrosius überzeugt, daß es sich um den einen Heiligen Geist handelt, »der in den Propheten feurig entbrannte, (von

Christus) in die Apostel eingeflößt wurde und im Sakrament der Taufe mit dem Vater und dem Sohn eins wurde« *(Lo Spirito Santo* I,4,55: *Sancti Ambrosii Episcopi Mediolanensis Opera* 16, S. 95). Dieselbe Überzeugung haben auch andere Kirchenväter wie Didymos der Blinde von Alexandrien in Ägypten und Basilius von Cäsarea in ihren jeweiligen Traktaten über den Heiligen Geist zum Ausdruck gebracht (Didymos der Blinde, *Lo Spirito Santo,* Rom, 1990, S. 59; Basilius von Cäsarea, *Lo Spirito Santo,* IX,22, Rom, 1993, S. 117 f.).
Als Ambrosius feststellt, daß der Psalmist von jener Freude spricht, von der die Seele durchströmt wird, wenn sie einmal den großmütigen und machtvollen Geist Gottes empfangen hat, kommentiert er: »Die Fröhlichkeit und die Freude sind Früchte des Heiligen Geistes, und der Höchste Geist ist das, worauf wir vor allem gründen. Wer also durch den Höchsten Geist gestärkt wird, unterliegt nicht der Knechtschaft, kann nicht Sklave der Sünde sein, kann nicht unentschlossen sein; er irrt nicht umher und ist in den Entscheidungen nicht unsicher, sondern er ist auf Felsen gebaut und steht auf festen Füßen« *(Apologia del profeta David a Teodosio Augusto,* 15,72: *Sancti Ambrosii Episcopi Mediolanensis Opera* 5, 129).

3. MIT DIESER DREIFACHEN Anrufung des »Geistes« entfaltet der 51. Psalm, nachdem er in den vorhergehenden Versen das finstere Gefängnis der Sünde beschrieben hat, das leuchtende Reich der Gnade. Es ist eine große Wende, vergleichbar mit einer neuen Schöpfung: Wie Gott in den Anfängen seinen Geist in die Materie eingehaucht und die menschliche Person erschaffen hat (vgl. Gen 2,7), so erschafft (vgl. Ps 51,12), erneuert, verwandelt und verändert derselbe Geist den reumütigen Sünder; er nimmt ihn wieder auf (vgl. V. 13) und läßt ihn wieder an der Freude über das Heil teilhaben (vgl. V. 14). Der Mensch, nunmehr vom göttlichen Geist beseelt, wandelt auf dem Pfad der Gerechtigkeit und Liebe, wie es in einem anderen Psalm heißt: »Lehre mich, deinen Willen zu tun; denn du bist mein Gott. Dein guter Geist leite mich auf ebenem Pfad« (Ps 143,10).

4. DER BITTENDE, DER die innere Wiedergeburt erfahren hat, wird nun zum Zeugen. Er verspricht Gott, »die Abtrünnigen die Wege des Guten zu lehren« (vgl. Ps 51,15), damit sie wie der verlorene Sohn zum Haus des Vaters zurückkehren können. In

der gleichen Weise hatte Augustinus, nachdem er die finsteren Wege der Sünde gegangen war, dann das Bedürfnis gehabt, in seinen *Bekenntnissen* die Freiheit und Freude der Erlösung zu bezeugen.
Wer die barmherzige Liebe Gottes erfahren hat, der wird ein eifriger Zeuge, vor allem gegenüber all jenen, die noch in die Fänge der Sünden verstrickt sind. Wir denken an Paulus, der, von Christus auf der Straße nach Damaskus geblendet, ein unermüdlicher Verkünder der göttlichen Gnade geworden ist.

5. EIN LETZTES MAL blickt der Beter auf seine dunkle Vergangenheit zurück und ruft zu Gott: »Befrei mich von Blutschuld, Herr, du Gott meines Heiles« (V. 16). Die »Blutschuld«, auf die er hinweist, wird in der Heiligen Schrift verschieden ausgelegt. Die dem König David in den Mund gelegte Anspielung bezieht sich auf den Mord an Urija, dem Gatten von Batseba, jener Frau, die die Leidenschaft des Herrschers entfacht hatte. Im erweiterten Sinn zeigt die Anrufung das Verlangen nach Reinigung vom Bösen, von der Gewalt, vom Haß, die im menschlichen Herzen immer präsent sind durch die finstere Macht des Bösen. Jetzt aber singen die von der Sünde gereinigten Lippen des Gläubigen das Lob des Herrn.
Und der Abschnitt des 51. Psalms, den wir heute kommentiert haben, endet gerade mit der Verpflichtung, die »Gerechtigkeit« Gottes zu verkünden. Das Wort »Gerechtigkeit« beschreibt eigentlich nicht, wie es so oft in der Bibelsprache vorkommt, die Bestrafung des Bösen durch Gott, sondern es weist vielmehr auf die Wiederherstellung des Sünders hin, weil Gott seine Gerechtigkeit dadurch kundtut, daß er die Sünder gerecht macht (vgl. Röm 3,26). Gott freut sich nicht über den Tod des Sünders, sondern darüber, daß er seine bösen Wege verläßt und am Leben bleibt (vgl. Ez 18,23).

Generalaudienz vom 4. Dezember 2002

## JEREMIA 14,17–21

17
*Meine Augen fließen über von Tränen bei Tag und bei Nacht*
*und finden keine Ruhe.*
*Denn großes Verderben brach herein über die Jungfrau,*
*die Tochter, mein Volk, eine unheilbare Wunde.*
18
*Gehe ich aufs Feld hinaus – seht, vom Schwert Durchbohrte! Komme*
*ich in die Stadt – seht, vom Hunger Gequälte!*
*Ja, auch Propheten und Priester werden verschleppt in ein Land,*
*das sie nicht kennen.*
19
*Hast du denn Juda ganz verworfen,*
*wurde dir Zion zum Abscheu?*
*Warum hast du uns so geschlagen,*
*daß es für uns keine Heilung mehr gibt?*
*Wir hofften auf Heil, doch kommt nichts Gutes,*
*auf die Zeit der Heilung, doch ach, nur Schrecken!*
20
*Wir erkennen, Herr, unser Unrecht, die Schuld unsrer Väter:*
*Ja, wir haben gegen dich gesündigt.*
21
*Um deines Namens willen verschmäh nicht,*
*verstoß nicht den Thron deiner Herrlichkeit!*
*Gedenke deines Bundes mit uns, und löse ihn nicht!*

1. DAS CANTICUM, DAS der Prophet Jeremia aus seinem geschichtlichen Horizont zum Himmel erhebt (14,17–21), ist bitter und leidvoll. Wir haben es soeben als Anrufung gehört, wobei die Liturgie der Laudes es am Freitag anführt, dem Tag, an dem sie des Todes des Herrn gedenkt. Der Kontext, aus dem diese Klage aufsteigt, ist durch eine Plage gekennzeichnet, die die Länder des Nahen Ostens oft trifft: die Dürre. Aber mit diesem dramatischen Naturereignis verknüpft der Prophet die nicht weniger schreckliche Tragödie des Krieges: »Gehe ich aufs Feld hinaus – seht, vom Schwert Durchbohrte! Komme ich in die Stadt – seht, vom Hunger Gequälte!« (V. 18). Die Beschreibung trifft leider auf viele Regionen unseres Planeten zu.

2. JEREMIA TRITT MIT tränenüberströmtem Gesicht in Erscheinung. Er weint ununterbrochen um »die Tochter seines Volkes«, das heißt um Jerusalem. Denn einem sehr bekannten biblischen Symbol zufolge ist die Stadt weiblich und wird als »Tochter Zion« dargestellt. Der Prophet nimmt innerlich Anteil am »Verderben« und an der »unheilbaren Wunde« seines Volkes (V. 17). Oft sind seine Worte von Schmerz und Tränen gezeichnet, weil sich Israel von der geheimnisvollen Botschaft, die das Leiden mit sich bringt, nicht angesprochen fühlt. Jeremia ruft an einer anderen Stelle aus: »Wenn ihr aber darauf nicht hört, so muß ich im Verborgenen weinen über den Hochmut, und mein Auge muß ohne Unterlaß Tränen vergießen, da die Herde des Herrn weggeführt wird« (13,17).

3. DER GRUND DIESER herzzerreißenden Klage des Propheten ist, wie gesagt, in zwei tragischen Ereignissen zu suchen: im Schwert und im Hunger, das heißt im Krieg und in der Hungersnot (vgl. Jer 14,18). Es handelt sich um eine schmerzliche geschichtliche Situation; bezeichnend dafür ist das Bild des Propheten und des Priesters, die Hüter des Wortes Gottes sind und »in ein unbekanntes Land verschleppt werden« (ebd.).
Der zweite Teil des Canticum (vgl. V. 19–21) ist keine persönliche, in erster Person erhobene Klage mehr, sondern ein gemeinsam an Gott gerichteter Anruf: »Warum hast du uns so geschlagen, daß es für *uns* keine Heilung mehr gibt?« (V. 19). Denn es gibt neben dem Schwert und dem Hunger eine noch größere Tragödie, nämlich die des Schweigens Gottes, der sich nicht mehr offenbart und sich scheinbar in seinem Himmel eingeschlossen hat, so als sei er des menschlichen Tuns überdrüssig. Die an ihn gerichteten Fragen sind deshalb im eigentlich religiösen Sinn deutlich und gespannt: »Hast du denn Juda ganz verworfen, wurde dir Zion zum Abscheu?« (V. 19). Man fühlt sich jetzt allein gelassen, ohne Frieden, ohne Heilung, ohne Hoffnung. Das sich selbst überlassene Volk fühlt sich verloren und von Furcht ergriffen.
Liegt nicht der eigentliche Grund von soviel Unzufriedenheit, die wir heute antreffen, in dieser existentiellen Vereinsamung? Die häufige Verunsicherung und die vielen unüberlegten Reaktionen kommen daher, daß man sich von Gott, dem heilbringenden Felsen, abgekehrt hat.
Zum Schluß verwendet der Prophet zwei grundlegende Begriffe: »Gedenken« und »Bund« (V. 21). Gott wird von seinem

Volk aufgefordert, an es »zu denken«, das heißt, den Faden seiner großherzigen Güte wieder aufzunehmen, die in der Vergangenheit so oft durch sein entscheidendes Eingreifen zur Rettung Israels offenbar wurde. Gott wird eingeladen, sich daran zu erinnern, daß er sich durch einen Bund der Treue und Liebe an sein Volk gebunden hat. Gerade wegen dieses Bundes kann das Volk darauf vertrauen, daß der Herr kommen wird, um es zu befreien und zu retten. Die von ihm übernommene Verpflichtung, die Ehre seines »Namens«, die Tatsache seiner Gegenwart im Tempel und »der Thron seiner Herrlichkeit« drängen Gott – nach dem Urteil über die Sünde und dem Schweigen – dazu, seinem Volk wieder nahe zu sein, um ihm Leben, Frieden und Freude zu schenken.

5. ABSCHLIESSEND KÖNNEN WIR neben die Bitte Jeremias eine rührende Mahnung stellen, die der hl. Cyprian im 3. Jahrhundert an die Christen von Karthago als ihr Bischof gerichtet hat. Cyprian ruft seine Gläubigen auf, in der Zeit der Verfolgung den Herrn anzuflehen. Dieser Bittruf ist nicht gleichzusetzen mit dem Gebet des Propheten, denn er enthält kein Sündenbekenntnis, weil die Verfolgung keine Strafe für die Sünden, sondern eine Teilhabe am Leiden Christi ist. Dennoch handelt es sich um eine ebenso inständige Bitte wie die des Jeremia. »Wir wollen« – sagt Cyprian – »in unermüdlichem Bitten und voll Vertrauen auf unsere Erhörung in Einfalt und Einmütigkeit den Herrn anflehen, indem wir unter Seufzen und Weinen uns an ihn wenden, wie es sich eben für solche ziemt, die da weilen inmitten der Trümmer der Wehklagenden und der Überreste der Furchtsamen, inmitten des zahlreichen Haufens der Erschlafften und winzigen Schar der noch aufrecht Stehenden! Wir wollen darum bitten, daß der Friede recht bald wiederkehre, daß wir in unseren Nöten und Gefahren schleunigst Hilfe finden und daß wir all das sich erfüllen sehen, was der Herr seinen Dienern in Aussicht zu stellen geruht:die Wiederherstellung seiner Kirche, die Sicherheit unseres Heils, heiteren Himmel nach dem Regen, Licht nach der Finsternis, friedliche Ruhe nach Sturm und Wind, die gütige Hilfe der väterlichen Liebe und die gewohnten Wundertaten der göttlichen Majestät« (*Epistula* 11,8 in: *Bibliothek der Kirchenväter,* Kempten-München 1928, Bd. 60, S. 41).

Generalaudienz vom 11. Dezember 2002

# PSALM 100

*1*
*Jauchzt vor dem Herrn, alle Länder der Erde!*
*2*
*Dient dem Herrn mit Freude! Kommt vor sein Antlitz mit Jubel!*
*3*
*Erkennt: Der Herr allein ist Gott.*
*Er hat uns geschaffen, wir sind sein Eigentum,*
*sein Volk und die Herde seiner Weide.*
*4*
*Tretet mit Dank durch seine Tore ein!*
*Kommt mit Lobgesang in die Vorhöfe seines Tempels!*
*Dankt ihm, preist seinen Namen!*
*5*
*Denn der Herr ist gütig, ewig währt seine Huld,*
*von Geschlecht zu Geschlecht seine Treue.*

1. WIR VERWEILEN HEUTE wieder (siehe S. 87) bei dem soeben verkündeten Psalm 100, der eine frohe Einladung zum Lob des Herrn, des Hirten seines Volkes, ist.
Sieben Imperative prägen die ganze Komposition und drängen die Gemeinschaft der Gläubigen, im Gottesdienst den Gott der Liebe und des Bundes zu feiern: »jauchzt«, »dient«, »kommt«, »erkennt«, »tretet durch die Tore ein«, »dankt ihm«, »preist seinen Namen«. Man könnte an eine liturgische Prozession denken, die sich anschickt, in den Tempel von Zion einzutreten, um eine Liturgie zu Ehren des Herrn zu feiern (vgl. Ps 15; 24; 95).
In dem Psalm häufen sich einige charakteristische Worte, die den Bund herausstellen sollen, der zwischen Gott und Israel besteht. Daraus ergibt sich vor allem die Bekräftigung der vollen Zugehörigkeit zu Gott: »Wir sind sein Eigentum, sein Volk« (Ps 100,3), die stolze und zugleich demütige Bekräftigung, weil Israel sich als »die Herde seiner Weide« präsentiert (ebd.). In anderen Texten wird die damit verbundene Beziehung ausgedrückt: »… er ist unser Gott« (vgl. Ps 95,7). Dann finden wir den Wortschatz der Liebesbeziehung, jene »Güte«, »Huld« und »Treue« (vgl. Ps 100,5), die im hebräischen Original mit Worten dargestellt wird, die bezeichnend sind für den Bund, der Israel an seinen Gott bindet.

2. AUCH DIE KOORDINATEN von Raum und Zeit kommen zur Sprache. Denn auf der einen Seite stellt sich uns die ganze mit ihren Bewohnern in das Lob Gottes einbezogene Erde vor (vgl. V. 2); dann verengt sich der Horizont bis auf den heiligen Bereich des Tempels in Jerusalem mit seinen Vorhöfen und Toren (vgl. V. 4), in denen die betende Gemeinde versammelt ist. Auf der anderen Seite bezieht man sich auf die Zeit in ihren drei Grunddimensionen: die Vergangenheit der Schöpfung (»er hat uns geschaffen«, V. 3), die Gegenwart des Bundes und des Kultes (»wir sind sein Eigentum, sein Volk und die Herde seiner Weide«, ebd.) und schließlich die Zukunft, in der die »von Geschlecht zu Geschlecht« erwiesene Huld und Treue des Herrn »ewig« währt (V. 5).

3. WERFEN WIR JETZT einen Blick auf die sieben Imperative, die eine ausführliche Einladung zum Lob Gottes bilden und fast den ganzen Psalm füllen (vgl. V. 2–4); sie finden dann im letzten Vers ihre Begründung in der Verherrlichung Gottes, der in seiner inneren und tiefen Identität betrachtet wird.
Zunächst wird zum lauten Jubel eingeladen, der die ganze Erde in das Lob des Schöpfers einbezieht. Wenn wir beten, sollen wir uns mit allen Betern im Einklang fühlen, die in verschiedenen Sprachen und Ausdrucksformen den einen Herrn verherrlichen. »Denn vom Aufgang der Sonne bis zu ihrem Untergang steht mein Name groß da bei den Völkern, und an jedem Ort wird meinem Namen ein Rauchopfer dargebracht und eine reine Opfergabe; ja, mein Name steht groß da bei den Völkern, spricht der Herr der Heere«, heißt es beim Propheten Maleachi (1,11).

4. DANN FOLGEN DER Liturgie und dem Ritus entsprechende Aufforderungen: »dienen«, »vor Gottes Angesicht kommen« und »durch die Tore des Tempels eintreten«. Diese Verben sind eine Anspielung auf die königlichen Audienzen und beschreiben die verschiedenen Gesten, die die Gläubigen ausführen, wenn sie in das Heiligtum von Zion eintreten, um am gemeinschaftlichen Gebet teilzunehmen. Nach dem kosmischen Gesang wird vom Volk Gottes, das die »Herde seiner Weide«, »sein Eigentum unter allen Völkern« ist (vgl. Ex 19,5), die Liturgie gefeiert.
Die Einladung, »mit Lobgesang« und »mit Dank durch seine Tore einzutreten«, erinnert uns an einen Abschnitt aus dem

Werk *Über die Mysterien* des hl. Ambrosius, in dem die Getauften beschrieben werden, die zum Altar treten: »So gereinigt, eilt die Schar … zu Christi Altar und spricht: ›Und ich darf hintreten zum Altare Gottes, zu Gott, der meine Jugend erfreut‹ (Ps 43,4). Sie hat das Kleid der alteingewurzelten Sündenschuld ausgezogen, und verjüngt von der Jugend des Adlers tritt sie eilends zu jenem himmlischen Mahl hinzu mit dem lauten Jubelruf: ›Du hast einen Tisch bereitet vor meinem Angesicht … Der Herr weidet mich, und nichts wird mir mangeln. Auf einem Weideplatz, da hat er mich gelagert, am Wasser der Erquickung mich aufgezogen‹ (Ps 23,1–2)« (in: *Bibliothek der Kirchenväter,* Bd. 32, Kempten-München 1917, S. 294 f.).

5. DIE ANDEREN IMPERATIVE, die den Psalm ausschmükken, stellen religiöse Grundhaltungen des Betenden vor: *das Anerkennen, Lobsingen* und *Danken*. Das Verb »anerkennen« drückt den Inhalt des Bekenntnisses des Glaubens an den einen Gott aus. Denn wir sollen bekennen: »Der Herr allein ist Gott« (Ps 100,3), und jeden Götzendienst und Stolz und jede Ihm entgegengesetzte menschliche Kraft bekämpfen.
Die übrigen Verben, das heißt »danken« und »preisen«, beziehen sich ebenso auf »den Namen« des Herrn (vgl. V. 4), das heißt auf seine Person, seine wirksame und heilbringende Gegenwart.
In diesem Licht führt der Psalm am Schluß zu einer feierlichen Verherrlichung Gottes, die eine Art Glaubensbekenntnis ist: Der Herr ist gütig, und seine Huld verläßt uns nie, denn er ist immer bereit, uns mit seiner barmherzigen Liebe zu stützen. In diesem Vertrauen überläßt sich der Beter ganz der Umarmung seines Gottes: »Kostet und seht, wie gut der Herr ist« – sagt der Psalmist an anderer Stelle – »wohl dem, der zu ihm sich flüchtet« (Ps 34,9; vgl. 1 Petr 2,3).

Generalaudienz vom 8. Januar 2003

## PSALM 119,145–148.151–152

### XIX (Qof)

*145*
*Erhöre mich, Herr, ich rufe von ganzem Herzen;*
*deine Gesetze will ich halten.*
*146*
*Ich rufe zu dir; errette mich,*
*dann will ich deinen Vorschriften folgen.*
*147*
*Schon beim Morgengrauen komme ich und flehe;*
*ich warte auf dein Wort.*
*148*
*Meine Augen eilen den Nachtwachen voraus;*
*denn ich sinne nach über deine Verheißung.*
*151*
*Doch du bist nahe, Herr, und alle deine Gebote sind Wahrheit.*
*152*
*Aus deinen Vorschriften weiß ich seit langem,*
*daß du sie für ewig bestimmt hast.*

1. AUF UNSEREM SCHON weit fortgeschrittenen Weg im Licht der Psalmen, den die Liturgie der Laudes anbietet, gelangen wir zu einer Strophe – genauer gesagt der 19. Strophe – des umfangreichsten Gebets des Psalters, des Psalms 119 (siehe S. 90). Es handelt sich um einen Teil dieses langen alphabetischen Canticum: Durch Wortspiele hat der Psalmist sein Werk in 22 Strophen unterteilt, die den 22 aufeinanderfolgenden Buchstaben des hebräischen Alphabets entsprechen: Jede Strophe besteht aus acht Versen, die mit hebräischen Worten beginnen, die ihrerseits alle mit demselben Buchstaben des Alphabets anfangen.
Die Strophe, die wir soeben gehört haben, ist eine vom hebräischen Buchstaben *qôf* geprägte Strophe und stellt den Beter vor, der Gott sein ganzes Leben im Glauben und Gebet darbringt (vgl. V. 145–152).

2. DAS RUFEN ZUM Herrn ist ohne Unterlaß, weil es ein fortwährendes Antworten auf das ständige Angebot des Wortes Gottes ist. In der Tat häufen sich auf der einen Seite die Bitten:

»erhöre mich«, »ich rufe zu dir«, »ich flehe«, »höre auf meine Stimme«. Auf der anderen Seite wird das Wort des Herrn gepriesen, das *die Gesetze, die Vorschriften, das Wort, die Verheißung, die Entscheide, die Weisung, die Gebote und die Zeichen Gottes* darlegt. Alle zusammen bilden einen Kreis, der gleichsam der Polarstern des Glaubens und der Zuversicht des Psalmisten ist. Das Gebet erweist sich deshalb als ein Dialog, der schon beim Morgengrauen beginnt (vgl. V. 147) und den ganzen Tag über anhält, besonders in den Schwierigkeiten des Daseins. Denn der Ausblick ist manchmal düster und gefahrvoll: »Mir nähern sich tückische Verfolger; sie haben sich weit von deiner Weisung entfernt« (V. 150). Aber der Beter hat die felsenfeste Sicherheit der Nähe Gottes durch sein Wort und seine Gnade: »Doch du bist nahe, Herr« (V. 151). Gott läßt den Gerechten nicht in die Hände der Verfolger fallen.

3. JETZT, NACHDEM DER einfache, aber wirksame Spruch der Strophe des Psalms 119 beschrieben worden ist, ein für den Tagesanfang geeigneter Spruch, wenden wir uns, um genau die Strophe zu erklären, die wir gehört haben, in unserer Betrachtung an einen großen Kirchenlehrer, den hl. Ambrosius, der in seinem Kommentar zum Psalm 119 diesem ganze 44 Paragraphen gewidmet hat.

Während er die ideelle Einladung aufgreift, von den ersten Morgenstunden an Gott zu loben, verweilt er insbesondere bei den Versen 147–148: »Schon beim Morgengrauen komme ich und flehe … Meine Augen eilen den Nachtwachen voraus.« Ambrosius ahnt in diesen Worten des Psalmisten die Idee eines ständigen Gebets, das allezeit fortdauert: »Wer den Herrn beschwört, tue so, als ob er keinen bestimmten Zeitpunkt kennt, der dem Gebet zum Herrn zu widmen ist, sondern bleibe immer in dieser Gebetshaltung. Ob wir essen, ob wir trinken, wir verkünden Christus, wir bitten Christus, wir denken an Christus, wir sprechen von Christus! Christus sei immer in unserem Herzen, immer auf unseren Lippen!« (*Commento al Salmo 118*/2. *Sancti Ambrosii Episcopi Mediolanensis Opera* 10, S. 297).

Indem er dann die Verse auf den Morgen bezieht und auch auf die Worte des Buchs der Weisheit anspielt, das vorschreibt, daß man, um Gott »zu danken, der Sonne zuvorkommen muß« (16,28), kommentiert Ambrosius: »Es wäre in der Tat schlimm, wenn die aufgehenden Sonnenstrahlen dich unverfroren und schamlos faulenzend im Bett überraschten und ein grelles Licht dir die verschlafenen und noch ganz benommenen Augen verletzte. Ein so langer Zeitraum, ohne geringste Andacht und ohne Darbringung eines geistlichen Opfers in einer vergeudeten Nacht verbracht, ist für uns eine Anklage« (ebd., S. 303).

4. WÄHREND ER DIE aufgehende Sonne betrachtet – wie er es in einem anderen berühmten Hymnus »beim Hahnenschrei«, dem *Aeterne rerum conditor,* getan hat, der in das Stundengebet eingegangen ist –, rüttelt Ambrosius uns mit folgenden Worten auf: »Weißt du denn nicht, o Mensch, daß du Gott an jedem Tag die Erstlingsfrüchte deines Herzens und deiner Stimme schuldest? Jeden Tag reift die Ernte; jeden Tag reift ihre Frucht. Lauf also der aufgehenden Sonne entgegen ... die Sonne der Gerechtigkeit will, daß man ihr zuvorkommt, und sie erwartet nichts anderes ... Wenn du dieser Sonne bei ihrem Aufgehen zuvorkommst, wirst du Christus als Licht empfangen. Er wird das erste Licht sein, das im Innersten deines Herzens erstrahlen wird. Er wird es sein, der für dich in den nächtlichen Stunden, wenn du über die Worte Gottes nachsinnst, das Morgenlicht scheinen läßt. Während du nachdenkst, wird es hell ... Dann eile frühmorgens zur Kirche, und bringe dort ihm zu Ehren die Erstlingsfrüchte deiner Frömmigkeit dar. Und wenn dich dann weltliche Verpflichtungen rufen, wird dich nichts daran hindern zu sprechen: ›Meine Augen eilen den Nachtwachen voraus; denn ich sinne nach über deine Verheißung‹, und mit gutem Gewissen kannst du dich deinen Geschäften widmen. Wie schön ist es, bei den Hymnen und Cantica, den Seligpreisungen, die du im Evangelium liest, anzufangen! Wie heilsam ist es, daß der Spruch des Herrn auf dich herabkommt und dich segnet; daß du, während du singend die Segnungen des Herrn wiederholst, dir vornimmst, die Tugenden zu entfalten, damit du auch in deinem Innern spürst, daß du dieses göttlichen Segens würdig bist« (ebd., S. 303, 309, 311, 313).
Nehmen wir die Mahnung des Ambrosius auf und öffnen wir jeden Morgen den Blick auf das tägliche Leben, auf seine Freuden und seine Ängste, während wir Gott bitten, er möge uns nahe sein und uns führen durch sein Wort, das Gelassenheit und Gnade einflößt.

Generalaudienz vom 15. Januar 2003

## WEISHEIT 9,1–6.9–11

*1*
*Gott der Väter und Herr des Erbarmens,*
*du hast das All durch dein Wort gemacht.*
*2*
*Den Menschen hast du durch deine Weisheit erschaffen,*
*damit er über deine Geschöpfe herrsche.*
*3*
*Er soll die Welt in Heiligkeit und Gerechtigkeit leiten und*
*Gericht halten in rechter Gesinnung.*
*4*
*Gib mir die Weisheit, die an deiner Seite thront,*
*und verstoß mich nicht aus der Schar deiner Kinder!*
*5*
*Ich bin ja dein Knecht, der Sohn deiner Magd,*
*ein schwacher Mensch, dessen Leben nur kurz ist,*
*und gering ist meine Einsicht in Recht und Gesetz.*
*6*
*Wäre einer auch vollkommen unter den Menschen,*
*er wird kein Ansehen genießen, wenn ihm deine Weisheit fehlt.*
*9*
*Mit dir ist die Weisheit, die deine Werke kennt*
*und die zugegen war, als du die Welt erschufst.*
*Sie weiß, was dir gefällt und was recht ist nach deinen Geboten.*
*10*
*Sende sie vom heiligen Himmel und*
*schick sie vom Thron deiner Herrlichkeit,*
*damit sie bei mir sei und alle Mühe mit mir teile,*
*und damit ich erkenne, was dir gefällt.*
*11*
*Denn sie weiß und versteht alles;*
*sie wird mich in meinem Tun besonnen leiten und*
*mich in ihrem Lichtglanz schützen.*

1. DAS SOEBEN ERKLUNGENE Canticum stellt uns den Hauptteil eines großen Gebets vor, das Salomo in den Mund gelegt wird, der in der biblischen Tradition als der gerechte und weise König schlechthin galt. Angeboten wird es uns im 9. Kapitel des Buches der Weisheit, einer Schrift des Alten Te-

staments, die kurz vor Beginn der christlichen Zeitrechnung vermutlich in Ägypten, in Alexandria, in griechischer Sprache verfaßt wurde. Aus ihr gewinnt man ein Bild vom lebendigen und offenen Judentum der jüdischen Diaspora in der hellenistischen Welt.
Das Buch der Weisheit bietet uns im wesentlichen drei theologische Gedankengänge an: die glückselige Unsterblichkeit als Endziel des Daseins des Gerechten (vgl. Kap. 1–5); die Weisheit als göttliches Geschenk und Führerin des Lebens und der Entscheidungen des Gläubigen (vgl. Kap. 6–9); die Heilsgeschichte, vor allem das entscheidende Ereignis des Auszugs aus der ägyptischen Unterdrückung als Zeichen des Kampfes zwischen Gut und Böse, der in eine vollständige Rettung und Erlösung mündet (vgl. Kap. 10–19).

2. SALOMO LEBTE EINIGE Jahrzehnte vor dem inspirierten Verfasser des Buches der Weisheit, wurde aber als Stammvater und geistiger Urheber der ganzen späteren Weisheitsschriften betrachtet. Der Gebetshymnus, der ihm zugeschrieben wird, ist ein feierlicher Ruf an den »Gott der Väter und des Erbarmens« (9,1), daß er das wertvolle Geschenk der Weisheit gewähre.
Offensichtlich wird in unserem Text auf die im Ersten Buch der Könige geschilderte Szene angespielt, als Salomo sich zu Beginn seiner Regierungszeit in die Hochebene von Gibeon begab, wo die bedeutendste Kulthöhe war, und wo er, nachdem er ein großes Opfer dargebracht hatte, nachts im Traum eine Offenbarung erhielt. Auf die Frage Gottes, der ihn einlud, ihn um ein Geschenk zu bitten, antwortete er: »Verleih deinem Knecht ein hörendes Herz, damit er dein Volk zu regieren und das Gute vom Bösen zu unterscheiden versteht« (1 Kön 3,90).

3. VON SALOMOS GEBET angeregt, wird in unserem Canticum eine Reihe von Anrufungen an den Herrn gerichtet, damit er den unersetzlichen Schatz gewähre, der die Weisheit ist.
In dem der Liturgie der Laudes entnommenen Abschnitt finden wir diese zwei Bitten: »Gib mir die Weisheit … Sende sie vom heiligen Himmel und schick sie vom Thron deiner Herrlichkeit« (Weish 9,4.10). Ohne diese Gabe hat man das Gefühl, ohne Führung zu sein, ohne einen Leitstern, der die moralischen Entscheidungen des Daseins lenkt: »Ich bin … ein schwacher Mensch, dessen Leben nur kurz ist, und gering ist meine Ein-

sicht in Recht und Gesetz ... ich werde kein Ansehen genießen, wenn mir deine Weisheit fehlt« (vgl. V. 5–6).
Es ist leicht verständlich, daß diese »Weisheit« nicht einfach Intelligenz oder praktische Fähigkeit ist, sondern Teilhabe am Geist Gottes, der »den Menschen durch seine Weisheit erschaffen hat« (vgl. V. 2). Es ist also die Fähigkeit, den tiefen Sinn des Daseins, des Lebens und der Geschichte zu erkennen, indem man über die Oberfläche der Dinge und Ereignisse hinausgeht, um ihre vom Herrn gewollte eigentliche Bedeutung zu erfassen.

4. DIE WEISHEIT GLEICHT einem Licht, das uns in unseren täglichen moralischen Entscheidungen erleuchtet und das uns den rechten Weg weist, damit wir »erkennen, was Gott gefällt und was recht ist nach seinen Geboten« (vgl. V. 9). Deshalb läßt uns die Liturgie mit den Worten des Buches der Weisheit am Tagesanfang beten, damit Gott mit seiner Weisheit bei uns sei und »die tägliche Mühe mit uns teile« (vgl. V. 10), indem er uns das Gute und das Böse, das Rechte und das Unrechte erkennen läßt.
Hand in Hand mit der göttlichen Weisheit gehen wir voll Zuversicht in die Welt hinaus. Wir halten uns fest an der Weisheit, indem wir sie mit bräutlicher Liebe lieben, wie Salomo, der dem Buch der Weisheit zufolge bekannte: »Sie (die Weisheit) habe ich geliebt und gesucht von Jugend auf, ich suchte sie als Braut heimzuführen und fand Gefallen an ihrer Schönheit« (8,2).

5. DIE KIRCHENVÄTER HABEN Christus als die Weisheit Gottes identifiziert, der Spur des Apostels Paulus folgend, der Christus »Gottes Kraft und Gottes Weisheit« nennt (1 Kor 1,24).
Wir schließen jetzt mit einem Gebet des hl. Ambrosius, der sich an Christus mit folgenden Worten wendet: »Lehre du mich Worte der Weisheit, denn du bist die Weisheit! Öffne du mein Herz, denn du hast das Buch aufgeschlagen! Öffne du die Tür, die im Himmel ist, denn du bist die Tür! Wer durch dich dort eintritt, nimmt das ewige Reich in Besitz; wer durch dich eintritt, wird nicht enttäuscht, denn wer in die Wohnung der Wahrheit eingetreten ist, kann nicht fehlgehen« (*Commento al Salmo* 118/1: *Sancti Ambrosii Episcopi Mediolanensis Opera* 9, S. 377).

Generalaudienz vom 29. Januar 2003

# PSALM 117

*1*
*Lobet den Herrn, alle Völker, preist ihn, alle Nationen!*
*2*
*Denn mächtig waltet über uns seine Huld,*
*die Treue des Herrn währt in Ewigkeit. Halleluja!*

1. WÄHREND WIR UNSERE Meditation über die Texte der Liturgie der Laudes fortsetzen, nehmen wir uns noch einmal einen bereits behandelten Psalm vor, den kürzesten der Texte des Psalters. Es ist der soeben gehörte Psalm 117, eine Art kleiner Hymnus, einem Stoßgebet ähnlich, das zu einem weltumspannenden Lobpreis des Herrn wird (siehe S. 98). Was verkündet wird, ist in zwei wichtigen Worten ausgedrückt: *Liebe* und *Treue* (vgl. V. 2). Mit diesen Worten faßt der Psalmist kurz den Bund zwischen Gott und Israel zusammen und stellt die tiefe, treue und vertrauensvolle Beziehung heraus, die zwischen dem Herrn und seinem Volk besteht. Wir hören hier den Widerhall der Worte, die Gott selbst auf dem Sinai gesprochen hat, als er an Mose vorüberging: »Jahwe ist ein barmherziger und gnädiger Gott, langmütig, reich an Huld und Treue« (Ex 34,6).

2. TROTZ SEINER KNAPPEN und bündigen Worte erfaßt *Psalm* 117 den Kern des Betens, das in der Begegnung und im lebendigen, persönlichen Dialog mit Gott besteht. In diesem Ereignis wird Gottes Geheimnis als Treue und Liebe offenbar.
Der Psalmist fügt einen besonderen Aspekt des Betens hinzu: Die Gebetserfahrung soll in die Welt ausstrahlen und sich in Zeugnis gegenüber den Menschen verwandeln, die unseren Glauben nicht teilen. Zu Beginn weitet sich der Horizont zu »allen Völkern« und »allen Nationen« (vgl. Ps 117,1), damit auch sie angesichts der Schönheit und der Freude über den Glauben den Wunsch verspüren, Gott zu erkennen, ihm zu begegnen und ihn zu loben.

3. IN EINER TECHNOLOGISCHEN Welt, die von der Verdunkelung des Heiligen untergraben wird, in einer Gesellschaft, die sich in einer gewissen Selbstzufriedenheit gefällt, ist das Zeugnis des Beters wie ein Lichtstrahl in der Finsternis.

Am Anfang mag das Beten nur Neugier erregen, aber mit der Zeit kann es einen nachdenklichen Menschen dazu bewegen, nach dem Sinn des Gebetes zu fragen, und es kann schließlich immer mehr den Wunsch wecken, die gleiche Erfahrung zu machen. Deshalb ist das Gebet nie ein Ereignis für sich allein, sondern es will sich weiten und die ganze Welt miteinbeziehen.

4. WIR BETRACHTEN JETZT den Psalm 117 mit den Worten eines großen Kirchenvaters des Ostens, des hl. Ephraim des Syrers, der im 4. Jahrhundert gelebt hat. In einem seiner *Hymnen über den Glauben,* im 14., bringt er den Wunsch zum Ausdruck, den Lobpreis Gottes nie verstummen zu lassen, und bezieht auch »alle, die die (göttliche) Wahrheit verstehen«, mit ein. Hier sein Zeugnis:
»Herr, wie könnte meine Harfe dich nicht mehr lobpreisen? / Wie könnte meine Zunge dir untreu werden? / Deine Huld hat mir aus meiner Verlegenheit geholfen, aber mein Wille ist noch unbeugsam.
Es ist recht, daß der Mensch deine Gottheit anerkennt, /es ist recht für die himmlischen Wesen, deine Menschheit zu preisen; / die himmlischen Wesen staunten, als sie sahen, wie sehr du dich erniedrigt hast, / und die auf Erden staunten, wie sehr du dich erhöht hast«
(9.–10. Strophe: *L'Arpa dello Spirito,* Rom 1999, S. 26–28).

5. IN EINEM ANDEREN Hymnus *(Nisibenische Hymnen,* 50) bekräftigt der hl. Ephraim diese Aufgabe des unablässigen Lobes und nennt als Grund, so wie es unser Psalm empfiehlt, Gottes Liebe und Erbarmen für uns: »In dir, Herr, möge mein Mund aus dem Schweigen Lob hervorbringen. / Unser Mund möge nicht versäumen, dich zu loben, / unsere Lippen mögen nicht versäumen zu bekennen; / dein Lob möge in uns erbeben!
Denn es ist der Herr, in den die Wurzel unseres Glaubens eingepflanzt ist; /er ist fern, aber dennoch nahe in der Vereinigung der Liebe. / Mögen die Wurzeln unserer Liebe an ihn gebunden sein, / möge das Vollmaß seines Erbarmens über uns ausgegossen werden«
(2. und 6. Strophe: S. 77, 80).

Generalaudienz vom 5. Februar 2003

## PSALM 118,1–2.19–20.22–23

1
*Danket dem Herrn, denn er ist gütig,*
*denn seine Huld währt ewig.*
2
*So soll Israel sagen:*
*Denn seine Huld währt ewig.*
19
*Öffnet mir die Tore zur Gerechtigkeit,*
*damit ich eintrete, um dem Herrn zu danken.*
20
*Das ist das Tor zum Herrn,*
*nur Gerechte treten hier ein.*
22
*Der Stein, den die Bauleute verwarfen,*
*er ist zum Eckstein geworden.*
23
*Das hat der Herr vollbracht,*
*vor unseren Augen geschah dieses Wunder.*

1. AN ALLEN GROSSEN und fröhlichen Festtagen des frühen Judentums, besonders am Paschafest, wurde die Sequenz der Psalmen 113–118 gesungen. Diese Reihe von Gesängen des Lobes und Dankes an Gott wurde das »ägyptische *Hallel*« genannt, weil in einem von ihnen, in Psalm 114, der Auszug Israels aus dem Land der Unterdrückung, dem Ägypten Pharaos, und das wunderbare Geschenk des göttlichen Bundes eindrucksvoll und poetisch besungen wurde. Der letzte Psalm also, der dieses »ägyptische *Hallel*« abschließt, ist genau Psalm 118, der soeben erklungen ist und von uns schon früher einmal kommentiert wurde (siehe S. 101).

2. DIESES LIED ZEIGT ganz klar eine liturgische Verwendung im Jerusalemer Tempel. Denn in seiner Struktur scheint sich eine Prozession den Weg zu bahnen, die in den »Zelten der Gerechten« (V. 15) beginnt, das heißt in den Häusern der Gläubigen. Diese rühmen den Schutz durch Gottes Hand, die den zu behüten vermag, der gerecht und zuversichtlich ist, auch wenn ihn böse Feinde bedrängen. Der Psalmist verwendet ein

anschauliches Bild: »Sie umschwirren mich wie Bienen, wie ein Strohfeuer verlöschen sie; ich wehre sie ab im Namen des Herrn« (V. 12).
Angesichts dieser überstandenen Gefahr bricht das Volk Gottes in »Frohlocken und Jubel« aus (V. 15) zu Ehren der »Rechten des Herrn, die erhoben war und mit Macht gewirkt hat« (vgl. V. 16). Hier ist also das Wissen, daß man nie allein und verlassen und dem Sturm ausgeliefert ist, den die Feinde entfesselt haben. Das letzte Wort hat wirklich Gott, der zwar eine harte Prüfung des Gläubigen zuläßt, ihn aber nicht dem Tod übergibt (vgl. V. 18).

3. AN DIESER STELLE scheint die Prozession das Ziel zu erreichen, das der Psalmist durch das Bild der »Tore zur Gerechtigkeit« (V. 19), das heißt der heiligen Pforte des Tempels von Zion, in Erinnerung ruft. Die Prozession begleitet den Helden, dem Gott den Sieg geschenkt hat. Er bittet darum, ihm die Tore zu öffnen, damit er »eintrete, um dem Herrn zu danken« (V. 19). »Nur Gerechte treten hier ein« mit ihm (V. 20). Er beschreibt die harte Prüfung, die er überwunden hat, und die darauf folgende Verherrlichung und vergleicht sich mit einem »Stein, den die Bauleute verwarfen« und der dann »zum Eckstein geworden« ist (V. 22).
Christus hat gerade dieses Bild und diesen Vers am Ende des Gleichnisses von den bösen Winzern verwandt, um sein Leiden und seine Verherrlichung anzukündigen (vgl. Mt 21,42).

4. INDEM CHRISTUS DEN Psalm auf sich selbst bezieht, öffnet er den Weg zum christlichen Verständnis dieses Liedes der Zuversicht und des Dankes an den Herrn für sein *hesed,* das heißt für seine liebevolle Treue, die im ganzen Psalm widerhallt (vgl. Ps 118,1.2.3.4.29).
Die Kirchenväter verwendeten zwei Symbole. Vor allem das der »Tore zur Gerechtigkeit«, das Klemens von Rom in seinem *Brief an die Korinther* wie folgt kommentiert hat: »Obgleich nun viele Tore offen stehen, so ist das Tor der Gerechtigkeit das Tor Christi; selig sind alle, die durch dieses eingehen und die geraden Weges wandeln ›in Heiligkeit und Gerechtigkeit‹ (Lk 1,75), indem sie unbeirrt alles vollbringen« (48,4: *Bibliothek der Kirchenväter,* Bd. 35, Kempten-München 1918, S. 57–58).

5. DAS ANDERE SYMBOL, das zum vorhergehenden hinzukommt, ist das des Felsen. Lassen wir uns also bei unserer Meditation vom hl. Ambrosius in seinem *Lukaskommentar* führen. Während er das Messiasbekenntnis des Petrus in Cäsarea Philippi kommentiert, betont er: »Der Fels ist Christus ... auch seinem Jünger enthielt er diesen Ehrennamen nicht vor, auf daß auch er ein ›Petrus‹ (Fels) wäre, indem er vom Fels (Christus) die Festigkeit der Standhaftigkeit und die Kraft des Glaubens haben sollte.«
Ambrosius beginnt dann seine Ermahnung: »Setze denn alle Kraft ein, daß auch du ein Fels seiest! Nicht außer dir, sondern in dir suche den Fels! Dein Fels ist die Tatkraft, dein Fels ist der Geist. Über diesem Felsen läßt sich dein Haus aufbauen, daß es durch keine Stürme der Geister der Bosheit erschüttert werden kann. Bist du Fels, wirst du der Kirche angehören; denn auf Felsengrund ruht die Kirche. Gehörst du der Kirche an, werden die Pforten der Unterwelt dich nicht überwältigen« (VI,97–99: *Bibliothek der Kirchenväter,* Kempten-München, Bd. 21, S. 320).

Generalaudienz vom 12. Februar 2003

## DANIEL 3,51–56

*51*
*Da sangen die drei im Ofen wie aus einem Mund,*
*sie rühmten und priesen Gott mit den Worten:*
*52*
*Gepriesen bist du, Herr, du Gott unserer Väter,*
*gelobt und gerühmt in Ewigkeit.*
*Gepriesen ist dein heiliger, herrlicher Name,*
*hoch gelobt und verherrlicht in Ewigkeit.*
*53*
*Gepriesen bist du im Tempel deiner heiligen Herrlichkeit,*
*hoch gerühmt und verherrlicht in Ewigkeit.*
*54*
*Gepriesen bist du,*
*der in die Tiefen schaut und auf Kerubim thront,*
*gelobt und gerühmt in Ewigkeit.*
*55*
*Gepriesen bist du auf dem Thron deiner Herrschaft,*
*hoch gerühmt und gefeiert in Ewigkeit.*
*56*
*Gepriesen bist du am Gewölbe des Himmels,*
*gerühmt und verherrlicht in Ewigkeit.*

1. »DA SANGEN DIE drei im Ofen wie aus einem Mund, sie rühmten und priesen Gott« (Dan 3,51). Dieser Satz leitet den berühmten Lobgesang ein, von dem wir soeben einen wichtigen Auszug gehört haben (siehe auch S. 107). Er findet sich im Buch Daniel, in dem Teil, der uns nur in griechischer Sprache überliefert ist und von mutigen Glaubenszeugen angestimmt wird, die das Standbild des Königs nicht anbeten und lieber einen schrecklichen Tod, das Martyrium im Feuerofen, auf sich nehmen wollen.

Es sind drei junge Juden, die vom Autor in geschichtlichen Zusammenhang mit dem Reich des schrecklichen babylonischen Herrschers Nebukadnezar gebracht werden, der die heilige Stadt Jerusalem im Jahr 586 v. Chr. zerstörte und das Volk Israel »an die Ströme von Babel« verschleppte (vgl. Ps 137). Auch in der höchsten Gefahr, als die Flammen an ihnen hochschlugen, hatten sie die Kraft, Gott zu loben, »zu rühmen und zu preisen«

in der Gewißheit, daß der Herr der Welt und der Geschichte sie nicht dem Tod und dem Nichts überlassen wird.

2. DER BIBLISCHE AUTOR, der einige Jahrhunderte später lebte, erinnert an dieses heroische Ereignis mit der Absicht, seine Zeitgenossen anzuspornen, das Banner des Glaubens während der Verfolgungen durch die syro-hellenistischen Könige des 2. Jahrhunderts v. Chr. hochzuhalten. Damals war die mutige Reaktion der Makkabäer festzustellen, die für die Freiheit des Glaubens und der jüdischen Tradition kämpften.
Der sogenannte »Lobgesang der drei jungen Männer« gleicht einer Fackel, die die Dunkelheit der Zeit der Unterdrückung und Verfolgung aufhellt, einer Zeit, die sich in der Geschichte Israels und selbst in der Geschichte des Christentums oft wiederholt. Und wir wissen, daß der Verfolger nicht immer das gewalttätige und furchterregende Gesicht des Unterdrückers hat, sondern oft Gefallen daran findet, den Gerechten durch Spott und Ironie zu isolieren, indem er ihn höhnisch fragt: »Wo ist nun dein Gott?« (Ps 42,4.11).

3. IN DEN LOBGESANG, den die drei jungen Männer aus dem glühenden Ofen ihrer Prüfung zum Herrn, dem Allmächtigen, aufsteigen lassen, sind alle Geschöpfe mit einbezogen. Sie weben eine Art vielfarbigen Teppich, auf dem die Sterne glänzen, die Jahreszeiten vorbeiziehen, die Tiere sich bewegen, die Engel in Erscheinung treten und vor allem die »Knechte des Herrn«, die »Demütigen« und die »Frommen« lobsingen (vgl. Dan 3,85.87).
Der zuvor gesungene Vers geht dieser herrlichen Aufzählung der Geschöpfe voraus. Er bildet den ersten Teil des Lobgesangs, der an die unsichtbare und doch so nahe glorreiche Gegenwart des Herrn erinnert. Ja, Gott ist in den Himmeln, von wo er »in die Tiefen schaut« (vgl. 3,54), aber er ist auch »im Tempel der Herrlichkeit« auf Zion (vgl. 3,53). Er sitzt »auf dem Thron seiner ewigen und unendlichen Herrschaft« (vgl. 3,55), und »er thront auf Kerubim« (vgl. 3,54), in der Bundeslade, die im Allerheiligsten des Tempels von Jerusalem steht.

4. ER IST EIN GOTT hoch über uns, fähig, uns mit seiner Macht zu retten; aber er ist auch ein Gott, der seinem Volk nahe ist, unter dem er in seinem »Tempel der Herrlichkeit« wohnen wollte,

um so seine Liebe zu zeigen. Eine Liebe, die er in Fülle offenbart, indem er »unter uns« seinen Sohn Jesus Christus, »voll Gnade und Wahrheit«, wohnen ließ (vgl. Joh 1,14). Er offenbarte seine Liebe in Fülle, indem er den Sohn zu uns sandte, damit dieser in allem, außer in der Sünde, unsere Befindlichkeit teile, die von Prüfungen, Unterdrückungen, Einsamkeit und Tod gezeichnet ist.

Das Loblied der drei jungen Männer an Gott, den Retter, wird in der Kirche auf verschiedene Weise fortgesetzt. Der hl. Klemens von Rom fügt beispielsweise am Ende seines *Briefes an die Korinther* ein langes Gebet des Lobes und der Zuversicht hinzu, das ganz durchzogen ist von biblischen Erinnerungen und vielleicht die alte römische Liturgie wiedergibt. Es ist ein Dankgebet an den Herrn, der die Geschichte trotz des scheinbaren Triumphs des Bösen zu einem guten Ende führt.

5. HIER EIN AUSZUG daraus:
»Du hast die Augen unseres Herzens erleuchtet (vgl. Eph 1,18),
damit wir dich, den einzigen (vgl. Joh 17,3)
höchsten Gott in den Himmelshöhen erkennen,
den Heiligen, der unter den Heiligen ruht,
der die Gewalt der Stolzen bricht (vgl. Jes 13,11),
der die Pläne der Völker zunichte macht (vgl. Ps 33,10),
der die Niedrigen erhöht und die Mächtigen erniedrigt
(vgl. Hiob 5,11).
Du, der uns reich und arm macht,
der tötet und lebendig macht (vgl. Dtn 32,39),
einziger Wohltäter der Geister und Gott allen Fleisches,
der in die Tiefen schaut (vgl. Dan 3,55),
der auf die Werke der Menschen achtet,
der denen hilft, die in Gefahr sind,
und die Hoffnungslosen rettet (vgl. Jdt 9,11);
Schöpfer und Hüter allen Geistes,
der du die Völker auf Erden vermehrst und die erwählt hast,
die dich lieben,
durch Jesus Christus, deinen geliebten Sohn,
durch den du uns gebildet, geheiligt und geehrt hast«
(59,3: *I Padri Apostolici,* Rom 1976, S. 88–89).

Generalaudienz vom 19. Februar 2003

# PSALM 150

*1*
*Halleluja! Lobet Gott in seinem Heiligtum,*
*lobt ihn in seiner mächtigen Feste!*
*2*
*Lobt ihn für seine großen Taten,*
*lobt ihn in seiner gewaltigen Größe!*
*3*
*Lobt ihn mit dem Schall der Hörner,*
*lobt ihn mit Harfe und Zither!*
*4*
*Lobt ihn mit Pauken und Tanz,*
*lobt ihn mit Flöten und Saitenspiel!*
*5*
*Lobt ihn mit hellen Zimbeln,*
*lobt ihn mit klingenden Zimbeln!*
*6*
*Alles, was atmet,*
*lobe den Herrn! Halleluja!*

1. ZUM ZWEITEN MAL erklingt in der Liturgie der Laudes der Psalm 150, den wir soeben gesungen haben (siehe auch S. 111). Er ist ein feierlicher Hymnus, ein Halleluja im Takt der Musik. Er ist das ideale Siegel des ganzen Psalters, des Gebet- und Gesangbuches der Liturgie Israels.
Der Text ist von einer wunderbaren Schlichtheit und Transparenz. Wir brauchen uns nur von dem eindringlichen Ruf, den Herrn zu loben, in Bann ziehen lassen: »Lobt Gott … Lobet ihn … Lobt ihn!« Gott wird zunächst unter zwei Grundaspekten seines Geheimnisses vorgestellt. Er ist sicher transzendent, geheimnisvoll und übersteigt unseren Horizont. Seine königliche Wohnstatt ist das himmlische »Heiligtum«, »seine mächtige Feste«, einer dem Menschen unzugänglichen Festung ähnlich. Und doch ist er uns nahe. Er ist im »Heiligtum« von Zion gegenwärtig und handelt in der Geschichte durch seine »Wundertaten«, die »seine gewaltige Größe« offenbaren und erfahrbar machen (vgl. V. 1–2).

2. ZWISCHEN ERDE UND Himmel besteht also gleichsam ein Kommunikationsfluß, in dem das Wirken des Herrn und

der Lobgesang der Gläubigen zusammentreffen. Die Liturgie vereint die beiden Heiligtümer, den irdischen Tempel und den unendlichen Himmel, Gott und den Menschen, die Zeit und die Ewigkeit.
Beim Gebet unternehmen wir eine Art Aufstieg in das göttliche Licht und erfahren zugleich, daß Gott herabsteigt und sich unserer Begrenztheit anpaßt, um uns zu hören und zu uns zu sprechen, um uns zu begegnen und uns zu heilen. Der Psalmist rät uns, bei diesem Gebetstreffen ein Hilfsmittel zu verwenden: die Zuhilfenahme der Musikinstrumente des Orchesters des Jerusalemer Tempels, wie Hörner, Harfe, Zither, Pauken, Flöten, Zimbeln. Auch das Sich-Bewegen im Reigen gehörte zum Jerusalemer Ritual (vgl. Ps 118,27). Im Psalm 47,8 erklingt derselbe Aufruf: »Spielt ihm ein Psalmenlied!«

3. ES IST ALSO notwendig, die Schönheit des Gebets und der Liturgie ständig neu zu entdecken und zu leben. Man soll nicht nur mit theologisch korrekten Formeln, sondern auch in schöner und würdevoller Weise zu Gott beten.
In dieser Hinsicht muß die christliche Gemeinschaft eine Gewissenserforschung vornehmen, damit in die Liturgie noch mehr die Schönheit der Musik und des Gesangs zurückkehren. Es ist notwendig, den Gottesdienst von Mißständen des Stils, von nachlässigen Ausdrucksformen, von banalen Musikstükken und Texten zu reinigen, die der Größe des Aktes, der gefeiert wird, wenig entsprechen.
Bedeutsam ist in dieser Hinsicht die Aufforderung des Epheserbriefes, Maßlosigkeit und Ausschweifung zu meiden und dafür der Reinheit des liturgischen Gesangs mehr Raum zu geben: »Berauscht euch nicht mit Wein – das macht zügellos –, sondern laßt euch vom Geist erfüllen! Laßt in eurer Mitte Psalmen, Hymnen und Lieder erklingen, wie der Geist sie eingibt. Singt und jubelt aus vollem Herzen zum Lob des Herrn! Sagt Gott, dem Vater, jederzeit Dank für alles im Namen Jesu Christi, unseres Herrn!« (5,18–20).

4. DER PSALMIST SCHLIESST mit der Einladung: »Alles was atmet, lobe den Herrn« (Ps 150,5), wörtlich »jeder Hauch«, »jeder Atem«, womit im Hebräischen »jedes Lebewesen, das Atem hat«, besonders »jeder lebendige Mensch« gemeint ist (vgl. Dtn 20,16; Jos 10,40; 11,11.14). In das Gotteslob ist also vor allem

der Mensch mit seiner Stimme und seinem Herzen einbezogen. Mit ihm werden ideell alle Lebewesen, alle Geschöpfe, in denen Lebensgeist ist (vgl. Gen 7,22), zusammengerufen, damit sie ihr Danklied an den Schöpfer für das Geschenk des Lebens erheben.
Dieser universalen Einladung folgt auch der hl. Franziskus mit seinem eindrucksvollen »Sonnengesang«, in dem er dazu aufruft, den Herrn zu loben und ihm zu danken für alle Geschöpfe, die der Widerschein seiner Schönheit und seiner Güte sind (vgl. *Fonti Francescane,* 263).

5. AN DIESEM GESANG sollen besonders die Gläubigen teilhaben, wie der *Kolosserbrief* empfiehlt: »Das Wort Christi wohne mit seinem ganzen Reichtum bei euch. Belehrt und ermahnt einander in aller Weisheit! Singt Gott in eurem Herzen Psalmen, Hymnen und Lieder, wie sie der Geist eingibt« (3,16).
In seinem *Psalmenkommentar* schreibt Augustinus, daß er die Musikinstrumente an dieser Stelle als Symbole für die Heiligen ansieht, die Gott loben: »Ihr Heiligen seid die Hörner, das Saitenspiel, die Zither, die Pauken, der Chor, die Saiten und die Orgel und die jubelnden Zimbeln, die wunderbare Töne hervorbringen, das heißt, sie klingen harmonisch. Ihr seid all dies. Wenn man den Psalm hört, soll man nicht an Minderwertiges, an Vergängliches oder an theatralische Instrumente denken.« In Wirklichkeit ist »jeder Geist, der den Herrn lobt«, eine Stimme, die Gott lobpreist *(Esposizioni sui Salmi,* IV, Rom 1977, S. 934–935). Die höchste Musik also ist die, die aus unseren Herzen aufsteigt. Und Gott will gerade diese Harmonie in unseren Liturgien hören.

Generalaudienz vom 26. Februar 2003

# PSALM 90

1
*Herr, du warst unsere Zuflucht*
*von Geschlecht zu Geschlecht.*
2
*Ehe die Berge geboren wurden,*
*die Erde entstand und das Weltall,*
*bist du, o Gott, von Ewigkeit zu Ewigkeit.*
3
*Du läßt die Menschen zurückkehren zum Staub*
*und sprichst: »Kommt wieder, ihr Menschen!»*
4
*Denn tausend Jahre sind für dich*
*wie der Tag, der gestern vergangen ist,*
*wie eine Wache in der Nacht.*
5
*Von Jahr zu Jahr säst du die Menschen aus;*
*sie gleichen dem sprossenden Gras.*
6
*Am Morgen grünt es und blüht,*
*am Abend wird es geschnitten und welkt.*
7
*Denn wir vergehen durch deinen Zorn,*
*werden vernichtet durch deinen Grimm.*
8
*Du hast unsre Sünden vor dich hingestellt,*
*unsere geheime Schuld in das Licht deines Angesichts.*
9
*Denn all unsre Tage gehn hin unter deinem Zorn,*
*wir beenden unsere Jahre wie einen Seufzer.*
10
*Unser Leben währt siebzig Jahre,*
*und wenn es hoch kommt, sind es achtzig.*
*Das Beste daran ist nur Mühsal und Beschwer,*
*rasch geht es vorbei, wir fliegen dahin.*
11
*Wer kennt die Gewalt deines Zornes*
*und fürchtet sich vor deinem Grimm?*

12

*Unsre Tage zu zählen, lehre uns!*
*Dann gewinnen wir ein weises Herz.*

13

*Herr, wende dich uns doch endlich zu!*
*Hab Mitleid mit deinen Knechten!*

14

*Sättige uns am Morgen mit deiner Huld!*
*Dann wollen wir jubeln und uns freuen all unsre Tage.*

15

*Erfreue uns so viele Tage, wie du uns gebeugt hast,*
*so viele Jahre, wie wir Unglück erlitten.*

16

*Zeig deinen Knechten deine Taten*
*und ihren Kindern deine erhabene Macht!*

17

*Es komme über uns die Güte des Herrn, unsres Gottes.*
*Laß das Werk unsrer Hände gedeihen,*
*ja, laß gedeihen das Werk unsrer Hände!*

1. DIE SOEBEN MIT unseren Ohren und unseren Herzen vernommenen Psalmverse sind eine Weisheitsbetrachtung, die aber auch wie ein Gebet klingt. Denn der Beter des Psalms 90 stellt ein Thema in den Mittelpunkt seines Gebets, das von der Philosophie am meisten erforscht, von der Dichtung am meisten besungen, von der Erfahrung der Menschen aller Zeiten und Länder der Erde am tiefsten empfunden worden ist: die menschliche Hinfälligkeit und der Fluß der Zeit.

Wir denken an manche unvergeßliche Seite des Buches Hiob, in denen unsere Zerbrechlichkeit aufgezeigt wird. In der Tat, wir sind wie »jene, die im Lehmhaus wohnen, die auf den Staub gegründet sind; schneller als eine Motte werden sie zerdrückt. Vom Morgen bis zum Abend werden sie zerschlagen, für immer gehen sie zugrunde, unbeachtet« (Hiob 4,19–20). Unser Leben auf Erden ist »wie Schatten« (vgl. Hiob 8,9). Es ist wiederum Hiob, der bekennt: »Schneller als ein Läufer eilen meine Tage, sie fliehen dahin und schauen kein Glück. Sie gleiten vorbei wie Kähne aus Schilf, dem Adler gleich, der auf Beute stößt« (Hiob 9,25–26).

2. AM ANFANG SEINES Liedes, das einer Elegie gleicht (vgl. Ps 90,2–6), stellt der Psalmist die Ewigkeit Gottes und die ge-

ringe Zeit des Menschen mit Nachdruck einander gegenüber. Hier seine deutliche Erklärung: »Tausend Jahre sind für dich wie der Tag, der gestern vergangen ist, wie eine Wache in der Nacht« (V. 4).

Infolge der Ursünde zerfällt der Mensch einer göttlichen Weisung nach in Staub, aus dem er genommen worden war, wie es schon im Bericht der Genesis zu lesen ist: »Staub bist du, zum Staub muß du zurück« (3,19; vgl. 2,7). Der Schöpfer, der den Menschen in seiner ganzen Schönheit und Vielschichtigkeit formt, ist auch derjenige, der »den Menschen zum Staub zurückkehren läßt« (vgl. Ps 90,3). Und »Staub« ist in der biblischen Sprache auch symbolischer Ausdruck für den Tod, die Hölle, die Grabesstille.

3. IN DIESER BITTE kommt das Gefühl der menschlichen Begrenztheit sehr stark zum Ausdruck. Unser Dasein ist flüchtig wie das am Morgen sprießende Gras; es hört sogleich das Geräusch der Sichel, die es zu einem Haufen Heu werden läßt. Bald tritt die Dürre des Todes an die Stelle des frischen Lebens (vgl. V. 5–6; vgl. Jes 40,6–7; Hiob 14,1–2; Ps 103,14–16).

Wie es oft im Alten Testament geschieht, bringt der Psalmist diese radikale Schwäche mit der Sünde in Verbindung: In uns ist Endlichkeit, aber auch Schuld. Unserem Dasein scheinen deshalb auch der Zorn und das Gericht des Herrn zu drohen: »Denn wir vergehen durch deinen Zorn, werden vernichtet durch deinen Grimm. Du hast unsere Sünden vor dich hingestellt … Denn all unsere Tage gehn hin unter deinem Zorn« (Ps 90,7–9).

4. BEI ANBRUCH DES neuen Tages entreißt uns die Liturgie der Laudes mit diesem Psalm unserer Illusion und unserem Stolz. Das Menschenleben ist begrenzt. »Unser Leben währt siebzig Jahre, und wenn es hoch kommt, sind es achtzig«, spricht der Beter. Auch der Ablauf der Stunden, Tage und Monate ist von »Mühsal und Beschwer« gezeichnet (vgl. V. 10), und die Jahre selbst erweisen sich als »ein Seufzer« (vgl. V. 9).

Hier also die bedeutsame Lehre: Der Herr lehrt uns, »unsere Tage zu zählen«, damit wir sie mit gesundem Realismus annehmen und so »ein weises Herz gewinnen« (V. 12). Aber der Beter erbittet noch etwas von Gott: Seine Gnade stütze und erfreue unsere Tage, die so flüchtig und von Prüfungen gezeichnet

sind. Er möge uns die Hoffnung verspüren lassen, auch wenn die Wogen der Zeit uns mitzureißen scheinen. Allein die Gnade des Herrn kann unserem täglichen Tun Festigkeit und Ewigkeit schenken: »Es komme über uns die Güte des Herrn, unsres Gottes. Laß das Werk unserer Hände gedeihen, ja, laß gedeihen das Werk unsrer Hände!« (V. 17).
Durch das Gebet bitten wir Gott, daß ein Abglanz der Ewigkeit in unser kurzes Leben und Handeln eindringe. Durch die in uns gegenwärtige göttliche Gnade fällt ein Lichtstrahl auf den Ablauf der Tage, das Unglück wird zum Ruhm, und das, was sinnlos erscheint, wird Bedeutung erhalten.

5. WIR BEENDEN UNSERE Betrachtung über den Psalm 90, indem wir die altchristliche Tradition sprechen lassen, die den Psalm, ausgehend von der Gestalt des verherrlichten Christus, kommentiert. Der christliche Schriftsteller Origines schreibt in seinem *Traktat über die Psalmen,* der in lateinischer Übersetzung durch den hl. Hieronymus zu uns gelangt ist, daß es die Auferstehung Christi ist, die uns die vom Psalmisten erahnte Möglichkeit gibt, »zu jubeln und uns zu freuen all unsre Tage« (vgl. V. 14). Und das, weil das Ostern Christi die Quelle unseres Lebens nach dem Tod ist: »Nachdem wir uns über die Auferstehung unseres Herrn gefreut haben, durch die wir – so glauben wir – erlöst worden sind und eines Tages auch auferstehen werden, sind wir jetzt durch diese Zuversicht ermutigt und verbringen die uns noch verbleibenden Tage unseres Lebens in Freude; wir loben Gott mit geistlichen Liedern und Gesängen durch unsern Herrn Jesus Christus« (Origines-Hieronymus, *74 Homilien über das Buch der Psalmen,* Mailand 1993, S. 652).

Generalaudienz vom 26. März 2003

## JESAJA 42,10–16

*10*
*Singt dem Herrn ein neues Lied,*
*verkündet seinen Ruhm bis ans Ende der Erde!*
*Es jauchze das Meer und alles, was es erfüllt,*
*die Inseln und ihre Bewohner.*
*11*
*Die Wüste und ihre Städte sollen sich freuen, die Dörfer,*
*die Kedar bewohnt.*
*Die Bewohner von Sela sollen singen vor Freude und*
*jubeln auf den Gipfeln der Berge.*
*12*
*Sie sollen die Herrlichkeit des Herrn verkünden,*
*seinen Ruhm auf den Inseln verbreiten.*
*13*
*Der Herr zieht in den Kampf wie ein Held,*
*er entfacht seine Leidenschaft wie ein Krieger.*
*Er erhebt den Schlachtruf und schreit,*
*er zeigt sich als Held gegenüber den Feinden.*
*14*
*»Ich hatte sehr lange geschwiegen,*
*ich war still und hielt mich zurück.*
*Wie eine Gebärende will ich nun schreien,*
*ich schnaube und schnaufe.*
*15*
*Die Berge und Hügel dörre ich aus und*
*lasse ihr Gras völlig vertrocknen.*
*Flüsse mache ich zu festem Boden, und Teiche lege ich trocken.*
*16*
*Blinde führe ich auf Wegen, die sie nicht kennen,*
*auf unbekannten Pfaden lasse ich sie wandern.*
*Die Finsternis vor ihren Augen mache ich zu Licht;*
*was krumm ist, mache ich gerade.*
*Das sind die Taten, die ich vollbrachte,*
*und ich lasse davon nicht mehr ab.«*

1. IM BUCH, DAS den Namen des Propheten Jesaja trägt, haben die Gelehrten verschiedene Stimmen entdeckt, die alle unter der Schirmherrschaft des großen Propheten standen, der im

8. Jahrhundert v. Chr. gelebt hat. Das gilt für den kraftvollen Hymnus der Freude und des Sieges, der soeben als Teil der Liturgie der Laudes der 4. Woche gesungen wurde. Die Exegeten schreiben ihn dem sogenannten Deuterojesaja zu, einem Propheten, der im 6. Jahrhundert v. Chr. zur Zeit der Rückkehr der Juden aus dem babylonischen Exil gelebt hat. Der Hymnus beginnt mit einem Aufruf, »dem Herrn ein neues Lied zu singen« (vgl. Jes 42,10), so wie es in anderen Psalmen geschieht (vgl. 96,1 und 98,1).
Die »Neuheit« des Liedes, zu dem der Prophet einlädt, bezieht sich gewiß auf den neu erschlossenen Horizont der Freiheit als radikaler Wende in der Geschichte eines Volkes, das die Unterdrückung und den Aufenthalt auf fremder Erde erfahren hat (vgl. Ps 137).

2. Die »Neuheit« in der Bibel hat oft den Geschmack einer vollkommenen und endgültigen Wirklichkeit. Sie ist gleichsam das Zeichen für den Anbruch einer Ära der Heilsfülle, die die schmerzliche Geschichte der Menschheit beendet. Das Canticum des Jesaja weist diese hohe Tonlage auf, die sich für das christliche Gebet gut eignet.
Die Welt in ihrer Gesamtheit, die Erde, Meer, Inseln, Wüste und Städte einschließt (vgl. Jes 42,10–12), wird eingeladen, dem Herrn ein »neues Lied« zu singen. Einbezogen ist der ganze Raum mit seinen äußersten horizontalen Grenzen, die auch das Unbekannte einschließen, und mit seiner vertikalen Dimension, die in der Wüstenebene der Bogenschützen von Kedar beginnt (vgl. Jes 21,16–17) und bis zu den Gebirgshöhen reicht. Dort oben kann man die Stadt Sela ansiedeln, von vielen als die Stadt Petra inmitten der Felsenspitzen im Gebiet der Edomiten identifiziert.
Alle Bewohner der Erde sind eingeladen, gleichsam einen riesigen Chor zu bilden, in dem sie voll Freude dem Herrn zujubeln und seine Herrlichkeit verkünden.

3. NACH DER FEIERLICHEN Einladung zu singen (vgl. V. 10–12), läßt der Prophet den Herrn in Erscheinung treten, der als der Gott des Exodus dargestellt wird, der sein Volk von der ägyptischen Sklaverei befreit hat: »Der Herr zieht in den Kampf wie ein Held … wie ein Krieger (V. 13). Er sät Schrecken unter den Feinden, die die anderen unterdrücken und Unrechtes tun.

Auch das Canticum des Mose beschreibt den Herrn während des Durchzugs durch das Rote Meer als einen »Krieger«, bereit, mit der Stärke seiner Rechten die Feinde zu zerschmettern (vgl. Ex 15,3–8). Mit der Rückkehr der Juden aus der babylonischen Verbannung vollzieht sich ein neuer Auszug, und die Gläubigen sollen sicher sein, daß die Geschichte nicht dem blinden Geschick, dem Chaos oder gewalttätigen Mächten in die Hand gegeben ist. Das letzte Wort hat immer der gerechte und starke Gott. Schon der Psalmist hat gesungen: »Bring uns doch Hilfe im Kampf mit dem Feind! Denn die Hilfe von Menschen ist nutzlos« (Ps 60,13).

4. NACHDEM ER IN Erscheinung getreten ist, spricht der Herr, und seine gebieterischen Worte (vgl. Jes 42,14–16) verflechten Gericht mit Heil. Er beginnt mit dem Hinweis, daß er »sehr lange geschwiegen« hat, das heißt, er hat nicht eingegriffen. Das göttliche Schweigen ist für den Gerechten oft ein Grund der Ratlosigkeit und sogar der Empörung, wie die lange Klage Hiobs (vgl. Hiob 3,1–26) beweist. Aber es handelt sich nicht um ein Schweigen, das die Abwesenheit anzeigt, als sei die Geschichte den Händen der Bösen überlassen und als sei sie dem Herrn gleichgültig. In Wirklichkeit bewirkt dieses Schweigen eine Reaktion, die den Wehen einer Gebärenden ähnelt, die schwer atmet, stöhnt und schreit. Es ist das als Dürre, Zerstörung und Wüste (vgl. V. 15) bildlich dargestellte Gericht Gottes über das Böse, das Leben und Fruchtbarkeit zum Ziel hat.
Denn der Herr läßt eine neue Welt anbrechen, eine Zeit der Freiheit und des Heils. Dem Blinden werden die Augen geöffnet, damit er das strahlende Licht genießt. Der Weg wird begehbar, und die Hoffnung wird wach (vgl. V. 16), so daß es möglich ist, wieder auf Gott und seine Zukunft in Frieden und Glück zu vertrauen.

5. DER GLÄUBIGE MUSS die Zeichen des göttlichen Handelns zu deuten wissen, auch wenn es vom scheinbar eintönigen und ziellosen Fluß der Zeit verdeckt wird. Wie ein hochgeschätzter moderner christlicher Autor schreibt, »soll die Erde in einer Welt-Ekstase erbeben … Das, was immer ist, aber in der Hülle des Alltags schläft: daß sie von Gott geschaffen sind, er sie durchwohnt und durchwaltet, das soll sich offenbaren in einer Epiphanie Gottes durch alles, was ist« (Romano Guardini, *Der*

*Anfang aller Dinge … Weisheit der Psalmen, Meditationen,* Mainz-Paderborn 1987, S. 155–156).
Mit den Augen des Glaubens diese göttliche Gegenwart in Raum und Zeit, aber auch in uns selbst zu entdecken, das ist eine Quelle der Hoffnung und des Vertrauens, auch wenn unser Herz sich ängstigt und zittert, »wie die Bäume des Waldes im Wind zittern« (Jes 7,2). Denn der Herr erscheint auf der Bühne, um »den Erdkreis gerecht und die Nationen nach seiner Treue« (Ps 96,13) zu regieren und zu richten.

Generalaudienz vom 2. April 2003

## PSALM 135,1–12

1
*Halleluja! Lobet den Namen des Herrn, lobt ihn,*
*ihr Knechte des Herrn,*
2
*die ihr steht im Haus des Herrn,*
*in den Vorhöfen am Haus unsres Gottes.*
3
*Lobt den Herrn, denn der Herr ist gütig.*
*Singt und spielt seinem Namen, denn er ist freundlich.*
4
*Der Herr hat sich Jakob erwählt,*
*Israel wurde sein Eigentum.*
5
*Ja, das weiß ich: Groß ist der Herr,*
*unser Herr ist größer als alle Götter.*
6
*Alles, was dem Herrn gefällt, vollbringt er, im Himmel,*
*auf der Erde, in den Meeren, in allen Tiefen.*
7
*Er führt Wolken herauf vom Ende der Erde,*
*er läßt es blitzen und regnen,*
*aus seinen Kammern holt er den Sturmwind hervor.*
8
*Er erschlug Ägyptens Erstgeburt, bei Menschen und beim Vieh.*
9
*Gegen dich, Ägypten, sandte er Zeichen und Wunder,*
*gegen den Pharao und all seine Knechte.*
10
*Er schlug viele Völker nieder und tötete mächtige Könige:*
11
*Sihon, den König der Amoriter, Og,*
*den König von Baschan, und alle Reiche Kanaans.*
12
*Ihr Land gab er Israel zum Erbe, zum Erbe Israel, seinem Volk.*

1. DIE LITURGIE DER LAUDES, an deren Abfolge wir uns bei unseren Katechesen halten, stellt uns den ersten Teil des Psalms 135 vor, der soeben im Gesang des Chores erklungen

ist. Der Text weist auf eine Reihe anderer Bibelstellen hin, und die Atmosphäre, die ihn kennzeichnet, scheint österlich zu sein. Die jüdische Tradition hat nicht umsonst unseren Psalm mit dem nachfolgenden Psalm 136 in Verbindung gebracht, weil sie das Ganze als das »große *Hallel*« betrachtet, das heißt als das feierliche und festliche Loblied, das an Ostern zum Herrn aufsteigen soll.
In der Tat stellt der Psalm besonders den Exodus in den Vordergrund, er erinnert an die »Plagen« von Ägypten und an den Einzug in das Land der Verheißung. Aber folgen wir jetzt den einzelnen Etappen, die in den ersten zwölf Versen von Psalm135 beschrieben werden: Es ist eine Reflexion, die wir in ein Gebet umwandeln wollen.

2. AM ANFANG BEGEGNEN wir der charakteristischen Einladung zum Lobpreis, einem typischen Element der Hymnen, die im Psalter an den Herrn gerichtet werden. Der Aufruf, das Halleluja zu singen, ist an die »Knechte des Herrn« gerichtet (vgl. V. 1), von denen es im hebräischen Original heißt, daß sie im heiligen Raum des Tempels »stehen« (vgl. V. 2), in der rituellen Haltung des Gebets (vgl. Ps 134,1–2).
Am Lobpreis sind vor allem die Vorsteher des Gottesdienstes, die Priester und Leviten, beteiligt, die »in den Vorhöfen am Haus unsres Gottes« leben und arbeiten (vgl. Ps 135,2). Aber mit diesen »Knechten des Herrn« sind alle Gläubigen gemeint. Denn gleich darauf wird die Erwählung ganz Israels, Verbündete und Zeugin der Liebe des Herrn zu sein, erwähnt: »Der Herr hat sich Jakob erwählt, Israel wurde sein Eigentum« (V. 4). In dieser Perspektive werden zwei Haupteigenschaften Gottes gepriesen: Er ist »gütig«, und er ist »freundlich« (vgl. V. 3). Das Band, das zwischen uns und dem Herrn besteht, ist von Liebe, Vertrautheit und von froher Zustimmung geprägt.

3. NACH DER EINLADUNG zum Lobpreis fährt der Psalmist mit einem feierlichen Bekenntnis des Glaubens fort, das mit den typischen Worten »Ja, das weiß ich«, das heißt, das erkenne ich an, das glaube ich (vgl. V. 5) beginnt. Zwei Glaubensartikel werden von einem Solisten im Namen des ganzen Volkes vorgetragen, das sich zur liturgischen Versammlung eingefunden hat. Gelobt wird vor allem das Wirken Gottes im gesamten Universum. Er ist im wahrsten Sinne des Wortes der Herr des Kos-

mos: »Alles, was dem Herrn gefällt, vollbringt er, im Himmel, auf der Erde« (V. 6). Er herrscht sogar über die Meere und die Tiefen, die das Sinnbild für das Chaos, die negativen Kräfte, die Grenzen und das Nichts sind.
Und der Herr bildet auch die Wolken, die Blitze, den Regen und den Sturmwind, indem er sie aus seinen »Kammern« holt (vgl. V. 7). Denn in der Antike hatten die Menschen des Nahen Ostens die Vorstellung, daß die klimatischen Elemente in entsprechenden Behältern aufbewahrt werden, ähnlich den himmlischen Schreinen, aus denen Gott sie hervorholt, um sie dann über die Erde auszustreuen.

4. DER ANDERE BESTANDTEIL des Glaubensbekenntnisses betrifft die Heilsgeschichte. Gott, der Schöpfer, wird jetzt als der Herr und Retter anerkannt, wobei die wichtigsten Ereignisse der Befreiung Israels aus der ägyptischen Sklaverei in Erinnerung gerufen werden. Der Psalmist nennt vor allem die »Plage« der Erstgeborenen (vgl. Ex 12,29–30), die alle »Zeichen und Wunder« zusammenfaßt, die von Gott, dem Befreier, im Epos des Exodus gewirkt worden waren (vgl. Ps 135,8–9). Es wird an die großen Siege erinnert, die es Israel ermöglichten, die Schwierigkeiten und Hindernisse auf seinem Weg zu überwinden (vgl. V. 10–11). Schließlich erscheint am Horizont das Land der Verheißung, das Israel vom Herrn »zum Erbe« erhält (vgl. V. 12).
Alle diese Zeichen des Bundes, die im nachfolgenden Psalm 136 noch ausführlicher genannt werden, bekräftigen die im ersten Gebot des Dekalogs verkündete Grundwahrheit: Gott ist einer, und er ist Person; er handelt und redet, liebt und rettet: »Groß ist der Herr, unser Herr ist größer als alle Götter« (V. 5; vgl. Ex 20,2–3; Ps 95,3).

5. AUF DER SPUR dieses Glaubensbekenntnisses erheben auch wir unseren Lobpreis zu Gott. Der hl. Papst Klemens I. wendet sich an uns mit folgender Einladung: »Wir wollen den Blick richten auf den Vater und Schöpfer der ganzen Welt und uns eng verbinden mit seinen großartigen und überschwenglichen Segnungen des Friedens und seinen Wohltaten. Betrachten wir ihn im Geiste und schauen wir mit den Augen der Seele auf die Langmut seines Willens; betrachten wir, wie gütig er sich gegen seine ganze Schöpfung erzeigt. Die Himmel, die nach sei-

ner Anordnung sich bewegen, gehorchen ihm in Frieden. Tag und Nacht vollenden sie den von ihm bestimmten Lauf, ohne einander im geringsten zu hindern. Sonne und Mond und der Sterne Reigen durchkreisen nach seinem Gesetze einträchtig ohne jede Abschweifung die ihnen vorgeschriebenen Bezirke. Die Erde bringt Frucht nach seinem Willen zur rechten Zeit und erzeugt für Menschen und Tiere und jegliches Wesen, das auf ihr lebt, reichliche Nahrung; dabei zögert sie nicht, noch ändert sie etwas an seinen Befehlen« (19,2–20,4: *Die Apostolischen Väter: Bibliothek der Kirchenväter,* Bd. 35, Kempten-München 1918, S. 39).
Klemens I. schließt mit den Worten: »Dies alles besteht nach des großen Schöpfers und Herrn der Welt Befehl in Friede und Eintracht, da er allen Wohltaten spendet, in reichstem Übermaße aber uns, die wir unsere Zuflucht genommen zu seinen Erbarmungen durch unseren Herrn Jesus Christus. Ihm sei Ruhm und Herrlichkeit von Ewigkeit zu Ewigkeit. Amen« (20,11–12: ebd., S. 40).

Generalaudienz vom 9. April 2003

## PSALM 101

1
*Von Gnade und Recht will ich singen;*
*dir, o Herr, will ich spielen.*
2
*Ich will auf den Weg der Bewährten achten.*
*Wann kommst du zu mir?*
*Ich lebe in der Stille meines Hauses mit lauterem Herzen.*
3
*Ich richte mein Auge nicht auf Schändliches;*
*ich hasse es, Unrecht zu tun,*
*es soll nicht an mir haften.*
4
*Falschheit sei meinem Herzen fern;*
*ich will das Böse nicht kennen.*
5
*Wer den Nächsten heimlich verleumdet,*
*den bring ich zum Schweigen.*
*Stolze Augen und hochmütige Herzen kann ich nicht ertragen.*
6
*Meine Augen suchen die Treuen im Land;*
*sie sollen bei mir wohnen.*
*Wer auf rechten Wegen geht, der darf mir dienen.*
7
*In meinem Haus soll kein Betrüger wohnen;*
*kein Lügner kann vor meinen Augen bestehen.*
8
*Morgen für Morgen spreche ich das Urteil*
*über die Frevler im Land,*
*um in der Stadt des Herrn alle auszurotten, die Unrecht tun.*

1. DIE LITURGIE DER LAUDES stellt uns am Dienstag der vierten Woche Psalm 101 vor, den wir soeben gehört haben. Er ist eine Betrachtung, die das Bild des idealen Politikers beschreibt, dessen Lebensmodell das göttliche Handeln und Herrschen über die Welt sein sollte: rechtschaffenes Tun, verbunden mit vollkommener moralischer Integrität und kraftvollem Engagement gegen Ungerechtigkeiten. Dieser Text wird jetzt als Lebensprogramm für den Gläubigen angeboten, der seinen

Arbeitstag und den Umgang mit dem Nächsten beginnt. Es ist ein Programm von »Gnade und Recht« (vgl. V. 1), das in zwei große moralische Leitlinien untergliedert ist.

2. DIE ERSTE WIRD »Weg der Bewährten« genannt und will die persönlichen Lebensentscheidungen hervorheben, die »mit lauterem Herzen«, das heißt nach bestem Gewissen, getroffen werden (vgl. V. 2).
Einerseits wird in positiver Weise von den großen moralischen Tugenden gesprochen, die das »Haus«, das heißt die Familie des Gerechten, hell machen (vgl. V. 2): die Weisheit, die zu guter Erkenntnis und Urteilskraft verhilft; die Unschuld, die Reinheit des Herzens und der Lebensführung bedeutet; und schließlich die Lauterkeit des Gewissens, das keine Kompromisse mit dem Bösen duldet.
Anderseits erwähnt der Psalmist eine negative Verpflichtung. Es handelt sich um den Kampf gegen jede Form von Bosheit und Ungerechtigkeit, damit von der eigenen Familie und den persönlichen Entscheidungen jede Verletzung der moralischen Ordnung ferngehalten wird (vgl. V. 3–4).
Der große orientalische Kirchenvater Basilius schreibt in seinem Werk *Über die Taufe:* »Wer mit Christus in einem Tod wie dem seinigen zusammengefügt ist, den darf nicht einmal die Lust eines Augenblicks verwirren, weil sie das Denken verunreinigt« *(Opere ascetiche,* Turin 1980, S. 548).

3. DIE ZWEITE LEITLINIE wird im Schlußteil des Psalms entwickelt (vgl. V. 5–8) und betont nachdrücklich die Bedeutung der ausgeprägtesten öffentlichen und sozialen Gaben. Auch in diesem Fall werden die wesentlichen Punkte einer Lebensführung angeführt, die das Böse mit Strenge und Entschlossenheit abweist.
Besonders der Kampf gegen die Verleumdung und die heimliche Denunziation, eine grundlegende Aufgabe in einer Gesellschaft mit mündlicher Überlieferung, die der Rolle des gesprochenen Wortes in den zwischenmenschlichen Beziehungen besonderes Gewicht zuschrieb. Der König, der auch das Amt des Richters ausübt, verkündet, daß er in diesem Kampf äußerste Strenge anwenden wird: Er wird den Verleumder zum Schweigen bringen (vgl. V. 5). Dann wird jeder Stolz und Hochmut abgelehnt; der Umgang und der Rat dessen, der immer mit

Falschheit und Lüge vorgeht, wird zurückgewiesen. Schließlich erklärt der König, auf welche Weise er seine »Diener«, das heißt seine Minister, auswählen will (vgl. V. 6). Er wird sie unter den »Treuen im Land« suchen. Er will sich mit rechtschaffenen Leuten umgeben und den Kontakt mit den »Betrügern« meiden (vgl. V. 7).

4. DER LETZTE VERS des Psalms klingt besonders streng. Er kann den christlichen Leser in Verlegenheit bringen, weil vom »Ausrotten« die Rede ist: »Morgen für Morgen spreche ich das Urteil über die Frevler im Land, um in der Stadt des Herrn alle auszurotten, die Unrecht tun« (V. 8). Aber es ist wichtig, sich eine Sache vor Augen zu halten: Wer so spricht, ist nicht irgendeine Person, sondern der König, der höchste Verantwortliche für das Recht im Land. Mit diesem Satz bringt er symbolisch seine unnachsichtige Bekämpfung der Kriminalität zum Ausdruck, eine Verpflichtung, die von all denen geteilt wird, die in der Verwaltung der öffentlichen Angelegenheiten Verantwortung tragen.
Offenbar steht diese Aufgabe des Verteidigers von Recht und Ordnung nicht jedem Bürger zu! Wenn deshalb die einzelnen Gläubigen diesen Satz des Psalms auf sich selbst anwenden wollen, müssen sie es im analogen Sinn tun, das heißt, daß sie sich entschließen, jeden Morgen *aus dem eigenen Herzen und der eigenen Lebensführung* die schlechten Wurzeln der Korruption und der Gewalt, der Verkehrtheit und Bosheit sowie jede Form von Egoismus und Ungerechtigkeit auszureißen.

5. WIR BEENDEN UNSERE Betrachtung mit dem Anfangsvers des Psalms: »Von Gnade und Recht will ich singen …« (V. 1). Ein christlicher Schriftsteller der Antike, Eusebius von Cäsarea, hebt in seinem *Kommentar über die Psalmen* den Vorrang der Gnade und Liebe über die notwendige Gerechtigkeit hervor: »Von deinem Erbarmen und deinem Urteil will ich singen und deine gewohnte Weise zeigen: Nicht zuerst urteilen und dann sich erbarmen, sondern zuerst sich erbarmen und dann urteilen, und mit Gnade und Barmherzigkeit die Urteile fällen.
Aus diesem Grund, indem ich über den Nächsten ein barmherziges Urteil abgebe, wage ich, vor dich hinzutreten, um dich zu loben und zu preisen. Weil ich also weiß, daß man

so handeln muß, bewahre ich meine Wege unbefleckt und schuldlos in der Überzeugung, daß dir auf diese Weise mein Loblied mit Hilfe der guten Werke wohlgefällig sein wird« (*Patrologia Graeca* 23,1241).

Generalaudienz vom 30. April 2003

## DANIEL 3,26–27.29.34–41

26
*Gepriesen und gelobt bist du, Herr, Gott unserer Väter;*
*herrlich ist dein Name in alle Ewigkeit.*
27
*Denn du bist gerecht in allem, was du getan hast.*
*All deine Taten sind richtig, deine Wege gerade.*
*Alle deine Urteile sind wahr.*
29
*Denn wir haben gesündigt und durch Treubruch gefrevelt*
*und haben in allem gefehlt.*
34
*Um deines Namens willen verwirf uns nicht für immer;*
*löse deinen Bund nicht auf!*
35
*Versag uns nicht dein Erbarmen,*
*deinem Freund Abraham zuliebe,*
*deinem Knecht Isaak und Israel,*
*deinem Heiligen,*
36
*denen du Nachkommen verheißen hast so zahlreich*
*wie die Sterne am Himmel und wie der Sand*
*am Ufer des Meeres.*
37
*Ach, Herr, wir sind geringer geworden als alle Völker.*
*In aller Welt sind wir heute wegen unserer Sünden erniedrigt.*
38
*Wir haben in dieser Zeit weder Vorsteher noch Propheten*
*und keinen, der uns anführt,*
*weder Brandopfer noch Schlachtopfer,*
*weder Speiseopfer noch Räucherwerk, noch einen Ort,*
*um dir die Erstlingsgaben darzubringen und um Erbarmen*
*zu finden bei dir.*
39
*Du aber nimm uns an! Wir kommen mit zerknirschtem*
*Herzen und demütigem Sinn.*
40
*Wie Brandopfer von Widdern und Stieren,*
*wie Tausende fetter Lämmer, so gelte heute unser Opfer vor dir und*

*verschaffe uns bei dir Sühne.*
*Denn wer dir vertraut, wird nicht beschämt.*
*41*
*Wir folgen dir jetzt von ganzem Herzen,*
*fürchten dich und suchen dein Angesicht.*

1. DAS SOEBEN GESUNGENE Canticum gehört zum griechischen Text des Buches Daniel und stellt eine an den Herrn gerichtete leidenschaftliche und flehentliche Bitte dar. Es ist die Stimme des Volkes Israel, das das harte Schicksal des Exils und der Zerstreuung unter den Völkern erfährt. In der Tat ist es ein Jude, Asarja, der, in den babylonischen Horizont der Zeit des israelitischen Exils eingebunden, nach der Zerstörung Jerusalems durch König Nebukadnezar dieses Gebet anstimmt.
Asarja ist mit zwei weiteren gläubigen Juden »mitten im Feuer« (Dan 3,25) wie ein Märtyrer bereit, in den Tod zu gehen, um sein Gewissen und seinen Glauben nicht zu verraten. Er wurde zum Tod verurteilt, weil er sich geweigert hatte, die Statue des Königs anzubeten.

2. DIE VERFOLGUNG WIRD von diesem Canticum als gerechte Strafe verstanden, durch die Gott das sündige Volk reinigt: »Ja, nach Wahrheit und Recht hast du all dies wegen unserer Sünden herbeigeführt«, bekennt Asarja (V. 28). Wir haben also ein Reuegebet vor uns, das nicht in Entmutigung oder Angst, sondern in Hoffnung übergeht.
Gewiß, der Ausgangspunkt ist bitter, die Trostlosigkeit ist groß, die Prüfung ist schwer, das göttliche Urteil über die Sünde des Volkes ist streng: »Wir haben in dieser Zeit weder Vorsteher noch Propheten und keinen, der uns anführt, weder Brandopfer noch Schlachtopfer, weder Speiseopfer noch Räucherwerk, noch einen Ort, um dir die Erstlingsgaben darzubringen und um Erbarmen zu finden bei dir« (V. 38). Der Tempel von Zion ist zerstört, und der Herr scheint nicht mehr unter seinem Volk zu wohnen.

3. IN DER GEGENWÄRTIGEN tragischen Situation sucht die Hoffnung ihre Wurzeln in der Vergangenheit, das heißt in den Verheißungen, die den Vätern gemacht worden waren. Man geht also auf Abraham, Isaak und Jakob zurück (vgl. V. 35), denen Gott Segen und Fruchtbarkeit, Land und Reichtum, Wohl-

ergehen und Frieden verheißen hatte. Gott ist treu und wird seine Versprechungen nicht zurücknehmen. Obwohl es die Gerechtigkeit erfordert, daß Israel für seine Sünden bestraft wird, bleibt die Gewißheit, daß die Barmherzigkeit und die Vergebung das letzte Wort haben. Schon der Prophet Ezechiel hat die Worte des Herrn zitiert: »Habe ich etwa Gefallen am Tod des Schuldigen und nicht vielmehr daran, daß er seine bösen Wege verläßt und so am Leben bleibt? … Ich habe doch kein Gefallen am Tod dessen, der sterben muß« (Ez 18,23.32). Ja, jetzt ist die Zeit der Demütigung: »Ach, Herr, wir sind geringer geworden als alle Völker. In aller Welt sind wir heute wegen unserer Sünden erniedrigt« (Dan 3,37). Aber nach der Läuterung wird nicht der Tod, sondern ein neues Leben erwartet.

4. DER BETER TRITT vor den Herrn und bringt ihm das wertvollste und wohlgefälligste Opfer dar: das »zerknirschte Herz« und den »demütigen Sinn« (V. 39; vgl. Ps 51,19). Es ist das durch die Prüfung geläuterte Ich, der Kern des Daseins, das Gott dargebracht wird, damit er es zum Zeichen der Umkehr und der Weihe an das Gute annimmt.
Durch diese innere Haltung vergeht die Furcht, Verwirrung und Scham schwinden (vgl. Dan 3,40), und der Sinn öffnet sich dem Vertrauen auf eine bessere Zukunft, wenn sich die an die Väter gerichteten Verheißungen erfüllen werden.
Der letzte Satz des Gebets von Asarja, so wie es von der Liturgie vorgestellt wird, ist von starker emotionaler Wirkung und besonderer geistlicher Tiefe: »Wir folgen dir jetzt von ganzem Herzen, fürchten dich und suchen dein Angesicht« (V. 41). Er ist der Widerhall eines anderen Psalms: »Mein Herz denkt an dein Wort: ›Sucht mein Angesicht!‹ Dein Angesicht, Herr, will ich suchen« (Ps 27,8).
Nun ist der Augenblick gekommen, wo unser Weg die krummen Pfade des Bösen und dessen Straßen, die in die Irre führen, verläßt (vgl. Spr 2,15). Wir stellen uns in die Nachfolge des Herrn, bewogen von der Sehnsucht, sein Antlitz zu schauen, und es ist nicht zornig, sondern voller Liebe, wie es sich in dem Vater gezeigt hat, der mit dem verlorenen Sohn Mitleid hatte (vgl. Lk 15,11–32).

5. WIR BEENDEN UNSERE Betrachtung über das Canticum des Asarja mit dem Gebet, das vom hl. Maximus dem Bekenner

in seiner *Asketischen Rede* (37–39) verfaßt wurde, zu dem er sich gerade durch den Text des Propheten Daniel anregen ließ: »Um deines Namens willen, Herr, verwirf uns nicht für immer; löse deinen Bund nicht auf! Versag uns nicht dein Erbarmen (vgl. Dan 3,34–35), Vater unser, der du bist im Himmel, um deiner Barmherzigkeit willen, um des Mitleids deines eingeborenen Sohnes willen und um des Erbarmens deines Heiligen Geistes willen ... Herr, verschmähe nicht unsere Bitte und verwirf uns nicht für immer.

Wir vertrauen nicht auf unsere gerechten Werke, sondern auf dein Mitleid, durch das du unser Menschengeschlecht erhältst ... Verabscheue nicht unsere Würdelosigkeit, sondern hab Mitleid mit uns, nach deiner großen Huld und nach der Fülle deines Erbarmens lösch unsere Sünden aus, damit wir ohne Verdammnis vor dein heiliges Angesicht in Herrlichkeit treten und des Schutzes deines eingeborenen Sohnes würdig werden.«

Der hl. Maximus schließt mit den Worten: »Ja, Herr, allmächtiger Herrscher, erhöre unser Flehen, damit wir niemand anderen als dich erkennen« *(Umanità e divinità di Cristo,* Rom, 1979, S. 51–52).

Generalaudienz vom 14. Mai 2003

## PSALM 144,1–10

1
*Gelobt sei der Herr, der mein Fels ist,*
*der meine Hände den Kampf gelehrt hat, meine Finger den Krieg.*
2
*Du bist meine Huld und Burg, meine Festung,*
*mein Retter, mein Schild, dem ich vertraue.*
*Er macht mir Völker untertan.*
3
*Herr, was ist der Mensch, daß du dich um ihn kümmerst,*
*des Menschen Kind, daß du es beachtest?*
4
*Der Mensch gleicht einem Hauch,*
*seine Tage sind wie ein flüchtiger Schatten.*
5
*Herr, neig deinen Himmel und steig herab,*
*rühre die Berge an, so daß sie rauchen!*
6
*Schleudre Blitze und zerstreue die Feinde,*
*schieß deine Pfeile ab und jage sie dahin!*
7
*Streck deine Hände aus der Höhe herab und befreie mich;*
*reiß mich heraus aus gewaltigen Wassern,*
*aus der Hand der Fremden!*
8
*Alles, was ihr Mund sagt, ist Lüge, Meineide schwört ihre Rechte.*
9
*Ein neues Lied will ich, o Gott, dir singen,*
*auf der zehnsaitigen Harfe will ich dir spielen,*
10
*der du den Königen den Sieg verleihst und David,*
*deinen Knecht, errettest.*

1. WIR HABEN SOEBEN den ersten Teil von Psalm 144 gehört. Er besitzt die Merkmale eines königlichen Hymnus, in den andere biblische Texte eingeflochten sind, so daß ein neues Gebet entstanden ist (vgl. Ps 8,5; 18,8–15; 33,2–3; 39,6–7). Es ist König David selbst, der spricht und den göttlichen Ursprung seiner Erfolge anerkennt.

Der Herr wird symbolisch nach altem Brauch als Krieger dargestellt. Denn er wird als Lehrer im Kampf (vgl. Ps 144,1), als uneinnehmbare Festung, als schützendes Schild, als Sieger (vgl. V. 2) betrachtet. Auf diese Weise soll die Persönlichkeit Gottes hervorgehoben werden, der das Böse in der Geschichte bekämpft. Er ist keine verborgene Macht, keine Art blindes Schicksal, auch kein gleichmütiger Herrscher, den das menschliche Los kalt läßt. Die Zitate und Tonarten dieses Gottesdienstes sind von Davids Dankgebet beeinflußt, das im Psalm 18 und im 22. Kapitel des Zweiten Buches Samuel festgehalten ist.

2. DER GÖTTLICHEN MACHT gegenüber bekennt der jüdische König, daß er wie alle Menschen schwach und zerbrechlich ist. Um dieses Gefühl zum Ausdruck zu bringen, nimmt der betende König zwei Sätze aus Psalm 8 und Psalm 39 zu Hilfe, verflicht sie miteinander und verleiht ihnen neuen und verstärkten Nachdruck: »Herr, was ist der Mensch, daß du dich um ihn kümmerst, des Menschen Kind, daß du es beachtest? Der Mensch gleicht einem Hauch, seine Tage sind wie ein flüchtiger Schatten« (V. 3–4). Hier zeigt sich die feste Überzeugung, daß wir unbeständig sind und einem Windhauch gleichen, wenn der Schöpfer uns nicht am Leben erhält, er, in dessen Hand – wie Hiob sagt – »die Seele allen Lebens und jeden Menschenleibes Geist ruht« (12,10).
Wir können nur mit göttlicher Hilfe die Gefahren und Schwierigkeiten überwinden, mit denen jeder Tag unseres Lebens übersät ist. Nur wenn wir auf die Hilfe des Himmels zählen, werden wir uns wie der frühere König Israels von jeder Unterdrückung befreien können.

3. DAS GÖTTLICHE EINGREIFEN wird in den traditionellen kosmischen und historischen Bildern geschildert, um die Gottesherrschaft über das Universum und über das Schicksal der Menschen zu beschreiben. Darum also rauchende Berge durch plötzliche Vulkanausbrüche (vgl. Ps 144,5), ebenso Blitze wie scheinbar vom Herrn abgeschossene Pfeile, bereit, das Böse zu vernichten (vgl. V. 6). Schließlich die »gewaltigen Wasser«, die im biblischen Sprachgebrauch das Chaos andeuten, das Böse und das Nichts, mit einem Wort die negativen Realitäten in der Geschichte (vgl. V. 7). Zu diesen kosmischen Bildern gesellen sich andere geschichtliche: »die Feinde« (vgl. V. 6), die »Frem-

den« (vgl. V. 7), die Lügner, die Meineidigen, das heißt die Götzendiener (vgl. V. 8).
Das ist eine sehr konkrete, im Orient übliche Methode, um die Bosheit, Abartigkeit, Unterdrückung und Ungerechtigkeit darzustellen. Eine erschreckende Realität, von der uns der Herr befreit, während wir in der Welt vorangehen.

4. PSALM 144, DEN uns die Liturgie der Laudes vorstellt, endet mit einem kurzen Dankhymnus (vgl. V. 9–10). Dieser erwächst aus der Gewißheit, daß uns Gott im Kampf gegen das Böse nicht allein läßt. Deshalb stimmt der Beter ein Lied an und begleitet es auf seiner zehnsaitigen Harfe, wobei er sicher ist, daß der Herr »den Gesalbten den Sieg verleiht und David, seinen Knecht, errettet« (vgl. V. 9–10).
Das Wort »Gesalbter« in Hebräisch bedeutet »Messias«. Wir haben also einen königlichen Psalm vor uns, der sich im liturgischen Gebrauch in Israel schon sehr früh in einen messianischen Gesang verwandelt. Wir Christen wiederholen ihn und schauen auf Christus, der uns vom Bösen befreit und uns im Kampf gegen die verborgenen bösen Mächte unterstützt. »Denn wir haben nicht gegen Menschen aus Fleisch und Blut zu kämpfen, sondern gegen die Fürsten und Gewalten, gegen die Beherrscher dieser finsteren Welt, gegen die bösen Geister des himmlischen Bereichs« (Eph 6,12).

5. WIR SCHLIESSEN MIT einer Betrachtung, die uns vom hl. Johannes Cassian, dem Mönch aus dem 4./5. Jahrhundert, empfohlen wird. In seinem Werk *Die Menschwerdung des Herrn* sieht er, ausgehend vom 5. Vers unseres Psalms: »Herr, neig deinen Himmel, und steig herab«, in diesen Worten die Erwartung auf den Eintritt Christi in die Welt.
Und er sagt weiter: »Der Psalmist bat, der Herr möge sich im Fleisch offenbaren, in der Welt sichtbar erscheinen und in die Herrlichkeit sichtbar aufgenommen werden (vgl. 1 Tim 3,16). So könnten die Heiligen endlich mit den Augen des Leibes alles schauen, was im Geist von ihnen vorhergesehen wurde« (*L'Incarnazione del Signore,* V,13, Rom 1991, S. 208–209). Gerade das bezeugt jeder Getaufte in der Freude des Glaubens.

Generalaudienz vom 21. Mai 2003

## PSALM 108

2
*Mein Herz ist bereit, o Gott,*
*mein Herz ist bereit, ich will dir singen und spielen.*
*Wach auf, meine Seele!*
3
*Wacht auf, Harfe und Saitenspiel!*
*Ich will das Morgenrot wecken.*
4
*Ich will dich vor den Völkern preisen, Herr,*
*dir vor den Nationen lobsingen.*
5
*Denn deine Güte reicht, so weit der Himmel ist, deine Treue,*
*so weit die Wolken ziehn.*
6
*Erheb dich über die Himmel, o Gott!*
*Deine Herrlichkeit erscheine über der ganzen Erde.*
7
*Hilf mit deiner Rechten, erhöre uns,*
*damit die gerettet werden, die du so sehr liebst.*
8
*Gott hat in seinem Heiligtum gesprochen:*
*»Ich will triumphieren, will Sichem verteilen*
*und das Tal von Sukkot vermessen.*
9
*Mein ist Gilead, mein auch Manasse,*
*Efraim ist der Helm auf meinem Haupt,*
*Juda mein Herrscherstab.*
10
*Doch Moab ist mein Waschbecken,*
*auf Edom werfe ich meinen Schuh,*
*ich triumphiere über das Land der Philister.«*
11
*Wer führt mich hin zu der befestigten Stadt,*
*wer wird mich nach Edom geleiten?*
12
*Gott, hast denn du uns verworfen?*
*Du ziehst ja nicht aus, o Gott, mit unsern Heeren.*

13
*Bring uns doch Hilfe im Kampf mit dem Feind!*
*Denn die Hilfe von Menschen ist nutzlos.*
14
*Mit Gott werden wir Großes vollbringen;*
*er selbst wird unsere Feinde zertreten.*

1. DER UNS SOEBEN vorgesungene Psalm 108 gehört zur Psalmensequenz der Liturgie der Laudes, die Gegenstand unserer Katechesen ist. Er hat eine auf den ersten Blick überraschende Eigenschaft. Dieser Text ist nichts anderes als die Verschmelzung zweier bereits bestehender Psalmfragmente, von denen eines Psalm 57 (V. 8–12) und das andere Psalm 60 (V. 7–14) entnommen ist. Das erste Fragment klingt wie ein Hymnus, das zweite wie eine flehentliche Bitte, ergänzt durch einen Spruch des Herrn, der dem Beter Gelassenheit und Zuversicht gibt.
Aus dieser Verschmelzung entsteht ein neues Gebet, und diese Tatsache wird für uns beispielhaft. Denn auch die christliche Liturgie fügt oft verschiedene biblische Passagen zusammen, so daß sie in einen neuen Text verwandelt werden, der völlig neue Situationen erhellen soll. Dennoch bleibt der Bezug zum ursprünglichen Text erhalten. Psalm 108 zeigt praktisch (aber nicht er allein; siehe zum Beispiel auch Psalm 144), daß schon das Volk Israel im Alten Testament das offenbarte Wort Gottes wiederverwendet und aktualisiert hat.

2. DER AUS DIESER Kombination entstandene Psalm ist also mehr als die bloße Aneinanderreihung oder Nebeneinanderstellung zweier bereits existierender Stücke. Anstatt mit einer einfachen Bitte wie in Psalm 57: »Sei mir gnädig, o Gott, sei mir gnädig« (V. 2) zu beginnen, verkündet der neue Psalm entschieden das Lob Gottes: »Mein Herz ist bereit, ich will dir singen und spielen« (Ps 108,2). Dieser Lobpreis tritt an die Stelle der Klage, die den Beginn des anderen Psalms gebildet hat (vgl. Ps 60,1–6), und wird so zur Grundlage des darauffolgenden Spruches des Herrn (Ps 60,8–10 = Ps 108,8–10) und der Bitte, die ihn einrahmt (Ps 60,7.11–14 = Ps 108,7.11–14).
Hoffnung und Bedrängnis verschmelzen miteinander und bilden den Stoff für ein neues Gebet, das ganz darauf ausgerichtet ist, Zuversicht zu verbreiten, auch in der Zeit der Prüfung, die die ganze Gemeinschaft durchlebt.

3. DER PSALM BEGINNT also mit einem frohen Lobgesang. Es ist ein Morgenlied, das von Harfe und Saitenspiel begleitet wird (vgl. Ps 108,3). Die Botschaft ist klar und dreht sich um die »Güte« und die »Treue« Gottes (vgl. V. 5): Im Hebräischen sind *hésed* und *'emèt* typische Wörter, um die liebevolle Treue des Herrn gegenüber dem Bund mit seinem Volk auszudrücken. Aufgrund dieser Treue hat das Volk die Gewißheit, daß Gott es nie dem Zufall des Nichts und der Verzweiflung überlassen wird.

Die christliche Neuauslegung dieses Psalms beeindruckt sehr. Im 6. Vers rühmt der Psalmist die transzendente Herrlichkeit Gottes: »Erheb dich (d.h. ›sei gepriesen‹) über die Himmel, o Gott!« In seinem Kommentar zu diesem Psalm verweist der bekannte christliche Schriftsteller Origines aus dem 3. Jahrhundert auf Jesu Worte: »Wenn ich über die Erde erhöht bin, werde ich alle zu mir ziehen« (Joh 12,32), die sich auf die Kreuzigung beziehen. Aus diesen Worten ergibt sich das, was der nachfolgende Vers bekräftigt: »Damit die gerettet werden, die du so sehr liebst« (Ps 108,7). Origines folgert daraus: »Welch wunderbare Bedeutung! Der Grund, weshalb der Herr gekreuzigt und erhöht wird, ist, daß die, die er so sehr liebt, gerettet werden ... Worum wir gebeten haben, ist geschehen: Er wurde erhöht, und wir wurden gerettet« (Origines-Hieronymus, *74 Homilien über das Buch der Psalmen,* Mailand 1993, S. 367).

4. GEHEN WIR JETZT über zum zweiten Teil des Psalms 108, zu dem, wie wir sagten, aus Psalm 60 zitierten Teil. In der Furcht des Volkes Israel, das meint, Gott sei abwesend und weit entfernt (»Gott, hast denn du uns verworfen?«: V. 12), erhebt sich die Stimme des Spruches des Herrn, die im Tempel erklingt (vgl. V. 8–10). In dieser Offenbarung stellt sich Gott als Schiedsrichter und Herr über das ganze Heilige Land vor, von der Stadt Sichem bis zum transjordanischen Tal Sukkot, von den östlichen Regionen Gilead und Manasse bis zu den mittleren und südlichen Regionen Efraim und Juda und dann noch bis zu den fremden Vasallengebieten Moab, Edom und dem Land der Philister.

In militärisch oder rechtlich gefärbten Bildern wird die göttliche Oberherrschaft über das verheißene Land verkündet. Wenn der Herr herrscht, braucht man sich nicht zu fürchten: Man wird nicht hin- und hergeworfen von dunklen Mächten des Schicksals oder des Chaos. Es gibt immer, auch in den dunkelsten Augenblicken, einen höheren Plan, der die Geschichte lenkt.

5. DIESER GLAUBE ENTZÜNDET die Flamme der Hoffnung. Gott wird auf alle Fälle einen Ausweg zeigen, das heißt eine »befestigte Stadt«, die in der Region Idumäa liegt. Das heißt, daß Gott trotz der Prüfung und des Schweigens sich wieder offenbaren und sein Volk stützen und leiten wird. Nur von ihm und nicht von äußeren Militärbündnissen kann die entscheidende Hilfe kommen (vgl. V. 13). Und nur durch ihn wird man die Freiheit erlangen und »Großes« vollbringen (vgl. V. 14) können.
Mit den Worten des hl. Hieronymus verdeutlichen wir die letzte Lektion des Psalmisten, wie sie in christlicher Weise entschlüsselt wird: »Niemand darf an diesem Leben verzweifeln. Du hast Christus und fürchtest dich? Er wird unsere Stärke sein, er wird unser Brot, unser Führer sein« *(Breviarium in Psalmos, Ps. CVII: Patrologia Latina* 26,1224).

Generalaudienz vom 28. Mai 2003

## JESAJA 61,10–62,5

*10*
*Von Herzen will ich mich freuen über den Herrn.*
*Meine Seele soll jubeln über meinen Gott.*
*Denn er kleidet mich in Gewänder des Heils,*
*er hüllt mich in den Mantel der Gerechtigkeit,*
*wie ein Bräutigam sich festlich schmückt und*
*wie eine Braut ihr Geschmeide anlegt.*
*11*
*Denn wie die Erde die Saat wachsen läßt*
*und der Garten die Pflanzen hervorbringt,*
*so bringt Gott, der Herr, Gerechtigkeit hervor*
*und Ruhm vor allen Völkern.*
*1*
*Um Zions willen kann ich nicht schweigen,*
*um Jerusalems willen nicht still sein,*
*bis das Recht in ihm aufstrahlt wie ein helles Licht*
*und sein Heil aufleuchtet wie eine brennende Fackel.*
*2*
*Dann sehen die Völker deine Gerechtigkeit*
*und alle Könige deine strahlende Pracht.*
*Man ruft dich mit einem neuen Namen,*
*den der Mund des Herrn für dich bestimmt.*
*3*
*Du wirst zu einer prächtigen Krone*
*in der Hand des Herrn, zu einem königlichen Diadem*
*in der Rechten deines Gottes.*
*4*
*Nicht länger nennt man dich »Die Verlassene«*
*und dein Land nicht mehr »Das Ödland«,*
*sondern man nennt dich »Meine Wonne«*
*und dein Land »Die Vermählte«.*
*Denn der Herr hat an dir seine Freude,*
*und dein Land wird mit ihm vermählt.*
*5*
*Wie der junge Mann sich mit der Jungfrau vermählt,*
*so vermählt sich mit dir dein Erbauer.*
*Wie der Bräutigam sich freut über die Braut,*
*so freut sich dein Gott über dich.*

1. DAS SOEBEN ERKLUNGENE schöne Canticum, das die Liturgie der Laudes uns vorstellt, hat wie ein *Magnifikat* begonnen: »Von Herzen will ich mich freuen über den Herrn. Meine Seele soll jubeln über meinen Gott« (Jes 61,10). Der Text ist in den dritten Teil des Buches des Propheten Jesaja eingefügt, in einen Abschnitt, den die Gelehrten einer späteren Zeit zuschreiben, als das Volk Israel nach seiner Rückkehr aus dem babylonischen Exil (6. Jahrhundert v. Chr.) im Land seiner Väter wieder als freies Volk zu leben beginnt und Jerusalem und den Tempel wieder aufbaut. Die Heilige Stadt steht nicht ohne Grund im Mittelpunkt des Canticum, wie wir noch genauer sehen werden, und der sich eröffnende Ausblick ist hell und voller Hoffnung.

2. DER PROPHET BEGINNT sein Lied, indem er das wiedergeborene Volk als ein festlich gekleidetes Brautpaar darstellt, das sich für den großen Tag der Hochzeit bereitet (vgl. V. 10). Gleich danach wird auf ein anderes Symbol des Lebens, der Freude und des Neuen verwiesen, nämlich das aus dem Bereich der Pflanzenwelt stammende Symbol der Saat (vgl. V. 11).
Die Propheten bedienen sich des Vergleichs mit der aufkeimenden Saat in verschiedener Form, um den messianischen König darzustellen (vgl. Jes 11,1; 53,2; Jer 23,5; Sach 3,8; 6,12). Der Messias ist ein fruchtbarer Keim, der die Welt erneuert, und der Prophet erklärt die tiefe Bedeutung dieser Lebenskraft: »Gott, der Herr, bringt Gerechtigkeit hervor« (Jes 61,11), deshalb wird die Heilige Stadt gleichsam zum Garten der Gerechtigkeit, das heißt der Treue und Wahrheit, des Rechtes und Heiles werden. Der Prophet hat es vorhergesagt: »Deine Mauern nennst du Rettung und deine Tore Ruhm« (Jes 60,18).

3. DER PROPHET ERHEBT weiter seine Stimme. Sein Gesang ist unermüdlich und soll die Wiedergeburt Jerusalems anzeigen, dem sich eine neue Ära eröffnet (vgl. Jes 62,1). Die Stadt wird als eine Braut beschrieben, die sich anschickt, ihre Hochzeit zu feiern.
Die bräutliche Symbolik, die in diesem Abschnitt deutlich aufscheint (vgl. V. 4–5), ist in der Bibel eines der eindringlichsten Bilder, um das Band der Vertrautheit und den Liebesbund hervorzuheben, die zwischen dem Herrn und dem auserwählten Volk bestehen. Seine Schönheit, die im »Heil«, in der »Gerech-

tigkeit« und in der »Herrlichkeit« gründet (vgl. V. 1–2), wird so groß sein, daß sie zu einer »prächtigen Krone in der Hand des Herrn« wird (vgl. V. 3).
Der entscheidende Moment wird die Namensänderung sein, wie es auch in unserer Zeit geschieht, wenn die junge Frau heiratet. Einen »neuen Namen« annehmen (vgl. V. 2) bedeutet gleichsam, eine neue Identität zu bekommen, eine Mission zu unternehmen, entschlossen zu sein, das Leben zu ändern (vgl. Gen 32,25–33).

4. DER NEUE NAME, den die Braut Jerusalem annehmen wird, die das ganze Volk Gottes vertreten soll, kommt durch den Kontrast zum Ausdruck, den der Prophet herstellt: »Nicht länger nennt man dich ›Die Verlassene‹ und dein Land nicht mehr ›Das Ödland‹, sondern man nennt dich ›Meine Wonne‹ und dein Land ›Die Vermählte‹ (Jes 62,4). Anstelle der Namen, die die vorhergegangene Situation der Verlassenheit und Trostlosigkeit anzeigten, das heißt die Verwüstung der Stadt durch die Babylonier und das Drama des Exils, werden jetzt Worte für die Wiedergeburt verwendet, die Liebe und Zärtlichkeit, Freude und Glück beinhalten.
An dieser Stelle richtet sich die ganze Aufmerksamkeit auf den Bräutigam. Und nun die große Überraschung: Der Herr selbst gibt Zion den neuen bräutlichen Namen. Die abschließende Erklärung ist besonders schön, weil sie den Leitfaden des Liebesliedes zusammenfaßt, das vom Volk angestimmt wird: »Wie der junge Mann sich mit der Jungfrau vermählt, so vermählt sich mit dir dein Erbauer. Wie der Bräutigam sich freut über die Braut, so freut sich dein Gott über dich« (V. 5).

5. DAS LIED PREIST nicht mehr die Hochzeit zwischen einem König und einer Königin, sondern feiert die tiefe Liebe, die Gott und Jerusalem für immer verbindet. In seiner irdischen Braut, die das heilige Volk ist, findet der Herr dasselbe Glück, das ein Ehemann mit seiner geliebten Ehefrau erfährt. An die Stelle des fernen und transzendenten Gottes, des gerechten Richters, tritt jetzt der nahestehende und liebende Gott. Diese bräutliche Symbolik überträgt sich auf das Neue Testament (vgl. Eph 5,21–32) und wird von den Kirchenvätern aufgegriffen und entfaltet. Der hl. Ambrosius erinnert zum Beispiel daran, daß in dieser Sicht »Christus der Ehemann, die Kirche die Ehefrau, die Braut

durch die Liebe und die Jungfrau durch die unberührte Reinheit ist« *(Esposizione del Vangelo secondo Luca: Opere esegetiche* XII, Mailand-Rom 1978, S. 289).
Ambrosius schreibt in einem anderem Werk: »Die Kirche ist schön. Darum sagt das Wort Gottes zu ihr: ›Alles an dir ist schön, meine Freundin; kein Makel haftet dir an‹ (Hld 4,7), denn die Sünde ist ausgelöscht … Angeregt von der Sehnsucht einer so großen Liebe, von ihrem herrlichen Gewand und ihrer Anmut, denn an denen, die gereinigt wurden, ist kein Makel einer Sünde, sagt der Herr Jesus zur Kirche: ›Leg mich wie ein Siegel auf dein Herz, wie ein Siegel an deinen Arm‹ (Hld 8,6), das heißt: Du bist geschmückt, meine Seele, ganz schön bist du, kein Makel ist an dir! Leg mich wie ein Siegel auf dein Herz, denn dafür glänzt dein Glaube in der Fülle des Sakraments. Auch deine Werke glänzen und zeigen das Bild Gottes, als dessen Abbild du geschaffen bist« *(I misteri,* 7,39.41: *Opere dogmatiche* III, Mailand-Rom 1982, S. 156–157).

Generalaudienz vom 18. Juni 2003

## PSALM 146

1
*Halleluja! Lobe den Herrn, meine Seele!*
2
*Ich will den Herrn loben, solange ich lebe,*
*meinem Gott singen und spielen, solange ich da bin.*
3
*Verlaßt euch nicht auf Fürsten,*
*auf Menschen, bei denen es doch keine Hilfe gibt.*
4
*Haucht der Mensch sein Leben aus*
*und kehrt er zurück zur Erde, dann ist es aus mit all seinen Plänen.*
5
*Wohl dem, dessen Halt der Gott Jakobs ist*
*und der seine Hoffnung auf den Herrn, seinen Gott, setzt.*
6
*Der Herr hat Himmel und Erde gemacht,*
*das Meer und alle Geschöpfe; er hält ewig die Treue.*
7
*Recht verschafft er den Unterdrückten,*
*den Hungernden gibt er Brot;*
*der Herr befreit die Gefangenen.*
8
*Der Herr öffnet den Blinden die Augen,*
*er richtet die Gebeugten auf.*
9
*Der Herr beschützt die Fremden*
*und verhilft den Waisen und Witwen zu ihrem Recht.*
*Der Herr liebt die Gerechten,*
*doch die Schritte der Frevler leitet er in die Irre.*
10
*Der Herr ist König auf ewig,*
*dein Gott, Zion, herrscht von Geschlecht zu Geschlecht.*

1. DER PSALM 146, den wir soeben gehört haben, ist ein »Halleluja«, das erste der fünf, die die ganze Psaltersammlung abschließen. Schon die jüdische liturgische Tradition hat diesen Hymnus als Morgenlob verwendet. Er gipfelt in der Kundgabe der Herrschaft Gottes über die menschliche Geschichte. In der

Tat wird am Schluß des Psalms bekräftigt: »Der Herr ist König auf ewig« (V. 10).
Daraus folgt eine tröstliche Wahrheit: Wir sind nicht uns selbst überlassen, unser Lebenslauf wird nicht vom Chaos oder vom blinden Schicksal bestimmt; die Ereignisse sind kein reines Aufeinanderfolgen von Tatsachen ohne Sinn und Ziel. Aus dieser Überzeugung erwächst ein wahres und echtes Bekenntnis des Glaubens an Gott, ausgedrückt in einer Art Litanei, in der seine Eigenschaften, die Liebe und die Treue, verkündet werden (vgl. V. 6–9).

2. GOTT IST SCHÖPFER des Himmels und der Erde, er hält dem Bund, der ihn an sein Volk bindet, die Treue; er verschafft Recht den Unterdrückten, den Hungernden gibt er Brot und befreit die Gefangenen. Er ist es, der den Blinden die Augen öffnet, die Gebeugten aufrichtet, die Gerechten liebt, die Fremden beschützt, den Waisen und Witwen zu ihrem Recht verhilft. Er ist es, der die Schritte der Frevler in die Irre leitet; er ist König und herrscht über alle Lebewesen und alle Zeiten.
Es handelt sich um zwölf theologische Aussagen, die durch ihre vollendete Zahl die Fülle und Vollkommenheit des göttlichen Handelns zum Ausdruck bringen wollen. Der Herr ist kein Herrscher, der seinen Geschöpfen fernsteht, sondern er ist in ihre Geschichte eingebunden als derjenige, der die Gerechtigkeit verteidigt, indem er sich auf die Seite der Geringsten, der Opfer, der Unterdrückten, der Unglücklichen stellt.

3. DER MENSCH STEHT also vor einer Grundsatzentscheidung zwischen zwei gegensätzlichen Möglichkeiten: Auf der einen Seite besteht die Versuchung, »sich auf Fürsten zu verlassen« (vgl. V. 3), indem er deren Kriterien annimmt, die sich an der Bosheit, dem Egoismus und dem Hochmut inspirieren. In Wirklichkeit sind das aber schlüpfrige Wege in den Niedergang, »Pfade, die krumm verlaufen, und Straßen, die in die Irre führen« (Spr 2,15), die in der Verzweiflung enden.
In der Tat erinnert der Psalmist daran, daß der Mensch ein schwaches und sterbliches Lebewesen ist, wie schon das Wort *'adam* anzeigt, das sich im Hebräischen von Erde, Materie, Staub ableitet. Der Mensch – so wiederholt die Bibel oft – gleicht einem Haus, das zerbröckelt (vgl. Koh 12,1–7), einem Spinngewebe, das der Wind zerfetzt (vgl. Hiob 8,14), dem Gras, das am

Morgen grünt und am Abend welkt (vgl. Ps 90,5–6; 103,15–16). Wenn der Tod über ihn kommt, werden alle seine Pläne zunichte, und er kehrt zum Staub zurück: »Haucht der Mensch sein Leben aus und kehrt er zurück zur Erde, dann ist es aus mit all seinen Plänen« (Ps 146,4).

4. ES GIBT ABER für den Menschen auch eine andere Möglichkeit, und die wird vom Psalmisten seliggepriesen: »Wohl dem, dessen Halt der Gott Jakobs ist und der seine Hoffnung auf den Herrn, seinen Gott, setzt« (V. 5). Das ist der Weg des Vertrauens auf den Gott, der ewig und treu ist. Das *Amen,* das das hebräische Wort des Glaubens ist, bedeutet, sich auf die unerschütterliche Stärke des Herrn zu stützen, auf seine Ewigkeit, auf seine unendliche Macht. Aber es bedeutet vor allem, seine Entscheidungen zu teilen, die von dem zuvor beschriebenen Bekenntnis des Glaubens und des Lobes ins Licht gerückt wurden.
Es ist notwendig, in Zustimmung zum göttlichen Willen zu leben, den Hungernden das Brot zu reichen, die Gefangenen zu besuchen, die Kranken zu stützen und zu ermutigen, die Fremden zu schützen und aufzunehmen, sich der Armen und Leidenden anzunehmen. Es ist praktisch derselbe Geist der Seligpreisungen; es ist die Entscheidung für das Liebesangebot, das uns schon in diesem Leben rettet und das dann Gegenstand unserer Prüfung sein wird beim Jüngsten Gericht, das die Geschichte besiegeln wird. Dann werden wir nach den Entscheidungen gerichtet, Christus zu dienen im Hungrigen, im Durstigen, im Fremden, im Nackten, im Kranken, im Gefangenen. »Was ihr für einen meiner geringsten Brüder getan habt, das habt ihr mir getan« (Mt 25,40), wird der Herr sagen.

5. WIR BEENDEN UNSERE Meditation über den Psalm 146 mit einem Denkanstoß, der uns von der späteren christlichen Tradition angeboten wird.
Als der große Schriftsteller des 3. Jahrhunderts, Origines, den Vers 7 dieses Psalms kommentieren will: »den Hungernden gibt er Brot; der Herr befreit die Gefangenen«, faßt er es als eine deutliche Einladung im Bezug auf die Eucharistie auf: »Wir hungern nach Christus, und er selbst wird uns das Brot des Himmels geben. ›Gib uns unser tägliches Brot.‹ Die so sprechen, sind Hungernde, die das Brot brauchen, die hungern.« Und dieser Hunger wird vollständig gesättigt durch das eu-

charistische Sakrament, in dem der Mensch sich vom Leib und vom Blut Christi nährt (vgl. Origines-Hieronymus, *74 Homilien über das Buch der Psalmen,* Mailand 1993, S. 526–527).

Generalaudienz vom 2. Juli 2003

## PSALM 143,1–11

1
*Herr, höre mein Gebet, vernimm mein Flehen;*
*in deiner Treue erhöre mich, in deiner Gerechtigkeit!*
2
*Geh mit deinem Knecht nicht ins Gericht;*
*denn keiner, der lebt, ist gerecht vor dir.*
3
*Der Feind verfolgt mich, tritt mein Leben zu Boden,*
*er läßt mich in der Finsternis wohnen wie längst Verstorbene.*
4
*Mein Geist verzagt in mir,*
*mir erstarrt das Herz in der Brust.*
5
*Ich denke an die vergangenen Tage,*
*sinne nach über all deine Taten, erwäge das Werk deiner Hände.*
6
*Ich breite die Hände aus und bete zu dir;*
*meine Seele dürstet nach dir wie lechzendes Land.*
7
*Herr, erhöre mich bald, denn mein Geist wird müde;*
*verbirg dein Antlitz nicht vor mir,*
*damit ich nicht werde wie Menschen, die längst begraben sind.*
8
*Laß mich deine Huld erfahren am frühen Morgen;*
*denn ich vertraue auf dich.*
*Zeig mir den Weg, den ich gehen soll;*
*denn ich erhebe meine Seele zu dir.*
9
*Herr, entreiß mich den Feinden!*
*Zu dir nehme ich meine Zuflucht.*
10
*Lehre mich, deinen Willen zu tun; denn du bist mein Gott.*
*Dein guter Geist leite mich auf ebenem Pfad.*
11
*Um deines Namens willen, Herr, erhalt mich am Leben,*
*führe mich heraus aus der Not in deiner Gerechtigkeit!*

1. SOEBEN WURDE DER Psalm 143 vorgelesen, der letzte der sogenannten »Bußpsalmen« im Septenar der im Psalter vorkommenden Bittpsalmen (vgl. Ps 6; 32; 38; 51; 102; 130; 143). Die christliche Tradition hat sie alle benutzt, um vom Herrn die Vergebung der Sünden zu erbitten. Der Text, den wir heute vertiefen wollen, lag dem Apostel Paulus besonders am Herzen: Er leitete aus ihm eine tief verwurzelte Sündhaftigkeit jedes Menschen ab: »… keiner der lebt, ist gerecht vor dir, (Herr)« (V. 2). Dieser Satz wurde vom Apostel als Grundlage seiner Lehre über die Sünde und die Gnade übernommen (vgl. Gal 2,16; Röm 3,20).
Die Liturgie der Laudes bietet uns dieses Gebet an als Vorsatz der Treue und als Bitte um Gottes Hilfe am Tagesbeginn. In der Tat läßt uns der Psalm zu Gott sprechen: »Laß mich deine Huld erfahren am frühen Morgen; denn ich vertraue auf dich« (Ps 143,8).

2. DER PSALM BEGINNT mit einem inständigen und beharrlichen Ruf zu Gott, der dem Heilsversprechen gegenüber seinem Volk treu ist (vgl. V. 1). Der Beter erkennt an, daß er keine Verdienste geltend machen kann und bittet Gott demütig, über ihn nicht zu urteilen (vgl. V. 2).
Dann schildert er die dramatische Situation, ähnlich einer tödlichen Gefahr, in der er sich befindet: Der Feind, der sinnbildlich für das Böse in der Geschichte und in der Welt steht, hat ihn bis an die Schwelle des Todes geführt. In der Tat, hier liegt er, am Boden, im Staub, gleichsam schon im Grab; in der Finsternis, die eine Verneinung des Lichtes, des göttlichen Lebenszeichens, ist; schließlich die »längst Verstorbenen« (vgl. V. 3), unter denen er schon zu wohnen scheint.

3. DAS DASEIN DES Psalmisten ist zerstört. Ihm fehlt der Atem, und sein Herz scheint zu erstarren und nicht mehr schlagen zu können (vgl. V. 4). Der am Boden liegende, geschundene Gläubige hat nur noch die Hände frei, die sich zum Himmel in einer Geste erheben, die zugleich eine Bitte um Hilfe und Suche nach einer Stütze ist (vgl. V. 6). Denn er denkt an die Vergangenheit, in der Gott wunderbare Taten vollbracht hat (vgl. V. 5).
Dieser Hoffnungsschimmer bringt das Eis des Leidens und der Prüfung zum Schmelzen, in dem der Beter unterzugehen droht (vgl. V. 7). Die Spannung ist zwar immer noch sehr groß, aber

am Horizont erscheint ein Lichtstrahl. Wir gehen deshalb über zum zweiten Teil des Psalms (vgl. V. 7–11).

4. ER BEGINNT MIT einer neuen, dringenden Bitte. Weil der Gläubige fühlt, daß ihn das Leben zu verlassen scheint, ruft er zu Gott: »Herr, erhöre mich bald, denn mein Geist wird müde« (V. 7). Er fürchtet, daß Gott sein Antlitz verbirgt und fern ist, ja, daß er sein Geschöpf allein gelassen hat.
Das Verschwinden des göttlichen Antlitzes läßt den Menschen in die Verzweiflung, ja, in den Tod stürzen, denn der Herr ist die Quelle des Lebens. Gerade an dieser äußersten Grenze erwacht das Vertrauen in Gott, der niemanden verläßt. Der Beter vervielfacht seine Rufe und beteuert gegenüber dem Herrn sein Vertrauen: »… denn ich vertraue auf dich … denn ich erhebe meine Seele zu dir … Zu dir nehme ich meine Zuflucht … du bist mein Gott.« Er bittet um Schutz vor seinen Feinden (vgl. V. 8–10) und um Befreiung aus der Not (vgl. V. 11), aber er wiederholt noch eine andere Bitte, die ein tiefes geistliches Verlangen offenbart: »Lehre mich, deinen Willen zu tun; denn du bist mein Gott« (V. 10a; vgl. V. 8b.10b). Diese bewundernswerte Bitte sollen wir uns zu eigen machen. Wir müssen begreifen, daß unser größtes Wohl die Übereinstimmung unseres Willens mit dem Willen unseres himmlischen Vaters ist, denn nur so können wir in uns seine ganze Liebe empfangen, die uns das Heil und die Fülle des Lebens bringt. Wenn es nicht von einem starken Verlangen nach Fügsamkeit gegenüber Gott begleitet wird, ist das Vertrauen in ihn nicht wahrhaftig.
Der Beter ist sich dessen bewußt und bringt deshalb diesen Wunsch zum Ausdruck. Er bekennt also dadurch sein festes Vertrauen auf Gott, den Retter, der ihn von der Angst befreit und ihm den Geschmack am Leben wiedergibt im Namen seiner »Gerechtigkeit«, das heißt seiner liebevollen und heilbringenden Treue (vgl. V. 11). Von der anfänglichen bedrückenden Situation ist das Gebet in Hoffnung, Freude und Licht übergegangen, dank einer aufrichtigen Zustimmung zu Gott und seinem Willen, der ein Wille der Liebe ist. Das ist die Macht des Gebets, das Leben und Heil hervorbringt.

5. DER HL. GREGOR der Große schaut auf Gottes Huld am frühen Morgen (vgl. V. 8), und in seinem *Kommentar zu den sieben Bußpsalmen* beschreibt er diesen Morgen voll Hoffnung und

Freude so: »Das ist der Tag, der von der wahren Sonne erhellt wird, die keinen Untergang kennt, die von den Wolken nicht verdeckt und vom Nebel nicht verhüllt wird … Wenn Christus, unser Leben, erscheinen wird, werden wir Gott von Angesicht zu Angesicht schauen, dann wird sich jeder Schleier der Finsternis lüften, jeder Rauch der Unwissenheit auflösen, jeder Nebel der Versuchung verflüchten … Das wird der strahlende und herrliche Tag sein, der allen Erwählten von dem bereitet wurde, der uns der Macht der Finsternis entrissen und in das Reich seines geliebten Sohnes überführt hat.
Der Morgen dieses Tages ist die zukünftige Auferstehung … An jenem Morgen wird die Glückseligkeit der Gerechten glänzen, die Herrlichkeit erscheinen, der Jubel sichtbar sein, wenn Gott jede Träne von den Augen der Heiligen abwischen wird, wenn am Ende der Tod besiegt sein wird, wenn die Gerechten wie die Sonne im Reich des Vaters erglänzen werden.
An jenem Morgen wird der Herr seine Barmherzigkeit spüren lassen, indem er sagt: ›Kommt her, die ihr von meinem Vater gesegnet seid‹ (Mt 25,34). Dann wird Gottes Erbarmen offenbar werden, das der menschliche Geist in diesem Leben nicht erfassen kann. Denn der Herr hat für die, die ihn lieben, das bereitet, was kein Auge je gesehen, kein Ohr je gehört hat und in kein Menschenherz je gedrungen ist« (*Patrologia Latina* 79,649–650).

Generalaudienz vom 9. Juli 2003

# JESAJA 66,10–14

*10*
*Freut euch mit Jerusalem! Jubelt in der Stadt, alle, die ihr sie liebt.*
*Seid fröhlich mit ihr, alle, die ihr über sie traurig wart.*
*11*
*Saugt euch satt an ihrer tröstenden Brust,*
*trinkt und labt euch an ihrem mütterlichen Reichtum!*
*12*
*Denn so spricht der Herr: Seht her:*
*Wie einen Strom leite ich den Frieden zu ihr und den Reichtum der Völker wie einen rauschenden Bach.*
*Ihre Kinder wird man auf den Armen tragen und auf den Knien schaukeln.*
*13*
*Wie eine Mutter ihren Sohn tröstet, so tröste ich euch;*
*in Jerusalem findet ihr Trost.*
*14*
*Wenn ihr das seht, wird euer Herz sich freuen,*
*und ihr werdet aufblühen wie frisches Gras.*

1. DER HYMNUS, DEN wir soeben gehört haben, ist der letzten Seite des Buches Jesaja entnommen. Es ist ein Lied der Freude, das von dem mütterlichen Bild Jerusalems (vgl. 66,11) und dann von der liebevollen Sorge Gottes (vgl. V. 13) beherrscht wird. Die Bibelwissenschaftler meinen, daß dieser letzte Abschnitt, der auf eine glänzende und glückliche Zukunft ausgerichtet ist, das Zeugnis einer späteren Stimme ist, eines Propheten, der die Wiedergeburt Israels nach der dunklen Zeit des babylonischen Exils besingt. Wir befinden uns also im 6. Jahrhundert v. Chr., zwei Jahrhunderte nach der Sendung Jesajas, des großen Propheten, nach dem das ganze inspirierte Werk benannt ist.
Wir folgen jetzt dem frohen Fluß dieses kurzen Hymnus, der mit drei Imperativen beginnt, die eine Einladung zur Freude sind: »Freut euch«, »Jubelt«, »Seid fröhlich« (vgl. V. 10). Das ist ein goldener Faden, der die letzten Seiten des Buches Jesaja durchzieht: Die Trauernden Zions werden erfreut, ihnen wird »Schmuck« und »Freudenöl« gebracht (61,3); der Prophet selbst will sich »von Herzen freuen über den Herrn, seine Seele soll jubeln über seinen Gott« (61,10); »wie der Bräutigam sich freut

über die Braut, so freut sich Gott« über sein Volk (62,5). Auf der Seite, die der von uns jetzt betrachteten vorausgeht, hat der Herr selbst Anteil an der Freude Israels, das als Nation wiederentsteht: »Ihr sollt euch ohne Ende freuen und jubeln über das, was ich erschaffe. Ich will über Jerusalem jubeln und mich freuen über mein Volk« (65,18–19).

2. DIE QUELLE UND der Grund dieser inneren Freude ist die wiedergefundene Lebenskraft Jerusalems, das wiedererstanden ist aus der Asche der Zerstörung, die auf die Stadt niederging, als die babylonischen Heere sie zerstörten. In der Tat ist die Rede von ihrer »Trauer« (66,10), die jetzt vorbei ist.
Wie es in vielen Kulturen geschieht, wird die Stadt in weiblichen, ja mütterlichen Bildern dargestellt. Wenn eine Stadt in Frieden lebt, gleicht sie einem sicheren und geschützten Schoß; ja, sie ist wie eine Mutter, die ihre Kinder an ihrer Brust mit ihrem mütterlichen Reichtum sättigt (V. 11). In diesem Licht wird die Wirklichkeit, die die Bibel mit der weiblichen Bezeichnung »Tochter Zion«, das heißt Jerusalem, nennt, zu einer Stadt und Mutter, die ihre Kinder, das heißt ihre Bewohner, aufnimmt, nährt und erfreut. Auf diese Szene voll Leben und Zärtlichkeit steigt dann das Wort des Herrn nieder, das wie ein Segen klingt (vgl. V. 12–14).

3. GOTT BEDIENT SICH noch anderer Bilder, die mit der Fruchtbarkeit verbunden sind: Es ist die Rede von Strömen und Bächen, das heißt von Wassern, die das Leben, eine üppige Vegetation, den Wohlstand der Erde und ihrer Bewohner symbolisieren (vgl. V. 12). Der Wohlstand der Stadt Jerusalem, ihr »Frieden« *(shalom)*, das großmütige Geschenk Gottes, wird ihren Kindern ein Leben sichern, das in mütterliche Zärtlichkeit eingebettet ist: »Ihre Kinder wird man auf den Armen tragen und auf den Knien schaukeln« (ebd.), und diese mütterliche Zärtlichkeit wird die Zärtlichkeit Gottes sein: »Wie eine Mutter ihren Sohn tröstet, so tröste ich euch« (V. 13). Der Herr wendet die mütterliche Metapher an, um so seine Liebe zu seinen Geschöpfen zu beschreiben.
Schon zuvor ist im Buch Jesaja ein Passus zu lesen, der Gott mütterliche Züge zuschreibt: »Kann denn eine Frau ihr Kindlein vergessen, eine Mutter ihren leiblichen Sohn? Und selbst wenn sie ihn vergessen würde: ich vergesse dich nicht« (49,15).

Die an Jerusalem gerichteten Worte des Herrn in unserem Hymnus enden mit einem Hinweis auf das Thema der inneren Lebenskraft, das durch ein anderes Bild der Fruchtbarkeit und Kraft ausgedrückt wird: durch den Vergleich mit frischem Gras, um das Aufblühen und die Kraft des Körpers und des Daseins anzuzeigen (vgl. 66,14).

4. HIER, ANGESICHTS DER Stadt mit den mütterlichen Zügen ist es leicht, unseren Blick zu weiten auf das Profil der Kirche, der fruchtbaren Jungfrau und Mutter. Wir beschließen unsere Meditation über das wiedergeborene Jerusalem mit einer Reflexion des hl. Ambrosius, die seinem Werk *Über die Jungfrauen* entnommen ist: »So ist auch die heilige Kirche unbefleckt in ihrer bräutlichen Einheit, reich an Kindersegen: Jungfrau wegen ihrer Keuschheit, Mutter wegen ihrer Nachkommenschaft. Eine Jungfrau, nicht vom Manne, sondern vom Geiste erfüllt, schenkt uns das Leben. Eine Jungfrau gebiert uns, nicht unter leiblichen Wehen, sondern unter dem Jauchzen der Engel. Eine Jungfrau zieht uns auf, nicht mit leiblicher Milch, sondern mit jener, welche der Apostel dem noch schwachen Alter des heranwachsenden Volkes reichte.
Wo ist denn eine Vermählte, die mehr Kinder besäße als die heilige Kirche, die geheimnisvolle Jungfrau, die volkreiche Mutter, deren Fruchtbarkeit auch die Schrift mit den Worten bezeugt: ›Denn zahlreichere Kinder hat die Verlassene, mehr als jene‹ (Jes 54,1; Gal 4,27) Unsere Mutter hat keinen Mann, wohl aber hat sie einen Bräutigam; denn die Kirche inmitten des Volkes, beziehungsweise die Seele in den einzelnen vereinigt sich bräutlich mit dem Worte Gottes wie mit ihrem ewigen Bräutigam ohne die leiseste Befleckung der Reinheit, unberührt von Verletzung, erfüllt von höherer Erkenntnis« (I,31; *Bibliothek der Kirchenväter,* Bd. 32, Kempten-München 1917, S. 327 f.).

Generalaudienz vom 16. Juli 2003

## PSALM 147,1–11

1
*Halleluja! Gut ist es, unserm Gott zu singen;*
*schön ist es, ihn zu loben.*
2
*Der Herr baut Jerusalem wieder auf,*
*er sammelt die Versprengten Israels.*
3
*Er heilt die gebrochenen Herzen*
*und verbindet ihre schmerzenden Wunden.*
4
*Er bestimmt die Zahl der Sterne*
*und ruft sie alle mit Namen.*
5
*Groß ist unser Herr und gewaltig an Kraft,*
*unermeßlich ist seine Weisheit.*
6
*Der Herr hilft den Gebeugten auf*
*und erniedrigt die Frevler.*
7
*Stimmt dem Herrn ein Danklied an,*
*spielt unserm Gott auf der Harfe!*
8
*Er bedeckt den Himmel mit Wolken,*
*spendet der Erde Regen*
*und läßt Gras auf den Bergen sprießen.*
9
*Er gibt dem Vieh seine Nahrung,*
*gibt den jungen Raben, wonach sie schreien.*
10
*Er hat keine Freude an der Kraft des Pferdes,*
*kein Gefallen am schnellen Lauf des Mannes.*
11
*Gefallen hat der Herr an denen, die ihn fürchten und ehren,*
*die voll Vertrauen warten auf seine Huld.*

1. DER SOEBEN VORGESUNGENE Psalm ist der erste Teil einer Komposition, die auch den nachfolgenden Psalm 148 umfaßt und die im hebräischen Original als Einheit bewahrt ist.

Die alte griechische und lateinische Version hingegen haben das Canticum in zwei Psalmen unterteilt.
Der Psalm beginnt mit der Einladung, Gott zu loben, und zählt dann eine lange Reihe von Gründen des Lobpreises auf, die alle im Präsens ausgedrückt werden. Es handelt sich um Gottes Taten, die als kennzeichnend und immer aktuell betrachtet werden; sie sind aber von sehr unterschiedlicher Art. Einige betreffen Gottes Eingreifen in das menschliche Dasein (vgl. Ps 147,3.6.11) und besonders zugunsten Jerusalems und Israels (vgl. V. 2); andere beziehen sich auf das geschaffene Universum (vgl. V. 4) und insbesondere auf die Erde mit ihrer Vegetation und den Tieren (vgl. V. 8–9).
Wenn am Schluß gesagt wird, an wem der Herr Gefallen findet, lädt uns der Psalm zu einer zweifachen Haltung ein: zur Gottesfurcht und zum Vertrauen (vgl. V. 11). Wir sind nicht uns selbst oder den kosmischen Kräften überlassen, sondern wir sind immer in den Händen des Herrn gemäß seinem Heilsplan.

2. NACH DER FEIERLICHEN Einladung zum Lobpreis (vgl. V. 1) entfaltet sich der Psalm in zwei poetischen und geistlichen Abschnitten. Im ersten Abschnitt (vgl. V. 2–6) wird zunächst das geschichtliche Handeln Gottes durch das Bild eines Baumeisters eingeleitet, der das nach dem babylonischen Exil neu auflebende Jerusalem wieder aufbaut (vgl. V. 2). Aber dieser große Baumeister, der Herr, erweist sich auch als ein Vater, der sich über die seelischen und körperlichen Wunden beugt, von denen sein gedemütigtes und unterdrücktes Volk gezeichnet ist (vgl. V. 3).
Lassen wir den hl. Augustinus sprechen, der in seinem *Kommentar über den Psalm 147,* den er in Karthago im Jahr 412 gehalten hat, den Satz: »Er heilt die gebrochenen Herzen ...« so kommentierte: »Wer kein gebrochenes Herz hat, wird nicht geheilt ... Wer sind die mit gebrochenem Herzen? Die Einfachen. Und die, die kein gebrochenes Herz haben? Die Stolzen. Also wird das gebrochene Herz geheilt, das stolze, aufgeblähte Herz wird erniedrigt. Ja, wahrscheinlich wird es deshalb erniedrigt, damit es, wenn es gebrochen ist, wieder aufgerichtet und geheilt werden kann ... ›Er heilt die gebrochenen Herzen und verbindet ihre schmerzenden Wunden‹ ... Mit anderen Worten, er heilt die von Herzen Demütigen, die bekennen, sich selbst Strafen auferlegen und ein strenges Urteil über sich fällen, um sein Erbarmen zu finden. Seht da, dieser heilt. Aber die

vollkommene Gesundheit wird erst am Ende des derzeitigen sterblichen Zustandes erlangt werden, wenn unser hinfälliges Wesen mit Unverweslichkeit bekleidet und unser sterbliches Wesen mit Unsterblichkeit bekleidet sein wird« (5–8: *Esposizioni sui Salmi*, IV, Rom 1977, S. 772–779).

3. ABER GOTTES WERK zeigt sich nicht nur darin, daß sein Volk von den Leiden befreit wird. Er, der für die Armen mit Zärtlichkeit sorgt, wird den Frevlern gegenüber zum strengen Richter (vgl. V. 6). Dem Herrn der Geschichte sind die Übergriffe der Gewaltsamen, die meinen, über das Schicksal der Menschen entscheiden zu können, nicht gleichgültig. Gott wirft diejenigen in den Staub, die den Himmel durch ihren Stolz herausfordern (vgl. 1 Sam 2,7–8; Lk 1,51–53).
Gottes Handeln erschöpft sich nicht in seiner Herrschaft über die Geschichte; er ist auch König der Schöpfung, das ganze Universum antwortet auf seinen Schöpferruf. Er kann nicht nur die unermeßliche Zahl der Sterne beziffern, sondern ist auch imstande, jeden einzelnen Stern zu benennen und damit seine Natur und seine Merkmale zu bestimmen (vgl. Ps 147,4).
Schon der Prophet Jesaja sang: »Hebt eure Augen in die Höhe, und seht: Wer hat die (Sterne) dort oben erschaffen? Er ist es, der ihr Heer täglich zählt und heraufführt, der sie alle beim Namen ruft« (40,26). Die »Heere« des Herrn sind also die Sterne. Und der Prophet Baruch fügte hinzu: »Froh leuchten die Sterne auf ihren Posten. Ruft er sie, so antworten sie: Hier sind wir. Sie leuchten mit Freude für ihren Schöpfer« (3,34–35).

4. NACH EINER NEUEN frohen Einladung zum Lobpreis (vgl. Ps 147,7) beginnt der zweite Teil des Psalms 147 (vgl. V. 7–11). Im Mittelpunkt steht noch das schöpferische Handeln Gottes im Kosmos. In einer oft ausgetrockneten Landschaft wie der orientalischen ist der Regen, der die Erde befruchtet (vgl. V. 8), das erste Zeichen der göttlichen Liebe. Auf diese Weise deckt der Schöpfer den Tisch für die Tiere. Ja, er sorgt dafür, daß auch die kleinen Lebewesen wie die jungen Raben, die vor Hunger schreien (vgl. V. 9), ihre Nahrung bekommen. Jesus lädt uns ein, »die Vögel des Himmels anzusehen: Sie säen nicht, sie ernten nicht und sammeln keine Vorräte in Scheunen; euer himmlischer Vater ernährt sie« (Mt 6,26; vgl. auch Lk 12,24 mit dem ausdrücklichen Hinweis auf die »Raben«).

Doch von der Schöpfung wird die Aufmerksamkeit wieder auf das menschliche Dasein gelenkt. Und so schließt der Psalm, indem er den Herrn zeigt, der sich über den beugt, der gerecht und demütig ist (vgl. Ps 147,10–11), wie schon im ersten Teil des Hymnus dargelegt wurde (vgl. V. 6). Mittels zweier Symbole der Macht, des Pferdes und des schnellen Laufes des Mannes, wird die Einstellung Gottes deutlich, der sich von der Kraft nicht erobern oder einschüchtern läßt. Ein weiteres Mal läßt die Logik des Herrn den Stolz und die Arroganz der Macht außer acht, denn sie stellt sich auf die Seite derer, die treu sind und »voll Vertrauen auf seine Huld warten« (V. 11), das heißt, die sich der Führung Gottes überlassen in ihrem Handeln und in ihrem Denken, in ihren Plänen und ihrem täglichen Leben. Unter diese soll sich auch der Beter einreihen, indem er seine Hoffnung auf die Gnade des Herrn gründet in der Gewißheit, vom Mantel der göttlichen Liebe umhüllt zu sein: »Das Auge des Herrn ruht auf allen, die ihn fürchten und ehren, die nach seiner Güte ausschaun; denn er will sie dem Tod entreißen und in der Hungersnot ihr Leben erhalten … Ja, an ihm freut sich unser Herz, wir vertrauen auf seinen heiligen Namen« (Ps 33,18–19.21).

Generalaudienz vom 23. Juli 2003

## PSALM 51,3–4.15.17–21

*3*
*Gott, sei mir gnädig nach deiner Huld,*
*tilge meine Frevel nach deinem reichen Erbarmen!*
*4*
*Wasch meine Schuld von mir ab,*
*und mach mich rein von meiner Sünde!*
*15*
*Dann lehre ich Abtrünnige deine Wege,*
*und die Sünder kehren um zu dir.*
*17*
*Herr, öffne mir die Lippen,*
*und mein Mund wird deinen Ruhm verkünden.*
*18*
*Schlachtopfer willst du nicht, ich würde sie dir geben;*
*an Brandopfern hast du kein Gefallen.*
*19*
*Das Opfer, das Gott gefällt, ist ein zerknirschter Geist,*
*ein zerbrochenes und zerschlagenes Herz wirst du, Gott,*
*nicht verschmähen.*
*20*
*In deiner Huld tu Gutes an Zion,*
*bau die Mauern Jerusalems wieder auf!*
*21*
*Dann hast du Freude an rechten Opfern, an Brandopfern und*
*Ganzopfern, dann opfert man Stiere auf deinem Altar.*

1. ZUM VIERTEN MAL hören wir in unseren Reflexionen über die Liturgie der Laudes den 51. Psalm, das berühmte *Miserere* (siehe S. 78, 166 und 251). In der Tat ist er allwöchentlich am Freitag vorgegeben als eine Oase der Meditation, in der es gilt, das Böse, das sich im Gewissen einnistet, zu entdecken und vom Herrn Läuterung und Vergebung zu erbitten. Denn »keiner, der lebt, ist gerecht vor dir«, o Herr, bekennt der Psalmist in einem anderen Gebet (Ps 143,2). Im Buch Hiob ist zu lesen: »Wie wäre ein Mensch gerecht vor Gott, wie wäre rein der vom Weib Geborene? Siehe, selbst der Mond glänzt nicht hell, die Sterne sind nicht rein in seinen Augen, geschweige denn der Mensch, die Made, der Menschensohn, der Wurm« (25,4–6).

Ernste, dramatische Worte, die die Begrenztheit und Hinfälligkeit des Menschen sowie seine verkehrte Neigung, Böses, Gewalt, Unreinheit und Lüge zu säen, in aller Deutlichkeit und Schwere vor Augen führen wollen. Die Botschaft der Hoffnung des *Miserere,* die der Psalter dem bekehrten Sünder David in den Mund legt, lautet: Gott kann die reuigen Herzens bekannte Schuld tilgen, abwaschen und reinmachen (vgl. Ps 51,3–4). Der Herr spricht durch die Stimme Jesajas: »Wären eure Sünden auch rot wie Scharlach, sie sollen weiß werden wie Schnee. Wären sie rot wie Purpur, sie sollen weiß werden wie Wolle« (1,18).

2. WIR VERWEILEN DIESMAL kurz am Schluß des 51. Psalms, am hoffnungsvollen Ende, wo der Beter erkennt, daß ihm Gott vergeben hat (vgl. V. 17–21). Sein Mund verkündet den Ruhm des Herrn vor der Welt und bezeugt so die Freude, die der vom Bösen und damit von Gewissensbissen befreite Mensch erfährt (vgl. V. 17).

Der Beter zeigt nun ganz deutlich eine andere innere Einstellung, indem er sich der wiederholten Lehre der Propheten anschließt (vgl. Jes 1,10–17; Am 5,21–25; Hos 6,6): Das wohlgefälligste Opfer, das wie Wohlgeruch und beruhigender Duft zum Herrn aufsteigt (vgl. Gen 8,21), ist kein Brandopfer von Stieren und Lämmern, sondern das »zerbrochene und zerschlagene Herz« (Ps 51,19).

Die *Nachfolge Christi,* ein in der christlichen geistlichen Tradition so beliebter Text, wiederholt diese Mahnung des Psalmisten: »Diese Herzensreue des Sünders ist dir, o mein Gott, ein angenehmes Opfer, ein Wohlgeruch vor dir, lieblicher als aller Duft des angezündeten Weihrauchs! … hier wird abgewaschen, was die Sünde zerrüttet und befleckt hatte« (III,52,4).

3. DER PSALM ENDET unerwartet mit einem ganz anderen Ausblick, der sogar widersprüchlich zu sein scheint (vgl. V. 20–21). Von der letzten Bitte eines einzelnen Sünders geht er über in ein Gebet für den Wiederaufbau der ganzen Stadt Jerusalem, so daß wir aus der davidischen Epoche in die um Jahrhunderte spätere Zeit der Zerstörung der Stadt versetzt werden. Nachdem der Psalm zuerst die göttliche Zurückweisung der Brandopfer von Tieren ausgesprochen hat, verkündet er im 21. Vers, daß diese Brandopfer Gott wohlgefällig sind.

Es ist klar, daß dieser Schlußsatz ein späterer Nachsatz ist, der in der Zeit des Exils hinzugefügt wurde und in gewissem Sinn die Perspektive des davidischen Psalms verbessern oder wenigstens vervollständigen wollte. Und zwar in zwei Punkten: Man wollte einerseits nicht, daß der ganze Psalm auf ein individuelles Gebet verkürzt wird; man mußte ja auch an die traurige Lage der ganzen Stadt denken. Andererseits wollte man die göttliche Zurückweisung der Opferriten herunterspielen; diese Zurückweisung durfte weder vollständig noch endgültig sein, weil es sich um einen von Gott selbst in der *Torah* vorgeschriebenen Kult handelte. Derjenige, der den Psalm vervollständigt hat, hatte eine überzeugende Eingebung: Er verstand das Bedürfnis, das die Sünder hatten, das Bedürfnis nach einem vermittelnden Opfer. Die Sünder sind nicht imstande, sich allein zu reinigen; gute Gefühle sind nicht genug. Es braucht eine wirksame Mittlerschaft von außen. Das *Neue Testament* offenbart den vollen Sinn dieser Intuition, indem es zeigt, daß Christus durch die Hingabe seines Lebens als Mittler ein vollkommenes Opfer dargebracht hat.

4. DER HL. GREGOR der Große hat in seiner *Homilie über Ezechiel* die unterschiedlichen Perspektiven gut erfaßt, die zwischen Vers 19 und Vers 21 des *Miserere* bestehen. Er bietet eine Deutung an, die wir ebenfalls annehmen können und mit der wir unsere Reflexion beenden. Der hl. Gregor wendet Vers 19, der vom zerknirschten Geist spricht, auf die Existenz der Kirche auf Erden und den 21. Vers, der vom Brandopfer spricht, auf die Kirche im Himmel an.
Hier die Worte dieses großen Papstes: »Die Heilige Kirche hat zwei Leben: eines, das sie in der Zeit führt, das andere, das sie in Ewigkeit empfängt; eines, durch das sie sich auf Erden müht, das andere, das der Lohn im Himmel ist; eines, durch das sie die Verdienste sammelt, das andere, das bereits die gesammelten Verdienste genießt. Und in dem einen wie in dem anderen Leben bringt sie das Opfer dar: hier das Opfer der Reue und dort oben das Opfer des Lobes. Vom ersten Opfer wird gesagt: ›Das Opfer, das Gott gefällt, ist ein zerknirschter Geist‹ (Ps 51,19); von dem zweiten steht geschrieben: ›Dann hast du Freude an rechten Opfer, an Brandopfern und Ganzopfern‹ (Ps 51,21) … In beiden Fällen wird Fleisch geopfert, denn hier ist das Opfer des Fleisches die Kasteiung des Leibes, oben ist das Opfer

des Fleisches die Herrlichkeit der Auferstehung im Lobpreis an Gott. Dort oben wird gleichsam als Brandopfer das Fleisch dargebracht, das in die ewige Unverweslichkeit verwandelt ist, es wird keinen Kampf und nichts Sterbliches mehr geben, weil es ganz in Liebe zu ihm im Lobpreis ohne Ende entbrannt ist« *(Homilie über Ezechiel*/2, Rom 1993, S. 271).

Generalaudienz vom 30. Juli 2003

## TOBIT 13,10–13.15–17

10
*Jerusalem, du heilige Stadt!*
*Der Herr bestraft die Taten deiner Kinder,*
*doch er hat wieder Erbarmen*
*mit den Söhnen der Gerechten.*
11
*Bekenne dich zum Herrn in rechter Weise,*
*preise den ewigen König,*
*damit sein Zelt von neuem errichtet wird,*
*dir zur großen Freude.*
12
*Er mache in dir die Gefangenen wieder froh*
*und schenke denen, die im Elend leben, seine Liebe,*
*für alle Zeiten bis in Ewigkeit.*
13
*Von weither werden die Völker kommen,*
*um den Namen des Herrn, unseres Gottes, zu preisen.*
*Sie tragen Geschenke herbei,*
*Geschenke für den himmlischen König.*
*Alle Menschen jubeln dir zu.*
15
*Wohl denen, die dich lieben; sie werden sich freuen*
*über den Frieden, den du schenkst.*
16
*Meine Seele preise Gott, den großen König.*
17
*Denn Jerusalem wird wieder aufgebaut.*

1. DIE LITURGIE DER LAUDES hat unter ihre Cantica das Fragment eines Lobpreises aufgenommen, das die im biblischen Buch Tobit dargelegte Erzählung beschließt: Wir haben diesen Text soeben gehört. Der recht lange und feierliche Lobpreis ist ein typisches Beispiel für das jüdische Gebet und die jüdische Spiritualität, die sich aus anderen, früheren Bibeltexten nährt.
Das Canticum ist gekennzeichnet durch eine zweifache Anrufung. Zunächst erfolgt die wiederholte Einladung, Gott zu loben (vgl. V. 3.4.7) für die Läuterung, die er durch das Exil

bewirkt. Die »Kinder Israels« werden ermahnt, diese Läuterung durch den aufrichtigen Willen zur Umkehr anzunehmen (vgl. V. 6.8). Wenn in den Herzen die Bekehrung erblüht, wird der Herr am Horizont die Morgenröte der Befreiung aufgehen lassen. In dieses geistige Klima gehört der Beginn des Canticum, das die Liturgie dem umfangreicheren Lobpreis aus dem 13. Kapitel des Buches Tobit entnommen hat.

2. DER ZWEITE TEIL des Textes aus dem Munde des betagten Tobit, der zusammen mit seinem Sohn Tobias die Hauptperson des ganzen Buches ist, stellt eine regelrechte Verherrlichung Zions dar. Sie spiegelt die tiefempfundene Sehnsucht und die brennende Liebe wider, die die Juden in der Diaspora für die Heilige Stadt empfinden (vgl. V. 9–18). Auch dieser Aspekt wird aus dem Ausschnitt ersichtlich, der für das Morgengebet der Liturgie der Laudes ausgewählt wurde. Beschäftigen wir uns also mit diesen beiden Themen, nämlich der Reinigung von der Sünde durch die Prüfung und dem Warten auf die Begegnung mit dem Herrn im Licht Zions und seines heiligen Tempels.

3. TOBIT RICHTET EINEN eindringlichen Appell an die Sünder, damit sie sich bekehren und das Rechte tun: Diesen Weg gilt es einzuschlagen, um die göttliche Liebe wiederzufinden, die Zuversicht und Hoffnung schenkt (vgl. V. 8).
Die Geschichte Jerusalems ist in gewisser Hinsicht ein Gleichnis, das alle Menschen über die anstehende Entscheidung belehrt. Gott hat die Stadt bestraft, weil er angesichts der von seinen Kindern ausgeübten Missetaten nicht gleichgültig bleiben konnte. Jetzt aber hat er gesehen, daß viele sich bekehrt haben und zu gerechten und treuen Söhnen und Töchtern geworden sind, und er wird daher wieder seine barmherzige Liebe walten lassen (vgl. V. 10).
Im Canticum des 13. Kapitels des Buches Tobit wird diese Überzeugung mehrfach wiederholt: der Herr »züchtigt und hat auch wieder Erbarmen … er züchtigt uns wegen unserer Sünden, doch hat er auch wieder Erbarmen … Der Herr bestraft die Taten deiner Kinder, doch er hat wieder Erbarmen mit den Söhnen der Gerechten« (V. 2.5.10). Gott setzt die Strafe als Mittel ein, um die Sünder, die auf keine andere Ermahnung hören, auf den rechten Weg zurückzuführen. Das letzte Wort des gerechten Gottes bleibt jedoch das der Liebe und der Vergebung; sein

tiefer Wunsch ist, die rebellischen Kinder, die mit reuigem Herzen zu ihm zurückkehren, erneut in die Arme zu schließen.

4. BEIM AUSERWÄHLTEN VOLK wird sich die Barmherzigkeit Gottes im Wiederaufbau des Jerusalemer Tempels zeigen, den Er selbst vollbringen wird, »damit sein Zelt von neuem errichtet wird, dir zur großen Freude« (V. 11). So kommt das zweite Thema zum Vorschein. Es betrifft Zion als geistigen Ort, zu dem nicht nur die Rückkehr der Juden, sondern auch die Pilgerreise aller Völker, die Gott suchen, führen muß. So eröffnet sich ein allumfassender Horizont: Nach dem Wiederaufbau des Jerusalemer Tempels, Zeichen des Wortes und der Gegenwart Gottes, wird ein weltweites Licht erstrahlen, das die Dunkelheit durchbricht, damit »die Völker von weither kommen« (vgl. V. 13), ihre Geschenke herbeibringen und ihre Freude darüber, an dem vom Herrn über Israel ausgegossenen Heil Anteil zu haben, bekunden können.
Die Israeliten und alle Völker sind also gemeinsam zum einzigen Ziel des Glaubens und der Wahrheit unterwegs. Auf sie ruft der Sänger dieses Hymnus eine wiederholte Seligpreisung herab, indem er zu Jerusalem sagt: »Wohl denen, die dich lieben; sie werden sich freuen über den Frieden, den du schenkst« (V. 15). Das wahre Glück stellt sich dann ein, wenn das Licht wiedergefunden wird, das am Himmel für all jene erstrahlt, die den Herrn mit geläutertem Herzen und mit dem Verlangen nach Wahrheit suchen.

5. AN DIESES FREIE und glorreiche Jerusalem, Zeichen der Kirche am endgültigen Ziel ihrer Hoffnung, das durch die Auferstehung Christi vorweggenommen wird, wendet sich der hl. Augustinus in seinen *Bekenntnissen* mit leidenschaftlichen Worten.
In Hinblick auf das Gebet, das er in seinem »Kämmerlein« sprechen möchte, beschreibt er uns »die Liebeslieder … die unaussprechlichen Seufzer meiner Pilgerschaft und Jerusalems … Jerusalems, meiner Vaterstadt, zu der ich mein Herz hoch erhebe, Jerusalems, meiner Mutter und deiner, ihres Herrschers, Lichtspenders, Vaters, Beschützers, und Bräutigams, der du ihre stete keusche Wonne, ihre unwandelbare Freude, die Fülle unbeschreiblicher Güter … bist«. Und er schließt mit einem Versprechen: »Nicht abwenden will ich mich, bis du mich dereinst

einführst in ihren Frieden, den Frieden meiner liebsten Mutter, wo bereits meines Geistes Erstlinge sind, von wo mir alle sichere Erkenntnis zugeflossen ist, bis du mich und alles, was ich bin und habe, sammelst aus dieser Zerstreuung und Verderbnis und mich formst und festigst in Ewigkeit, du mein Gott und mein Erbarmer« *(Bekenntnisse,* XII,16,23).

Generalaudienz vom 13. August 2003

## PSALM 147,12–20

12

*Jerusalem, preise den Herrn,*
*lobsinge, Zion, deinem Gott!*

13

*Denn er hat die Riegel deiner Tore festgemacht,*
*die Kinder in deiner Mitte gesegnet;*

14

*er verschafft deinen Grenzen Frieden,*
*und sättigt dich mit bestem Weizen.*

15

*Er sendet sein Wort zur Erde,*
*rasch eilt sein Befehl dahin.*

16

*Er spendet Schnee wie Wolle,*
*streut den reif aus wie Asche.*

17

*Eis wirft er herab in Brocken,*
*vor seiner Kälte erstarren die Wasser.*

18

*Er sendet sein Wort aus, und sie schmelzen,*
*er läßt den Wind wehen, dann rieseln die Wasser.*

19

*Er verkündet Jakob sein Wort,*
*Israel seine Gesetze und Rechte.*

20

*An keinem andern Volk hat er so gehandelt,*
*keinem sonst seine Rechte verkündet. Halleluja!*

1. DER PSALM, DER uns soeben zur Meditation vorgeschlagen wurde, ist der zweite Teil des vorhergehenden Psalms 147,1–11. Die alten lateinischen und griechischen Übersetzungen, auf die sich die Liturgie bezieht, haben ihn hingegen als einen eigenständigen Gesang betrachtet, denn sein Beginn unterscheidet ihn ganz eindeutig vom vorigen Abschnitt. Der Anfang ist berühmt geworden, auch weil er oft auf lateinisch vertont wurde: »*Lauda, Jerusalem, Dominum.*« Diese einleitenden Worte sind die typische Einladung jener Psalmenhymnen, in denen ein Lobpreis auf den Herrn angestimmt wird: Jetzt wird Jerusalem – als

Personifizierung des Volkes – aufgefordert, seinen Gott zu preisen und ihm zu lobsingen (vgl. V. 12).
Sofort wird der Grund erwähnt, weswegen die betende Gemeinschaft ihr Lob zum Herrn erheben soll. Dieser Grund ergibt sich aus der Geschichte: Er, der Israel aus dem babylonischen Exil befreite, schenkte seinem Volk Sicherheit, indem er »die Riegel der Tore (der Stadt) festmachte« (vgl. V. 13).
Als Jerusalem unter dem Angriff der Heerscharen König Nebukadnezars im Jahr 586 v. Chr. zerstört worden war, hatte das Buch der Klagelieder Gott selbst als Richter über die Sünden Israels dargestellt, wie er »die Mauer der Tochter Zion (schleifte …) In den Boden sanken ihre Tore, ihre Riegel hat er zerstört und zerbrochen« (Klgl 2,8.9). Nun hingegen ist der Herr erneut der Erbauer der heiligen Stadt; im wiederaufgebauten Tempel segnet er aufs neue seine Kinder. So findet das Werk Nehemias Erwähnung (vgl. Neh 3,1–38), der die Mauern Jerusalems wiederaufrichtete, damit die Stadt erneut zu einer Oase der Ruhe und des Friedens werde.

2. DER FRIEDE, *SHALÔM*, kommt einem in der Tat sofort in den Sinn, auch weil er symbolisch im Namen Jerusalems enthalten ist. Schon der Prophet Jesaja hatte der Stadt verheißen: »Ich setze den Frieden als Aufsicht für dich ein und die Gerechtigkeit als deinen Vogt« (60,17).
Aber Gott bewirkt nicht nur den Wiederaufbau der Stadtmauern, die er segnet und in Sicherheit befriedet: Er gewährt Israel auch andere wichtige Gaben. Dies wird im letzten Abschnitt des Psalms beschrieben, wo an die Geschenke der Offenbarung, des Gesetzes und der göttlichen Gebote erinnert wird: »Er verkündet Jakob sein Wort, Israel seine Gesetze und Rechte« (Ps 147,19).
So wird die Erwählung Israels und sein einzigartiger Auftrag unter den Völkern gefeiert, nämlich der Welt das Wort Gottes zu verkünden. Es ist ein prophetischer und priesterlicher Auftrag, denn »welche große Nation besäße Gesetze und Rechtsvorschriften, die so gerecht sind wie alles in dieser Weisung, die ich euch heute vorlege?« (Dtn 4,8). Durch Israel – und somit auch durch die christliche Gemeinschaft, das heißt die Kirche – kann das Wort Gottes in der Welt ertönen und Norm und Lebenslicht für alle Völker werden (vgl. Ps 147,20).

3. WIR HABEN NUN den ersten Grund für das Lob, das zum Herrn erhoben werden soll, aufgezeigt: Es hat eine historische Begründung, denn es ist mit dem befreienden und offenbarenden Wirken Gottes gegenüber seinem Volk verknüpft.
Es gibt aber einen weiteren Grund zum Jubel und Lobpreis: Er ist kosmischer Natur, weil er verbunden ist mit dem schöpferischen Wirken Gottes. Das Gotteswort bricht ein, um allem Seienden Leben zu verleihen. Wie ein Bote läuft es rasch durch die riesigen Weiten der Erde (vgl. Ps 147,15). Und sofort geschehen überall Wunderwerke.
Dort kommt der Winter, dessen atmosphärische Phänomene in poetischem Stil dargestellt werden: Der Schnee ist wie Wolle in seiner Reinheit, der Reif mit seinen kleinen Körnern wie Asche aus der Wüste (vgl. V. 16), der Hagel ähnelt auf den Boden geworfenen Brotkrumen, der Frost läßt die Erde erstarren und die Vegetation stillstehen (vgl. V. 17). Es ist ein winterliches Bild, das uns einlädt, die Wunder der Schöpfung zu entdecken, und das in einem sehr malerischen Bild eines weiteren Buchs der Bibel wieder aufgenommen wird (vgl. Sir 43,18–20).

4. ABER SCHON TRITT – ebenfalls durch das Wirken des Gotteswortes – erneut der Frühling in Erscheinung. Das Eis schmilzt; es weht ein warmer Wind, der die Wasser rieseln läßt (vgl. Ps 147,18). Es wiederholt sich der ewige Zyklus der Jahreszeiten, also auch die Lebensmöglichkeit für Männer und Frauen.
Selbstverständlich hat es an metaphorischen Deutungen dieser Gaben Gottes nicht gefehlt. Der »beste Weizen« ließ an das große Geschenk des eucharistischen Brotes denken. Origenes, der große christliche Schriftsteller des 3. Jahrhunderts, erkannte in jenem Weizen sogar das Zeichen für Christus selbst und insbesondere für die Heilige Schrift.
Dies ist sein Kommentar: »Unser Herr ist das Weizenkorn, das zu Boden fiel und sich für uns vermehrte. Dieses Weizenkorn ist aber von einzigartiger Fülle … Das Wort Gottes ist von einzigartiger Fülle, es enthält alle Wonnen. Alles, was du ersehnst, kommt vom Wort Gottes, so wie es die Juden berichten: Wenn sie das Manna aßen, nahm es in ihrem Mund den Geschmack an, den sich jeder von ihnen wünschte … So ist es auch für das Fleisch Christi, das das Wort der Lehre, also das Verständnis der Heiligen Schrift, ist: Je größer unser Wunsch danach ist, desto

größer wird auch die Nahrung, die wir dadurch erhalten. Wenn du heilig bist, findest du Erquickung; bist du Sünder, findest du Qual« (vgl. Origenes-Hieronymus, *74 Homilien über das Buch der Psalmen*, Mailand 1993, S. 543–544).

5. DER HERR WIRKT demnach mit seinem Wort nicht nur in der Schöpfung, sondern auch in der Geschichte. Er offenbart sich durch die stille Sprache der Natur (vgl. Ps 18,2–7), äußert sich aber klar und deutlich durch die Bibel und seine persönliche Kommunikation mit den Propheten sowie in ganzer Fülle im Sohn (vgl. Hebr 1,1–2). Es sind zwei unterschiedliche, aber einander ergänzende Geschenke seiner Liebe.
Deshalb soll jeden Tag unser Lob zum Himmel aufsteigen. Es ist unser Dankeschön, das morgens im Gebet der Laudes beginnt, um den Herrn des Lebens und der Freiheit, des Daseins und des Glaubens, der Schöpfung und der Erlösung zu preisen.

Generalaudienz vom 20. August 2003

# PSALM 92

2
*Wie schön ist es, dem Herrn zu danken,*
*deinem Namen, du Höchster, zu singen,*
3
*am Morgen deine Huld zu verkünden*
*und in den Nächten deine Treue*
4
*zur zehnsaitigen Laute, zur Harfe,*
*zum Klang der Zither.*
5
*Denn du hast mich durch deine Taten froh gemacht;*
*Herr, ich will jubeln über die Werke deiner Hände.*
6
*Wie groß sind deine Werke, o Herr,*
*wie tief deine Gedanken!*
7
*Ein Mensch ohne Einsicht erkennt das nicht,*
*ein Tor kann es nicht verstehen.*
8
*Wenn auch die Frevler gedeihen*
*und alle, die Unrecht tun, wachsen,*
*so nur, damit du sie für immer vernichtest.*
9
*Herr, du bist der Höchste,*
*du bleibst auf ewig.*
10
*Doch deine Feinde, Herr, wahrhaftig, deine Feinde vergehen;*
*auseinandergetrieben werden alle, die Unrecht tun.*
11
*Du machtest mich stark wie einen Stier,*
*du salbtest mich mit frischem Öl.*
12
*Mein Auge blickt herab auf meine Verfolger,*
*auf alle, die sich gegen mich erheben;*
*mein Ohr hört vom Geschick der Bösen.*
13
*Der Gerechte gedeiht wie die Palme,*
*er wächst wie die Zedern des Libanon.*

14
*Gepflanzt im Haus des Herrn,*
*gedeihen sie in den Vorhöfen unseres Gottes.*
15
*Sie tragen Frucht noch im Alter*
*und bleiben voll Saft und Frische;*
16
*sie verkünden: Gerecht ist der Herr;*
*mein Fels ist er, an ihm ist kein Unrecht.*

1. WAS SOEBEN VORGETRAGEN wurde, ist das Lied eines Mannes, der dem heiligen Gott treu ist. Es handelt sich um Psalm 92 (siehe auch S. 180), der, wie der alte Titel des Textes andeutet, von der jüdischen Tradition »für den Tag des Sabbats« verwendet wurde (V. 1). Der Hymnus beginnt mit einem allgemeinen Aufruf, den Herrn mit Gesang und Musik zu feiern und zu lobpreisen (vgl. V. 2–4). Es ist ein Gebetsfaden, der nicht abzureißen scheint, weil die göttliche Liebe am Morgen, zu Beginn des Tages, gepriesen werden soll, aber sie soll auch noch während des Tages und im Laufe der Nachtstunden verkündet werden (vgl. V. 3). Gerade die Musikinstrumente, die der Psalmist anfangs in der Einladung aufzählt, haben den hl. Augustinus in seinem *Kommentar über Psalm 92* zu folgender Meditation gedrängt: »Was heißt das, Brüder, mit dem Zimbal lobsingen? Das Zimbal ist ein Musikinstrument. Unser Zimbal ist unser Tun. Jeder, der mit den Händen gute Werke vollbringt, lobt den Herrn durch das Zimbal. Jeder, der mit dem Mund bekennt, lobpreist Gott. Singe durch den Mund! Singe Psalmen durch die Werke! … Aber wer sind diejenigen, die singen? Das sind jene, die mit Freude Gutes tun. Denn der Gesang ist ein Zeichen der Freude. Was sagt der Apostel? ›Gott liebt einen fröhlichen Geber‹ (2 Kor 9,7). Was immer du tust, tue es mit Freude. Dann tust du Gutes, und du tust es gut. Wenn du etwas mit Traurigkeit tust, kann es sein, daß durch dich Gutes geschieht, aber du bist nicht derjenige, der es tut: Du hältst das Zimbal, singst aber nicht« *(Esposizioni sui Salmi,* III, Rom 1976, S. 192–195).

2. DURCH DIE WORTE des hl. Augustinus kommen wir zum Kern unserer Reflexion und können das Grundthema des Psalms angehen: das Thema von Gut und Böse. Das eine wie

das andere wird geprüft von Gott, dem Gerechten und Heiligen, dem »Höchsten, der auf ewig bleibt« (V. 9). Von ihm, der ewig und unendlich ist, dem nichts vom Tun des Menschen entgeht.
So stehen sich wieder zwei gegensätzliche Verhaltensweisen gegenüber. Die Haltung des Gläubigen bemüht sich, die Werke Gottes zu rühmen, in die Tiefe der Gedanken des Herrn einzudringen, und auf diesem Weg strahlt sein Leben Licht und Freude aus (vgl. V. 5–6). Im Gegensatz dazu wird der böse Mensch in seiner Stumpfheit gezeichnet, unfähig, den verborgenen Sinn des menschlichen Schicksals zu verstehen. Das plötzliche Glück macht ihn übermütig, aber in Wirklichkeit ist er innerlich zerbrechlich und nach dem flüchtigen Erfolg dem Zusammenbruch und Untergang geweiht (vgl. V. 7–8). Der Psalmist, der das im Alten Testament beliebte Bild vom rechtmäßigen Lohn verwendet, ist überzeugt, daß Gott die Gerechten schon in diesem Leben belohnen wird, indem er ihnen ein glückliches Alter schenkt (vgl. V. 15) und die Bösen bestraft.
Aber in Wirklichkeit ist, wie Hiob bekräftigt und Jesus lehrt, die Geschichte nicht so gradlinig zu verstehen. Die Vision des Psalmisten wird deshalb eine Bitte an Gott, den Gerechten und »Höchsten« (vgl. V. 9), er möge in den Ablauf der menschlichen Ereignisse eingreifen, um sie zu richten und das Gute erstrahlen lassen.

3. DER KONTRAST ZWISCHEN dem Gerechten und dem Frevler wird vom Beter wieder aufgenommen. Auf der einen Seite stehen die »Feinde« des Herrn, die »Unrecht tun«, die auseinandergetrieben werden und untergehen (vgl. V. 10). Auf der anderen Seite erscheinen alle Gläubigen in vollem Glanz, dargestellt vom Psalmisten, der sich selbst in bunten Bildern beschreibt, die aus der orientalischen Symbolik stammen. Der Gerechte hat die unwiderstehliche Kraft eines Stiers und ist bereit, jedes Hindernis zu überwinden; seine ruhmvolle Stirn ist mit dem Öl des göttlichen Schutzes gesalbt und wird gleichsam ein Schild, der den Erwählten stark macht (vgl. V. 11). Von der Höhe seiner Macht und Sicherheit blickt der Beter herab auf die Bösen und sieht sie in den Abgrund ihres Ruins stürzen (vgl. V. 12).
Psalm 92 strahlt also Glück, Zuversicht und Optimismus aus: die Gaben, um die wir Gott gerade in unserer Zeit bitten sollen,

in die sich leicht die Versuchung zur Entmutigung und sogar zur Verzweiflung einschleicht.

4. ANGESICHTS DER TIEFEN Freude, die ihn erfüllt, wirft unser Psalm am Ende einen Blick auf die alten Tage des Gerechten und sieht, daß sie ebenfalls heiter sind. Der Geist des Beters wird auch dann, wenn diese Tage kommen, noch lebendig, froh und fruchtbar sein (vgl. V. 15). Er fühlt sich wie die Palmen und die Zedern, die in den Vorhöfen des Tempels auf Zion gepflanzt sind (vgl. V. 13–14).
Der Gerechte senkt die Wurzeln in Gott selbst, von dem er den Lebenssaft der göttlichen Gnade erhält. Das Leben des Herrn nährt und verwandelt ihn, es bringt ihn zum Keimen und Blühen, das heißt, es macht ihn fähig, den eigenen Glauben den anderen weiterzugeben und vor ihnen zu bezeugen. In dieser Beschreibung eines gerechten und arbeitsamen Lebens und eines intensiven und aktiven Alters sind die letzten Worte des Psalmisten mit der Verkündigung der ewigen Treue des Herrn verbunden (vgl. V. 16). Wir könnten deshalb jetzt schließen mit dem Lied, das im letzten Buch der Bibel, in der *Offenbarung,* zu Gott aufsteigt. Es ist ein Buch des furchtbaren Kampfes zwischen Gut und Böse, aber auch voll Hoffnung auf den endgültigen Sieg Christi: »Groß und wunderbar sind deine Taten, Herr, Gott und Herrscher über die ganze Schöpfung. Gerecht und zuverlässig sind deine Wege, du König der Völker … Denn du allein bist heilig: Alle Völker kommen und beten dich an; denn deine gerechten Taten sind offenbar geworden. Gerecht bist du, der du bist und der du warst, du Heiliger, denn damit hast du ein gerechtes Urteil gefällt. Ja, Herr, Gott und Herrscher über die ganze Schöpfung. Wahr und gerecht sind deine Gerichtsurteile!« (15,3–4; 16,5.7).

Generalaudienz vom 3. September 2003

## EZECHIEL 36,24–28

24
*Ich hole euch heraus aus den Völkern,*
*ich sammle euch aus allen Ländern und bringe euch in euer Land.*
25
*Ich gieße reines Wasser über euch aus, dann werdet ihr rein.*
*Ich reinige euch von aller Unreinheit und von allen euren Götzen.*
26
*Ich schenke euch ein neues Herz und*
*lege einen neuen Geist in euch.*
*Ich nehme das Herz von Stein aus eurer Brust und*
*gebe euch ein Herz von Fleisch.*
27
*Ich lege meinen Geist in euch und bewirke,*
*daß ihr meinen Gesetzen folgt und auf meine Gebote achtet*
*und sie erfüllt.*
28
*Dann werdet ihr in dem Land wohnen,*
*das ich euren Vätern gab.*
*Ihr werdet mein Volk sein, und ich werde euer Gott sein.*

1. DAS CANTICUM, DAS soeben in unseren Ohren und in unseren Herzen erklungen ist, wurde von einem der großen Propheten Israels komponiert. Es handelt sich um Ezechiel, den Zeugen einer der tragischsten Epochen, die das jüdische Volk durchlebt hat: den Zusammenbruch des Reiches Juda und seiner Hauptstadt Jerusalem, worauf die bittere Erfahrung des babylonischen Exils gefolgt ist (6. Jahrhundert v. Chr.). Dem Kapitel 36 von Ezechiel ist der Abschnitt entnommen, der dann in dem christlichen Gebet der Laudes Eingang gefunden hat.
Der Kontext der genannten Seite, die von der Liturgie in einen Hymnus umgewandelt wurde, will die tiefe Bedeutung der Tragödie einfangen, die das Volk in jenen Jahren erlebt hat. Die Sünde des Götzendienstes hatte das Land verdorben, das der Herr dem Volk Israel als Erbe gegeben hatte. Sie ist letztlich mehr als alles andere verantwortlich für den Verlust des Heimatlandes und die Verstreuung unter den Nationen. Denn Gott steht dem Guten und dem Bösen nicht gleichgültig gegenüber; er tritt in der Menschheitsgeschichte heimlich auf die Bühne

durch sein Gericht, das früher oder später das Böse aufdeckt, die Opfer schützt und den Weg der Gerechtigkeit aufzeigt.

2. ABER DAS ZIEL von Gottes Handeln ist nie die Zerstörung, die reine, einfache Verurteilung und die Vernichtung des Sünders. Deshalb teilt der Prophet Ezechiel diese Worte des Herrn mit: »Habe ich etwa Gefallen am Tod des Schuldigen … und nicht vielmehr daran, daß er seine bösen Wege verläßt und so am Leben bleibt? … Ich habe doch kein Gefallen am Tod dessen, der sterben muß … Kehrt um, damit ihr am Leben bleibt« (18,23.32). In diesem Licht versteht man die Bedeutung unseres Canticum, das voller Hoffnung und Heil ist. Nach der Läuterung und Prüfung durch Leiden bricht die Morgenröte einer neuen Zeit an, die schon der Prophet Jeremia angekündigt hatte, als er von einem »neuen Bund« zwischen dem Herrn und Israel sprach (vgl. 31,31–34). Ezechiel hatte in Kapitel 11 seines prophetischen Buches diese Worte Gottes verkündet: »Ich schenke ihnen ein anderes Herz und schenke ihnen einen neuen Geist. Ich nehme das Herz von Stein aus ihrer Brust und gebe ihnen ein Herz von Fleisch, damit sie nach meinen Gesetzen leben und auf meine Rechtsvorschriften achten und sie erfüllen. Sie werden mein Volk sein, und ich werde ihr Gott sein« (11,19–20).
In unserem Canticum (vgl. Ez 36,24–28) greift der Prophet diesen Spruch wieder auf und schließt ihn mit einer wunderbaren erklärenden Aussage: der »neue Geist«, den Gott den Kindern seines Volkes gegeben hat, wird sein Geist sein, der Geist Gottes (vgl. V. 27).

3. ANGEKÜNDIGT WIRD ALSO nicht nur eine Läuterung, ausgedrückt durch das Zeichen des Wassers, das die Flecken des Gewissens tilgt. Man hat nicht nur den wenn auch notwendigen Aspekt der Befreiung vom Bösen und von der Sünde vor sich (vgl. V. 25). Die Betonung in Ezechiels Botschaft liegt auf einem anderen, weit überraschenderen Aspekt. In der Tat ist die Menschheit dazu bestimmt, zu einem neuen Dasein geboren zu werden. Das erste Symbol ist das des »Herzens«, das in der biblischen Sprache auf die Innerlichkeit, auf das persönliche Gewissen hinweist. Aus unserer Brust wird das kalte und gefühllose »Herz von Stein«, das Zeichen der Verhärtung im Bösen, herausgerissen. Gott wird uns ein »Herz von Fleisch«

geben, das heißt ein Herz voll Leben und Liebe (vgl. V. 26). Anstelle des lebendigen Geistes, der uns in der Schöpfung zu lebenden Menschen gemacht hatte (vgl. Gen 2,7), wird in der neuen Heilsökonomie der Heilige Geist treten, der uns stützt, uns bewegt, uns zum Licht der Wahrheit, zur »Liebe Gottes in unsern Herzen« führt (Röm 5,5).

4. SO WIRD DIE »neue Schöpfung« entstehen, die der Apostel Paulus beschreibt (vgl. 2 Kor 5,17; Gal 6,15), wenn er den Tod des »alten Menschen«, des »sündigen Leibes«, bestätigt, so daß wir »nicht mehr Sklaven der Sünde«, sondern neue, vom Geist des auferstandenen Christus verwandelte Menschen sind: »Ihr habt den alten Menschen mit seinen Taten abgelegt und seid zu einem neuen Menschen geworden, der nach dem Bild seines Schöpfers erneuert wird, um ihn zu erkennen« (Kol 3,9–10; vgl. Röm 6,6). Der Prophet Ezechiel kündigt ein neues Volk an, das im Neuen Testament von Gott selbst durch das Werk seines Sohnes zusammengerufen wird. Diese Gemeinschaft der »Herzen von Fleisch« und des eingegossenen »Geistes« wird die lebendige und wirksame Gegenwart Gottes erfahren, die die Gläubigen beseelt, indem sie in ihnen durch die wirksame Gnade handelt. »Wer seine Gebote hält, bleibt in Gott und Gott in ihm. Und daß er in uns bleibt, erkennen wir an dem Geist, den er uns gegeben hat« (1 Joh 3,24).

5. WIR SCHLIESSEN UNSERE Betrachtung über das Canticum von Ezechiel ab, indem wir den hl. Cyrill von Jerusalem hören, der in dieser prophetischen Aussage das Volk der christlichen Taufe sieht, wie er in seiner *Dritten Taufkatechese* hervorhebt.
In der Taufe, so betont er, werden alle Sünden, auch die schwersten, vergeben. Deshalb wendet sich der Bischof an seine Zuhörer mit den Worten: »Hab Vertrauen, Jerusalem, der Herr wird dein Unrecht auslöschen (vgl. Zef 3,14–15). Der Herr wird eure Unreinheit abwaschen. ›Ich gieße reines Wasser über euch aus, dann werdet ihr rein. Ich reinige euch von aller Unreinheit und von allen euren Götzen‹ (Ez 36,25). Die Engel werden euch jubelnd umringen und sogleich singen: ›Wer ist sie, die aus der Steppe heraufsteigt, auf ihren Geliebten gestützt?‹ (Hld 8,5). Ja, es ist die Seele, die vorher Sklavin war und jetzt frei ist, so daß sie ihren Herrn Adoptivbruder nennen kann; er wiederum nimmt ihren ehrlichen Vorsatz an und sagt zu ihr: ›Schön bist

du, meine Freundin, ja, du bist schön!‹ (Hld 4,1) … So ruft er und spielt auf die Früchte einer mit gutem Gewissen abgelegten Beichte an … Der Himmel gebe, daß ihr alle diese Worte im Gedächtnis bewahrt und sie fruchtbar macht, indem ihr sie in gute Werke umsetzt, damit ihr euch untadelig dem mystischen Bräutigam vorstellen und vom Vater die Vergebung der Sünden erlangen könnt« (Nr. 16: *Le catechesi,* Rom 1993, S. 79–80).

Generalaudienz vom 10. September 2003

## PSALM 8

2
*Herr, unser Herrscher,*
*wie gewaltig ist dein Name auf der ganzen Erde;*
*den Himmel breitest du deine Hoheit aus.*
3
*Aus dem Mund der Kinder und Säuglinge schaffst du dir Lob,*
*deinen Gegnern zum Trotz;*
*deine Feinde und Widersacher müssen verstummen.*
4
*Seh ich den Himmel, das Werk deiner Finger,*
*Mond und Sterne, die du befestigt:*
5
*Was ist der Mensch, daß du an ihn denkst,*
*des Menschen Kind, daß du dich seiner annimmst?*
6
*Du hast ihn nur wenig geringer gemacht als Gott,*
*hast ihn mit Herrlichkeit und Ehre gekrönt.*
7
*Du hast ihn als Herrscher eingesetzt*
*über das Werk deiner Hände,*
*hast ihm alles zu Füßen gelegt:*
8
*All die Schafe, Ziegen und Rinder*
*und auch die wilden Tiere,*
9
*die Vögel des Himmels und die Fische im Meer,*
*alles, was auf den Pfaden der Meere dahinzieht.*
10
*Herr, unser Herrscher,*
*wie gewaltig ist dein Name auf der ganzen Erde!*

1. MIT DER BETRACHTUNG von Psalm 8, einer wunderbaren Lobeshymne, beenden wir unseren langen Weg durch die Psalmen und Cantica, die den Kern des liturgischen Gebets der Laudes bilden (siehe auch S. 188). Gegenstand unserer Reflexion waren in diesen Katechesen 84 biblische Gebete, deren starke Spiritualität wir vor allem herausstellen wollten, ohne jedoch die dichterische Schönheit zu vernachlässigen.

In der Tat lädt die Bibel uns ein, unseren Tagesablauf mit einem Lobpreis zu beginnen, der nicht nur die von Gott gewirkten Wunder und unsere Antwort des Glaubens verkünden, sondern sie durch »ein Psalmenlied« (vgl. Ps 47,8), das heißt in schöner, glanzvoller, melodischer und zugleich eindringlicher Weise, feiern soll.
Einer der schönsten ist Psalm 8, wo der Mensch vor einem nächtlichen Horizont steht und sich beim Anblick der Unermeßlichkeit des Himmels, des aufgehenden Mondes und der aufleuchtenden Sterne (vgl. V. 4) wie ein Sandkorn fühlt angesichts der Unendlichkeit und der unbegrenzten Räume, die ihn umgeben.

2. IM MITTELPUNKT VON Psalm 8 steht in der Tat eine doppelte Erfahrung. Einerseits fühlt sich die menschliche Person beinahe erdrückt von der Großartigkeit der Schöpfung, »des Werkes der Finger« Gottes. Diese seltsame Redewendung ersetzt das »Werk der Hände« Gottes (vgl. V. 7), um sozusagen darauf hinzuweisen, daß der Schöpfer einen Plan oder ein »Stickmuster« entworfen hat anhand der glänzenden, in die Unendlichkeit des Kosmos geschleuderten Sterne.
Auf der anderen Seite jedoch beugt sich Gott über den Menschen und krönt ihn als seinen stellvertretenden Herrscher: »Du hast ihn mit Herrlichkeit und Ehre gekrönt« (V. 6). Ja, diesem so schwachen Geschöpf vertraut er das ganze Universum an, damit es daraus Erkenntnis und Lebensunterhalt bezieht (vgl. V. 7–9).
Der Horizont der Herrschaft des Menschen über die anderen Geschöpfe wird näher erläutert, indem an die erste Seite der Genesis erinnert wird: Herden von Schafen und Rindern, wilde Tiere, Vögel des Himmels und Meeresfische werden dem Menschen übergeben, damit er ihnen einen Namen gibt (vgl. Gen 2,19–20) und ihre tiefe Wirklichkeit erkennt, diese achtet, durch die Arbeit umwandelt und so ausrichtet, daß sie Quelle der Schönheit und des Lebens wird. Der Psalm macht uns unsere Größe bewußt, aber auch unsere Verantwortung für die Schöpfung (vgl. Weish 9,3).

3. DER AUTOR DES Hebräerbriefes hat beim wiederholten Lesen von Psalm 8 ein tieferes Verständnis des Planes Gottes in bezug auf den Menschen entdeckt. Die Berufung des Menschen

kann nicht auf die jetzige Welt begrenzt sein. Wenn der Psalmist bestätigt, daß Gott dem Menschen *alles* zu Füßen gelegt hat, bedeutet das, daß er ihm auch »die zukünftige Welt« (Hebr 2,5), »ein unerschütterliches Reich« (12,28), unterwerfen will. Schließlich ist die Berufung des Menschen eine »himmlische Berufung« (3,1). Gott will »viele Söhne zur Herrlichkeit führen« (2,10). Damit dieser göttliche Plan Wirklichkeit wird, war es notwendig, daß das Leben von einem »Pionier« (vgl. ebd.) vorgezeichnet wurde, in dem die Berufung des Menschen ihre erste vollkommene Erfüllung gefunden hat. Dieser Pionier ist Christus.
Der Autor des Hebräerbriefes hat dazu angemerkt, daß sich die Worte des Psalms vorzugsweise auf Christus, das heißt mehr auf ihn als auf die anderen Menschen, beziehen. Denn der Psalmist verwendet das Verb »erniedrigen«, wenn er zu Gott sagt: »Du hast ihn nur für kurze Zeit unter die Engel erniedrigt. Du hast ihn mit Herrlichkeit und Ehre gekrönt« (vgl. Ps 8,6; Hebr 2,6). Für die gewöhnlichen Menschen ist dieses Verb unangebracht; sie wurden gegenüber den Engeln nicht »erniedrigt«, denn sie standen nie über ihnen. Hingegen für Christus trifft das Wort zu, weil er als Sohn Gottes über den Engeln stand, aber durch seine Menschwerdung erniedrigt und dann in seiner Auferstehung mit Herrlichkeit gekrönt wurde. So hat Christus die Berufung des Menschen voll erfüllt, und er hat sie fügt der Autor hinzu, »für alle« erfüllt (Hebr 2,9).

4. IN DIESEM LICHT kommentiert der hl. Ambrosius den Psalm und wendet ihn auf uns an. Er beginnt mit dem Satz, in dem von der »Krönung« des Menschen die Rede ist: »Du hast ihn mit Herrlichkeit und Ehre gekrönt« (V. 6). Er sieht aber in dieser Herrlichkeit den Lohn, den der Herr für uns bereithält, wenn wir die Prüfung der Versuchung bestanden haben.
Hier die Worte des großen Kirchenlehrers in seinem *Kommentar zum Lukasevangelium:* »Mit Ruhm und Ehre krönt der Herr den, welchen er liebt. Er, der dich krönen will, läßt also unvermerkt Versuchungen an dich herantreten; und wenn dann und wann wirklich Versuchungen über dich kommen, so merke, daß die Krone winkt. Nimm weg die Kämpfe der Märtyrer, und du hast weggenommen ihre Siegeskronen! Nimm weg ihre Marter, und du hast weggenommen ihre Seligkeiten« (IV,41: *Bibliothek der Kirchenväter,* Kempten-München, Bd. 21, S. 181).

Gott flicht für uns diesen »Kranz der Gerechtigkeit« (2 Tim 4,8), der unsere Treue zu ihm belohnen wird, die wir auch in den stürmischen Zeiten, die unser Herz und unsere Sinne erschüttern, bewahrt haben. Aber er achtet zu jeder Zeit auf sein Geschöpf, das er liebt, und möchte, daß in ihm immer das göttliche »Abbild« aufleuchtet (vgl. Gen 1,26), so daß es ein Zeichen der Harmonie, des Lichtes und des Friedens in der Welt sein kann.

Generalaudienz vom 24. September 2003

## BENEDICTUS
## LUKAS 1,68–79

*68*
*Gepriesen sei der Herr, der Gott Israels!*
*Denn er hat sein Volk besucht und ihm Erlösung geschaffen;*
*69*
*er hat uns einen starken Retter erweckt*
*im Hause seines Knechtes David.*
*70*
*So hat er verheißen von alters her*
*durch den Mund seiner heiligen Propheten.*
*71*
*Er hat uns errettet vor unseren Feinden und aus der Hand aller,*
*die uns hassen;*
*72*
*er hat das Erbarmen mit den Vätern an uns vollendet*
*und an seinen heiligen Bund gedacht,*
*73*
*an den Eid, den er unserm Vater Abraham geschworen hat;*
*74*
*er hat uns geschenkt, daß wir, aus Feindeshand befreit,*
*ihm furchtlos dienen*
*75*
*in Heiligkeit und Gerechtigkeit vor seinem Angesicht all unsre Tage.*
*76*
*Und du, Kind, wirst Prophet des Höchsten heißen;*
*denn du wirst dem Herrn vorangehen und ihm den Weg bereiten.*
*77*
*Du wirst sein Volk mit der Erfahrung des Heils beschenken*
*in der Vergebung der Sünden.*
*78*
*Durch die barmherzige Liebe unseres Gottes wird*
*uns besuchen das aufstrahlende Licht aus der Höhe,*
*79*
*um allen zu leuchten,*
*die in Finsternis sitzen und im Schatten des Todes,*
*und unsre Schritte zu lenken auf den Weg des Friedens.*

1. NACHDEM WIR DIE Betrachtungen über die Psalmen und Cantica der Liturgie der Laudes beendet haben, wollen wir bei dem Gebet verweilen, das das morgendliche Stundengebet der Laudes rhythmisch gliedert. Es handelt sich um das *Benedictus,* das von Zacharias, dem Vater Johannes' des Täufers, angestimmt wurde, als die Geburt des Sohnes sein Leben verändert hatte; damit wurde auch der Zweifel ausgelöscht, der ihn zur Strafe für seinen Mangel an Glauben und Lobpreis stumm gemacht hatte.
Jetzt kann Zacharias Gott, den Retter, loben, und er tut es mit diesem Hymnus, der vom Evangelisten Lukas in einer Form wiedergegeben wird, die gewiß dem liturgischen Gebrauch in der christlichen Urgemeinde entspricht (vgl. Lk 1,68–79).
Der Evangelist selbst bezeichnet den Hymnus als prophetisches Reden, hervorgerufen durch das Wehen des Heiligen Geistes (vgl. 1,67). Denn wir haben einen Segensspruch vor uns, der die Heilstaten und die Erlösung verkündet, die der Herr seinem Volk angeboten hat. Deshalb ist es eine »prophetische« Lektüre der Geschichte, das heißt die Entdeckung des eigentlichen tiefen Sinns der ganzen menschlichen Geschichte, die von der verborgenen, aber wirksamen Hand des Herrn, die sich mit der schwächeren und unsicheren Hand des Menschen verknüpft, gelenkt wird.

2. DER TEXT IST feierlich und besteht in der griechischen Originalfassung nur aus zwei Sätzen (vgl. V. 68–75; 76–79). Nach der Einführung, die Lobpreis und Segen enthält, unterscheiden wir im Hauptteil des Canticum drei Strophen, die ebenso viele Themen beleuchten, die die ganze Heilsgeschichte gliedern sollen: den Bund Davids (vgl. V. 68–71), den Bund Abrahams (vgl. V. 72–75) und den Täufer, der uns in den neuen Bund in Christus einführt (vgl. V. 76–79). Die Spannung des ganzen Gebets richtet sich auf das Ziel, das David und Abraham durch ihre Anwesenheit anzeigen.
Die Kernaussage ist in einem abschließenden Satz enthalten: Es »wird uns besuchen das aufstrahlende Licht aus der Höhe« (V. 78). Die Worte scheinen im ersten Augenblick paradox, weil »die Höhe« mit »aufstrahlen« verbunden ist, sie sind aber in Wirklichkeit sehr bedeutsam.

3. IN DER TAT heißt das »aufstrahlende Licht« im griechischen Original *anatolè,* eine Vokabel, die an sich sowohl das Son-

nenlicht, das unseren Planeten bescheint, als auch den jungen Sproß bedeutet. Beide Bilder haben in der biblischen Tradition eine messianische Bedeutung.
Einerseits sagt uns Jesaja, während er vom Immanuel spricht: »Das Volk, das im Dunkel lebt, sieht ein helles Licht; über denen, die im Land der Finsternis wohnen, strahlt ein Licht auf« (9,1). Während er sich noch auf den Immanuel bezieht, stellt er ihn andererseits als »Reis« dar, das »aus dem Baumstumpf Isais hervorwächst«, das heißt aus der davidischen Dynastie, als ein junger Trieb, auf dem der Geist des Herrn ruht (vgl. Jes 11,1–2).
Mit Christus erscheint das Licht, das jeden Menschen erleuchtet (vgl. Joh 1,9), und erblüht das Leben; das will der Evangelist sagen, wenn er gerade diese beiden Wirklichkeiten miteinander verbindet: »In ihm war das Leben, und das Leben war das Licht der Menschen« (1,4).

4. DIE MENSCHHEIT, DIE »in Finsternis und im Schatten des Todes« lebt, wird von diesem Glanz der Offenbarung erleuchtet (vgl. Lk 1,79), wie der Prophet Maleachi angekündigt hatte: »Für euch aber, die ihr meinen Namen fürchtet, wird die Sonne der Gerechtigkeit aufgehen« (3,20). Diese Sonne »wird unsre Schritte lenken auf den Weg des Friedens« (Lk 1,79).
Wir bewegen uns also vorwärts und haben dieses Licht als Bezugspunkt; und unsere unsicheren Schritte, die während des Tages oft auf dunklen und rutschigen Wegen abweichen, werden vom aufsteigenden Glanz der Wahrheit gestützt, den Christus in der Welt und in der Geschichte verbreitet.
An dieser Stelle möchten wir einen Meister der Kirche, einen ihrer Lehrer, den Briten Beda Venerabilis, sprechen lassen (7.–8. Jahrhundert), der in seiner Homilie zur Geburt des hl. Johannes' des Täufers das Canticum von Zacharias wie folgt kommentiert: »Der Herr … hat uns besucht, wie ein Arzt die Kranken besucht, denn um die tiefsitzende Krankheit unseres Hochmuts zu heilen, hat er uns das neue Beispiel seiner Demut dargeboten; er hat sein Volk erlöst, weil er uns, die wir Knechte der Sünde und Sklaven des alten Feindes geworden waren, um den Preis seines Blutes befreit … Christus hat uns aufgesucht, als wir ›in Finsternis und im Schatten des Todes‹ lagen, das heißt, von der langen Blindheit der Sünde und der Unwissenheit unterdrückt wurden … Er hat uns das wahre Licht seiner Erkenntnis gebracht, und, nachdem er die Finsternis des Irr-

tums beseitigt hatte, hat er uns den sicheren Weg zur Heimat im Himmel gewiesen. Er hat die Schritte unserer Werke gelenkt, um uns auf den Weg der Wahrheit zu führen, den er uns gezeigt hat, und um uns in das Haus des ewigen Friedens eintreten zu lassen, den er uns verheißen hat.«

5. ANKNÜPFEND AN WEITERE Bibeltexte, schloß der hl. Beda Venerabilis mit einem Dank für die empfangenen Gaben: »Weil wir im Besitz dieser Gaben der ewigen Güte sind, liebe Brüder … preisen auch wir den Herrn zu jeder Zeit (vgl. Ps 33,2), denn »er hat sein Volk besucht und ihm Erlösung geschaffen«. Sein Lob sei immer auf unseren Lippen, wir behalten ihn in Erinnerung, und wir verkünden die Tugend dessen, »der uns aus der Finsternis in sein wunderbares Licht gerufen hat« (1 Petr 2,9). Wir erbitten ständig seine Hilfe, damit er in uns das Licht der Erkenntnis bewahre, das er uns gebracht hat, und uns bis zum Tag der Vollkommenheit führe« *(Omelia sul Vangelo,* Rom 1990, S. 464–465).

Generalaudienz vom 1. Oktober 2003

## Bibelstellenverzeichnis